■2025年度中学受験用

鶴見大学附属中学校

5年間スーパー過去問

●収録内容一覧

入試問題と解説・解答の収録内容

2024年度 難関進学クラス１次	算数・社会・理科・国語	実物解答用紙DL
2024年度　適性検査	適性検査（解答のみ／算数は未収録）	実物解答用紙DL
2023年度 難関進学クラス１次	算数・社会・理科・国語	実物解答用紙DL
2023年度　適性検査	適性検査（解答のみ／算数は未収録）	実物解答用紙DL
2022年度 難関進学クラス１次	算数・社会・理科・国語	実物解答用紙DL
2022年度　適性検査	適性検査（解答のみ／算数は未収録）	実物解答用紙DL
2021年度 難関進学クラス１次	算数・社会・理科・国語	
2021年度　適性検査	適性検査（解答のみ／算数は未収録）	
2020年度 難関進学クラス１次	算数・社会・理科・国語	

～本書ご利用上の注意～　以下の点について，あらかじめご了承ください。

★別冊解答用紙は巻末にございます。実物解答用紙は，弊社サイトの各校商品情報ページより，一部または全部をダウンロードできます。

★編集の都合上，学校実施のすべての試験を掲載していない場合がございます。

★当問題集のバックナンバーは，弊社には在庫がございません（ネット書店などに一部在庫あり）。

合格を勝ち取るための
『スーパー過去問』の使い方

本書に掲載されている過去問をご覧になって，「難しそう」と感じたかもしれません。でも，多くの受験生が同じように感じているはずです。なぜなら，中学入試で出題される問題は，小学校で習う内容よりも高度なものが多く，たくさんの知識や解き方のコツを身につけることも必要だからです。ですから，初めて本書に取り組むさいには，点数を気にしすぎないようにしましょう。本番でしっかり点数を取れることが大事なのです。

過去問で重要なのは「まちがえること」です。自分の弱点を知るために，過去問に取り組むのです。当然，まちがえた問題をそのままにしておいては意味がありません。

本書には，長年にわたって中学入試にたずさわっているスタッフによるていねいな解説がついています。まちがえた問題はしっかりと解説を読み，できるようになるまで何度も解き直しをしてください。理解できていないと感じた分野については，参考書や資料集などを活用し，改めて整理しておきましょう。

このページも参考にしてみましょう！

◆どの年度から解こうかな　「入試問題と解説・解答の収録内容一覧」

本書のはじめには収録内容が掲載されていますので，収録年度や収録されている入試回などを確認できます。

※著作権上の都合によって掲載できない問題が収録されている場合は，最新年度の問題の前に，ピンク色の紙を差しこんでご案内しています。

◆学校の情報を知ろう!!「学校紹介ページ」

このページのあとに，各学校の基本情報などを掲載しています。問題を解くのに疲れたら息ぬきに読んで，志望校合格への気持ちを新たにし，再び過去問に挑戦してみるのもよいでしょう。なお，最新の情報につきましては，学校のホームページなどでご確認ください。

◆入試に向けてどんな対策をしよう？「出題傾向＆対策」

「学校紹介ページ」に続いて，「出題傾向＆対策」ページがあります。過去にどのような分野の問題が出題され，どのように対策すればよいかをアドバイスしていますので，参考にしてください。

◇別冊「入試問題解答用紙編」

本書の巻末には，ぬき取って使える別冊の解答用紙が収録してあります。解答用紙が非公表の場合などを除き，（注）が記載されたページの指定倍率にしたがって拡大コピーをとれば，実際の入試問題とほぼ同じ解答欄の大きさで，何度でも過去問に取り組むことができます。このように，入試本番に近い条件で練習できるのも，本書の強みです。また，データが公表されている学校は別冊の１ページ目に過去の「入試結果表」を掲載しています。合格に必要な得点の目安として活用してください。

本書がみなさんの志望校合格の助けとなることを，心より願っています。

株式会社　声の教育社　編集部

鶴見大学附属中学校

所在地　〒230-0063 神奈川県横浜市鶴見区鶴見2-2-1

電　話　045-581-6325

ホームページ　https://tsurumi-fuzoku.ed.jp/

交通案内　JR線「鶴見駅」より徒歩15分，京浜急行線「花月総持寺駅」より徒歩10分
JR線・東急線「菊名駅」，東急線「綱島駅」より臨港バス「亀甲山」下車

くわしい情報はホームページへ

トピックス

★複数回受験の優遇措置は，進学①②を両方受験した場合，各科目でより高い得点で判定。
★学校見学は随時行っています。事前に電話にてご予約ください。

創立年 大正13年

男女共学

高校募集あり

応募状況

年度	募集数	応募数		受験数	合格数	倍率
2024	進①40名	男	75名	48名	41名	1.2倍
		女	45名	36名	31名	1.2倍
	適性30名	男	70名	69名	69名	1.0倍
		女	60名	60名	56名	1.1倍
	難①30名	男	123名	95名	60名	1.6倍
		女	58名	48名	32名	1.5倍
	進②15名	男	118名	39名	31名	1.3倍
		女	57名	13名	10名	1.3倍
	難②15名	男	143名	61名	30名	2.0倍
		女	62名	19名	8名	2.4倍
	難③10名	男	154名	44名	11名	4.0倍
		女	64名	11名	3名	3.7倍

※難関進学クラス入試で，難関進学クラスから進学クラスへのスライド合格は，上記合格者とは別に合計で29名(①12名②７名③10名)。

2025年度入試情報

〔進学クラス入試１次〕　２月１日午前
〔適性検査入試〕　２月１日午前
〔難関進学クラス入試１次〕　２月１日午後
〔進学クラス入試２次〕　２月２日午前
〔難関進学クラス入試２次〕　２月２日午後
〔難関進学クラス入試３次〕　２月４日午前
＊合格発表(Web)は各入試とも入試当日。

入試説明会・公開イベント日程（※予定）

【学校説明会】予約制
９月７日／10月５日／11月９日　10:00～11:30
【校長先生と学校散歩】予約制
８月３日／８月17日／９月21日／12月７日
10:00～11:30
【入試問題の傾向と対策】予約制
11月30日　10:00～11:30
【サテライト説明会】予約制
12月５日　19:00～20:00（鶴見大学２号館にて）
【入試直前説明会】予約制
１月11日　10:00～11:30
【入試直前個別相談会】予約制
１月18日／１月25日　10:00～11:30
【体育祭】
10月１日　９:00～15:00
【光華祭(文化祭)】
11月２日～４日　９:00～15:00(４日は14:00まで)
【合唱祭】
11月21日　13:00～14:30

2024年春の主な他大学合格実績

＜国公立大学＞
東京外国語大，東京学芸大，東京農工大，横浜市立大
＜私立大学＞
慶應義塾大，早稲田大，上智大，東京理科大，明治大，青山学院大，立教大，中央大，法政大，学習院大，成蹊大，明治学院大，國學院大，獨協大，武蔵大，昭和大

編集部注―本書の内容は2024年7月現在のものであり，変更されている場合があります。正確な情報は，学校のホームページ等で必ずご確認ください。

算数　出題傾向＆対策

◆基本データ（2024年度難関進学１次）

試験時間／満点	45分／100点
問題構成	・大問数…５題 計算１題（５問）／応用小問１題（９問）／応用問題３題 ・小問数…20問
解答形式	答えのみを記入する形式となっている。必要な単位などはあらかじめ印刷されている。
実際の問題用紙	Ｂ５サイズ，小冊子形式
実際の解答用紙	Ｂ４サイズ

◆出題傾向と内容

▶過去３年の出題率トップ３
１位：四則計算・逆算24％　２位：角度・面積・長さ13％　３位：濃度など６％

▶今年の出題率トップ３
１位：四則計算・逆算20％　２位：角度・面積・長さ10％　３位：濃度など５％

問題数は標準的であり，半分以上が計算問題と応用小問なので，試験時間内によゆうを持って取り組めるでしょう。

計算問題は，単純な四則計算やかっこのついたもの，分数と小数の混じったもの，□を求める逆算など，さまざまなものが出題されます。

応用小問の集合題は，はば広い基礎力を問う内容で，バラエティーに富んでいます。和差算，周期算，速さ，濃度，数列，場合の数，平面図形の角度・面積などが見られます。

応用問題では，表やグラフの読み取りを要求するものも出されています。そのほかでは，条件の整理をからめたものに注意しましょう。

◆対策～合格点を取るには？～

本校の算数は基本的な問題が中心なので，基礎力の充実に重点をおいた学習を進めましょう。

まず，計算問題で確実に点を取れるようにするために，標準的な計算問題集を一冊用意し，それを毎日欠かさずにやってください。

図形は，多角形や円の面積の求め方，正多角形の内角と外角の求め方など，公式や解き方をノートにまとめ，問題集で類題にあたること。

グラフの読み取り問題では，速さとグラフ，水の深さとグラフなどさまざまなパターンの問題に取り組み，代表的なものをひと通り身につけておいてください。

分野 ＼ 年度		2024	2023	2022	2021	2020
計算	四則計算・逆算	●	●	●	●	●
	計算のくふう	○		◎		○
	単位の計算					○
和と差	和差算・分配算	○		○	○	
	消去算				○	○
	つるかめ算		○			
	平均とのべ	○		○	○	
	過不足算・差集め算	○				
	集まり	○				
	年齢算					
割合と比	割合と比					
	正比例と反比例					
	還元算・相当算					
	比の性質					
	倍数算					
	売買損益		○			
	濃度	○	○	○	○	
	仕事算		○	○		
	ニュートン算					
速さ	速さ	○		○	○	
	旅人算					
	通過算		○			
	流水算		○			
	時計算					
	速さと比		○			
図形	角度・面積・長さ	◎	◎	●	◎	●
	辺の比と面積の比・相似			○		○
	体積・表面積	○	○	○		○
	水の深さと体積				○	
	展開図	○				
	構成・分割					
	図形・点の移動			◎		○
表とグラフ						
数の性質	約数と倍数	○				
	N進数			○		
	約束記号・文字式	○			○	
	整数・小数・分数の性質	○				◎
規則性	植木算		○			
	周期算			○	○	
	数列	○				○
	方陣算					
	図形と規則					
場合の数		○			○	○
調べ・推理・条件の整理			○	○	○	
その他						

※　○印はその分野の問題が１題，◎印は２題，●印は３題以上出題されたことをしめします。

社会 出題傾向＆対策

◆基本データ（2024年度難関進学１次）

試験時間／満点	理科と合わせて45分／50点
問題構成	・大問数…３題 ・小問数…23問
解答形式	記号選択と用語の記入（漢字指定あり）のみの出題となっている。記述問題は出されていない。
実際の問題用紙	Ｂ５サイズ，小冊子形式
実際の解答用紙	Ｂ４サイズ

◆出題傾向と内容

●地理…ある文章から，日本の自然や産業などにまつわるさまざまな問題が出されています。地図やグラフによる気候，伝統的工芸品をはじめ統計資料の読みとりなどの問題もありますが，それぞれ基本的な問題です。かたよりのない知識が求められているといえるでしょう。

●歴史…あるテーマを歴史的にとらえた会話文から，政治や外交など，関連する内容を問うという形式で出題されています。具体的には，ある時代に大きな影響をあたえた政策や人物などが取り上げられています。また，複数の資料を読みとる問題や答えを漢字で書くように指定されている問いもあります。

●政治…日本国憲法と基本的人権，国会のしくみ，省庁のはたらき，衆議院と参議院の比較，国会・内閣・裁判所の関係とそれぞれのはたらき，選挙，地方自治，高齢者福祉，国際機関，時事的なできごとに関連した用語の問題などが近年出されています。地理・歴史分野と関係する小問や時事問題も見られます。

分野＼年度			2024	2023	2022	2021	2020
日本の地理		地図の見方		○	○	○	
		国土・自然・気候	○	○	○	○	○
		資源					
		農林水産業	○	○	○	○	○
		工業		○	○	○	○
		交通・通信・貿易	○			○	
		人口・生活・文化	○	○	○		
		各地方の特色					○
		地理総合	★	★	★	★	★
世界の地理			○				○
日本の歴史	時代	原始～古代	○	○	○	○	○
		中世～近世	○	○	○	○	○
		近代～現代	○	○		○	○
	テーマ	政治・法律史	○		○		
		産業・経済史					
		文化・宗教史			○	○	
		外交・戦争史	○	★		★	
		歴史総合	★		★		★
世界の歴史							
政治		憲法	○		○	○	○
		国会・内閣・裁判所	○	○	○	○	○
		地方自治		○	○		○
		経済					
		生活と福祉	○	○		○	
		国際関係・国際政治			○		○
		政治総合	★	★	★	★	★
環境問題			○			○	○
時事問題						○	
世界遺産			○				○
複数分野総合							

※　原始～古代…平安時代以前，中世～近世…鎌倉時代～江戸時代，近代～現代…明治時代以降

※　★印は大問の中心となる分野をしめします。

◆対策～合格点を取るには？～

まず，基礎を固めることを心がけてください。教科書のほか，説明がやさしくていねいで標準的な参考書を選び，基本事項をしっかりと身につけましょう。また，どの設問も地図やグラフ，表をふんだんに用いているので，地図帳や資料集などを使って読図にも慣れておく必要があります。

本校の社会は，単純な用語の説明ができれば解けるものもありますが，設問事項が広範囲にわたっているので，不得意分野をつくらないことも大切です。また，学習した基本知識を「現代の私たちの社会とどのように結びつけてとらえるか」という視点から出題されています。この特ちょうは，問題に取り上げられるテーマとしてはっきりとあらわれています。

このような問題に対応するには，現代の社会のできごとに広く関心を向け，なぜそんなできごとが起こったのか，海外でのできごとについては，日本とどのような関係があるのかを日ごろから考える習慣をつけておくことです。新聞やテレビ番組のニュースに注意して，大きく報道されたことについては家族や友人と話し合い，考えを深めましょう。

理科　出題傾向＆対策

◆基本データ（2024年度難関進学１次）

試験時間／満点	社会と合わせて45分／50点
問題構成	・大問数…４題 ・小問数…16問
解答形式	記号選択と適語の記入が大半をしめているが，計算，短文記述なども出題されている。作図は見られない。
実際の問題用紙	Ｂ５サイズ，小冊子形式
実際の解答用紙	Ｂ４サイズ

分野 ＼ 年度		2024	2023	2022	2021	2020
生命	植物					★
	動物		★	★	★	
	人体	★				
	生物と環境					
	季節と生物					
	生命総合					
物質	物質のすがた					
	気体の性質					★
	水溶液の性質	★			★	
	ものの溶け方			★		
	金属の性質		○			
	ものの燃え方		★			
	物質総合					
エネルギー	てこ・滑車・輪軸		★			
	ばねののび方					
	ふりこ・物体の運動				★	
	浮力と密度・圧力					
	光の進み方	★				
	ものの温まり方					
	音の伝わり方					
	電気回路			★		★
	磁石・電磁石					○
	エネルギー総合					
地球	地球・月・太陽系				○	★
	星と星座	★			★	
	風・雲と天候					
	気温・地温・湿度		★			
	流水のはたらき・地層と岩石			★		
	火山・地震					
	地球総合					
実験器具						
観察						
環境問題						
時事問題						
複数分野総合						

※　★印は大問の中心となる分野をしめします。

◆出題傾向と内容

出題内容のレベルは標準的であり，受験勉強で一度はふれるものが数多く取り上げられているので，合格点に達するのは難しいことではありません。受験勉強で学ぶ基礎的なことがらをしっかりと身につけているかどうかが，合格を勝ち取るためのポイントとなるでしょう。分野別では，「生命」「物質」「エネルギー」「地球」の４分野から１題ずつの出題となっており，かたよりのない構成をとっています。

●生命…だ液のはたらき，動物の分類，アサガオの種まきと開花，雑木林の生物，こん虫の育ち方などが出題されています。

●物質…金属の燃焼，ろ過，水溶液の性質，ものの溶け方，気体の性質などが見られます。

●エネルギー…光の進み方，輪軸，家庭用の電気器具，てこのつり合い，ふりこの運動，豆電球の明るさなどが出されています。

●地球…星座早見ばん，湿度，流水のはたらき，星と星座，地球・月・太陽の動きなどが取り上げられています。

◆対策～合格点を取るには？～

「生命」は，身につけなければならない基本知識の多い分野ですが，動物とヒトのからだのつくり，植物のつくりと成長，環境などを中心に，ノートにまとめながら知識を深めましょう。

「物質」では，気体や水溶液，金属などの性質に重点をおいて学習してください。そのさいには，中和反応や濃度など，表やグラフをもとに計算させる問題にも積極的に取り組むように心がけてください。

「エネルギー」では，計算問題として出されやすい力のつり合いに注目しましょう。てんびんとものの重さ，てこ，輪軸，ふりこの運動，浮力などについて，それぞれの基本的な考え方をしっかりマスターし，さまざまなパターンの計算問題にチャレンジしてください。また，かん電池のつなぎ方と豆電球の明るさや方位磁針のふれ方，磁力の強さなども出題が予想される単元ですから，学習計画から外せません。

「地球」では，太陽・月・地球の動き，季節と星座の動き，天気と気温・湿度の変化，地層のでき方などが重要なポイントです。

国語 出題傾向＆対策

◆基本データ（2024年度難関進学１次）

試験時間／満点	45分／100点
問題構成	・大問数…４題 文章読解題２題／知識問題２題 ・小問数…26問
解答形式	記号選択と適語の書きぬきが大半だが，字数制限のある記述問題も見られる。漢字の読み書きは，それぞれ５問ずつ出題されている。
実際の問題用紙	Ｂ５サイズ，小冊子形式
実際の解答用紙	Ｂ４サイズ

◆出題傾向と内容

▶近年の出典情報（著者名）
説明文：田島木綿子　伊勢武史　吉永明弘
小　説：まはら三桃　青山美智子　伊吹有喜

●説明文…二つの文章が取り上げられました。内容や文脈の理解を問うものが多く出されています。グラフを使った問題も見られました。

●文学的文章…人物の心情や行動とその理由，人物像，できごとなどをとらえる問題を中心に，ことばの意味や表現の効果を問うものも出題されています。

●知識問題…漢字の読み書きが10問程度出されます。ほかに，ことばの知識については，語句の意味，熟語，類義語・対義語，慣用句・ことわざなどが出題されています。

◆対策～合格点を取るには？～

ふだん文章をなにげなく読んでいますが，試験では文脈をきちんととらえ，ことばの意味を正確に理解しているかがためされます。よって，正しい答えを導き出せるようになるためには，なるべく多くの読解問題にあたり，出題形式に慣れながら，正しく内容を理解する練習が必要です。また，本番では制限時間があることも忘れてはいけません。文章を読むスピードはもちろんですが，解答にかける時間配分（特に記述問題）も意識して取り組みましょう。

知識問題については，漢字と語句・文法の問題集を一冊仕上げてください。漢字では部首や熟語もいっしょに覚えられるように，関連知識をまとめたノートを作ると効果的です。

分野＼年度			2024	2023	2022	2021	2020
読解	文章の種類	説明文・論説文	★	★	★	★	★
		小説・物語・伝記	★	★	★	★	★
		随筆・紀行・日記					
		会話・戯曲					
		詩					
		短歌・俳句					
	内容の分類	主題・要旨		○	○		
		内容理解	○	○	○	○	○
		文脈・段落構成	○				○
		指示語・接続語				○	○
		その他	○	○	○	○	○
知識	漢字	漢字の読み	★	★	★	★	★
		漢字の書き取り	★	★	★	★	★
		部首・画数・筆順					○
	語句	語句の意味			○	○	○
		かなづかい					
		熟語	○	○	○	○	
		慣用句・ことわざ					○
	文法	文の組み立て					
		品詞・用法					
		敬語					
	形式・技法						
	文学作品の知識						
	その他					○	○
	知識総合						
表現	作文						
	短文記述						
	その他						
放送問題							

※　★印は大問の中心となる分野をしめします。

2024
年度

鶴見大学附属中学校

【算　数】〈難関進学クラス１次試験〉（45分）〈満点：100点〉

1 次の □ の中にあてはまる数を入れなさい。

(1)　$182-95+79-144=\square$

(2)　$\frac{3}{5}-\frac{2}{5}\times\left\{1\frac{1}{6}-\left(1\frac{2}{3}-\frac{3}{4}\right)\right\}=\square$

(3)　$(2.7\div4-2.3\div4+1.2\div4)\times0.4=\square$

(4)　$\left(1\frac{4}{21}\div\square-2\frac{2}{3}\right)\times\frac{3}{5}=\frac{1}{15}$

(5)　$\left\{\left(\frac{5}{6}\times\square-3.25\right)\div7+0.125\right\}\div2\frac{1}{4}=\frac{1}{6}$

2 次の □ の中にあてはまる数を入れなさい。

(1)　48と □ の最大公約数は６で，最小公倍数は144です。

(2)　２けたの奇数《きすう》 □ を４倍して60を足すと，その答えの十の位の数字は８，一の位の数字も８になりました。

(3)　A，B２題の問題のうち，Aの正解者は70人でした。２題とも正解した人はAの正解者の30％で，その人数はBの正解者の$\frac{3}{5}$にあたります。このとき，どちらか１題だけ正解した人は［　　　］人です。

(4)　教室にいる生徒に画用紙を12枚ずつ配ると，ちょうど画用紙がなくなりました。その後２人加わったので，先に配った生徒全員から１人あたり３枚ずつ画用紙をもどしてもらいその２人に同じ枚数ずつ配ったところ，全員の画用紙の枚数が等しくなりました。画用紙は全部で［　　　］枚あります。

(5)　あるきまりにしたがって，次のように分数が並んでいます。

$\frac{1}{99}$，$\frac{1}{49}$，$\frac{3}{97}$，$\frac{1}{24}$，$\frac{1}{19}$，……

はじめから23番目の分数は［　　　］です。

(6)　６％の食塩水が500gあります。これに水を何gか加えて５％の食塩水にするつもりでしたが，まちがえて水と同じ重さの３％の食塩水を加えてしまったので，［　　　］％の食塩水になりました。

(7)　右の図のようなおうぎ形を，点Oが点Cと重なるように，直線ABを折り目として折ります。このとき，角アの大きさは［　　　］度です。

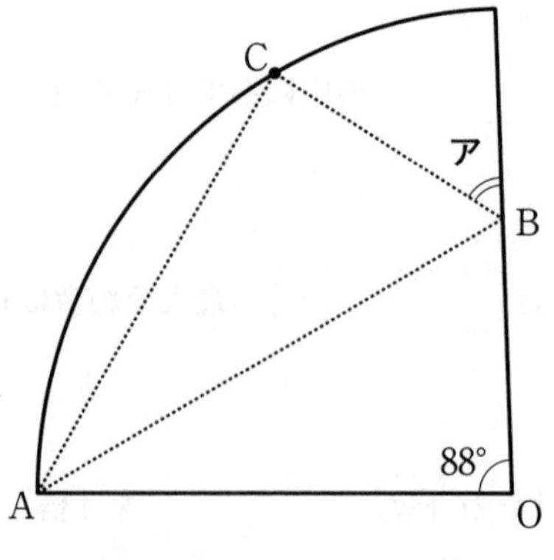

(8)　右の図の四角形 ABCD は，一辺が 20cm の正方形です。**ア**と**イ**の面積が等しいとき，AE の長さは □ cm です。

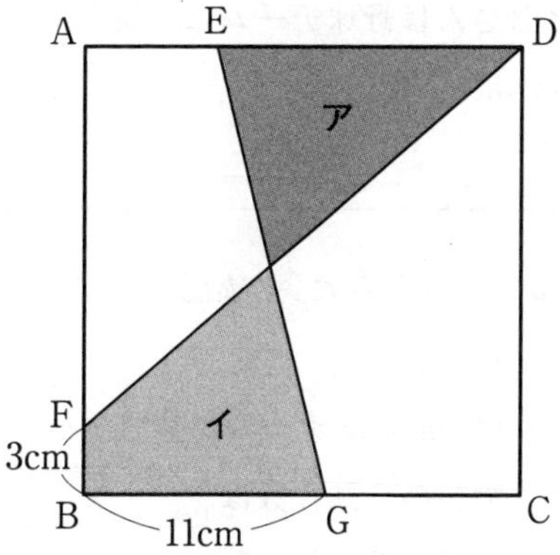

(9)　右の図のような円柱の展開《てんかい》図《ず》があります。長方形 ABCD の面積が $125.6cm^2$ のとき，この円柱の体積は □ cm^3 です。ただし，円周率は 3.14 とします。

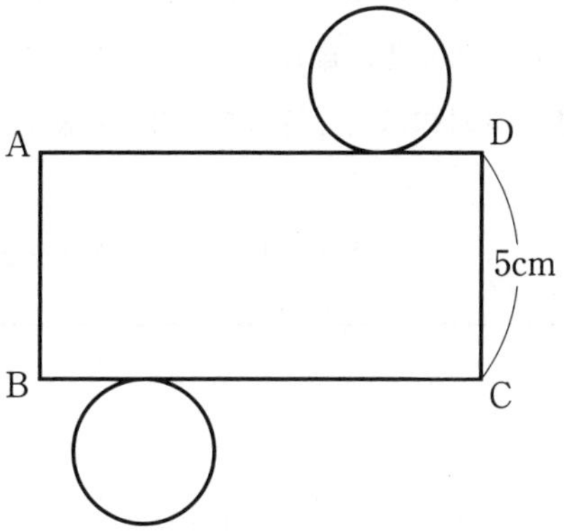

3　A さん，B さん，C さん，D さんの４人が身長を測定したところ，下の４つのことが分かりました。次の問いに答えなさい。

- ４人の身長の平均は 152.9cm。
- A さん，B さん，C さんの身長の平均は 153.7cm。
- A さん，D さんの身長の平均は 149.4cm。
- B さんの身長は C さんの身長より 2cm 高い。

(1)　A さんの身長は何 cm ですか。

(2)　B さんの身長は何 cm ですか。

4　ＡさんとＢさんは野球チームに所属しています。以下の会話文を読んで，次の問いに答えなさい。

Ａさん「来月から大会が始まるね！　日程も決まったから練習にも気合いが入るな～」

Ｂさん「今回は32チームが参加するみたいだね。トーナメント戦*だから，この大会の全試合数は［　ア　］試合で，優勝《ゆうしょう》するには［　イ　］回勝つ必要があるね。」

Ａさん「そうだね。今は大会に向けて球速を上げる練習をしているんだ～」

Ｂさん「Ａさんは投手だから，目指せ日本人最速だね！！」

Ａさん「まだまだ難《むずか》しいよ～やっぱりプロ野球選手はスゴイよね！」

Ｂさん「目標は高く持って，今日の練習もがんばろう！」

＊トーナメント戦…勝ち残り方式。最後まで勝ち残ったチームが優勝する。

(1)　会話文の［　ア　］と［　イ　］にあてはまる数をそれぞれ答えなさい。

(2)　野球で投手から捕手《ほしゅ》までの距離《きょり》は18.44mです。時速165kmでボールを投げたとき，投手が投げてから捕手がキャッチするまで何秒かかりますか。ただし，答えは四捨五入して小数第１位まで求めなさい。

5 以下の会話文を読んで，次の問いに答えなさい。

先生　「今日の授業はこの不思議な筒《つつ》を使います！ この筒に数を通すと，ある数を足したり，ある数を引いたり，ある数をかけたり，ある数で割ったりする働きのうち，どれか１つをします。例えば筒☆に６を通すと２になります。」

Ａさん「へ～６が２になるから，４を引いたのかなあ？」
Ｂさん「待って！ 他の可能性もありそうだよ！」
先生　「では，他の数を通してみましょう。」

Ａさん「本当だ！ ９が３になるから，４を引く働きではないみたい…。」
Ｂさん「２つの例を見ると，筒☆に数を通すとどうなるかが分かったね。」
先生　「ここで，筒♡を増やすと下のようになります。仕組みが分かるかな？」

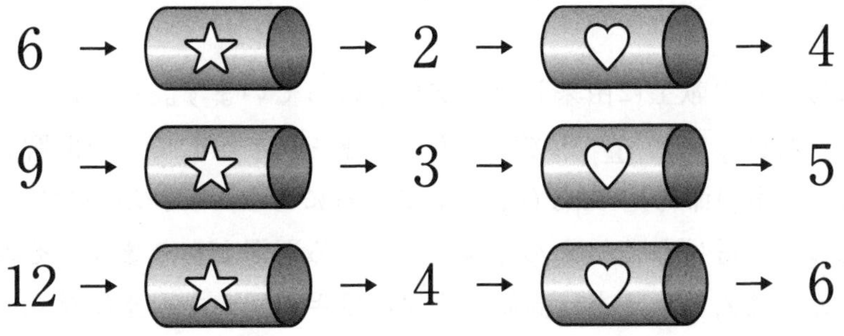

Ａさん「先に筒☆に数を通してから，出てきた数をさらに筒♡に通したのかあ…。」
Ｂさん「その順番でいろいろな数を通して，いっしょに調べてみよう！」

(1)　筒☆に123を通すと，筒♡から出てきた数はいくつですか。

(2)　ある数を筒☆に通したとき，筒♡から出てきた数は，はじめに筒☆に通した数より24だけ小さい数でした。このとき，はじめに筒☆に通した数はいくつですか。

【社　会】〈難関進学クラス１次試験〉（理科と合わせて45分）〈満点：50点〉

1　**次の文章を読み、以下の問いに答えなさい。**

2023年の夏は、多くの地域で①夏祭りが開催《かいさい》されました。夏祭りではさまざまな店が並びますが、その中でも暑い夏に食べたくなるのが、かき氷ではないでしょうか。

今では夏祭りの定番となっているかき氷ですが、原材料である氷が高級品だったことから、かつては身分の高い人しか食べることができない貴重な食べ物でした。江戸《えど》時代の川柳《せんりゅう》に氷がいかに貴重であったか分かるものがあります。

六つの花　五つの花の御献上《ごけんじょう》

「六つの花」とは雪の結晶《けっしょう》の形から「雪氷《せっぴょう》」を、「五つの花」とは現在の石川《いしかわ》県を治めていた②加賀藩前田《かがはんまえだ》家の家紋《かもん》を表し、加賀藩が徳川《とくがわ》将軍家へ氷を献上していたことを意味しています。献上していた氷は、加賀藩が③冬の間に降り積もった雪を氷室《ひむろ》に貯蔵して作ったものです。毎年旧暦《きゅうれき》６月１日※１になると氷を切り出して、江戸城へと運んでいました。この時に使われていたルートは④長野《ながの》県を経由したもので、現在の⑤北陸《ほくりく》新幹線の線路とほぼ重なっているとされています。その距離《きょり》は約480kmで、通常13日かかる道のりを、氷が溶《と》けないようにわずか４日間で移動していたそうです。

現在の石川県には、氷の献上に由来した食文化が残っています。それが「氷室まんじゅう」です。特に［　X　］市では、かつて氷を切り出していた旧暦６月１日を「氷室開き（氷室の節句）」と呼びます。この日にちなんで、現在では７月１日に氷室まんじゅうと呼ばれる、まんじゅうを食べる習慣があります。その由来は諸説ありますが、まんじゅうを、高価で庶民《しょみん》には手の届かない氷に見立てて食べるようになったと言われています。

このように貴重だった氷ですが、明治《めいじ》時代に入る頃《ころ》に初のかき氷屋が⑥横浜《よこはま》にできたことで、庶民にも手が届く夏の風物詩となりました。

※１　旧暦６月１日…旧暦とは、月が新月になる日を月の始まりとした暦《こよみ》である。
2023年においては、旧暦６月１日は７月18日のこと。

(1) 文章中の空らん［　X　］には、石川県の県庁所在地が入ります。空らん［　X　］に当てはまる都市を何といいますか。**漢字**で書きなさい。

(2) 下線部①について、ある旅行会社の調査によると、日本の祭り知名度１位は「青森《あおもり》ねぶた祭」でした。※2 これに関連して、青森県について述べた文章として正しいものを次の**ア～オ**から一つ選び、記号で答えなさい。

※２　阪急交通社、2022年調べ。

ア　津軽《つがる》半島と下北《しもきた》半島に囲まれた陸奥湾《むつわん》では、カキの養殖《ようしょく》が行われている。

イ　青森県の太平洋《たいへいよう》側は、夏になると、寒流の千島《ちしま》海流とその上を吹くからっ風の影響《えいきょう》で冷害の被害を受けやすい。

ウ　青森県と秋田《あきた》県にまたがって位置している白神《しらかみ》山地は、原生的なブナ林が分布しており、世界自然遺産に登録されている。

エ　本州と北海道《ほっかいどう》を結ぶ青函《せいかん》トンネルは、北海道の渡島《おしま》半島と青森県の下北半島で結ばれている。

オ　青森県から山形《やまがた》県にかけて広がる三陸《さんりく》海岸は、リアス海岸になっている。

(3) 下線部②について、加賀藩のもとで栄えた伝統工芸品の一つに加賀友禅《かがゆうぜん》があります。これに関して、日本の伝統工芸品と地域の組み合わせとして**誤っているもの**を次の**ア～オ**から一つ選び、記号で答えなさい。

ア　南部《なんぶ》鉄器－山形県　　**イ**　信楽《しがらき》焼－滋賀《しが》県

ウ　小千谷《おぢや》ちぢみ－新潟《にいがた》県　　**エ**　西陣《にしじん》織－京都《きょうと》府

オ　伊万里《いまり》焼－佐賀《さが》県

（４） 下線部③について、日本海《にほんかい》側などの積雪量の多い地域では豊かな雪解け水が稲作《いなさく》に利用されることがあります。これに関して、日本海側に位置する新潟県において、稲作が盛んに行われている平野を何といいますか。次の**ア〜オ**から一つ選び、記号で答えなさい。

ア　津軽平野　　**イ**　越後《えちご》平野　　**ウ**　濃尾《のうび》平野
エ　筑紫《つくし》平野　　**オ**　庄内《しょうない》平野

（５） 下線部④について、次の表**ア〜オ**は、はくさい、レタス、なし、りんご、ぶどうの収穫《しゅうかく》量が多い上位５県を表しており、いずれも長野県が上位５道県に入っているものです。次の表**ア〜オ**からはくさいにあたるものを一つ選び、記号で答えなさい。

ア

１位	山梨《やまなし》県
２位	長野県
３位	岡山《おかやま》県
４位	山形県
５位	福岡《ふくおか》県

イ

１位	長野県
２位	茨城《いばらき》県
３位	群馬《ぐんま》県
４位	長崎《ながさき》県
５位	兵庫《ひょうご》県

ウ

１位	千葉《ちば》県
２位	茨城県
３位	栃木《とちぎ》県
４位	長野県
５位	福島《ふくしま》県

エ

１位	青森県
２位	長野県
３位	岩手《いわて》県
４位	山形県
５位	福島県

オ

１位	茨城県
２位	長野県
３位	群馬県
４位	埼玉《さいたま》県
５位	鹿児島《かごしま》県

（矢野恒太記念会『日本国勢図会 2023／24年版』、農林水産省資料より作成）

（6）下線部⑤について、北陸新幹線が停車する駅は以下の通りです。

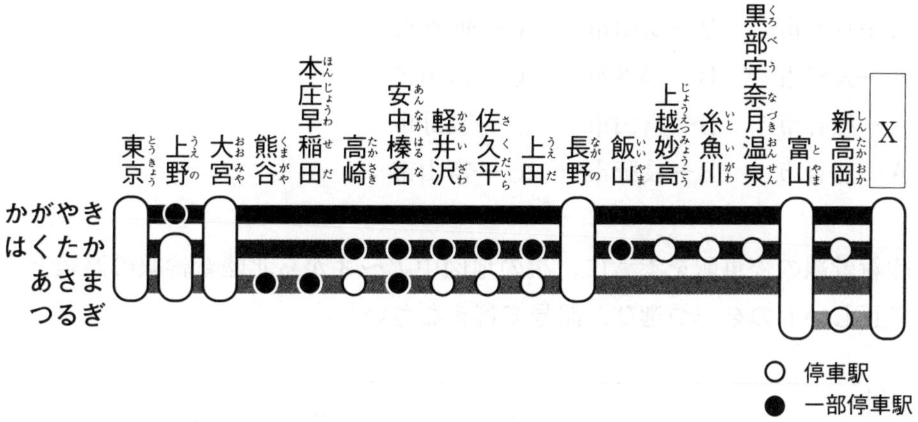

上記の駅を参照し、次の問いに答えなさい。

（a）次の雨温図Ａ～Ｃは、北陸新幹線が停車する富山市、長野市、熊谷市のいずれかを示しています。雨温図Ａ～Ｃが示す都市の組み合わせとして正しいものを次ページの**ア～カ**から一つ選び、記号で答えなさい。

A

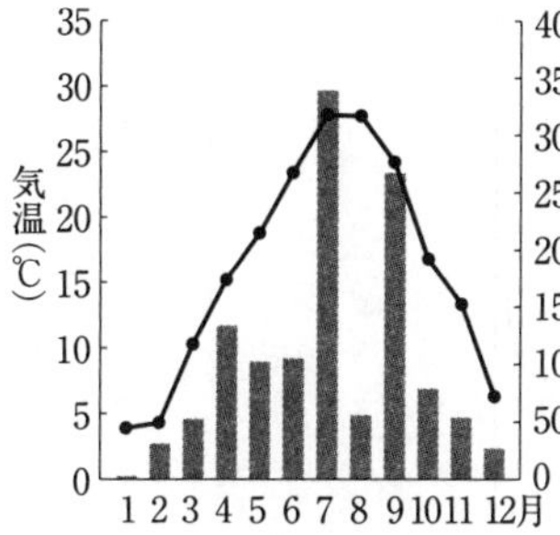

降水量年平均：1251.0㎜
気温年平均：16.0℃
最高気温：40.0

B

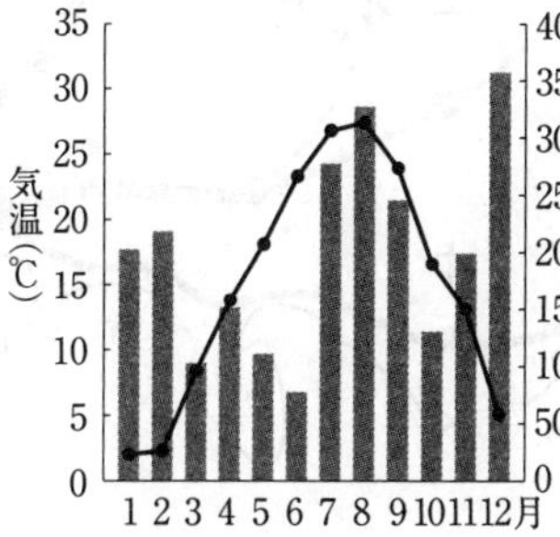

降水量年平均：2401.5㎜
気温年平均：15.1℃
最高気温：37.7

C

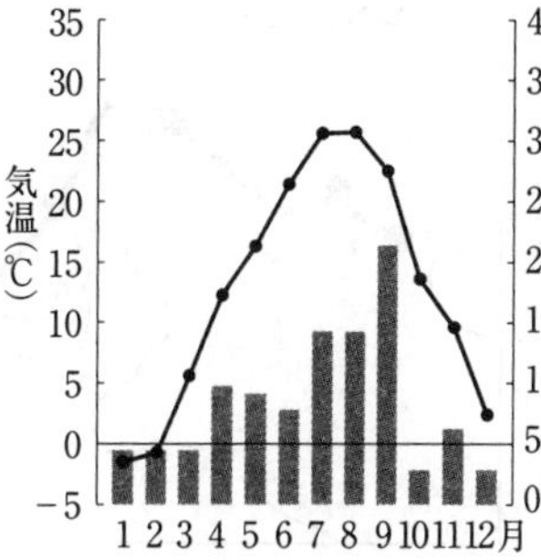

降水量年平均：1022.5㎜
気温年平均：12.7℃
最高気温：36.6

降水量　気温

（国土交通省　気象庁　過去の気象データ 2022 年より作成）

ア　A―富山市　B―長野市　C―熊谷市
イ　A―富山市　B―熊谷市　C―長野市
ウ　A―長野市　B―富山市　C―熊谷市
エ　A―長野市　B―熊谷市　C―富山市
オ　A―熊谷市　B―富山市　C―長野市
カ　A―熊谷市　B―長野市　C―富山市

(b)　北陸新幹線の停車駅を参考に、次の地図中ア～オから北陸新幹線の路線として正しいものを一つ選び、記号で答えなさい。

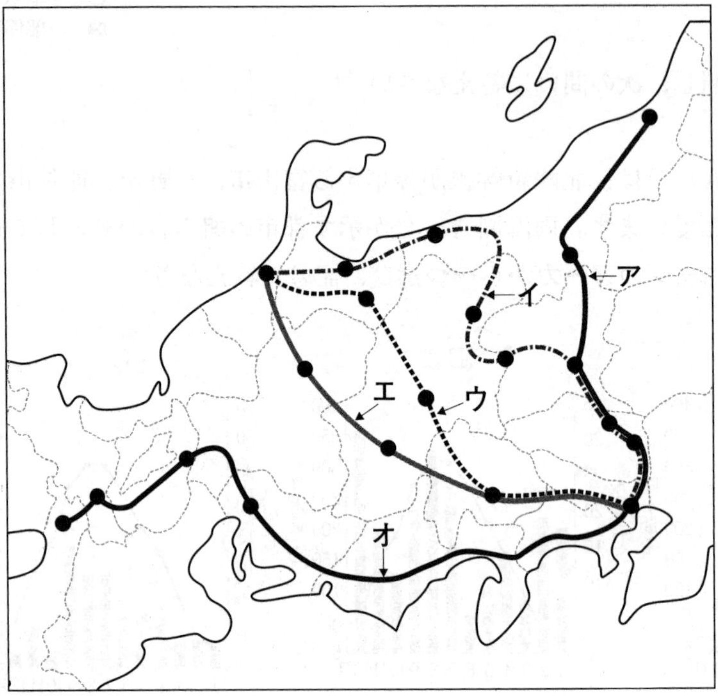

(7) 下線部⑥について、次の資料は2023年１月１日における横浜市の年齢《ねんれい》別人口の割合を表したものです。この資料から読み取れることとして**誤っているもの**を下の**ア～オ**から一つ選び、記号で答えなさい。

行　政　区	年齢別人口割合					
	令和４（2022）年			令和５（2023）年		
	0～14歳（年少人口）	15～64歳（生産年齢人口）	65歳以上（老年人口）	0～14歳（年少人口）	15～64歳（生産年齢人口）	65歳以上（老年人口）
横　浜　市	11.8	63.0	25.2	11.6	63.1	25.3
鶴　見　区	12.5	65.9	21.5	12.3	66.2	21.5
神 奈 川 区	11.2	66.7	22.1	11.0	67.0	21.9
西　　　区	11.1	69.4	19.6	10.9	69.8	19.4
中　　　区	10.2	65.7	24.1	9.9	66.1	24.0
南　　　区	9.8	63.0	27.2	9.6	63.4	27.0
港　南　区	11.0	59.7	29.2	11.0	59.7	29.4
保土ヶ谷区	10.8	62.2	27.0	10.6	62.4	27.0
旭　　　区	11.3	58.4	30.3	11.2	58.5	30.4
磯　子　区	11.7	59.9	28.4	11.6	59.9	28.5
金　沢　区	10.8	58.7	30.6	10.5	58.6	30.9
港　北　区	12.5	67.5	20.0	12.4	67.7	19.9
緑　　　区	12.7	62.3	25.1	12.4	62.4	25.2
青　葉　区	12.7	64.6	22.7	12.5	64.4	23.1
都　筑　区	14.8	66.4	18.8	14.4	66.6	19.1
戸　塚　区	12.8	60.9	26.2	12.6	61.1	26.3
栄　　　区	11.1	57.2	31.6	11.0	57.6	31.4
泉　　　区	11.6	58.9	29.5	11.4	59.0	29.6
瀬　谷　区	11.4	59.8	28.9	11.2	60.0	28.9

（横浜市ＨＰの資料より作成）

ア　令和５年における老年人口の割合で横浜市の平均を上回っている区は、半数を超えている。

イ　令和４年から令和５年への年少人口の割合は、変化のない港南《こうなん》区を除くすべての区で減少している。

ウ　令和５年における老年人口の割合は、18区のうち３区のみが30％を超《こ》えている。

エ　令和４年から令和５年への生産年齢人口の割合は、18区全てで上昇《じょうしょう》している。

オ　令和５年における生産年齢人口の割合は、西《にし》区が最も高く、続いて港北《こうほく》区、神奈川《かながわ》区が高い割合を示している。

2 **英子《えいこ》さんのクラスでは、歴史上の「橋」をテーマとした調べ学習の発表会が行われました。次の調べ学習発表会の会話文を読み、以下の問いに答えなさい。**

英子：私は、①奈良《なら》時代の橋について調べました。
奈良時代の僧《そう》、②行基《ぎょうき》は、橋をかけたり、かんがい設備を作ったりするなどの活動を通じて、仏教の布教《ふきょう》をおこなったそうです。

孝史《たかし》：私は、安土桃山《あづちももやま》時代に描《えが》かれた、洛中洛外図屏風《らくちゅうらくがいずびょうぶ》の五条大橋《ごじょうおおはし》を紹介《しょうかい》します（**図1**）。この橋は、③源氏と平氏の戦いで活躍《かつやく》した 源《みなもとの》 義経《よしつね》とその家来《けらい》の弁慶《べんけい》が出会った場所とされていることでも知られています。

先生：童謡《どうよう》にうたわれていますね。ただし、屏風に描かれている五条大橋は別名大仏橋《だいぶつばし》とも呼ばれ、④豊臣秀吉《とよとみひでよし》が大仏づくりのためにかけかえたものです。この大仏とは、京都の⑤方広寺《ほうこうじ》にあった大仏のことです。

仁志《ひとし》：私は、江戸《えど》時代の橋を紹介します。⑥歌川広重《うたがわひろしげ》「東海道五十三次《とうかいどうごじゅうさんつぎ》」に描かれた⑦日本橋《にほんばし》です（**図2**）。この橋は、隅田《すみだ》川と神田《かんだ》川を結んでいて、交通や経済を支える重要な役割を果たしていました。現在の日本橋は、明治時代を代表する石造のアーチ橋で、⑧1911年に完成したそうです。

敬子《けいこ》：私は、現代の橋について調べました。夏休みに、家族で徳島《とくしま》県の祖父母《そふぼ》の家に行きました。自家用車で行ったのですが、⑨神戸市から明石海峡大《あかしかいきょうおお》橋《はし》・大鳴門橋《おおなるときょう》を渡って徳島県鳴門市に入りました。明石海峡大橋は、吊《つ》り橋としては日本で一番長い橋です。そして、この道路は、四国地方と近畿《きんき》地方の交通の要《かなめ》になっているそうです。

先生：橋について調べてみると、その地域の地理や歴史をより深く知ることができますね。

図1　洛中洛外図屏風

（文化財活用センターホームページより）

図2　東海道五十三次　日本橋

（文化遺産オンラインホームページより）

（１）下線部①について述べた文章として**誤っているもの**を次の**ア～オ**から一つ選び、記号で答えなさい。

ア　中国《ちゅうごく》（唐《とう》）の都（長安《ちょうあん》）を手本にした平城京《へいじょうきょう》が建設された。
イ　農民たちのなかには、九州北部で兵士として国の守りにつく者もいた。
ウ　中国（唐）の僧、鑑真《がんじん》が奈良に唐招提寺《とうしょうだいじ》を開いて、仏教の発展に大きな役割を果たした。
エ　大陸の影響に学びながら、風土や生活に合った日本風の文化である国風《こくふう》文化が生まれた。
オ　荷札の木簡《もっかん》から、都に住む人びとの暮らしを支えていたのは、全国各地から届けられる生産物だったことが分かった。

（２）下線部②について、行基は、後に朝廷《ちょうてい》からその活躍を認められて、大仏づくりの大工事にも協力しました。大仏をつくる詔《みことのり》（天皇の命令）を出した天皇は誰《だれ》ですか。次の**ア～オ**から一人選び、記号で答えなさい。

ア　天智《てんじ》天皇　　**イ**　聖武《しょうむ》天皇　　**ウ**　推古《すいこ》天皇
エ　桓武《かんむ》天皇　　**オ**　天武《てんむ》天皇

（３）下線部③について、このころのできごとＡ～Ｃを、古いものから時代順に正しくならべたものを下の**ア～カ**から一つ選び、記号で答えなさい。

Ａ　源頼朝《よりとも》が征夷大将軍《せいいたいしょうぐん》に任命され、全国の武士を従えた。
Ｂ　源義経の活躍などにより、源氏は、壇ノ浦《だんのうら》（現在の関門海峡《かんもんかいきょう》）で平氏をほろぼした。
Ｃ　平清盛《たいらのきよもり》を中心とする平氏一族が、朝廷の重要な役職を独占《どくせん》し、勢力をふるった。

ア　Ａ－Ｂ－Ｃ　　**イ**　Ａ－Ｃ－Ｂ　　**ウ**　Ｂ－Ａ－Ｃ
エ　Ｂ－Ｃ－Ａ　　**オ**　Ｃ－Ａ－Ｂ　　**カ**　Ｃ－Ｂ－Ａ

(4) 下線部④について、豊臣秀吉の政策に関して述べた文章として**誤っているもの**を次の**ア～オ**から一つ選び、記号で答えなさい。

ア 村ごとに検地をおこない、田畑の面積や収穫量をはかり、年貢《ねんぐ》の量を決めるとともに、耕作者を検地帳に記録した。
イ 村に住む人びとを百姓《ひゃくしょう》身分とし、これらの人びとが一揆《いっき》を起こさないように、刀狩《かたながり》令を出して、刀や鉄砲《てっぽう》などの武器を取り上げた。
ウ 朱印《しゅいん》状を発行して、許可を与えた大名や商人に貿易を奨励《しょうれい》した。徳川家《とくがわいえ》康《やす》は、この方法を引きついで貿易をいっそうさかんにしようとした。
エ 中国（明《みん》）と貿易をおこなって大きな利益をあげ、中国の皇帝から「日本国の王」と呼ばれた。
オ 年貢米を量る枡《ます》の大きさや、田畑を測るものさしの長さを統一した。

(5) 下線部⑤に関して、徳川家康は、豊臣家が建てた方広寺の鐘《かね》にきざまれた文字「国家安康」が「家康」の名を二つに裂《さ》いていて不吉であるとして、豊臣家にいいかがりをつけて戦いをしかけました。この戦いを何といいますか。次の**ア～オ**から一つ選び、記号で答えなさい。

ア 関ヶ原《せきがはら》の戦い　**イ** 大阪《おおさか》の陣《じん》（役《えき》）　**ウ** 文禄《ぶんろく》・慶長《けいちょう》の役
エ 長篠合戦《ながしのかっせん》　**オ** 桶狭間《おけはざま》の戦い

(6) 下線部⑥について、彼が活躍したころに発達した、木版の技術を用いた色あざやかな絵画を何といいますか。

(7) 下線部⑦について、この日本橋を起点とした五街道《ごかいどう》のうち、江戸と京都を北回り・内陸経由で結んだ街道を何といいますか。次の**ア～オ**から一つ選び、記号で答えなさい。

ア 東海道　**イ** 中山《なかせん》（仙《せん》）道　**ウ** 甲州《こうしゅう》街道（道中《どうちゅう》）
エ 日光《にっこう》街道（道中）　**オ** 奥州《おうしゅう》街道（道中）

(8) 下線部⑧について、この年に日本とアメリカの間で条約改正が実現しました。この条約により日本が回復した権利は何ですか。**漢字５文字**で答えなさい。

(９) 下線部⑨に関して、神戸市にある神戸港は、日本の五大港（東京港、横浜港、名古屋《なごや》港、大阪港、神戸港）と呼ばれる国際貿易港の一つです。敬子さんは、この旅行をきっかけに神戸港や横浜港の歴史について、資料を集めて、発表用のレポートを作成しました。【敬子さんのレポート】中で**誤りが含《ふく》まれている文をア～オ**から一つ選び、記号で答えなさい。

（資料は、出題のために省略《しょうりゃく》した部分や一部をやさしくしたところがあります。）

〈資料１〉日米修好通商条約（1858 年）

第３条　下田《しもだ》・箱館《はこだて》（函館《はこだて》）のほかに、神奈川（横浜）・長崎・新潟・兵庫（神戸）港を開くこと。

〈資料２〉松方正義《まつかたまさよし》大蔵《おおくら》大臣（当時）の演説（1889 年）

天皇（明治天皇）が、「外国から軍艦《ぐんかん》を購入《こうにゅう》するべき」とおっしゃったとき、私は、「日本の軍艦は、すべて生糸《きいと》で購入するので、生糸を多く生産することを計画するべきです」と答えました。

〈資料３〉日本の生糸の主な輸出先

（上位３ヵ国の輸出に占める割合）

単位：％

年代	アメリカ	フランス	イギリス
1897 年（明治 27）	57.1	35.1	0.5
1909 年（明治 42）	69.6	19.5	0.1
1919 年（大正 8）	96.3	2.8	0.5

（『最新日本史図表』第一学習社より）

〈資料４〉神戸港の主要輸出品の移り変わり

（上位３品目）

単位：千円

	1902 年（明治 35）	1918 年（大正 7）	1930 年（昭和 5）
1	綿織糸《めんおりいと》 14,987	綿織糸 72,272	生糸 126,839
2	マッチ 7,471	船舶《せんぱく》 27,272	綿布 28,742
3	花筵《はなむしろ》（ござ） 6,551	マッチ 23,277	綿製品 14,212

〈資料５〉横浜港と神戸港での貿易［輸出入］取り扱《あつか》い額の推移

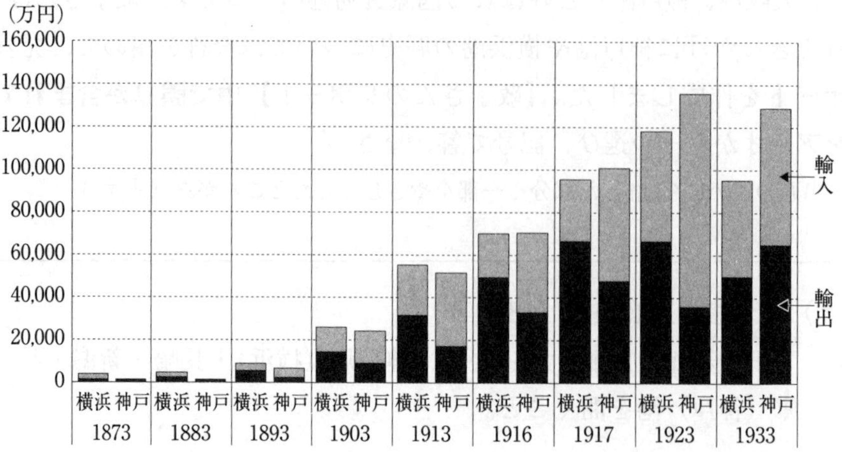

（資料４・５　木山実「日本一の貿易港神戸が産んだ日本一」関西大学　経済・政治研究所、2015より）

【敬子さんのレポート】

ア　神戸港は、幕末の日米修好通商条約で神奈川（横浜）・長崎・新潟とともに開港されることとなりました。

イ　明治時代に入ると、政府は生糸を生産する製糸業をさかんにして、輸出を増やして利益をあげ、軍艦購入などの軍事費に充《あ》てようとしました。

ウ　アメリカ向けの輸出は特に重要だったようです。アメリカ向けの生糸輸出は、私が調べた1897・1909・1919年のいずれもイギリス・フランスの合計よりも多い割合を占めていました。

エ　神戸港では、1902・1918年の輸出品の第１位は綿織糸でしたが、1930年には生糸が第１位になりました。

オ　神戸港の輸出入取扱額は1903年から1933年の30年間、常に増え続けました。そして、1917年には、わずかですが取り扱い額で横浜港を抜《ぬ》き、1933年になると横浜港との差はますます広がりました。

3 **鶴見《つるみ》くんのクラスでは、社会の時間にSDGs※に関する班学習の発表を行いました。次の発表文を読み、以下の問いに答えなさい。**

※2015年９月の国連サミットで加盟国の全会一致《いっち》で採択《さいたく》された。2030年までに持続可能でよりよい世界を目指す17の国際目標のこと。

１班：ぼくたちはＳＤＧｓの３番目の目標「すべての人に健康と福祉《ふくし》を」から、日本の福祉行政について調べました。①日本国憲法では、すべての人が健康で文化的な最低限度の生活を営む権利が保障されています。そして、（　②　）が健康や医療《いりょう》など、関連する政策を担当し、児童、母子、高齢者《こうれいしゃ》などを公的に支援《しえん》する③社会保障制度が整備されています。

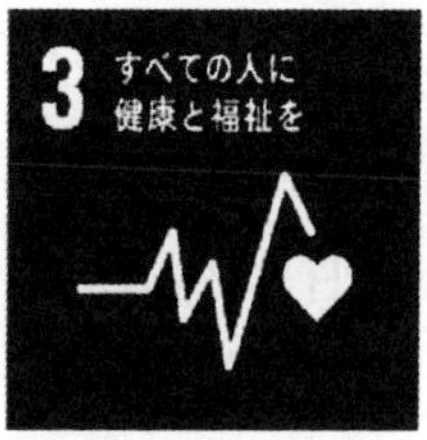

２班：わたしたちはＳＤＧｓの11番目の目標「住み続けられるまちづくりを」から、日本の環境《かんきょう》行政について調べました。1950年代から1970年代まで続いた高度経済成長期には、工場排水《はいすい》や大気汚染《おせん》などによる④公害が問題になりました。現在では、環境基本法が制定され、公害対策だけでなく自然環境の保護も対象としており、日本の環境行政は⑤世界でも注目されています。

３班：ぼくたちはＳＤＧｓの13番目の目標「気候変動に具体的な対策を」から、気象行政について調べました。気象行政は、政府などが天気や気候に関する⑥情報を収集し、人びとに提供します。そのため、私たちの日常生活や安全を守るために重要な役割を果たしています。気象庁は気象予報や警報を発表することで、ぼくたちに天候の変化や⑦自然災害の危険性について知らせてくれます。これにより、事前に避難《ひなん》の準備をすることができるのです。

（１）下線部①について、日本国憲法には三大原則がありますが、基本的人権の尊重、平和主義と、もう一つは何といいますか。**漢字４文字**で答えなさい。

(2) 文章中の空らん（　②　）には、日本の省庁の名前が入ります。この省庁を何といいますか。**漢字５文字**で答えなさい。

(3) 下線部③に関して、日本の社会保障制度について述べた次の文中の空らん（　Ⅰ　）・（　Ⅱ　）・（　Ⅲ　）にあてはまる語句の組み合わせとして正しいものを、下の**ア～オ**から一つ選び、記号で答えなさい。

日本の社会保障制度は、（　Ⅰ　）・（　Ⅱ　）・（　Ⅲ　）、公的扶助《ふじょ》の４つの柱からなっている。このうち、（　Ⅰ　）は病気やけがに備えるものである。次に、（　Ⅱ　）は高齢者福祉や障がい者福祉などがあてはまる。さらに、（　Ⅲ　）は予防接種や下水道の整備など、人びとが健康に生活するための制度である。

ア　Ⅰ：社会福祉　　Ⅱ：社会保険　　Ⅲ：公衆衛生
イ　Ⅰ：社会保険　　Ⅱ：社会福祉　　Ⅲ：公衆衛生
ウ　Ⅰ：公衆衛生　　Ⅱ：社会保険　　Ⅲ：社会福祉
エ　Ⅰ：社会福祉　　Ⅱ：公衆衛生　　Ⅲ：社会保険
オ　Ⅰ：社会保険　　Ⅱ：公衆衛生　　Ⅲ：社会福祉

(4) 下線部④に関して、四大公害についての説明として**誤っているもの**を次の**ア～オ**から一つ選び、記号で答えなさい。

ア　熊本《くまもと》県水俣《みなまた》湾周辺を中心とする八代《やつしろ》海沿岸で発生し、原因はメチル水銀である。
イ　三重《みえ》県四日市《よっかいち》市で発生し、原因は石油化学コンビナートからの硫黄《いおう》酸化物や窒素《ちっそ》酸化物である。
ウ　新潟県の阿賀野《あがの》川流域で発生し、原因はメチル水銀である。
エ　富山県の神通《じんつう》川流域で発生し、原因はカドミウムである。
オ　栃木県の渡良瀬《わたらせ》川流域で発生し、原因は亜硫酸《ありゅうさん》ガスである。

（５） 下線部⑤に関して、次の問いに答えなさい。

（ａ） 近年、人間の活動によって、大量の温室効果ガスが大気中に放出され、地球の気温が上昇し続けています。世界で問題となっているこの現象を何といいますか。**漢字５文字**で答えなさい。

（ｂ） 次の地図中Ａ～Ｅの国に関する文として正しいものを下の**ア～オ**から一つ選び、記号で答えなさい。

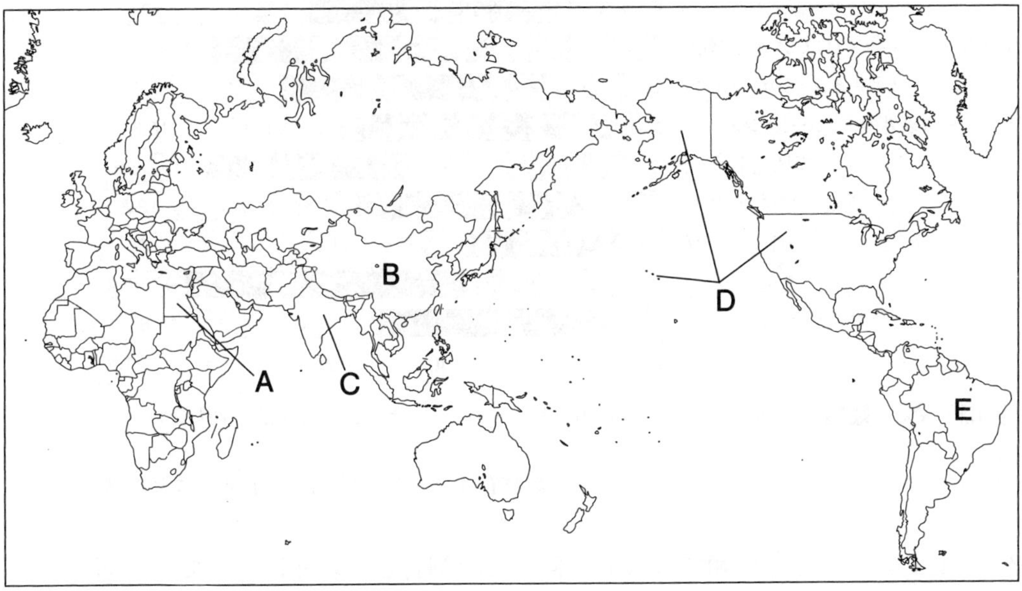

ア　Ａの国の首都はワシントンで、ニューヨークには国際連合の本部がある。

イ　Ｂの国は日本との間で、竹島《たけしま》をめぐる領土問題がある。

ウ　Ｃの国は人口の約９割が漢民族で、近年まで「一人っ子政策」が行われてきた。

エ　Ｄの国では主にイスラム教が信仰《しんこう》され、ピラミッドやスフィンクスがある。

オ　Ｅの国は世界で５番目に面積が広く、主にポルトガル語が話されている。

(6) 下線部⑥に関して、現代では情報の入手方法としてさまざまな媒《ばい》体が用いられています。次のグラフは情報媒体への信頼《しんらい》度をあらわしています。このグラフから読み取れることとして正しいものを下の**ア〜オ**から一つ選び、記号で答えなさい。

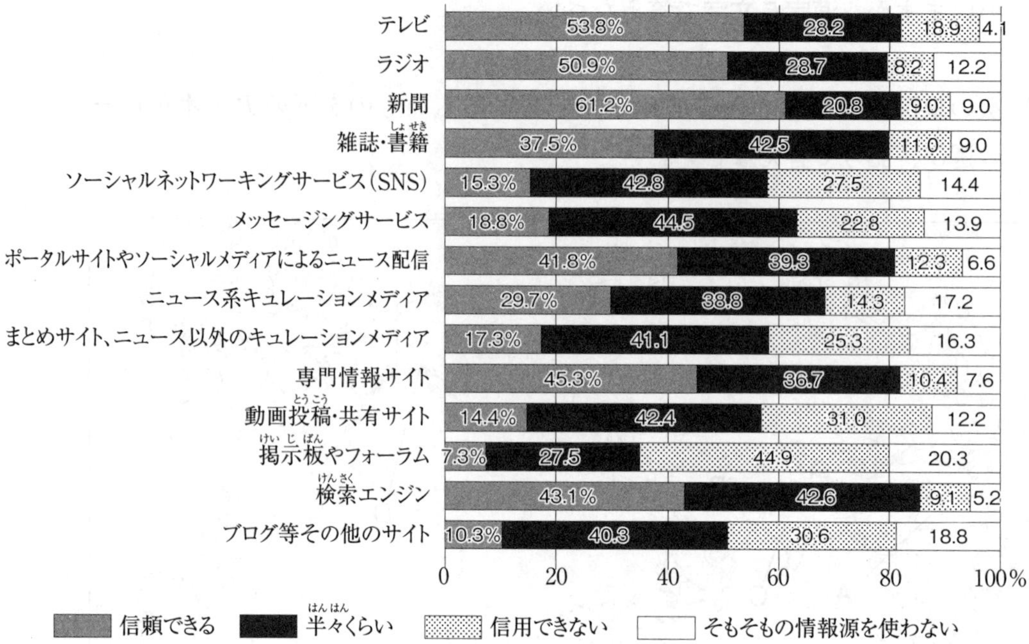

(総務省『令和３年度情報通信白書』より採録)

ア テレビについて「信頼できる」と回答した割合と、新聞について「信頼できる」と回答した割合の差は、10%以上である。

イ ラジオについて「信頼できる」と「半々くらい」と回答した割合の合計は、８割を超えている。

ウ 検索エンジンを「信頼できる」と回答した割合は雑誌・書籍を「信頼できる」と回答した割合より多い。

エ 掲示板やフォーラムを「信用できない」と回答した割合は、新聞を「信用できない」と回答した割合の５倍以上である。

オ 雑誌・書籍について「信用できない」と回答した割合は、ソーシャルネットワーキングサービス（SNS）について「信用できない」と回答した割合より多い。

(7) 下線部⑦に関して、自然災害についての説明として**誤っているもの**を次の**ア～オ**から一つ選び、記号で答えなさい。

ア　関東大震災《かんとうだいしんさい》が発生した９月１日は「防災の日」とされた。
イ　豪雪《ごうせつ》は、日本海側などで発生し、雪の重みによって建物が壊《こわ》れたり、交通機関に影響が出たりすることがある。
ウ　火砕《かさい》流は、火山が大規模な噴火《ふんか》を起こしたとき、火口から噴出した高温のガスが火山灰などと共に高速で流れる現象である。
エ　東日本《ひがしにほん》大震災の発生当日から、自衛隊は救援《きゅうえん》活動を開始した。
オ　地すべりは、地震による振動《しんどう》により、水と砂を多く含む地面が一時的に液体となる現象である。

【理　科】〈難関進学クラス１次試験〉（社会と合わせて45分）〈満点：50点〉

1　次の文章を読んで，あとの問いに答えなさい。

光源から出た光が物体に当たってはね返り，目に入ることによって，人は「物が見えた」と感じます。逆に，物体に光がすべて吸収され，はね返らない場合，光を目で受け取ることができず，黒色に見えます。
光の三原色は赤色，青色，緑色です。絵の具の三原色のように，この3つの色の光を混ぜることで，様々な色の光をつくり出すことができます。絵の具とちがう点は，3つの色の光を混ぜたとき黒色にならず，白色の光になるということです。太陽光は白色をしています。つまり，太陽光はいろいろな色の光が集まってできているということです。

(1)　植物は生きるために太陽光を利用しており，また多くの植物の葉は緑色をしています。これは植物が何色の光を吸収し利用しているからと考えられますか。光の三原色で，緑色の植物が吸収している色をすべて答えなさい。

(2)　光がガラスなどの透明《とうめい》な物質に入ったとき，屈折《くっせつ》や反射が起こります。光は色によって屈折する角度がちがいます。紫《むらさき》色は屈折率が高く，赤色はそれに比べて屈折率が小さいという性質があります。図1はプリズムに同じ角度から紫色の光と赤色の光を当てたときのようすです。赤色の光はａとｂのどちらだと考えられますか。

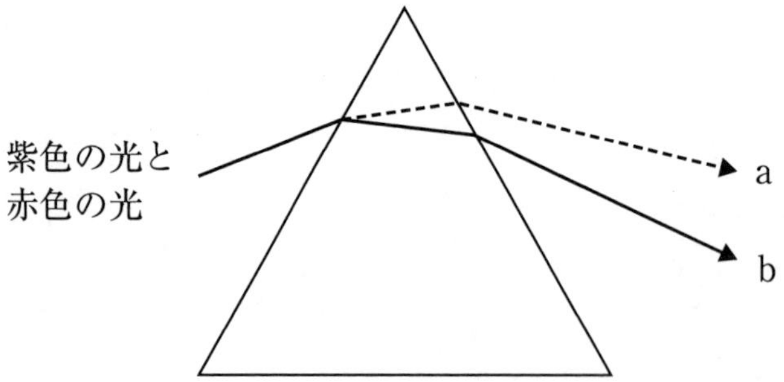

図1

(3) 太陽光と虹《にじ》の関係について考えてみます。太陽光が，空気中にうかんだ水滴《すいてき》に当たり，屈折や反射をして，人の目に入ることによって虹が見えます。図2は空気中の水滴の中で赤色の光が進むようすを示したものです。次の①～④の問いに答えなさい。

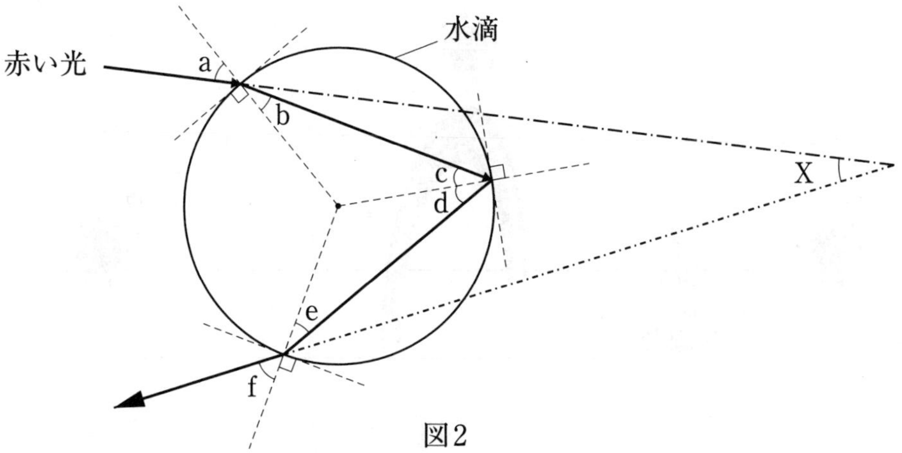

図2

① 図2において，水の方が屈折率が大きいとすると，角aと角b，角eと角fの関係はどのようになるか。下の2つの［　　　］に適当な等号または不等号をそれぞれ答えなさい。

角a ［　　　］ 角b　　　角e ［　　　］ 角f

② 図2において，入射角と反射角が等しいということ（反射の法則）を説明するのに適している式をつくりなさい。下の2つの［　　　］に適当なアルファベットをa～fからそれぞれ選び答えなさい。

角 ［　　　］ ＝ 角 ［　　　］

③　図3のように，虹を見ている観測者を中心に考えたとき，太陽はどの位置にあると考えられますか。観測者に対して正しい太陽の位置を一つ選び，ア～ウで答えなさい。

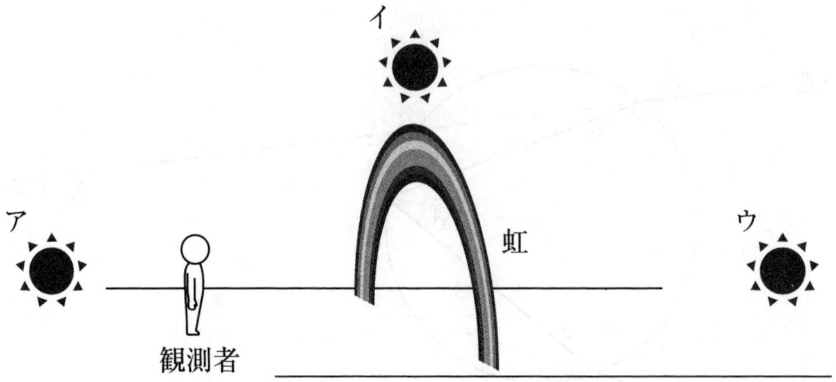

図3

④　図2において，赤色の光が水滴に入射する方向と水滴から出てくる方向とのなす角Xは，42°です。ある日，太陽高度が20°のとき，観測者からきれいな虹が見られました。虹の最も外側にある赤色の光の高度は何度ですか。図4を参考にして答えなさい。

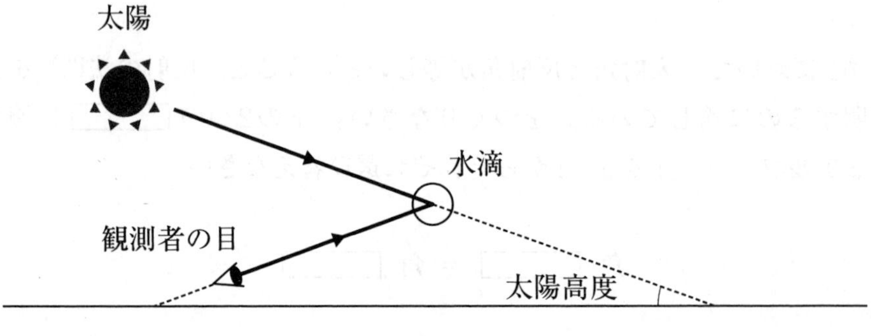

図4

2 ６種類の物質を水に溶《と》かし，水溶《よう》液Ａ～Ｆをつくりました。以下の資料は，この水溶液にいくつかの実験を行い，結果をまとめた実験レポートの一部です。これについて次の問いに答えなさい。ただし，水溶液Ａ～Ｆは6種類の物質のいずれか一つが水に溶けたものです。

〈実験するもの〉

アンモニア　塩化水素　砂糖　食塩　水酸化ナトリウム　二酸化炭素

のいずれか一つが溶けている水溶液Ａ～Ｆ

〈実験〉

① 緑色のBTB溶液を加える。

② においをかぐ。

③ 蒸発皿の上で加熱する。

〈結果〉

① ＡとＢの水溶液は，青色に変化した。ＣとＤの水溶液は，変化せず緑色のままだった。ＥとＦの水溶液は，黄色に変化した。

② Ａ・Ｃ・Ｄ・Ｆの水溶液にはにおいがなかったが，Ｂ・Ｅの水溶液にはにおいがあった。

③ 水溶液を蒸発皿の上で加熱すると，Ｂ・Ｅ・Ｆの水溶液はなにも残らなかった。Ａ・Ｃの水溶液には白色の固体，Ｄの水溶液にはこげた物質がそれぞれ蒸発皿に残った。

〈考察〉

実験結果を踏《ふ》まえると水溶液Ａ～Ｆは以下のように考えられる。

Ａ…（　①　）　Ｂ…（　②　）　Ｃ…（　③　）

Ｄ…（　④　）　Ｅ…（　⑤　）　Ｆ…（　⑥　）

(1) 実験レポート中の空欄①～⑥に入る水溶液の名前はどれですか。正しいものをそれぞれ一つずつ選び，ア～カで答えなさい。

ア．アンモニア水　　イ．塩酸　　ウ．砂糖水　　エ．食塩水
オ．水酸化ナトリウム水溶液　　カ．炭酸水

(2) 水溶液Ａ～Ｆにフェノールフタレイン溶液を加えて，色の変化を観察しました。色に変化があったのはどの水溶液ですか。変化があった水溶液をすべて選び，Ａ～Ｆで答えなさい。また，何色に変化するか，答えなさい。

(3) 水溶液Ｂ･Ｅ･Ｆを蒸発皿の上で加熱したところ，何も残らなかったのはなぜですか。この理由として考えられることを簡潔に答えなさい。

(4) 追加の実験として，Ａ～Ｆの水溶液のうち2つの水溶液を混合させ，蒸発皿の上で加熱した。すると，水溶液Ｃを蒸発皿の上で加熱した時に残った白い物質と同じものが残った。この時，混ぜた2つの水溶液はどれとどれですか。正しいものを二つ選び，Ｃ以外のＡ～Ｆで答えなさい。

3　デンプン溶《よう》液の入った試験管ア～クにだ液や水を加え，温度を変えて5分間おき，ヨウ素液を加えた結果を下の表1にまとめました。ただし，試験管キは温度を95℃にして5分間おいてから，40℃に温度を下げて5分間おきました。また，試験管クは温度を4℃にして5分間おいてから，40℃に温度を上げて5分間おきました。以下の各問いに答えなさい。

表1

試験管	容器に入れたもの	温度	ヨウ素液の反応結果
ア	デンプン溶液＋水	40℃	青むらさき色
イ	デンプン溶液＋だ液	40℃	変化なし
ウ	デンプン溶液+だ液+水酸化ナトリウム水溶液	40℃	青むらさき色
エ	デンプン溶液＋だ液＋塩酸	40℃	青むらさき色
オ	デンプン溶液＋だ液	95℃	青むらさき色
カ	デンプン溶液＋だ液	4℃	青むらさき色
キ	デンプン溶液＋だ液	95℃→40℃	青むらさき色
ク	デンプン溶液＋だ液	4℃→40℃	変化なし

(1)　次の①～③に書かれた内容について考察するためには，表1の実験結果のうちア～カのどの試験管を比べると良いですか。それぞれ指定された数だけ選び，ア～カで答えなさい。

①　だ液のはたらきでデンプンを分解できる（2つ）
②　強い酸性やアルカリ性にさらされると，だ液のはたらきは失われる（3つ）
③　だ液には，はたらくのに適切な温度がある（3つ）

(2)　実験イとキとクの結果を比べたときに分かることは何ですか。簡潔に説明しなさい。

(3)　だ液のような，栄養分を分解して吸収されやすい物質へと変える はたらきをもつ液体を何といいますか。

(4) デンプン溶液にだ液，あるいは水を加えてセロハンの袋に入れ，約40℃の湯につけて1日おきました。その後，セロハンの袋の内側の液と外側の液を取り出し，ヨウ素液，ベネジクト液に対する反応を調べ，その結果を下の表2にまとめました。このとき，だ液による反応は十分に行われたものとします。以下の補足をよく読んで，下の問いに答えなさい。

補足

ベネジクト液 … デンプンには反応しないが，デンプンを分解したときにできる麦芽糖《ばくがとう》などの糖類に反応して赤かっ色に変化する薬品。

セロハンの袋 … 小さい物質は通すが，大きい物質は通さない膜《まく》でつくられた袋。目に見えないくらいの非常に小さな穴が開いている。

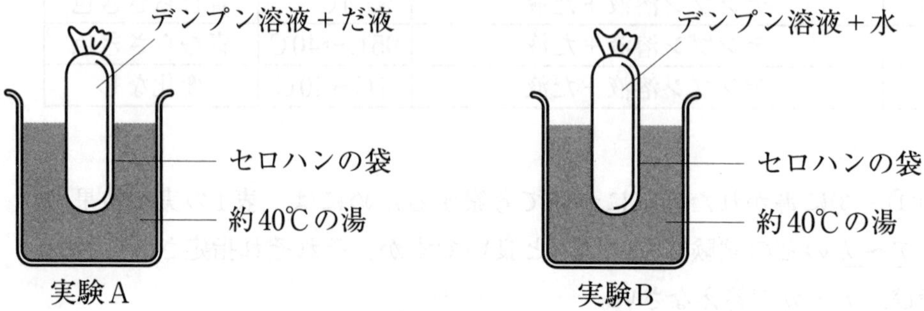

実験装置図

表2

	実験A		実験B	
	ヨウ素液	ベネジクト液	ヨウ素液	ベネジクト液
セロハンの袋の内側	×	赤かっ色	青むらさき色	×
セロハンの袋の外側	×	赤かっ色	×	×

×は色の変化がなかったことを表しています。

問い　デンプンの大きさをX，麦芽糖の大きさをY，セロハンの袋に開いている穴の大きさをZとします。実験結果から分かるこれらの大小関係について，X・Y・Zを用いて小さいものから順番に左から並べなさい。

4 星座早見ばんを使って，ある季節の星空を観測しました。これについて，次の各問いに答えなさい。

(1) 次の図1の星座早見ばんの○印が示す，この日の日付と時刻を答えなさい。

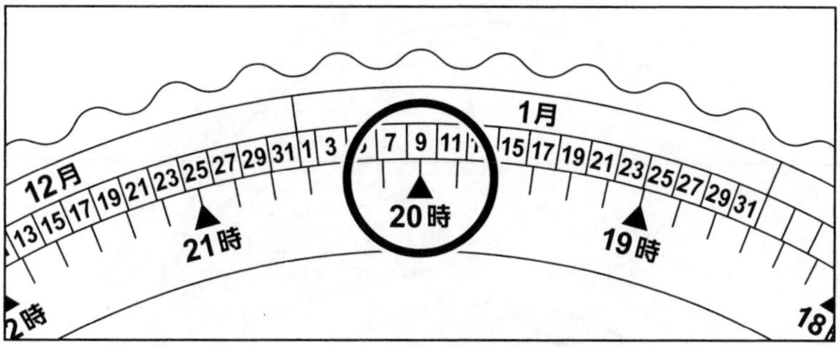

図1

(2) (1) の日時に,東の空に見えない星や星座はどれですか。見えないものをすべて選び，ア～キで答えなさい。

ア．プロキオン　　イ．ベガ　　ウ．アルタイル　　エ．シリウス
オ．さそり座　　カ．オリオン座　　キ．ペガスス座

(3) 次の図2の星座早見ばんの東西と南北を結ぶ線が交わるXは何ですか。

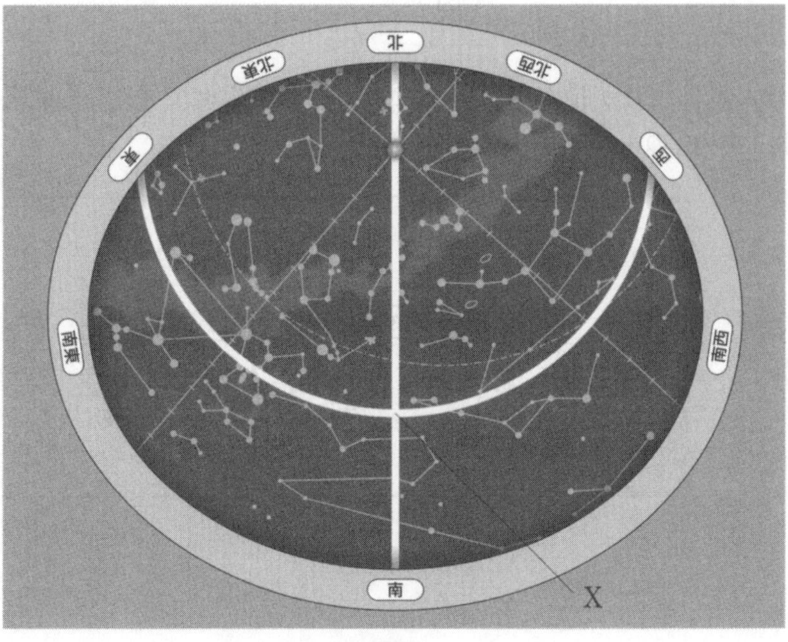

図2

(4) 次の図3の星座が描《か》かれているだ円のふちの部分Yは，何を表していますか。また，Zにある星を何といいますか。

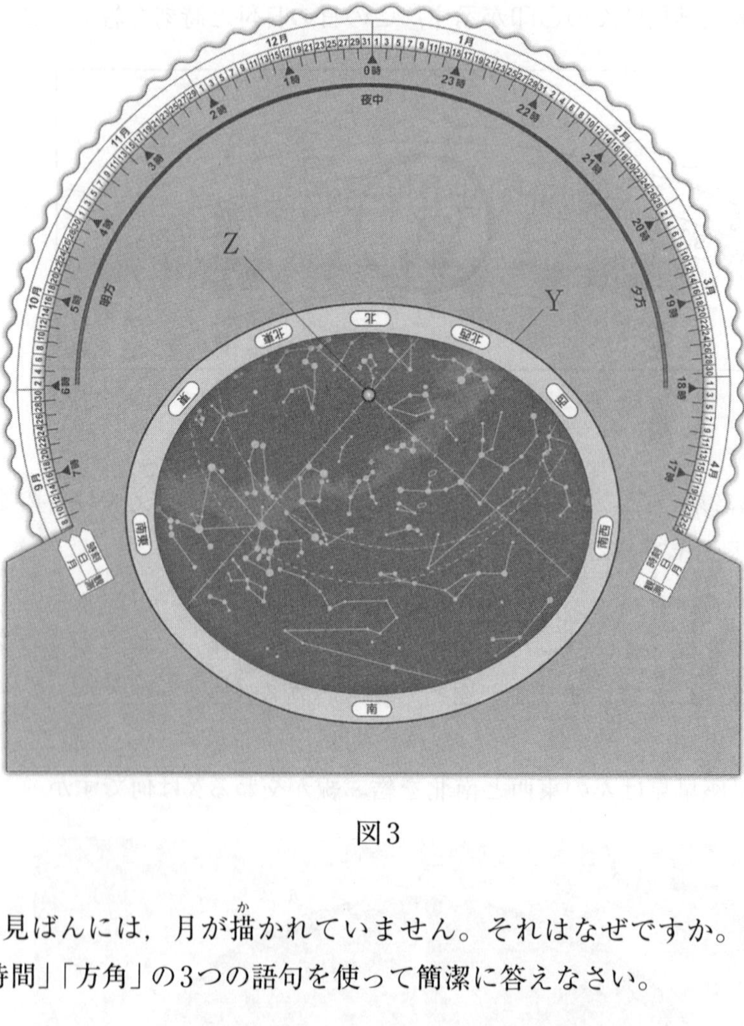

図3

(5) 星座早見ばんには，月が描《か》かれていません。それはなぜですか。「星座の星」「時間」「方角」の3つの語句を使って簡潔に答えなさい。

問七　――線部４「他方も然り」とありますが、具体的にどういうことですか。最も適切なものを次から一つ選び、記号で答えなさい。

ア　前肢を少し折り曲げて水を飲む母親に育てられれば、子どもも同じように前肢を少し折り曲げて飲むようになるということ。

イ　前肢を少し折り曲げて水を飲むのが好きな子どもであれば、母親も同じように前肢を少し折り曲げて飲むようにするということ。

ウ　前肢を大きく広げて水を飲むのが好きな子どもであれば、母親は逆に前肢を少し折り曲げて水を飲むようにするということ。

エ　前肢を大きく広げて水を飲む母親に育てられれば、子どもも同じように前肢を大きく広げて水を飲むようになるということ。

問八　＝＝線部「生きていくために、その割合になっている」とありますが、どういうことですか。次の［　　］に合うように、「乾燥」と「優先」ということばを使って四十字以内で説明しなさい。

キリンの母乳は、［　　　　　　　　　　］ということ。

問五　本文中の［　　　］には、次の（い）～（に）の４つの文が入ります。正しい順序に並べかえ、記号で答えなさい。

（い）天敵の目を欺《あざむ》くために、氷上の環境に溶《と》け込《こ》むような目立たない白色の体色をしている。

（ろ）さらに、このときの毛は水をはじくため、いざとなったら生後４日目でも海に潜《もぐ》ることができる。

（は）さらにズキンアザラシの子どもは、一人で生き残るための戦略も身につけている。

（に）ちなみに、４日間の授乳では物足りない個体もあるようで、中には自身の母親がいなくなったあと、別のアザラシの母子の間に割って入り、その母親のお乳を横取りする行動も見られるという。

問六　――線部３「キリンの母乳は、前出のアザラシと真逆」とありますが、次の円グラフは、動物の母乳の成分を円グラフにしたものです。キリンの母乳とタテゴトアザラシの母乳の成分を表した円グラフの組み合わせとして最も適切なものを次から一つ選び、記号で答えなさい。

ア　キリン＝A　タテゴトアザラシ＝C

イ　キリン＝B　タテゴトアザラシ＝C

ウ　キリン＝B　タテゴトアザラシ＝D

エ　キリン＝A　タテゴトアザラシ＝D

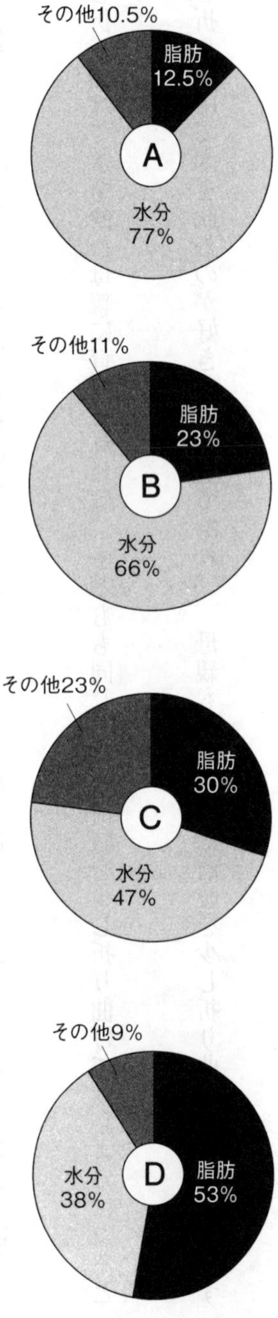

問一　〰〰線部A「授乳」と同じ構成の熟語を次から一つ選び、記号で答えなさい。

ア　閉店　　イ　円安　　ウ　倉庫　　エ　往復

問二　[B] に入る言葉を次から一つ選び、記号で答えなさい。

ア　敬遠される　　イ　他に類を見ない　　ウ　珍《めずら》しくない　　エ　一長一短である

問三　――線部1「これが野生で生きるということなのである」とありますが、どういうことですか。最も適切なものを次から一つ選び、記号で答えなさい。

ア　野生では、子どもを生き延びさせるために、ニオイが強く出る授乳期間をできるだけ短く終わらせるということ。

イ　野生では、自分がより長く生き延びるために、生まれたばかりの子どもを天敵に差し出すことがあるということ。

ウ　野生では、子孫を残すために、敵に襲われやすい子どもから早々に離れて生き残る確率を上げるということ。

エ　野生では、種全体が長期的に繁栄《はんえい》するために、子育てよりも出産の回数を確保することを優先するということ。

問四　――線部2「母から子への最大限の贈り物」とありますが、それはどのようなものですか。最も適切なものを次から一つ選び、記号で答えなさい。

ア　親と離れたあともしばらくは生き延びられる食料とそれを貯蓄《ちょちく》するもの。

イ　寒い環境でも生き延びられるくらいの栄養源と防寒対策になるもの。

ウ　乳児期に特に必要となる免疫力《めんえきりょく》と寒い海を泳ぐための知恵をつけるもの。

エ　天敵の攻撃《こうげき》から身を守るための盾《たて》や防護服となるようなもの。

割合になっている。

キリンの母乳に水分が多いのは、キリンがアフリカという乾燥した草原地帯に棲息していることに由来する。アザラシと違い、キリンの子どもは寒さに耐えるための脂肪より、体を潤《うるお》す水分の補給が重要ということである。

さらに、キリンの授乳期間は約10ヶ月と比較的長い。さらに、生後2週間ほどで、草を食べ始め、離乳後も母親と同じ群れで何年も一緒に過ごすことができる。そのため、アザラシのように高栄養なミルクで急激に成長する必要はない。

そこで、キリンの母乳は栄養分よりも、水分を優先した配分になった。アフリカの草原のように乾燥した土地では、すべての生物にとって水分の獲得《かくとく》が生き残りに直結するといっても過言ではないのであろう。

また、首を長くしたキリンは、じつはとても高血圧である。心臓からはるか2メートル上にある頭部へ血液を送らなければならないためであり、平常時の血圧は260mmHg（ミリメートル・エイチ・ジー）。人間の血圧が平常時で120mmHgであることと比べれば、その高血圧ぶりがおわかりいただけるだろう。

さらに、キリンが水を飲むときは、あの長い首をグーっと地面へおろし、頭を垂れて水を飲むことになる。じつはそれがとても大変なのである。心臓より下に頭が長時間あると、どうなるか。私たちが逆立ちしている時の状態を想像していただきたい。そう、頭に血が上る。

それでも水は飲みたい。その結果、前肢《まえあし》を大きく広げて飲むか、前肢を少し折り曲げて飲むか、という2つの方法を編み出した。こうすれば、心臓と頭の高低差を少しでも小さくすることができる。この方法は母から子へ伝授されるようで、大きく前肢を広げる母親に育てられれば、子どももそのような飲み方をし、4他方も然《しか》りとなる。

首を長くした結果、他の動物が届かない上の方にある植物は食べられるようになったものの、今度はそれが仇《あだ》となって下向きの動作が困難になるとは……。そんな不器用さもキリン好きにはたまらない魅力《みりょく》なのであろう。

（田島木綿子『クジラの歌を聴け　動物が生命をつなぐ驚異のしくみ』より）

（注）※咀嚼…かみくだくこと。

こうしてたくましい個体が生き残っていくのかもしれない。
同じ北西大西洋に生息するタテゴトアザラシも、ズキンアザラシほどではないが、授乳期間が２週間と比較的《ひかくてき》短いことで知られている。こちらも53％にもなる高脂肪の母乳を子どもに与え、２週間で子どもの体重は10キログラムから４倍の40キログラムに増える。

Ⅱ

キリンは、クジラと同じ鯨偶蹄《くじらぐうてい》目の一種で、ウシと同じ反芻《はんすう》（一度飲《の》み込《こ》んだ食物を口に戻し、再び※咀嚼《そしゃく》してまた飲み込むこと）をする反芻類である。乳首は後ろ足の付け根に２対、４個存在する。
アフリカの草原で生《い》き抜《ぬ》く草食獣《そうしょくじゅう》で、出産や授乳は外敵に襲われるリスクにさらされる。そのため、他の草食動物と同様に基本的に立ったまま子どもを出産し、授乳もする。子どもは、生まれてすぐに立ち上がり、母親に誘導《ゆうどう》されてはるか頭上にある乳首を探し当て、母乳を飲み始める。
[3]キリンの母乳は、前出のアザラシと真逆で、脂肪分をはじめとする栄養分はわずか23％、残り77％が水分である。この脂肪分の割合は、人間が飲むスキムミルク（牛乳から乳脂肪分を取り除き乾燥《かんそう》させたもの。脱脂《だっし》粉乳）と、ほぼ同じである。
私がスキムミルクを身近に感じたのは、大学院を卒業してからアメリカに武者修行《むしゃしゅぎょう》に行った時である。当時、アメリカのスーパーマーケットへ行くのが楽しくて、暇《ひま》さえあれば出かけていた。アメリカのスーパーマーケットの陳列《ちんれつ》品数は桁違《けたちが》いで、ミルク一つとっても種類が多すぎてどれを買ってよいのか本当に迷ってしまうのだ。
一つ一つ手に取り裏面に書いてある成分をよく熟読したが、その中でもスキムミルクのバリエーションはすさまじかった。
今では肥満防止や健康維持《いじ》のためにスキムミルクを選ぶ人が増えていると聞くが、キリンの場合は生きていくために、その

四　次の文章Ⅰ・Ⅱを読んで、後の問いに答えなさい。

Ⅰ

アザラシ類は、世界中に19種知られており、日本にはそのうちの5種、ゴマフアザラシ、ゼニガタアザラシ、ワモンアザラシ、アゴヒゲアザラシ、クラカケアザラシが棲息《せいそく》、または回遊している。アザラシの乳首《ちくび》は、おへその下に1対存在する種が多いが、アゴヒゲアザラシのように2対存在する種もいる。基本的に、水中ではなく陸上または氷上で子育てや[A]授乳をする。

中でも、北大西洋や北極海に棲息するズキンアザラシの授乳は、わずか4日間で終わり、哺乳類《ほにゅうるい》最短といわれている。この哺乳類最短の授乳期間は、シャチやホッキョクグマなどの外敵に襲《おそ》われるのを防ぐためと考えられている。

生まれたばかりの子どもは強いニオイを発しているため、外敵に狙《ねら》われやすい。母子が一緒にいると両方襲われて死んでしまう可能性が高くなる。ならば早めに離れて、生き残る確率を上げようという作戦なのだろう。

一見、育児放棄《ほうき》のような印象を受けるが、[1]これが野生で生きるということなのである。子孫を残すことがメスの最大のミッションであれば、かりに子どもの命が失われても、母親は次の子どもをつくることが可能となる。

実際、ズキンアザラシのメスは、授乳を終えるとすぐに発情する。そのため、授乳中のメスの横で、次のチャンスを狙うオスが、待機している場合も少なくない。

母親は早く離乳《りにゅう》させる代わりに、脂肪分《しぼうぶん》が60%以上という高脂肪の母乳を子どもに与《あた》え、共に過ごす4日の間に子どもの体重を20キログラムから40キログラムに倍増させる。高脂肪の母乳によって、皮下脂肪を一気に増やす作戦である。これが、短い期間しか一緒にいられない、[2]母から子への最大限の贈《おく》り物《もの》なのだろう。

脂肪分60%以上の母乳は、[B]。たとえばウシの乳（牛乳）の脂肪分は10%程度、私たちが一般的《いっぱんてき》に食べるチーズは約25%、バターは約80%なので、液体バターを飲んでいるようなものである。それは太る、いや太れるはずである。

ズキンアザラシは、北西大西洋や北極海の氷上で出産することから、子どもにとって皮下脂肪は栄養源になるとともに、寒い環境《かんきょう》でも体温を保ち、その後の水中生活に耐《た》えるための防寒対策としても大変重要となる。

ウ　「お父さん」は、亡くなる前に祖母がセミの羽化を見たいと願って一緒に病室で見たことを覚えていて、認知症になっても祖母の最後の願いを覚えていたのかと感動している。

エ　「お父さん」は、祖母のために佑や理子がセミの幼虫を一時間近く探し回ったことを覚えていて、祖母が亡くなる前の時期であったのによく覚えていたと感心している。

問六　――線部４「佑はうなずくことができなかった」とありますが、その理由として最も適切なものを次から一つ選び、記号で答えなさい。

ア　セミの羽化よりもテレビを見たいという自分の気持ちを優先させてしまったことを、後ろめたく思っているから。

イ　日に日に弱っていく祖母の姿を見に行くのが怖くてひとりで家に帰ってしまい、羽化を見られなかったから。

ウ　入院中の祖母をたずねるのが億劫で家に帰ってしまったことを今さらながら問題視され、不満に思っているから。

エ　祖母のためにセミの幼虫を探して一時間近く団地をうろうろしたのに、結局自分だけ見つけられなかったから。

問七　――線部Ⅰ・Ⅱ「ジージージー」とありますが、セミの声を入れることで得られる効果として最も適切なものを次から一つ選び、記号で答えなさい。

ア　Ⅰは、霊園の竹の生垣の手前で佑が林さんに言われた言葉を思い出すためのきっかけを作り、Ⅱは、佑が姉の理子とセミの幼虫を探しに行ったことを思い出すためのきっかけを意図的に作る効果がある。

イ　Ⅰは、墓石に反響してうるさく鳴くセミの声を象徴《しょうちょう》的に描くことで真夏のお墓参りの暑さを強調し、Ⅱは、祖母にセミの羽化を見せたいと幼虫を探した過去の佑と、現在の祖父の気持ちの焦《あせ》りを関連づける効果がある。

ウ　Ⅰは、祖母のお墓から霊園の行き止まりまでを佑たちが移動している間の時間経過を印象的に伝え、Ⅱは、生き物が命尽《つ》きる前に見せる生き様を生前の祖母の願いと結びつける効果がある。

エ　Ⅰは、墓石に反響しているセミの声を無言の祖父と対照的に描《えが》くことで霊園内の静けさを際立《きわだ》たせ、Ⅱは、現在のセミの声と三年前のセミの声を重ねるように描くことで過去の回想への入口と思わせる効果がある。

問八　――線部５「お年寄りのやることには、やっぱり意味がある」とありますが、祖父が墓前に供えた求肥を食べた理由を四十字以内で説明しなさい。

問一　［A］に入る言葉を次から一つ選び、記号で答えなさい。

ア　伝言　　イ　格言　　ウ　受け売り　　エ　押し売り

問二　〰〰線部B「震える」とありますが、何が震えるのですか。本文中より一語でぬき出しなさい。

問三　――線部１「心配して手を出そうとした理子を、佑は制した」とありますが、ここから佑のどのような態度が読み取れますか。最も適切なものを次から一つ選び、記号で答えなさい。

ア　祖父は祖父なりに目的があって何かをしようとしているはずなので、口をはさまず冷静に見守ろうとしている。

イ　祖父の不可解な行動の裏にかくされた意味を知り、じゃまをせずに見守らなければならないと意気込んでいる。

ウ　祖父には祖父にしか分からない事情があるというのに、姉はなぜうかつに介入しようとするのかと怒っている。

エ　祖父は認知症なので、周りにはなかなか理解しにくい行動をとることがあっても仕方がないとあきらめている。

問四　――線部２「そんなものを探していたのか？」とありますが、このときの佑の様子として最も適切なものを次から一つ選び、記号で答えなさい。

ア　祖父が認知症になってもセミの抜け殻を二匹も探し出せたことに、言葉を失っている。

イ　祖父が突然セミの幼虫探しを始めたので、認知症が進んでしまったのかと心配している。

ウ　祖父が家族に心配をかけてまで探していたのがセミだとわかり、不満をあらわにしている。

エ　祖父がセミの幼虫を探して歩き回っていたということが意外で、驚きあきれている。

問五　――線部３「覚えてたんだ、お父さん」とありますが、このとき「覚えてたんだ」と言ったことの内容と、母の気持ちを説明したものとして最も適切なものを次から一つ選び、記号で答えなさい。

ア　「お父さん」は、セミの幼虫が殻を破るときに触ったりしなければ羽化して無事に飛び立って行くことを覚えていて、三年も前のことなのにすごい記憶力だなと驚いている。

イ　「お父さん」は、理子や佑がよくセミの幼虫を探しては持ち帰ってきて羽化させていたことを覚えていて、少し認知症の症状が緩和しているのではないかと期待している。

理子はうっとりとした目で、佑に同意を求めたが、4佑はうなずくことができなかった。

「見てない」

「え、そうだっけ？」

理子は一瞬《いっしゅん》ひねりかけた首を、軽くたてに振った。

「あ、そうだったね。佑、行かなかったんだ。テレビを見たいとかなんとか言って」

あのとき、「早くしないと、羽化が始まる」とせかす理子から離《はな》れて、佑はひとりで家に帰った。確かに見たいアニメもあったからだが、それよりも、病院が怖《こわ》かった。日に日に弱っていく祖母の姿を見るのが嫌《いや》だったのだ。その少し前から、佑は入院中の祖母をたずねるのが億劫《おっくう》になっていた。

「やばかったよ。めっちゃきれいだったんだから」

あの日、理子は、先に見舞《みま》いに行っていた母や祖父と一緒に羽化を見たのだという。

「殻が割れて、ゆっくりと真っ白な羽が出てきたの。初めはぬれた絹糸みたいだったけど、すぐに白いレースみたいに広がった。それが、見ている間にすきとおった緑色をおびたの。エメラルド細工みたいだったんだから」

「あれは、おばあちゃんにも、いいなぐさめになったわね」

母も、祖父が幼虫を収めたプラスチックケースをいとおしそうに見た。

祖父が突然求肥を食べたのは、ケースを空にするためだったのだろう。食欲の衝動《しょうどう》を抑《おさ》えきれなかったわけではなかったのだ。

5お年寄りのやることには、やっぱり意味がある。

見つけた幼虫を持って、祖母の墓まで戻《もど》った。供えたばかりの花の茎《くき》につかまらせると、幼虫はしっかりと茎を握った。

無事に羽化できますように。

佑は両手を合わせた。

（まはら三桃『奮闘するたすく』より）

佑はちょっと拍子《ひょうし》抜《ぬ》けした。意味があるのか、ないのか。

「ひとつは、おばあちゃんに持っていってやろう」

でも祖父がそう言ったときだった。

3「覚えてたんだ、お父さん」

首をひねる佑の背中越《ご》しに、母の感に堪《た》えないというような声がした。振《ふ》り返《かえ》ると涙《なみだ》ぐんでいる。

「おばあちゃんね、亡《な》くなる前に、セミの羽化《うか》が見たいって言いだしたことがあってね」

「あ、そうだったよね。だから佑、一緒《いっしょ》に幼虫探しに行ったじゃん」

理子も思いだしたように続けた。その言葉に佑の頭の中でも、記憶がぱちんとはじけた。

「あ、あったかも」

Ⅱジージージー。

ふってくるようなセミの声の中、理子と幼虫を探したのは、三年前のお盆《ぼん》過ぎのことだった。

佑の住んでいる団地は、敷地内《しきちない》に桜の木がたくさん植えてある。春には枝がしなるほどの花を咲《さ》かせる桜が、夏にはぎっしりのセミでB震《ふる》える。当然、土の中にはたくさんの幼虫が眠っていて、抜《ぬ》け殻《がら》があちこちに落ちている。父親がビールのつまみによく食べる、かりかりした空豆のから揚《あ》げみたいな殻だ。その殻に、たまに中身が入っていることがある。それが、羽化するために、土から出てきたばかりの幼虫だ。

この幼虫をそっと持ち帰って、虫かごの中でや、網戸《あみど》につかまらせて羽化させたことが、何度かあった。殻を破るときに、触《さわ》ったりしなければ、セミは無事に飛び立っていく。

「おばあちゃんが、見たいんだって。羽化するところ」

あの夏の日、佑はそう言う理子に連れられて、幼虫を探して団地の植《う》え込《こ》みに目を凝《こ》らしたのだった。けれども探してみると、案外いないもので、一時間近くもうろうろした。

「あのときの羽化は本当にきれいだったよねえ」

「ごみは家に持って帰って捨てたらいいよ」

和菓子が入っていたケースを握《にぎ》っていたので、ごみ捨てなのかと思ったが、祖父は無言だ。

Ⅰジージージー。

墓石に反響《はんきょう》するのか、セミの声が大きくきこえる。

結局祖父は、霊園《れいえん》の行き止まりまで行きついてしまった。その先は林みたいに木がたくさん植えられていて、入れないように、竹で生垣《いけがき》が作ってあった。祖父は生垣の手前で座《すわ》り込《こ》んだ。

「なにしてんの？」と、佑はもう一度きこうとしたが、やめた。ふと、林さんの言葉を思いだしたからだ。

「おじいちゃん、具合でも悪いの？」

1心配して手を出そうとした理子を、佑は制した。

「大丈夫《だいじょうぶ》。こっちから見たら、わけがわからなくても、お年寄りのやっていることには、意味があるんだから」

林さんからの［Ａ］だ。

しばらく祖父は、なにかを探すように、地面を点検していたが、

「おお、やっぱりいたな」

と言った。

「なにが？」

「セミの幼虫だ」

「セミの幼虫？」

「そこと、そこだ、佑」

「あ、ほんとだ」

祖父が指を差したところに、佑も割れていない殻《から》を見つけた。しかも二匹《ひき》も。

2そんなものを探していたのか？

2024年度

鶴見大学附属中学校

【国　語】〈難関進学クラス一次試験〉（四五分）〈満点：一〇〇点〉

《注意》（字数制限のある問題は、句読点・記号も一字に数えます。）

一　**次の――線部の漢字の読み方を書きなさい。**

1　冬至にはゆずとカボチャが欠かせない。

2　苦手なことでも横着しないで取り組む。

3　責任感が芽生える。

4　あえて茨の道を進む。

5　職人が高い技術で布を織る。

二　**次の――線部のカタカナを漢字で書きなさい。**

1　カンショウ用に育てられた草木。

2　政府がカクギ決定した方針。

3　文化をデンショウする。

4　創立百周年のフシメの年。

5　委員長の候補者にオす。

三　**次の文章を読んで、後の問いに答えなさい。**

　小学校五年生の野沢佑《のざわたすく》は、父と母、姉の理子、そして認知症《にんちしょう》の祖父と共に祖母のお墓参りにやってきた。この日の祖父は朝から調子がよく、お供えする和菓子《わがし》まで準備するなど完璧《かんぺき》な様子を見せていたが、お墓参りをした直後、突然《とつぜん》供えたばかりの和菓子のケースに手を伸《の》ばし、入っていた求肥《ぎゅうひ》を食べて歩き出した。

「ちょ、どこに行くの？」

佑はあとを追いかけながらたずねたが、返事はない。

2024年度

鶴見大学附属中学校 ▶解説と解答

算 数 ＜難関進学クラス１次試験＞（45分）＜満点：100点＞

解 答

1 (1) 22 (2) $\frac{1}{2}$ (3) 0.16 (4) $\frac{3}{7}$ (5) 6 2 (1) 18 (2) 57 (3) 63人 (4) 72枚 (5) $\frac{23}{77}$ (6) 5.5％ (7) 56度 (8) 6 cm (9) 251.2cm^3
3 (1) 148.3cm (2) 157.4cm 4 (1) ア 31 イ 5 (2) 0.4秒 5 (1) 43 (2) 39

解 説

1 四則計算，計算のくふう，逆算

(1) $182-95+79-144=87+79-144=166-144=22$

(2) $\frac{3}{5}-\frac{2}{5}\times\left\{1\frac{1}{6}-\left(1\frac{2}{3}-\frac{3}{4}\right)\right\}=\frac{3}{5}-\frac{2}{5}\times\left\{1\frac{2}{12}-\left(1\frac{8}{12}-\frac{9}{12}\right)\right\}=\frac{3}{5}-\frac{2}{5}\times\left\{\frac{14}{12}-\left(\frac{20}{12}-\frac{9}{12}\right)\right\}=\frac{3}{5}-\frac{2}{5}\times\left(\frac{14}{12}-\frac{11}{12}\right)=\frac{3}{5}-\frac{2}{5}\times\frac{3}{12}=\frac{3}{5}-\frac{2}{5}\times\frac{1}{4}=\frac{3}{5}-\frac{1}{10}=\frac{6}{10}-\frac{1}{10}=\frac{5}{10}=\frac{1}{2}$

(3) $A\div C+B\div C=(A+B)\div C$となることを利用すると，$(2.7\div 4-2.3\div 4+1.2\div 4)\times 0.4=(2.7-2.3+1.2)\div 4\times 0.4=(0.4+1.2)\div 4\times 0.4=1.6\div 4\times 0.4=0.4\times 0.4=0.16$

(4) $\left(1\frac{4}{21}\div\square-2\frac{2}{3}\right)\times\frac{3}{5}=\frac{1}{15}$より，$1\frac{4}{21}\div\square-2\frac{2}{3}=\frac{1}{15}\div\frac{3}{5}=\frac{1}{15}\times\frac{5}{3}=\frac{1}{9}$，$1\frac{4}{21}\div\square=\frac{1}{9}+2\frac{2}{3}=\frac{1}{9}+2\frac{6}{9}=2\frac{7}{9}$ よって，$\square=1\frac{4}{21}\div 2\frac{7}{9}=\frac{25}{21}\div\frac{25}{9}=\frac{25}{21}\times\frac{9}{25}=\frac{3}{7}$

(5) $\left\{\left(\frac{5}{6}\times\square-3.25\right)\div 7+0.125\right\}\div 2\frac{1}{4}=\frac{1}{6}$より，$\left(\frac{5}{6}\times\square-3.25\right)\div 7+0.125=\frac{1}{6}\times 2\frac{1}{4}=\frac{1}{6}\times\frac{9}{4}=\frac{3}{8}$，$\left(\frac{5}{6}\times\square-3.25\right)\div 7=\frac{3}{8}-0.125=\frac{3}{8}-\frac{1}{8}=\frac{2}{8}=\frac{1}{4}$，$\frac{5}{6}\times\square-3.25=\frac{1}{4}\times 7=\frac{7}{4}=1\frac{3}{4}$，$\frac{5}{6}\times\square=1\frac{3}{4}+3.25=1\frac{3}{4}+3\frac{1}{4}=5$ よって，$\square=5\div\frac{5}{6}=5\times\frac{6}{5}=6$

2 約数と倍数，整数の性質，集まり，差集め算，数列，濃度《のうど》，角度，長さ，展開図，体積

(1) 求める数をAとすると，右の図１で，48とAの最小公倍数は144なので，$6\times 8\times B=144$となる。よって，$48\times B=144$より，$B=144\div 48=3$であり，$A=6\times B=6\times 3=18$と求められる。

図１

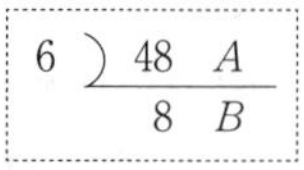

(2) $88-60=28$より，（□×４）の値の下２けたは28になる。そこで，□の値を調べると，$28\div 4=7$，$128\div 4=32$，$228\div 4=57$，$328\div 4=82$，$428\div 4=107$，…より，２けたの奇数《きすう》である□は57とわかる。

(3) ２題とも正解した人は，Ａの正解者70人の30％なので，$70\times 0.3=21$（人）である。この21人は，Ｂの正解者の$\frac{3}{5}$なので，Ｂの正解者は，$21\div\frac{3}{5}=21\times\frac{5}{3}=35$（人）となる。したがって，Ａだけ正解した人は，$70-21=49$（人），Ｂだけ正解した人は，$35-21=14$（人）なので，どちらか１題だけ正解した人は，$49+14=63$（人）とわかる。

(4) 画用紙を12枚ずつ配ってから３枚ずつもどしてもらったので，配り直した後の１人あたりの枚数は，12－３＝９(枚)であり，はじめにいた生徒に９枚ずつ配ると，９×２＝18(枚)余る。すると，１人に配る枚数の差が，12－９＝３(枚)ずつのとき，はじめにいた生徒に配る枚数全体の差が18枚となる。よって，はじめにいた生徒の人数は，18÷３＝６(人)であり，画用紙の枚数は，12×６＝72(枚)と求められる。

(5)　並んでいる分数は，$\frac{1}{99}$，$\frac{1}{49}=\frac{2}{98}$，$\frac{3}{97}$，$\frac{1}{24}=\frac{4}{96}$，$\frac{1}{19}=\frac{5}{95}$，…であり，$N$番目の分数の分子は$N$，分母は(100－$N$)である。よって，23番目の分数の分子は23，分母は，100－23＝77なので，23番目の分数は$\frac{23}{77}$とわかる。

(6)　６％の食塩水500ｇに含《ふく》まれる食塩の重さは，500×0.06＝30(ｇ)であり，これに水を加えても食塩の重さは変わらない。すると，水を加えてつくる予定であった５％の食塩水に含まれる食塩の重さは30ｇであり，その５％の食塩水の重さは，30÷0.05＝600(ｇ)となる。よって，加えるつもりだった水の重さは，600－500＝100(ｇ)とわかる。実際につくった食塩水は，６％の食塩水500ｇに３％の食塩水100ｇを加えた600ｇの食塩水であり，３％の食塩水100ｇに含まれる食塩の重さは，100×0.03＝３(ｇ)なので，含まれる食塩の重さは，30＋３＝33(ｇ)となる。したがって，濃度は，33÷600＝0.055より，5.5％と求められる。

(7)　下の図２で，おうぎ形の半径の長さは等しいので，OAとOCの長さは等しい。また，三角形OABを折り返したので，OAとCAの長さも等しく，三角形OACは正三角形であり，角AOCは60度とわかる。すると，角BOCの大きさは，88－60＝28(度)である。さらに，OBとCBの長さは等しいから，三角形BCOは二等辺三角形であり，角BCOも28度とわかる。よって，三角形BCOについて，内角と外角の関係から，図２の角アの大きさは，角BOCと角BCOの大きさの和と等しいので，28×２＝56(度)と求められる。

図２

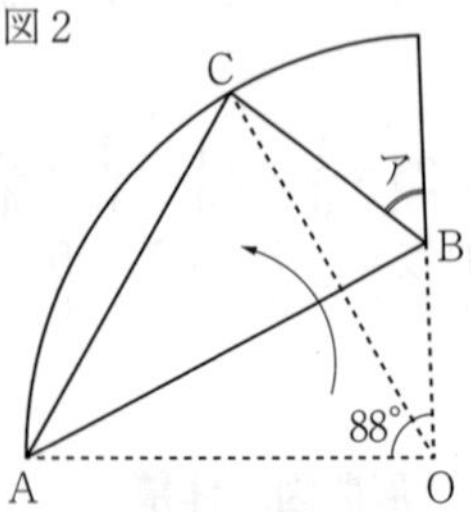

図３

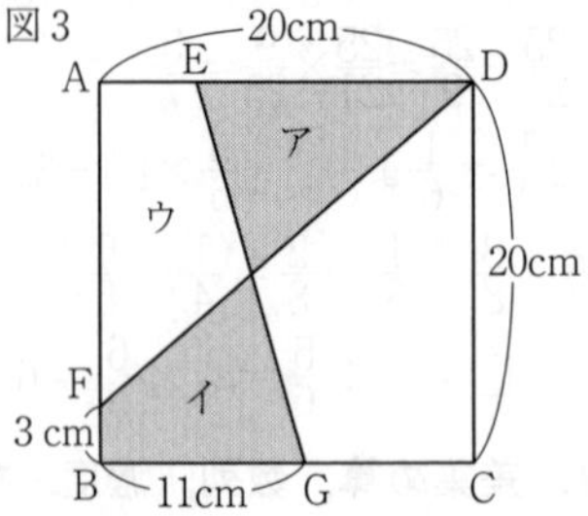

図４

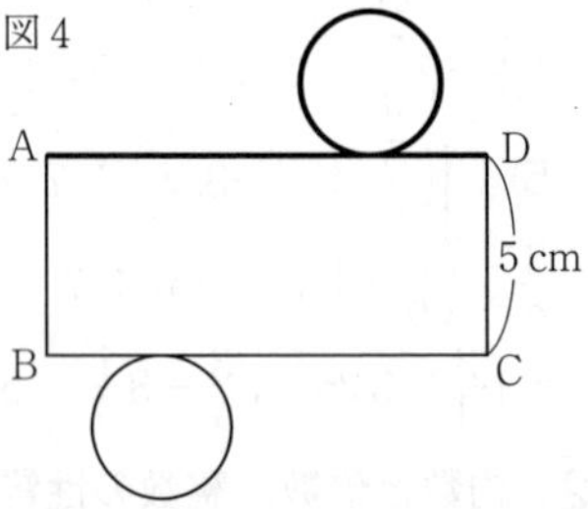

(8)　上の図３で，アとイの面積は等しいので，アとウの面積の和(直角三角形AFDの面積)と，イとウの面積の和(台形ABGEの面積)も等しい。図３でAFの長さは，20－３＝17(cm)なので，直角三角形AFDの面積は，20×17÷２＝170(cm^2)となり，台形ABGEの面積も170cm^{2}である。AEの長さを△cmと表すと，台形ABGEの面積は，(△＋11)×20÷２＝170(cm^2)となるので，(△＋11)×20＝170×２＝340，△＋11＝340÷20＝17より，△＝17－11＝６(cm)とわかる。よって，AEの長さは６cmである。

(9)　上の図４で長方形ABCDの面積は125.6cm^{2}なので，ADの長さは，125.6÷５＝25.12(cm)である。図４の展開図を組み立てて円柱をつくるとき，２つの太線の長さは等しいので，円周の長さも25.12cmとわかり，円の直径は，25.12÷3.14＝８(cm)，半径は，８÷２＝４(cm)と求められる。よって，円柱の体積は，(４×４×3.14)×５＝80×3.14＝251.2(cm^3)とわかる。

３　平均とのべ，和差算

⑴　４人の平均身長は152.9cmなので，(合計)＝(平均)×(人数)より，４人の身長の合計(…ア)は，152.9×４＝611.6(cm)である。また，Ａさん，Ｂさん，Ｃさんの平均身長が153.7cmであることから，Ａさん，Ｂさん，Ｃさんの身長の合計(…イ)は，153.7×３＝461.1(cm)，Ａさん，Ｄさんの平均身長が149.4cmであることから，Ａさん，Ｄさんの身長の合計(…ウ)は，149.4×２＝298.8(cm)とわかる。よって，アとイの差より，Ｄさんの身長は，611.6－461.1＝150.5(cm)とわかり，ウより，Ａさんの身長は，298.8－150.5＝148.3(cm)と求められる。

⑵　Ａさんの身長は148.3cmなので，⑴のイより，ＢさんとＣさんの身長の合計は，461.1－148.3＝312.8(cm)である。また，Ｂさんの身長はＣさんより２cm高いので，右の図のようになる。よって，Ｂさんの身長の２倍は，312.8＋２＝314.8(cm)なので，Ｂさんの身長は，314.8÷２＝157.4(cm)と求められる。

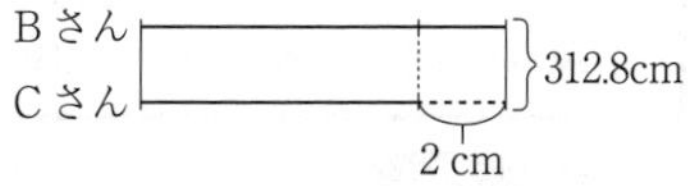

4　場合の数，速さ

⑴　トーナメント戦では，１試合につき１チームが負け，優勝チーム以外のどのチームも１回ずつ負ける。負けるチームの数は，32－１＝31(チーム)であり，31チーム負けるには31試合必要である。よって，全試合数は31試合であり，アは31とわかる。また，１試合目を勝ち残るチーム数は，32÷２＝16(チーム)となり，試合をするごとに勝ち残るチーム数は半分になる。すると，勝ち残るチーム数は２試合目で，16÷２＝８(チーム)，３試合目で，８÷２＝４(チーム)，４試合目で，４÷２＝２(チーム)となり，最後に５試合目の決勝戦に勝ったチームが優勝する。よって，優勝するには５回勝つ必要があり，イは５とわかる。

⑵　１km＝1000m，１時間＝60分＝3600秒より，時速165kmは秒速，165×1000÷3600＝$\frac{165\times1000}{3600}=\frac{275}{6}$(m)である。投手から捕手《ほしゅ》までの距離《きょり》は18.44mなので，投手が投げてから捕手がキャッチするまでの時間は，$18.44\div\frac{275}{6}=18\frac{11}{25}\times\frac{6}{275}=\frac{461}{25}\times\frac{6}{275}=\frac{2766}{6875}$(秒)となる。よって，$\frac{2766}{6875}$＝2766÷6875＝0.40…より，小数第２位を四捨五入して0.4秒と求められる。

5　約束記号

⑴　ある数を筒《つつ》☆に通すと，もとの数を３で割った数が出てくる。また，ある数を筒♡に通すと，もとの数に２を足した数が出てくる。よって，123を筒☆に通すと，123÷３＝41が出てきて，41を筒♡に通すと，41＋２＝43が出てくるとわかる。

⑵　下の図１のように，筒☆に通して出てくる数を①とすると，はじめの数は③と表せる。問題文より，①を筒♡に通して出てくる数は，はじめの数である③より24小さい数なので，①＋２＝③－24となる。これを線分図で表すと，下の図２のようになる。よって，③－①＝②は，２＋24＝26であり，①＝26÷２＝13となるので，はじめの数は，③＝13×３＝39と求められる。

図１

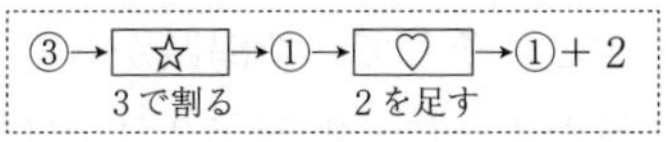

図２

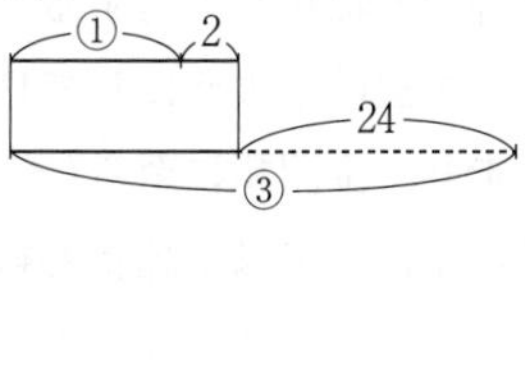

社　会　＜難関進学クラス１次試験＞（理科と合わせて45分）＜満点：50点＞

解　答

1 (1) 金沢　(2) ウ　(3) ア　(4) イ　(5) オ　(6) (a) オ　(b) イ　(7) エ
2 (1) エ　(2) イ　(3) カ　(4) エ　(5) イ　(6) 浮世絵　(7) イ　(8) 関税自主権　(9) オ　3 (1) 国民主権　(2) 厚生労働省　(3) イ　(4) オ　(5) (a) 地球温暖化　(b) オ　(6) ウ　(7) オ

解　説

1 日本各地の特色や気候，産業，交通などについての問題

(1) 石川県の県庁所在地は金沢市で，江戸時代には加賀藩前田家の城下町として栄えた。北陸新幹線は，2023年時点では金沢駅が終点となっていたが，2024年３月に敦賀《つるが》駅(福井県)まで延伸された。

(2) 青森県と秋田県にまたがる白神山地にはブナの原生林が広がっており，多様な生態系が育まれていることなどから，ユネスコ(国連教育科学文化機関)の世界自然遺産に登録されている(ウ…○)。なお，アは「カキ」ではなく「ホタテ」が正しい。青森県の2022年のカキの養殖収獲《ようしょくしゅうかく》量は０であった。イは「からっ風」ではなく「やませ」が正しい。からっ風は，関東地方などで冬に吹《ふ》く冷たい乾《かわ》いた風のことである。エは「下北半島」ではなく「津軽半島」，オは「山形県」ではなく「宮城県」が正しい。

(3) 南部鉄器は，岩手県の盛岡市や奥州《おうしゅう》市で生産される鉄器で，江戸時代に置かれた南部藩(盛岡藩)で生産されていたことからその名がある(ア…×)。

(4) 新潟県に広がるイの越後《えちご》平野は，暗きょ排水《はいすい》の整備や治水によって，日本有数の米どころへと成長した。なお，アの津軽平野は青森県，ウの濃尾《のうび》平野は愛知県・岐阜県・三重県，エの筑紫《つくし》平野は福岡県・佐賀県，オの庄内《しょうない》平野は山形県に広がる平野である。

(5) はくさいは，茨城県と長野県の上位２県で全国の収穫《しゅうかく》量の約半分を占《し》めており，群馬県，埼玉県という関東地方の県がこれに続く(2021年，以下同じ)(オ…○)。なお，アにはぶどう，イにはレタス，ウにはなし，エにはりんごが当てはまる。

(6) (a) 富山市は冬の降水(雪)量が多い日本海側の気候に属しているので，雨温図Ｂに当てはまる。長野市は内陸の気候に属しており，１年を通じて降水量が少なく，１月の平均気温が０℃を下回るなどの特徴《とくちょう》があるので，雨温図Ｃに当てはまる。残った雨温図Ａが熊谷《くまがや》市(埼玉県)のもので，降水量が夏に多く，冬は少ないという太平洋側の気候の特徴が表れている。また，熊谷市は夏に高温となることで知られているので，最高気温が40.0℃という点も手がかりになる(オ…○)。　(b) 東京駅を出た北陸新幹線はおおむね北へと向かい，埼玉県の大宮駅まで東北・上越新幹線，高崎駅まで上越新幹線と線路を共用する。高崎駅から群馬県内をおおむね西へと向かって長野県に入った後，飛驒《ひだ》山脈を避《さ》けるようにして日本海沿岸へと北上する。そして，新潟県から富山県にかけて日本海沿岸を走り，金沢駅に至る(イ…○)。なお，(1)で見たように，2024年３月には敦賀駅まで延伸されている。また，アは上越新幹線，オは東海道新幹線のルートで，ウとエのような新幹線のルートはない。

(7) 令和４年から令和５年へかけての生産年齢人口の割合において，港南区と磯子《いそご》区は変化がなく，

金沢区と青葉区は減少している(エ…×)。

2 各時代の歴史的なことがらについての問題

(1) 国風文化は，唐(中国)の文化を基盤《きばん》としつつ日本の風土や生活に合わせた日本風の文化で，平安時代の894年に菅原道真の提案で遣唐使が停止され，中国の影響《えいきょう》が少なくなったことから発展していった(エ…×)。

(2) 奈良時代には，貴族どうしの争いや伝染《でんせん》病などの社会不安が相次いでいた。こうした時代に即《そく》位《い》した聖武天皇は，仏教の力で国を安らかに治めようと願い，743年に大仏造立《ぞうりゅう》の詔《みことのり》を出して大仏づくりを命じた。大仏づくりは，行基らの協力を得て東大寺で進められ，752年に完成した(イ…○)。なお，アの天智天皇とウの推古天皇，オの天武天皇は飛鳥時代，エの桓武天皇は平安時代の天皇である。

(3) Aは1192年(源頼朝が征夷大将軍となる)，Bは1185年(壇ノ浦の戦い)の出来事である。Cについて，平氏は1159年の平治の乱に勝って権力を強め，1167年には平清盛が武士として初めて太政《だいじょう》大臣となった。この流れの中で，平氏一門は朝廷の高位・高官を独占《どくせん》し，権力をふるった。よって，年代の古い順にC→B→Aとなる(カ…○)。

(4) エは豊臣秀吉ではなく，室町幕府の第３代将軍を務めた足利義満に当てはまる説明である。明(中国)との貿易では勘合《かんごう》と呼ばれる合い札が用いられたため，日明貿易は勘合貿易とも呼ばれるが，勘合貿易は豊臣秀吉が権力を握《にぎ》るより前の1551年にとだえていた(エ…×)。

(5) 1600年，アの関ヶ原の戦いに勝利して政治の実権を握った徳川家康は，1603年に征夷大将軍に任じられて江戸幕府を開いた。しかし，豊臣家は大阪(大坂)城を拠点《きょてん》に存続しており，その影響力の大きさをおそれた徳川家康は，1614年の冬の陣と1615年の夏の陣の２度にわたる大阪の陣(役)で大阪城を攻《せ》め，豊臣家をほろぼした(イ…○)。なお，ウの文禄《ぶんろく》・慶長《けいちょう》の役は，豊臣秀吉が1592～93年と1597～98年に行った朝鮮出兵のことである。エの長篠合戦は，1575年に行われた織田信長・徳川家康の連合軍と武田勝頼の戦い，オの桶狭間《おけはざま》の戦いは，1560年に行われた織田信長と今川義元の戦いである。

(6) 浮世絵は江戸時代に大成された絵画で，庶民《しょみん》の生活や名所の風景，人物などが題材となった。江戸時代後半には，錦絵《にしきえ》と呼ばれる多色刷り木版画の技法が確立されて大量生産が可能になったことから，広く庶民の娯楽《ごらく》として楽しまれるようになった。歌川広重はこの時代を代表する浮世絵師の１人で，『東海道五十三次』は彼の代表作として知られている。

(7) ア～オを合わせて五街道といい，江戸(東京都)の日本橋を起点として整備された。このうち，イの中山(仙)道は，現在の埼玉県・群馬県・長野県・岐阜県を通り，滋賀県の草津で東海道と合流し，北回り・内陸経由で江戸と京都を結んだ。なお，アの東海道は主に太平洋沿岸を通って京都まで，ウの甲州街道(道中)は甲府(山梨県)などを通って下《しも》諏訪(長野県)まで，エの日光街道(道中)は日光まで，オの奥州街道(道中)は白河(福島県)まで延びていた。

(8) 関税自主権は，貿易品にかける税率を自国で決められる権限のことで，江戸幕府が幕末に欧米諸国との間で結んだ修好通商条約(安政の五カ国条約)では，日本に関税自主権がなかった。そのため，貿易において不利な立場にあったが，1911年に外務大臣の小村寿太郎がアメリカとの交渉で関税自主権の回復に成功し，ほかの国もこれにならった。これによって，江戸幕府が欧米諸国との間で結んだ不平等条約の完全改正が実現した。

⑼　〈資料５〉によると，1923年に比べて1933年の神戸港の輸出入取扱《とりあつかい》額は減っているので，「1903年から1933年の30年間，常に増え続けました」という部分が誤っている(オ…×)。なお，アは〈資料１〉，イは〈資料２〉，ウは〈資料３〉，エは〈資料４〉から読み取れる。

3 国の政治の仕組みや環境《かんきょう》，世界の国々などについての問題

⑴　国の政治のあり方を最終的に決める権限のことを主権といい，日本国憲法は前文や第１条で主権が国民にあるという国民主権を明記している。国民主権は，基本的人権の尊重，平和主義とともに，日本国憲法の三大原則とされている。

⑵　厚生労働省は，社会保障や公衆衛生の向上などを担当する日本の中央省庁で，健康や医療《いりょう》に関する仕事や働く環境の整備など，労働に関する仕事も担当している。

⑶　日本の社会保障制度は，生活が苦しい人への援助《えんじょ》を行う公的扶助《ふじょ》(生活保護)，老後や病気・けがなどに備えて積み立てておいた保険料をもとに給付される社会保険，高齢者や児童，障がい者などの社会的に弱い立場にある人を援助する社会福祉，病気や感染の予防など，国民の健康な生活のための環境の整備をする公衆衛生の４つの柱からなっている(イ…○)。

⑷　栃木県を流れる渡良瀬《わたらせ》川の流域では，明治時代に，足尾銅山から流された鉱毒を原因とする足尾銅山鉱毒事件が発生し，田中正造がその解決に力をつくした(オ…×)。四大公害は，昭和時代の1960年代後半に裁判が起こされた４つの公害で，アで説明されている水俣《みなまた》病，イで説明されている四日市ぜんそく，ウで説明されている新潟(第二)水俣病，エで説明されているイタイイタイ病がこれにあたる。

⑸　⒜　二酸化炭素などは，太陽から届いた熱を地表付近にたくわえる性質があるため，温室効果ガスと呼ばれる。大気中の温室効果ガスが増えて地表付近に熱がこもり，気温が上昇《じょうしょう》する現象は，地球温暖化と呼ばれる。　⒝　Ｅの国はブラジルで，ロシア，カナダ，アメリカ，中国に次いで世界で５番目に面積が大きい。また，かつてポルトガルの植民地であったことから，主にポルトガル語が話されている(オ…○)。なお，Ａはエジプト，Ｂは中国，Ｃはインド，Ｄはアメリカで，アは「Ａ」ではなく「Ｄ」，ウは「Ｃ」ではなく「Ｂ」，エは「Ｄ」ではなく「Ａ」であれば，正しい説明になる。また，イについて，竹島をめぐっては，日本と韓国の間で領土問題となっている。

⑹　検索《けんさく》エンジンを「信頼《しんらい》できる」と回答した割合は43.1％で，雑誌・書籍を「信頼できる」と回答した割合の37.5％より多い(ウ…○)。なお，「信頼できる」と回答した割合は，テレビが53.8％，新聞が61.2％で，その差は7.4％と，10％以下である(ア…×)。ラジオについて「信頼できる」と「半々くらい」の割合を合わせると，50.9＋28.7＝79.6％より，８割を下回る(イ…×)。掲示《けいじ》板やフォーラムを「信用できない」と回答した割合は44.9％で，新聞を「信用できない」と回答した割合(9.0％)の５倍に当たる45.0％に満たない(エ…×)。雑誌・書籍について「信用できない」と回答した割合は11.0％で，ソーシャルネットワーキングサービス(SNS)について「信用できない」と回答した割合の27.5％よりも少ない(オ…×)。

⑺　オは，「地すべり」ではなく「液状化(現象)」であれば正しい説明になる。地すべりは，斜面《しゃめん》の一部あるいは全部が地下水の影響などによって下へと移動する現象のことで，大雨などを原因として発生する。

理　科　＜難関進学クラス１次試験＞（社会と合わせて45分）＜満点：50点＞

解　答

1　(1)　赤色，青色　(2)　a　(3)　①　角ａ＞角ｂ，角ｅ＜角ｆ　②　角ｃ＝角ｄ　③　ア　④　22度　2　(1)　①　オ　②　ア　③　エ　④　ウ　⑤　イ　⑥　カ　(2)　**記号**…Ａ，Ｂ　**色の変化**…赤色　(3)　（例）　水溶液Ｂ，Ｅ，Ｆに溶けている物質は気体だから。　(4)　Ａ，Ｅ　3　(1)　①　ア，イ　②　イ，ウ，エ　③　イ，オ，カ　(2)　（例）　だ液は加熱するとそのはたらきが失われるが，冷却してもそのはたらきは失われず，40℃に戻すとふたたびはたらく。　(3)　消化液　(4)　Ｙ，Ｚ，Ｘ　4　(1)　１月９日20時　(2)　イ，ウ，オ，キ　(3)　天頂　(4)　**Y**　地平線　**Z**　北極星　(5)　（例）　月は見える時間や方角の変わり方が星座の星と異なるため。

解　説

1　光の性質についての問題

(1)　植物の葉が緑色に見えるのは，光の三原色のうち緑色だけを反射し，赤色や青色は吸収して利用しているからである。植物はこの赤色や青色の光を利用して養分をつくるはたらき（光合成）をしている。

(2)　図１で，ａの光よりもｂの光の方が空気とガラスの境界面で大きく屈折《くっせつ》しているので，ｂの光の方が屈折率は高いと考えられる。したがって，赤色の光を表しているのはａで，紫《むらさき》色の光を表しているのはｂとわかる。

(3)　①　角ａと角ｅを入射角，角ｂと角ｆを屈折角という。屈折率は空気より水の方が大きいことから，光が空気中から水中に入るときは入射角より屈折角の方が小さくなり，水中から空気中に出るときは入射角より屈折角の方が大きくなる。　②　光が反射している点における入射角は角ｃ，反射角は角ｄで，光が反射するときの入射角と反射角の大きさは等しい。　③　図２の光の進み方から，太陽と虹《にじ》は観測者に対して反対の位置にあることがわかる。したがって，図３で太陽はアの位置にあると考えられる。　④　図４で，水滴，観測者，太陽光が地面にあたる点を結んでできる三角形において，三角形の内角と外角の関係より，赤色の光の高度は，42－20＝22（度）となる。

2　水溶液《すいようえき》の性質についての問題

(1)　水溶液Ａはアルカリ性で固体が溶《と》けているので水酸化ナトリウム水溶液，水溶液Ｂはアルカリ性でにおいがあるのでアンモニア水とわかる。水溶液Ｃと水溶液Ｄは中性なので砂糖水か食塩水だが，加熱してこげた物質が残った水溶液Ｄは砂糖水で，白い固体が溶けていた水溶液Ｃは食塩水となる。また，水溶液Ｅは酸性でにおいがあるので塩酸（塩化水素の水溶液），水溶液Ｆは酸性でにおいがないので炭酸水（二酸化炭素の水溶液）である。

(2)　アルカリ性の水溶液にフェノールフタレイン溶液を加えると赤色に変化する。したがって，色の変化があったのは，水酸化ナトリウム水溶液（Ａ）とアンモニア水（Ｂ）となる。

(3)　気体や液体が溶けている水溶液を加熱すると，水と同時に溶けている物質も空気中に出ていくため，あとに何も残らない。水溶液Ｂに溶けているアンモニア，水溶液Ｅに溶けている塩化水素，水溶液Ｆに溶けている二酸化炭素はいずれも気体なので，加熱するとあとに何も残らない。

⑷　食塩水(C)を加熱すると食塩が残る。水酸化ナトリウム水溶液(A)と塩酸(E)を互《たが》いの性質をちょうど打ち消しあうように混ぜると，中和反応によって食塩と水ができる。

3　だ液のはたらきについての問題

⑴　①　ある条件について調べるとき，調べたい条件以外が同じになっているものどうしを比べるとよい。そこで，だ液がデンプンを分解できるかどうかについて調べるためには，だ液以外の条件が同じになっているアとイを比べる。　②　酸性やアルカリ性の水溶液によってだ液のはたらきが失われるかどうかについて調べるためには，だ液のみを入れたイ，水酸化ナトリウム水溶液を入れたウ，塩酸を入れたエの３つの結果を比べればよい。　③　だ液がはたらくのに適切な温度について調べるためには，だ液を入れて40℃にしたイ，95℃にしたオ，４℃にしたカの３つの結果を比べればよい。

⑵　ヨウ素液はデンプンと反応して青紫色を示す。すると，キではだ液ははたらいていないが，クではだ液がはたらいていることがわかる。このことから，だ液は加熱するとそのはたらきが失われるが，冷却《れいきゃく》してもそのはたらきは失われず，40℃に戻《もど》せば，ふたたびはたらくようになることがわかる。

⑶　栄養分を分解して吸収されやすい物質へと変えるはたらきをもつ液体を消化液といい，だ液や胃液，胆《たん》じゅうやすい液などがある。

⑷　実験Ａではセロハンの袋《ふくろ》の内側，外側とも麦芽糖だけがあったことから，セロハンの袋の内側にあったデンプンはすべて分解されて麦芽糖に変化し，その一部がセロハンの袋の小さな穴を通り抜《ぬ》けて外側に出たと考えられる。また，実験Ｂではセロハンの袋の内側だけにデンプンがそのまま残っていたことから，デンプンはセロハンの袋の小さな穴を通り抜けることはできないと考えられる。したがって，デンプンの大きさ(Ｘ)が最も大きく，麦芽糖の大きさ(Ｙ)が最も小さいことがわかる。

4　星座早見ばんについての問題

⑴　星座早見ばんの外側の月日を表す１月９日と，内側の時刻を表す20時が重なっていることから，○印が示す日時は１月９日20時とわかる。

⑵　１月９日の20時に，東から南の空にはおもに冬の星座が見られる。したがって，夏の星や星座(こと座のベガ，わし座のアルタイル，さそり座)，および，秋の星座(ペガスス座)は見えない。

⑶　星座早見ばんで，東西と南北を結ぶ線が交わるのは，ちょうど観測者の頭の真上の天頂である。

⑷　だ円の内側は，観測する地域や日時において地平線より上にある星や星座(そのとき見られる星座)を表しているので，だ円のふちの部分Ｙは地平線を表している。また，Ｚは星座早見ばんの中心にある星で，北極星である。北極星は地軸《ちじく》を北側にのばした方向にあるため，いつもほぼ同じ位置に見える。

⑸　月は約27.3日間で地球のまわりを公転しているので，見える時間や方角の変わり方が星座の星と異なっている。したがって，星座早見ばんには月は描《か》かれていない。ちなみに，毎日同じ時刻に観測すると，星座の星は１日あたり約１度ずつ東から西へと動いて見えるが，月は１日あたり約12度ずつ西から東へと動いて見える。

国 語 ＜難関進学クラス１次試験＞（45分）＜満点：100点＞

解 答

一 1 とうじ　2 おうちゃく　3 めば(える)　4 いばら　5 お(る)
二 下記を参照のこと。　三 問1 ウ　問2 桜　問3 ア　問4 エ　問5 ウ　問6 イ　問7 エ　問8 （例） 求肥のケースを空にしてそこにセミの幼虫を入れ，祖母の墓まで持って行くため。　四 問1 ア　問2 イ　問3 ウ　問4 イ　問5 (は)→(い)→(ろ)→(に)　問6 エ　問7 ア　問8 （例） (キリンの母乳は，)乾燥した草原地帯で生き残れるように，栄養分よりも水分を優先した配分になっている(ということ。)

●漢字の書き取り

二 1 観賞　2 閣議　3 伝承　4 節目　5 推(す)

解 説

一 漢字の読み

1 二十四節気の一つで，昼の時間が一年で最も短い日。　2 できるだけ楽をしてすませようとしたり，なまけてすべきことをしなかったりすること。　3 ものごとが起こりはじめるという意味。　4 身に受ける苦難のこと。バラやカラタチなど，とげのある低木の総称《そうしょう》。　5 音読みは「シキ」「ショク」で，「組織」「染織」などの熟語がある。

二 漢字の書き取り

1 美しいものや興味深いものを目で見て，単純に楽しむこと。　2 内閣がその職務を行うにあたり，意志を決定するために開く会議。　3 古くからある文化，しきたり，信仰《しんこう》，風習，言い伝えなどを受けつぎ，後世に伝えていくこと。　4 ものごとの区切りとなる大事なところ。

5 音読みは「スイ」で，「推進」などの熟語がある。

三 出典：まはら三桃《みと》『奮闘《ふんとう》するたすく』。佑《たすく》の祖父は認知症《にんちしょう》で，家族で祖母の墓参りに来たとき，祖父はセミの幼虫を探しだす。

問1 「受け売り」は，他人の意見や教わった知識を，自分のものであるかのように述べること。「林さんの言葉を思いだした」佑が，林さんの「お年寄りのやっていることには，意味がある」という言葉をそのまま理子に伝えているのである。

問2 佑の住んでいる団地の敷地《しきち》内には桜の木がたくさん植えられていて，「春には枝がしなるほどの花を咲《さ》かせる桜が，夏にはぎっしりのセミで震《ふる》える」とある。夏になると数えきれないほどのセミが桜の木にとまり，うるさいほど鳴き声をひびかせているさまを「桜が」「震える」と表現しているのである。

問3 「生垣《いけがき》の手前で座《すわ》り込《こ》んだ」祖父を心配する理子に対し，佑は「ふと，林さんの言葉を思いだした」ため，「こっちから見たら，わけがわからなくても，お年寄りのやっていることには，意味があるんだから」と話して，祖父のやりたいようにさせているので，アがふさわしい。

問4 「なにかを探すように，地面を点検していた」祖父が見つけたのが「セミの幼虫」だったと知り，祖父の行動に「意味があるのか，ないのか」と「ちょっと拍子《ひょうし》抜《ぬ》け」している。「拍子抜け」は，予想していたほどではないとわかり，張り合いがなくなること。

問５　セミの幼虫を見つけた祖父が，「ひとつは，おばあちゃんに持っていってやろう」と言ったのを聞き，母は，祖母が亡《な》くなる前に「セミの羽化《うか》が見たいって言いだした」のを，認知症である祖父が覚えていたことに感動して「涙《なみだ》ぐんでいる」のである。

問６　祖母の病室で羽化を見た理子は「あのときの羽化は本当にきれいだったよねえ」と佑に同意を求めたが，佑は羽化を見ていなかったので「うなずくことができなかった」のである。佑が理子たちと病院に行かなかったのは，ぼう線部４に続く部分にあるように，「日に日に弱っていく祖母の姿を見るのが嫌《いや》」で「病院が怖《こわ》」く，「ひとりで家に帰った」からである。

問７　二重ぼう線部Ⅰの前後では，祖父が，佑の呼びかけにこたえず無言でいるようすや，周りが静かなため「墓石に反響《はんきょう》するのか，セミの声が大きくきこえる」さまが書かれていて，祖父や周囲の静けさとセミの声の大きさが対比的に描《えが》かれている。また，二重ぼう線部Ⅱの直前には，佑の頭のなかで「記憶《きおく》がぱちんとはじけた」とある。ここで作者は，今，佑の耳に入ってくるセミの声と，「三年前」のセミの声を重ねることで，現在から過去の場面へとうつるきっかけにしている。

問８　ぼう線部５のすぐ後で，祖父は，見つけたセミの幼虫を，求肥《ぎゅうひ》が入っていたプラスチックケースに入れて「祖母の墓まで戻《もど》」り，墓前に供えた花の茎《くき》につかまらせた。はじめは祖父の行動の意味がわからなかったが，見守っているうちに，祖母のセミの羽化が見たいという願いを祖父が覚えていたことがわかり，佑は「祖父が突然求肥を食べたのは，ケースを空にするためだったのだろう」と考えている。したがって，これらの内容をまとめて書くとよい。

四　**出典：田島木綿子《たじまゆうこ》『クジラの歌を聴《き》け　動物が生命をつなぐ驚異《きょうい》のしくみ』**。生物が生き残るために行っている工夫《くふう》や戦略として，文章Ⅰでは，短い授乳期間のなかで子どもを早く成長させるズキンアザラシ，文章Ⅱでは，乾燥《かんそう》地帯で生きるために，水分の多い母乳をあたえるキリンについて説明されている。

問１　「授乳」と「閉店」は，上の漢字が動作を表し，下の漢字が動作の対象を表す組み立てである。

問２　空らんＢの直後のウシの例と比べてわかるように，ほかの動物の母乳より，ズキンアザラシの母乳は脂肪《しぼう》分がとても多くふくまれている。よって，似たようなものがほかにないほどめずらしいさまを表す「他に類を見ない」が合う。

問３　少し前に「ズキンアザラシの授乳は，わずか４日間で終わり，哺乳類《ほにゅうるい》最短といわれている」とある。これは，「生まれたばかりの子どもは強いニオイを発している」ので，いっしょにいると外敵におそわれやすく，母子とも死んでしまう可能性が高いため，母親は子どもから「早めに離《はな》れて，生き残る確率を上げようという作戦」なのだと説明されている。

問４　ズキンアザラシの母親が，「高脂肪の母乳によって」，子どもの「皮下脂肪を一気に増やす作戦」をとることが「最大限の贈《おく》り物」である。そのように表現できるのは，ズキンアザラシは，寒い地方の氷上で出産するため，「子どもにとって皮下脂肪は栄養源になるとともに，寒い環境《かんきょう》でも体温を保ち，その後の水中生活に耐《た》えるための防寒対策としても大変重要となる」からである。

問５　ズキンアザラシの子どもの皮下脂肪のしくみとは別の「一人で生き残るための戦略」に話題が変わっているので，(は)がはじめに入る。その「戦略」として，「天敵の目を欺《あざむ》くため」の「目立たない白色の体色」をあげた(い)がきて，「このときの毛」の役割について説明をつけ加えている(ろ)がつづく。そして，ほかの母親の「お乳を横取りする」子どももいることが述べられた(に)をつなげると，空らんの後の「こうしてたくましい個体が生き残っていくのかもしれない」という内容に自然に接続する形になり，文意が通る。

問６　キリンの母乳について，ぼう線部３の直後で，「脂肪分をはじめとする栄養分はわずか23%，残り77%が水分である」と述べられているので，Ａの円グラフがあてはまる。タテゴトアザラシの母乳については，文章Ｉの最後の段落で「53%にもなる高脂肪の母乳」だとあるので，Ｄの円グラフが合う。

問７　首が長いキリンは，頭に血液を送るために血圧が高く，水を飲むときには頭の位置が心臓より下になることで頭に血が上ってしまう。それを少しでも防ぐため，キリンは「前肢《まえあし》を大きく広げて飲むか，前肢を少し折り曲げて飲むか，という２つの方法」のどちらかをとっていると説明されている。さらに，「この方法は母から子へ伝授され」，「大きく前肢を広げる母親に育てられれば，子どももそのような飲み方」をするのだから，もう一方にあたる「前肢を少し折り曲げて飲む」母親に育てられれば，子どもも同じ飲み方をするようになるということである。

問８　続く段落で，筆者は，キリンの母乳が，ズキンアザラシとちがって脂肪分が少なく水分が多いのは，「キリンがアフリカという乾燥した草原地帯に棲息《せいそく》していることに由来する」と述べている。乾燥しているため，「キリンの子どもは寒さに耐えるための脂肪より，体を潤《うるお》す水分の補給が重要」であるのに加え，キリンの授乳期間は比較的《ひかくてき》長く，「離乳後も母親と同じ群れで何年も一緒《いっしょ》に過ごすことができる」ので，「アザラシのように高栄養なミルクで急激に成長する必要はない」。そのために「キリンの母乳は栄養分よりも，水分を優先した配分」になっているのだから，これらの内容をまとめる。

Dr.福井の

入試に勝つ！ 脳とからだのウルトラ科学

意外！　こんなに役立つ“替え歌勉強法”

病気やケガで脳の左側（左脳）にダメージを受けると，字を読むことも書くことも，話すこともできなくなる。言葉を使うときには左脳が必要だからだ。ところが，ふしぎなことに，左脳にダメージを受けた人でも，歌を歌う（つまり言葉を使う）ことができる。それは，歌のメロディーが右脳に記憶されると同時に，歌詞も右脳に記憶されるからだ。ただし，歌詞は言葉としてではなく，音として右脳に記憶される。

そこで，右脳が左脳の10倍以上も記憶できるという特長を利用して，暗記することがらを歌にして右脳で覚える“替え歌勉強法”にトライしてみよう！

歌のメロディーには，自分がよく知っている曲を選ぶとよい。キミが好きな歌手の曲でもいいし，学校で習うようなものでもいい。あとは，覚えたいことがらをメロディーに乗せて替え歌をつくり，覚えるだけだ。メロディーにあった歌詞をつくるのは少し面倒かもしれないが，つくる楽しみもあって，スムーズに暗記できるはずだ。

替え歌をICレコーダーなどに録音し，それを何度もくり返し聞くようにすると，さらに効果的に覚えることができる。

音楽が苦手だったりして替え歌がうまくつくれない人は，かわりに俳句（川柳）をつくってみよう。五七五のリズムに乗って覚えてしまうわけだ。たとえば，「サソリ君，一番まっ赤は，あんたです」（さそり座の１等星アンタレスは赤色――イメージとしては，運動会の競走でまっ赤な顔をして走ったサソリ君が一番でゴールした場面）というように。

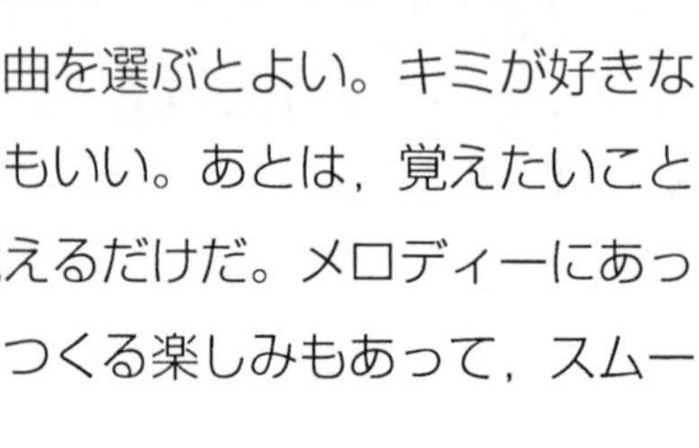

Dr.福井（福《ふく》井《い》一成《かずしげ》）…医学博士。開成中・高から東大・文Ⅱに入学後，再受験して翌年東大・理Ⅲに合格。同大医学部卒。さまざまな勉強法や脳科学に関する著書多数。

2024 年度

鶴見大学附属中学校

【適性検査】〈適性検査試験〉（45分）〈満点：100点〉

《注意》（定規やコンパス，分度器は使用できません。）

1 以下の会話文を読んで、問いに答えなさい。

夏休みの自由研究で4人の生徒が、「横浜線とその沿線」に関する合同研究を行うことになりました。そこで本日は、下の路線図を見ながら、それぞれが調べたことについて、情報交換《こうかん》をすることになりました。

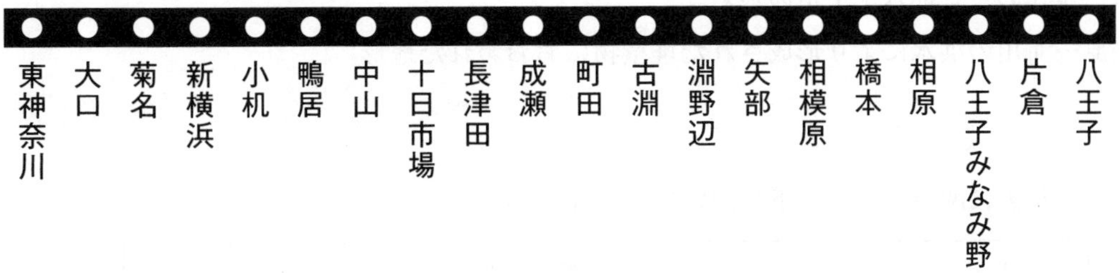

鶴見くん：横浜線は1908年に「横浜鉄道」として開業したのが始まりです。当時は八王子や北関東、甲信《こうしん》地方で生産されていた生糸《きいと》を横浜港へ運搬《うんぱん》することを目的としていたそうで、1917年に国有化されました。

川崎さん：横浜線が開通する以前には、各地の農家から「桑都《そうと》」と形容される八王子に集められた生糸は荷車で今の国道16号沿い、いわゆる「絹の道」を通って運ばれていました。八王子みなみ野駅の近くにある御殿峠《ごてんとうげ》周辺には「絹の道」が現存し、かつて生糸を八王子から横浜港に運んだ①「※鑓水《やりみず》商人」の住まいも残っています。「鑓水商人」は八王子で買い付けた生糸を横浜港に運び、横浜で仕入れた西洋の新しい文化や情報を「絹の道」周辺にもたらしました。また、横浜にいた多くの②外国人も「絹の道」を通って八王子を訪れています。

厚木くん：私は横浜線沿線に大学や研究施設《しせつ》が多いことに着目しました。戦前、横浜線沿線は平坦《へいたん》な台地が多く、横浜・横須賀《よこすか》からの交通の便もよく、旧日本軍の軍事施設が多く建設されたそうです。戦後、旧日本軍の施設はアメリカ軍に接収されましたが、これらの跡地《あとち》の多くが大学や研究施設として利用されることになりました。淵野辺《ふちのべ》駅の近くにある宇宙航空研究開発機構の研究施設JAXA《ジャクサ》相模《さがみ》原《はら》キャンパスも旧日本陸軍の機甲《きこう》部隊整備学校（のちのアメリカ陸軍のキャンプ淵野辺）の跡地に開設されたのです。かつての「軍のまち」は「宇宙のまち」へと生まれ変わっています。

大口くん：横浜線は台風や大雨で、よく運休したり、遅延《ちえん》していたそうです。特に③小机《こづくえ》駅から新横浜駅にかけては鶴見川の※氾濫原《はんらんげん》が広がり、昔から④水害に悩《なや》まされてきたところだそうです。日産スタジアムやテニスコートが点在する新横浜公園は、台風や大雨で鶴見川が増水した際に流《なが》れ込《こ》む多目的遊水地として整備され、2019年の台風19号の襲来《しゅうらい》時にも見事にその機能を果たしたそうです。

※鑓水…現在の東京都八王子市の地名。

※氾濫原…河川の洪水により形成された堆積物《たいせきぶつ》におおわれた地形。

問１．次の年表に関連して、以下の問いに答えなさい。

<table>
<tr><th>年号</th><th>できごと</th></tr>
<tr><td>1853年</td><td>ペリーが浦賀《うらが》に来航した。</td></tr>
<tr><td>1854年</td><td>日米和親条約が結ばれた。</td></tr>
<tr><td colspan="2">（　A　）</td></tr>
<tr><td>1858年</td><td>日米修好通商条約が結ばれた。</td></tr>
<tr><td colspan="2">（　B　）</td></tr>
<tr><td>1868年</td><td>五か条の御誓文《ごせいもん》が公布された。</td></tr>
<tr><td colspan="2">（　C　）</td></tr>
<tr><td>1872年</td><td>新橋・横浜間に鉄道が開通した。
富岡《とみおか》製糸場が開業した。</td></tr>
<tr><td>1874年</td><td>民撰《みんせん》議院設立の建白書《けんぱくしょ》が提出された。</td></tr>
<tr><td colspan="2">（　D　）</td></tr>
<tr><td>1881年</td><td>国会開設の詔《みことのり》が下された。</td></tr>
<tr><td>1889年</td><td>大日本帝国《ていこく》憲法が発布された。</td></tr>
<tr><td colspan="2">（　E　）</td></tr>
</table>

（1）　下線部①「鑓水商人」が「絹の道」で大きな役割を果たすようになったのはどの時期からですか。年表中の（A）～（E）から一つ選び、記号で答えなさい。

（2）　下線部①「鑓水商人」が西洋の新しい文化や情報をもたらしたこともあり、「絹の道」周辺では多くの若者が自由民権運動に参加しました。それはどの時期ですか。年表中の（A）～（E）から一つ選び、記号で答えなさい。

（3）　下線部①「鑓水商人」の大半は、明治中期以降に没落《ぼつらく》しました。その要因の一つは殖産《しょくさん》興業政策の進展です。「鑓水商人」の没落をもたらしたと思われる具体的な事例を文章や年表から読み取り、２つ書きなさい。

問２．下線部②「外国人」に関連して次の江戸時代に日本を訪れたスウェーデン出身の植物学者ツュンベリーと幕末の頃《ころ》に日本を訪れたドイツの考古学者シュリーマンの旅行記を読み、両者の旅行記にみられる日本人に対しての驚《おどろ》きについて説明しなさい。

> （日本人の）清潔さは、彼《かれ》らの身体や衣服、家、飲食物、容器等から一目瞭然《いちもくりょうぜん》である。彼らが風呂《ふろ》に入って身体を洗うのは週一回などというものではなく、毎日熱い湯に入るのである。その湯はそれぞれの家に用意されている。

C.P.ツュンベリー『江戸参府随行記』（平凡社）より作成（作問者により一部改変）

> 浴場は道路に面した側が完全に解放されている。（… 中略 …）夜明けから日暮れまで、禁断の林檎《りんご》をかじる前の我々の先祖と同じ姿になった老若男女《ろうにゃくなんにょ》が、一緒《いっしょ》に湯につかっている。彼らはそれぞれの手桶《ておけ》で湯を汲《く》み、丁寧《ていねい》に身体を洗い、また着物を身に着けて出て行く。『なんと清らかな素朴《そぼく》さだろう！』初めて公衆浴場の前を通り、３０～４０人の全裸《ぜんら》の男女を目にしたとき、私はこう叫んだものである。

ハインリッヒ＝シュリーマン『シュリーマン旅行記　清国・日本』（講談社）より作成（作問者により一部改変）

問３．下線部③「小机駅から新横浜駅」周辺を示す次の地図中には小机城跡《あと》があります。小机城は豊臣秀吉《ひでよし》の小田原城《おだわらじょう》攻《ぜ》めの際に軍事的な機能を失い、徳川家康がこの地を支配するにあたり廃城《はいじょう》となりました。しかし、現在に至っても城郭《じょうかく》としての形が残り、周囲の各集落から城の上部への通路がそれぞれ確認できます。廃城となり軍事的・政治的な役割がなくなりながらも、この地域で何らかの役割を果たしてきたことが考えられます。その役割として考えられることを地図中の位置を確認した上で、下の写真を参考に、具体例を２つ挙げ、３０～４０字程度で説明しなさい。

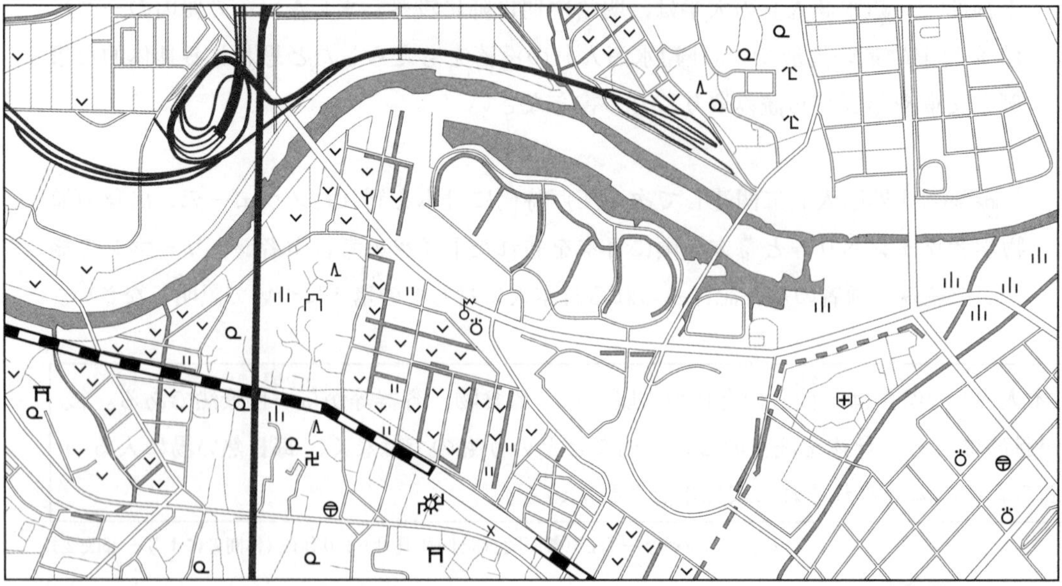

国土地理院ホームページ

【写真１】空堀《からぼり》を活用した歩道

【写真２】本丸跡

問４．下線部④「水害」に関する以下の文を読んで、問いに答えなさい。

水害には大きく分けて２種類あります。一つは川の氾濫などにより市街地に水が侵入する「外水被害《がいすいひがい》」です。もう一つは雨水を下水などで処理しきれなくてあふれ出る「内水《ないすい》被害」です。

鶴見川沿いにはこのような水害被害を抑《おさ》えるために様々な取り組みが行われています。上流には**霧《きり》が丘《おか》調整池**などの「調整池」が整備されており、一時的に雨水をためておく施設が整備されています。中流域には**川和《かわわ》遊水地や鶴見川多目的遊水地**などの「遊水地」が整備されており、鶴見川が一定の水位を超《こ》えた時に川の水を一時的に流し込みます。鶴見川周辺には**新羽末広《にっぱすえひろ》幹線**と呼ばれる「雨水貯留管」が整備されており、その地域に降った雨を一時的にためおくことができます。

【図１】

港北区『大雨時の避難《ひなん》行動を考えよう』より

（１）　「調整池」、「遊水地」、「雨水貯留管」の中から一つ選び、それぞれの施設がどのように水害から街を守っているのか説明しなさい。ただし、文章は図１および次の解答例を参考にして作ること。

（解答例）

選んだ取り組み：上流での水田整備

説明：水田に降った雨水を時間をかけて排水《はいすい》するため、急激な川の水位上昇《じょうしょう》を防ぎ、川の氾濫を防ぐことで外水被害を抑えている。

（2） 下の表のNo.11にある2013年4月6日の貯水量は表の中では4番目に多い貯水量です。遊水地は海抜2.5mの地点にあり、この時の遊水地内の水位は海抜4.83mにもなりました。仮にこの時貯水された水を、上昇した水位と同じ高さの立方体にした場合、底面は何万㎡であると考えられますか。千の位を四捨五入して答えなさい。

【表1】鶴見川多目的遊水池への流入実績

No.	年月日	出水名	貯水量
1	2003年 8月15日	前線による豪雨	約 7,000㎥
2	2004年10月 9日	台風22号	約 1,250,000㎥
3	2004年10月20日	台風23号	約 80,000㎥
4	2005年 9月 4日	前線による豪雨	約 50,000㎥
5	2008年 5月20日	前線による豪雨	約 9,000㎥
6	2008年 8月30日	前線による豪雨	約 50,000㎥
7	2009年10月 8日	台風18号	約 64,000㎥
8	2010年12月 3日	前線による豪雨	約 62,000㎥
9	2011年 8月26日	前線による豪雨	約 54,000㎥
10	2012年 5月 3日	前線による豪雨	約 18,000㎥
11	2013年 4月 6日	低気圧による豪雨	約 922,000㎥
12	2013年 9月15日	台風18号	約 50,000㎥
13	2013年10月16日	台風26号	約 328,000㎥
14	2014年 6月 6日	低気圧による豪雨	約 22,000㎥
15	2014年10月 6日	台風18号	約 1,536,000㎥
16	2015年12月11日	低気圧による豪雨	約 13,000㎥
17	2016年 8月22日	台風9号	約 422,000㎥
18	2017年10月23日	台風21号	約 102,000㎥
19	2018年 3月 9日	低気圧による豪雨	約 907,000㎥
20	2019年 9月 9日	台風15号	約 64,000㎥
21	2019年10月12日	台風19号	約 936,000㎥
22	2021年 9月18日	台風14号	約 189,000㎥

鶴見川流域水協議会『鶴見川流域総合治水対策が始まって40年』より一部改変

2 厚木くんは自由研究にむけてJAXAを実際に見学し、太陽と地球の関係に興味を持ちました。以下の文章を読んで問いに答えなさい。

太陽は東の空からのぼり、南の空を通り、西の空へしずみます。太陽と地球を宇宙から見ると図１のような位置関係になります。図１に記されている通り、赤道上（緯度0°）に住んでいる人と日本の北緯35°の地域に住んでいる人では太陽を見る角度がちがいます。１日のなかで太陽を見上げる最大の角度を「南中高度」といいます。また、地球の自転の中心となる軸を地軸といい、地軸は太陽の周りをまわる公転の面からみて垂直より23.4°傾《かたむ》いています。ある地域からの南中高度を計算するには、次の式で求められます。

南中高度＝　90°　－（観察する地域の北緯）　{ －　（23.4°）【冬至】　または　＋　（23.4°）【夏至】

図１の①と③は日本のある地域（北緯35°）から太陽を観察している人を表し、②と④は赤道上のある地域（緯度0°）から太陽を観察している人を表したものです。また、図２は図１の①と③の位置にいる人たちが南中した太陽を観察している様子を表したものです。図２の地面と矢印がなす角度は南中高度を表しています。

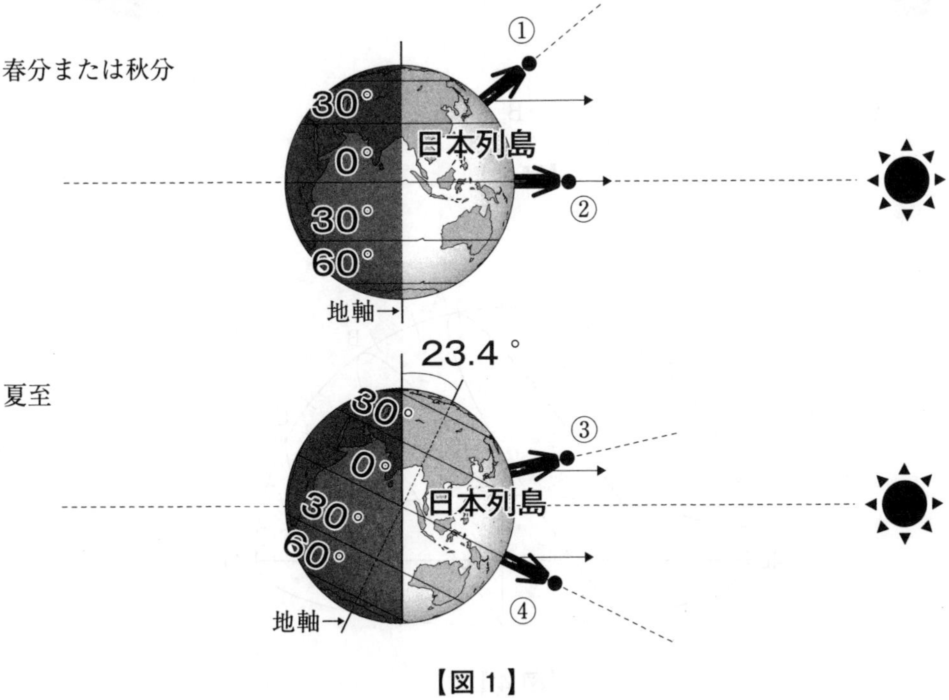

【図１】

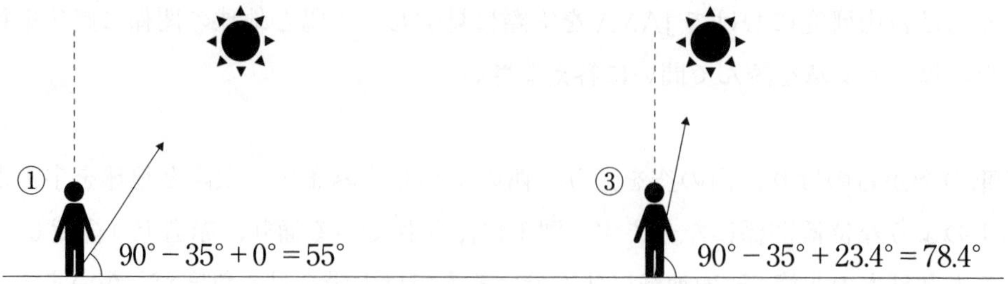

【図２】

図３は１年間で地球が太陽の周りを移動する様子を表したものです。地球は地軸の傾いている方向を変えず、図３の矢印の方向に移動します。

図４は日本のある地域（北緯35°）で観察した１日における太陽の動きを表したものです。図４の曲線Ａ～Ｃは、地球が図３のＡ～Ｃの各位置にあるときに観察された太陽の動きを表しています。

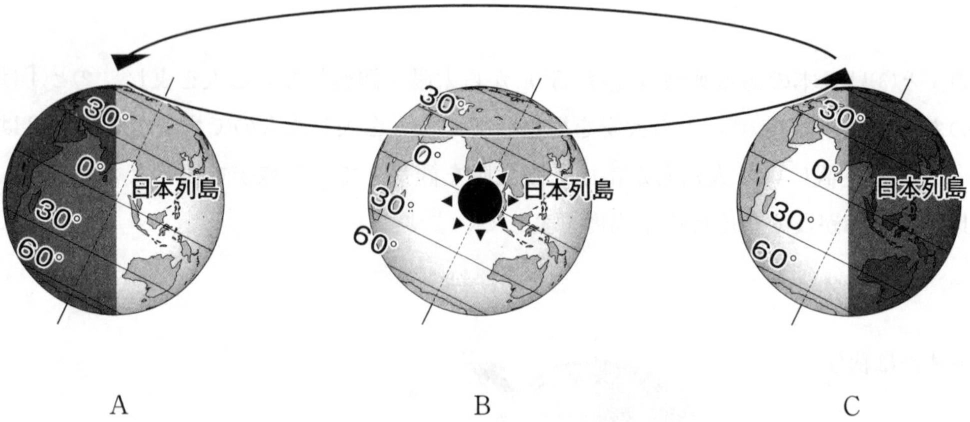

【図３】

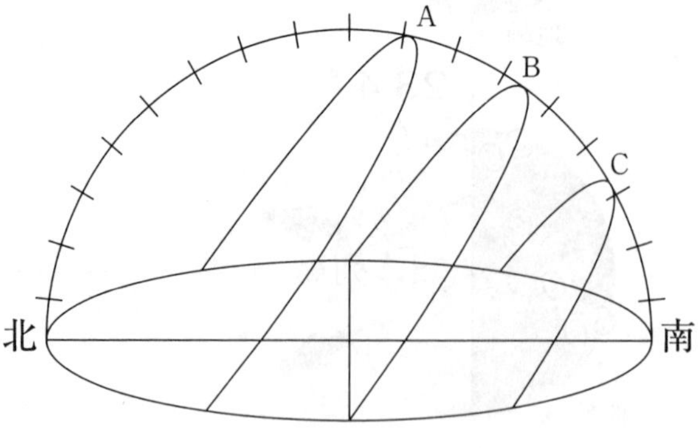

【図４】

問1．図1の夏至において、次の北緯のうち、南中高度が最も高くなる地域の北緯は何度ですか。次のア～オから一つ選び、記号で答えなさい。また、そのときの南中高度を文章中にある式などを参考にしてもとめなさい。

ア．北緯15°　　イ．北緯30°　　ウ．北緯45°　　エ．北緯60°　　オ．北緯75°

問2．赤道上のある地域（北緯0°）で太陽の動きを観察したとき、図4はどのように変化しますか。次のア～カから一つ選び、記号で答えなさい。

ア．
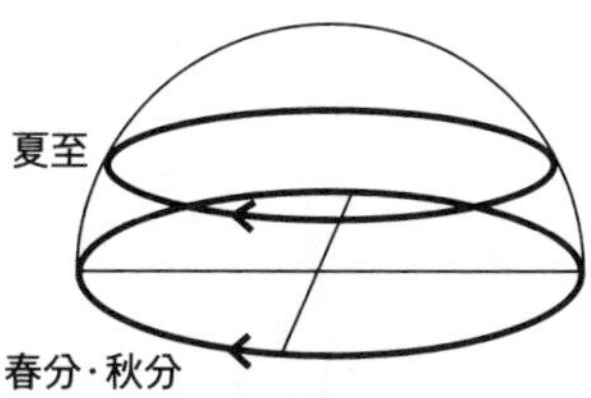

イ．
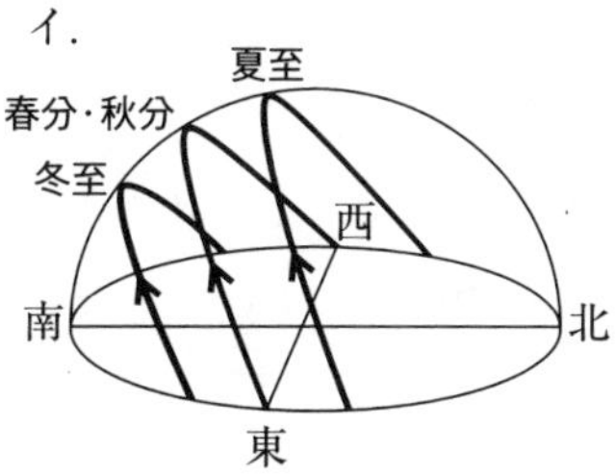

ウ．
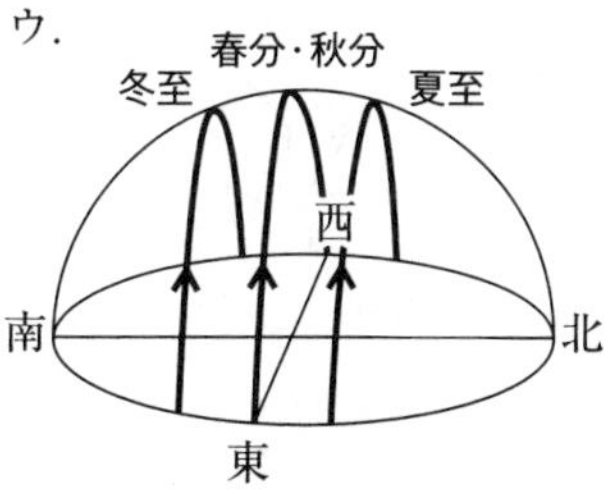

エ．
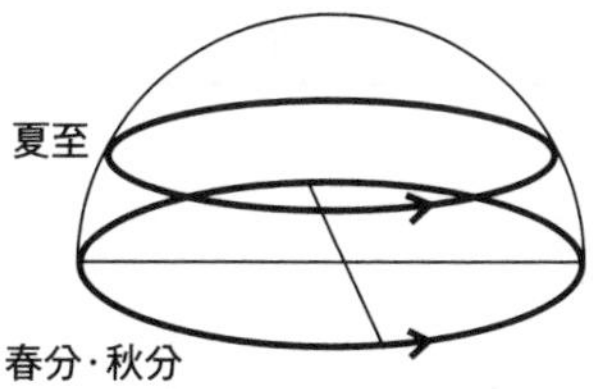

オ．
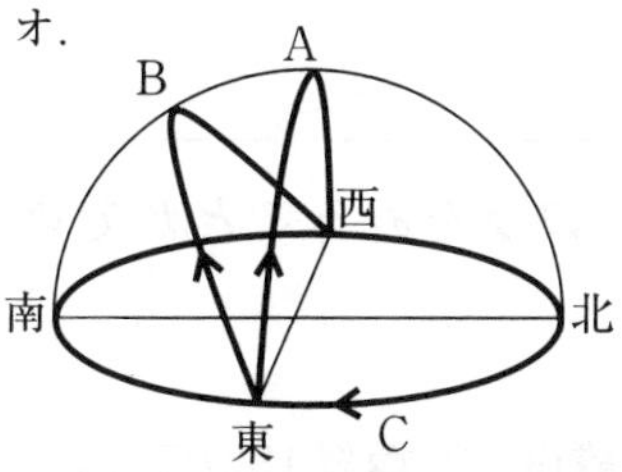

カ．
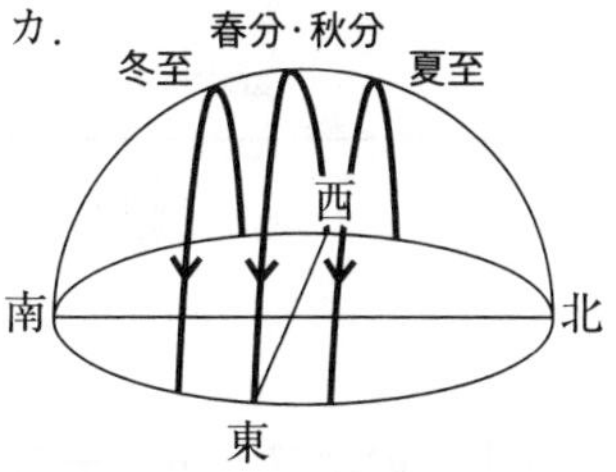

問3．太陽とオーロラに関する次の文章を読み、問いに答えなさい。

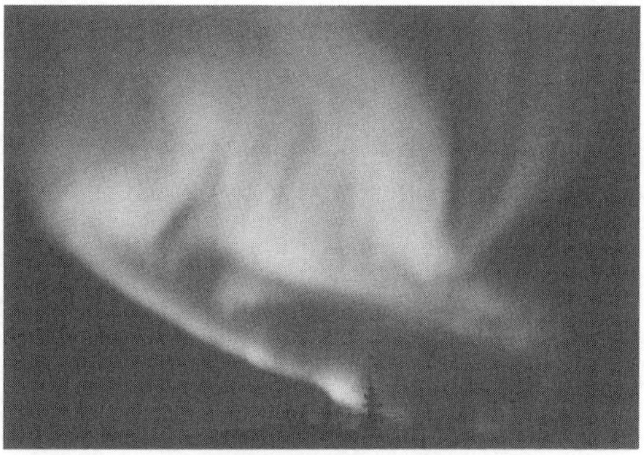
【図5】オーロラ
カナダ宇宙庁CSA ホームページより

太陽からは「太陽風《たいようふう》」と呼ばれる電気の性質を持った気体が地球に向けて飛んできますが、地球の大気の層よりも上空にある「磁《じ》気《き》圏《けん》」が太陽風を受け流しています。北極や南極に近い地域では他の地域と比べて磁気圏がうすいです。そのため、磁気圏のうすい地域では太陽風が入り込み、地球の大気と太陽風がぶつかって光ることでオーロラが発生します。

（1） 図6はオーロラをみることができる地域を地図に表したものです。これらの地域にはどのような共通点があるかを簡潔に書きなさい。

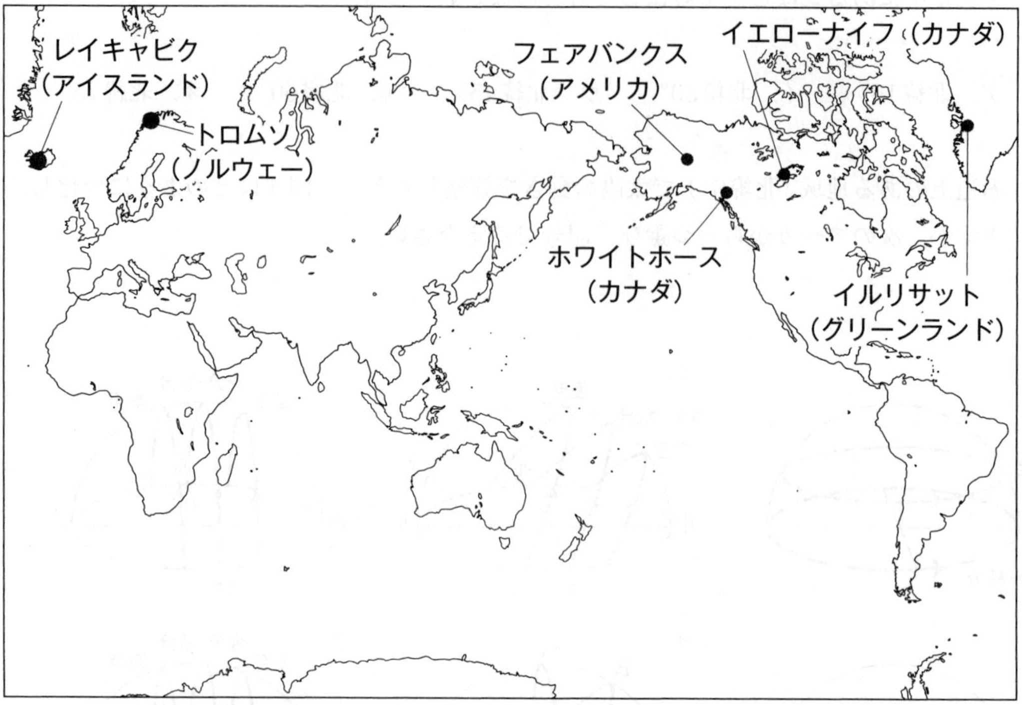

【図6】オーロラをみることができる地域

（2） カナダのホワイトホース（北緯60.72°西経135.05°）と呼ばれる地域ではオーロラの見頃はおよそ9月～4月とされています。その理由について正しいものを次のア～エから一つ選び、記号で答えなさい。

ア．太陽の南中高度が低くなるから。
イ．太陽の南中高度が高くなるから。
ウ．月が1日の間ずっとのぼらなくなるから。
エ．気温が低くなりダイヤモンドダストが発生するから。

3 大口くんは、新横浜公園の遊水地を調べるにあたり、防災・減災についての知識を深めることにしました。以下の文章を読んで、問題に答えなさい。(設問のために本文を一部変えたところがある。)

わが国の災害対応は、国際的にどのような位置づけなのでしょうか。長い年月の災害との戦いから生まれた対策ですから、大きく間違《まちが》ってはいないことはわかっています。しかし、もっと効果的な方法や減災の考え方などがあるかも知れません。

ヨーロッパ先進国の減災対策は、自然災害よりもむしろ産業災害、たとえば(A)カガクプラントの事故や航空機・列車事故対策が先行しました。イギリス、ドイツ、フランスでは、歴史的に大きな地震災害は記録されていませんし、水害も地球温暖化の影響が顕在《けんざい》化《か》した１９９０年代から多発・激化するようになったという(B)いきさつがあります。災害対策は後発の対象になったのです。

一方、アメリカ合衆国ではハリケーン、竜巻《たつまき》、地震という自然災害と東西冷戦時代の核《かく》攻撃《こうげき》、人種暴動やテロ事件がほぼ同じ時期から社会的に問題になったために、危機管理の対象としてこれらが同列のものとして取《と》り扱《あつか》われています。これらを対象とする連邦《れんぽう》危機管理庁(FEMA《フィーマ》 Federal Emergency Management Agency)の設立が１９７９年にカーター大統領によって実施され、１９９３年のクリントン大統領の時代に機能が再編強化されました。FEMAの再編は東西冷戦が(C)マクを閉じた時期と一致《いっち》していることに注目しなければなりません。核戦争の脅威《きょうい》が薄《うす》れるとともに、災害や事故などが起こってから被害を拡大しないという方針に変わりました。①予防経費よりも不拡大経費の方が財政負担は少ないという背景がそこにあったわけです。予防というのは、私たちの社会にとって災害という相手が、どのように攻《せ》めてくるかを想像しなければなりません。しかも、攻める方法は無数に近くあるわけです。深夜に地震が起こる、朝のラッシュアワーに地震が起こる、秋祭りの最中に地震が起こる、台風が接近中に地震が起こる、などというシナリオがいっぱいあるのです。これらの予防対策を充実《じゅうじつ》しようとすればするほど、膨大《ぼうだい》な経費、長時間、大量の人員が必要です。

一方、被害を受ける側の私たちの社会は、何が重要であるかについて順序を付けることは可能です。もちろん、第一番は私たちの生命です。しかし、それに続く対象の重要性については、そのときの政策決定者の価値観に支配されるわけです。FEMAは、災害が起こったときに政府が何をするかをはっきりと事前に明示しています。そして、それ以外はやらないのです。これはある意味では、減災の考え方です。完全に災害を押《お》さえ込もうとしない、あるいは押さえ込めるはずがないという現実的な考えがその根底にあります。そして、予防対策と比較《ひかく》して、この方法の方が経費、時間、人員のいずれも負担が小さいのです。クリントン政権は、このような考えに立ってFEMAの建て直しを(D)ハカりました。

このように、アメリカ合衆国では災害が起これば政府が何をやるかがはっきりと書かれています。それ以外はやらないのです。②ここがわが国と基本的に違います。わが国では災害が起これば、政府・自治体は復旧・復興事業の何でも屋に変身します。何から何までやらなければいけなくなり、結局、全部はできなくて中途半端《ちゅうとはんぱ》に終わっているのが実態です。阪神《はんしん》・淡路大震災《あわじだいしんさい》以降、減災の理念に基づいて対策を進めようとしているのですが、それをどのようにすれば具体化できるかがはっきりしないという問題が出てきています。それを解決する一つの方法は、長期的な減災戦略を立てて、その目標をできるだけ(E)数値化して、実現するための具体的な行動計画を実行するというものです。首都直下地震対策や東海・東南海・南海地震対策として、やっと防災（内容は減災ですが）戦略が提示されたのはこのような経緯《けいい》を経た結果です。

このように、何か大きな事件や体制の変化などによって災害への取り組み方が変わるのです。ですから、２００１年にニューヨーク同時多発テロ事件が起こって、再び、危機管理の考え方が変わりました。それまでの［ X ］から［ Y ］中心の体制に変わったのです。この変更《へんこう》は、テロ事件を未然に防ぐことができなかったという反省から生じました。ブッシュ大統領は［ X ］から［ Y ］に変更し、予算も増額はされましたが、FEMAを新設された国土安全保障省（DHS Department of Homeland Security）に編入して庁から部に格下げにしたため、機能の低下が心配されています。災害対応に関しては、歴史的に、民主党政権で進み、共和党政権で停滞《ていたい》するという変化を繰《く》り返《かえ》しているようです。

一方、阪神・淡路大震災は情報を含めて、起こってからの対応がまずかったという反省があります。だから、［ Z ］に大きなウェートが求められるようになりました。まさにわが国とアメリカ合衆国でほぼ正反対の変化が起こったというわけです。

③図１はこれらを模式的に示しています。図中には、イギリス、フランス、ドイツが大局的に日米のいずれの対応に属するかも示しています。途上国では一般《いっぱん》に、被害抑止《よくし》も被害軽減も十分でないといえます。そして、世界の危機管理の体制は最終的には同じものに統合されるのではないかと考えています。

ここでわかるように、災害対応というのは私たちの経験を通して変化していくという特《とく》徴《ちょう》をもっています。それは、社会が変化するから当然なのかもしれません。減災対策の具体的な内容も時代とともに変わる、すなわち、常時見直すという姿勢が求められているのです。

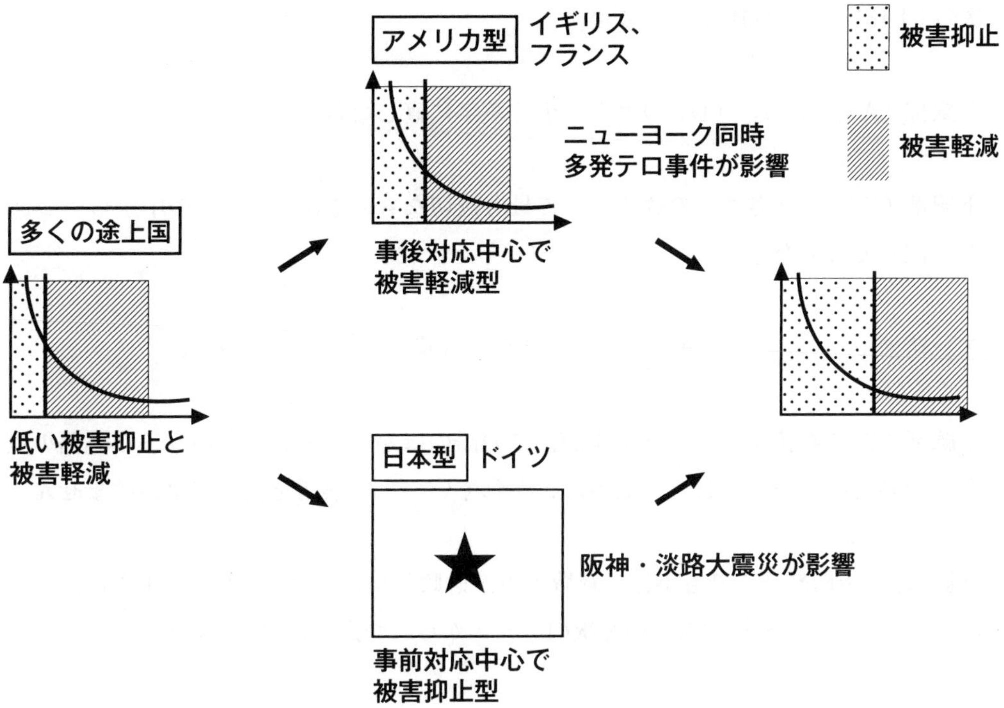

【図 1】

世界の防災・減災体制。グラフの縦軸は災害の発生頻度、横軸はその災害による被害額、どのような体制であってもある規模の災害を境に、それより小さい災害には事前対応、それより大きくなると事後対応をとる。体制によって、事前対応と事後対応の境目がどこに来るか、またどこまで大きな災害に対応できるかを示したもの。

河田惠昭『これからの防災・減災がわかる本』より

問１．次の（１）～（３）の問いに答えなさい。

（１） 下線部（A）、（C）、（D）のカタカナを漢字に直しなさい。

（２） 下線部（B）「いきさつ」の意味として最も適切なものを次のア～エの中から一つ選び、記号で答えなさい。

ア．結果　　イ．順序　　ウ．経緯　　エ．効果

（３） 下線部（E）「数値化」とありますが、この語のほかに「～化」という三字熟語の例を一つ答えなさい。なお、本文中に書かれている三字熟語を使ってはいけません。

問２．下線部①「予防経費よりも不拡大経費の方が財政負担は少ない」とありますが、それはなぜですか。最も適切なものを次のア～エから一つ選び、記号で答えなさい。

ア．予防のパターンは無数にあってきりがないが、不拡大経費は起こった災害に対応するためやることが決まっているから。

イ．予防のための仕事に比べて不拡大のための仕事は単純で難易度が低く、人件費が一切かからないから。

ウ．不拡大経費は政府が費用を負担するが、予防経費は様々な災害に対応するためにも民間が支払わなければならないから。

エ．不拡大経費は生命保護よりも災害の不拡大を優先する時の費用なので、医療費《いりょうひ》を抑えることができるから。

問３．下線部②「ここがわが国と基本的に違います」とありますが、アメリカと日本の政府の災害対応はどのように異なるのか、６０字以内で説明しなさい。

問４．文中の空らん X ～ Z にあてはまる語の組み合わせとして最も適切なものを次のア～エから一つ選び、記号で答えなさい。なお、同じ記号の空らんには同じ言葉が入ります。

ア．X　事前対応　　Y　事後対応　　Z　事前対応
イ．X　事後対応　　Y　事前対応　　Z　事前対応
ウ．X　事前対応　　Y　事後対応　　Z　事後対応
エ．X　事後対応　　Y　事前対応　　Z　事後対応

問５．下線部③「図１はこれらを模式的に示しています」について、図１中の ★ には阪神・淡路大震災が起こる以前の日本型のグラフが入ります。最も適切なものを次のア～エから一つ選び、記号で答えなさい。

ア.

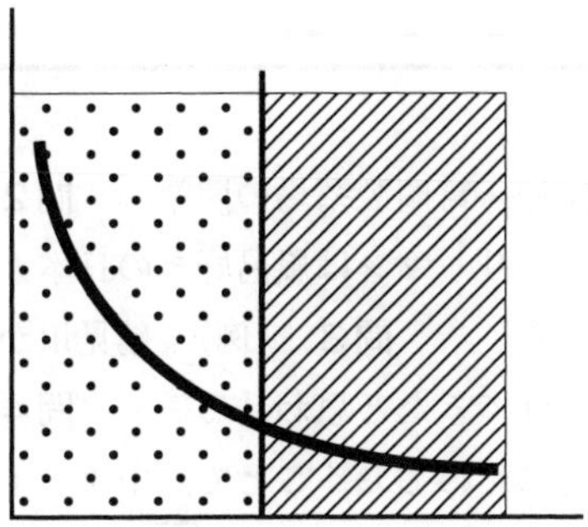

イ.

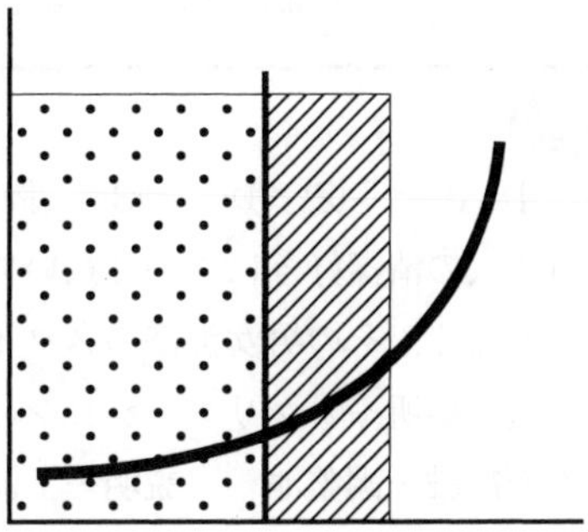

ウ.

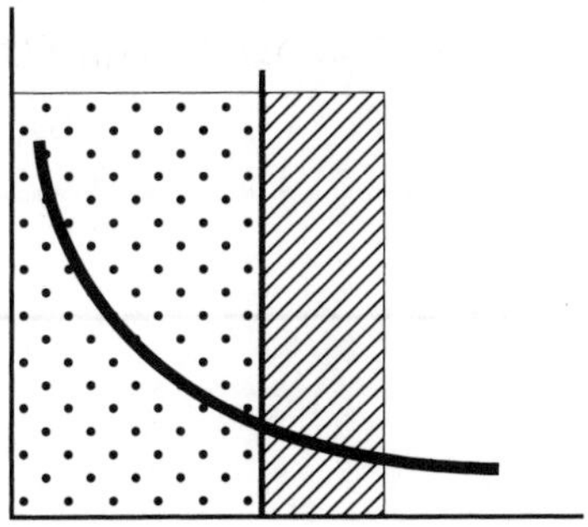

エ.

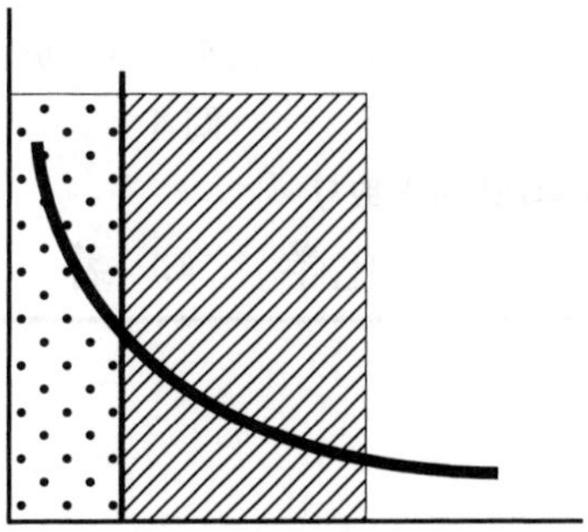

2024年度

鶴見大学附属中学校 ▶解　答

※　編集上の都合により，適性検査試験の解説は省略させていただきました。

適性検査 ＜適性検査試験＞（45分）＜満点：100点＞

解　答

1 **問1** (1) (B)　(2) (D)　(3) （例） 横浜鉄道の開通／富岡製糸場の開業　**問2** （例） 両者とも日本人の清潔好きについて驚いている。また，シュリーマンは風呂好きの日本人としての習慣だけでなく，その男女混浴のスタイルにも驚いている。　**問3** （例） 鶴見川が洪水となった際の避難場所やレクリエーションの場として活用されてきたと思われる。　**問4** (1) （例） **選んだ施設**…調整池　**説明**…上流の雨水を一時的にためておくことで，中流・下流の川の急激な水位上昇を防ぎ，外水被害をおさえている。　(2) 40万m^2　2 **問1** **記号**…イ　**高度**(°)…83.4　**問2** ウ　**問3** (1) （例） 緯度が高い地域。　(2) ア　3 **問1** (1) 下記を参照のこと。　(2) ウ　(3) （例） 活性(化)　**問2** ア　**問3** （例） 災害時，アメリカの政府は何をやるかがはっきり決まっているが，日本の政府・自治体は復旧・復興事業を何でも行う。　**問4** エ　**問5** ウ

●漢字の書き取り

3 **問1** (1) (A) 化学　(C) 幕　(D) 図

Memo

Memo

2023
年度

鶴見大学附属中学校

【算　数】〈難関進学クラス１次試験〉（45分）〈満点：100点〉

1 次の $\square$ の中にあてはまる数を入れなさい。

(1) $67 + 174 + 327 - 56 - 212 = \square$

(2) $(21.7 - 5.4 + 3.7) \times (17.1 - 10.6 - 4.3) - 38.7 = \square$

(3) $3.4 \times 1\frac{3}{17} \times 3\frac{1}{8} \div 0.125 = \square$

(4) $(58.9 - 4.1 \times \square) \div 4.4 = 5$

(5) $\frac{7}{12} \times \{21.5 - (\square - 5.6) \times 5\} = 5\frac{1}{4}$

2 次の□の中にあてはまる数を入れなさい。

(1) 学校のパン屋さんでは，あげパンが１個110円で，チョコパンが１個160円で売られています。あげパン□個とチョコパン□個の合計15個を買うと，代金の合計は2050円でした。

(2) 長さ64mの道の端《はし》から端まで16mおきに柱を立てます。さらに柱と柱の間に2mおきに木を植えると，全部で□本の木が必要となります。

(3) 長さ225mの列車が秒速20mで上り方向に，長さ180mの列車が秒速25mで下り方向に進んでいます。お互《たが》いの列車が出会ってから，すれ違《ちが》い終わるまでに□秒かかります。

(4) １個50円のみかんを100個仕入れました。80円の定価をつけて売りましたが，何個か売れ残ったので，定価の１割引きで残りすべてを売ると2760円の利益がでました。１割引きで売ったみかんの数は□個です。

(5) 下の図は，１辺が10cmの正方形とおうぎ形を組み合わせたものです。色のついた部分の面積の和は□ cm^2 です。ただし，円周率は3.14とします。

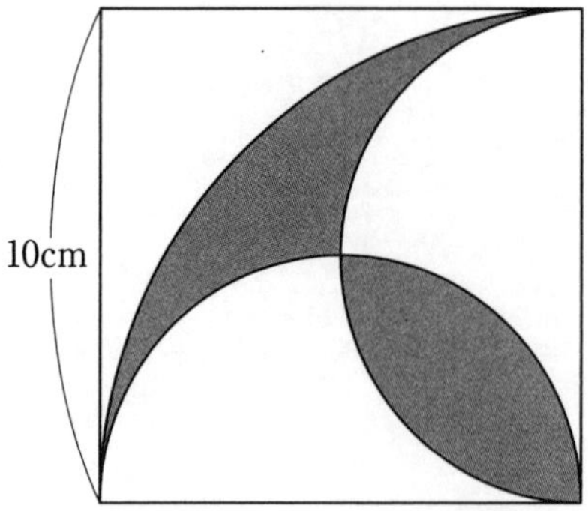

(6)　5％の食塩水150g と13％の食塩水50g を混ぜてできた食塩水があります。
この食塩水100g と水 □ g を混ぜたら5％の食塩水になりました。

(7)　Aさんが１人ですると10日かかり，Bさんが１人ですると15日かかる仕事があります。この仕事を最初の４日間はAさんが１人で行い，残りをBさんが１人で行う場合，仕事が終わるまでに合わせて □ 日かかります。

(8)　A町とB町の間を時速4km の速さで流れる川を船で往復したとき，上りは40分，下りは30分かかりました。この船の静水時の速さは時速 □ km です。

(9)　下の図のような台形と長方形と三角形を合わせた図形を，直線 ℓ のまわりに１回転させてできた立体の体積は □ cm^3 になりました。ただし，円周率は3.14とします。

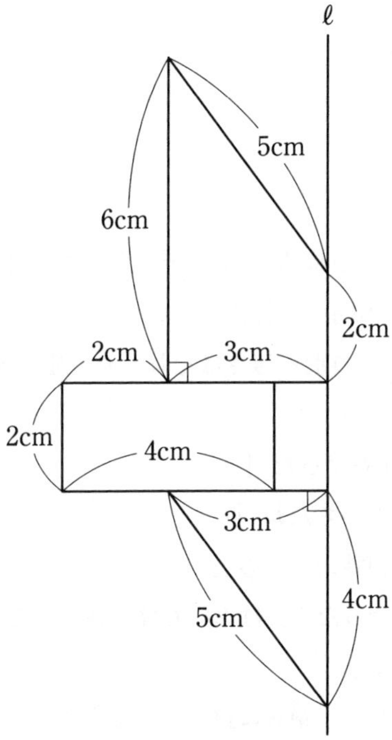

3 下の図の正方形ABCDについて，辺CD上に点Eをとり，対角線BDと直線AEの交点をFとします。次の問いに答えなさい。

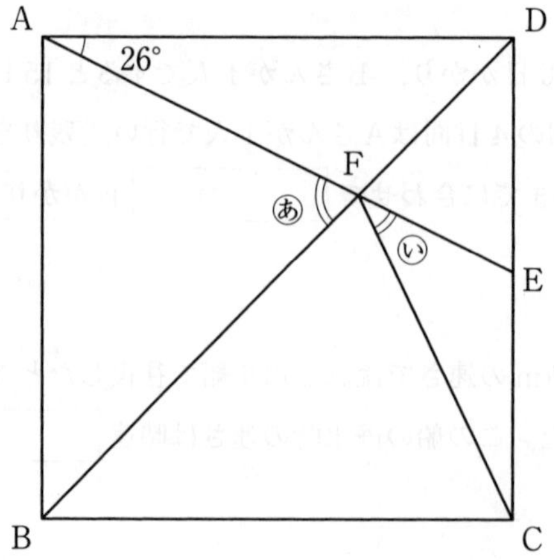

(1)　角㋐の大きさは何度ですか。

(2)　角㋑の大きさは何度ですか。

4 けんいちさんとけんじさんは，体育の時間に50m走のタイムをはかりました。
以下の会話文を読み，次のページの問いに答えなさい。
ただし，けんいちさんとけんじさんの走る速さはそれぞれ一定である。

けんいち「やったー！　クラスで１番だった。」
けんじ　「おめでとう。さすがけんいちだね。」
けんいち「ありがとう。けんじは何秒だったの。」
けんじ　「わたしは９秒ちょうどだったよ。けんいちは何秒だったの。」
けんいち「わたしは7.2秒だったよ。」
けんじ　「すごい速いね。競走しても，絶対に負けてしまうよ。」
けんいち「同じ50m走じゃなくて，スタート地点を変えて同時にゴールできるようにしようよ。」
けんじ　「いいの？　じゃあ今度，いっしょに走ってみよう。」

(1)　けんいちさんの走る距離《きょり》を50mのままにしたとき，２人で同時にゴールするためには，けんじさんのスタート地点を何m前にすればよいですか。

(2)　けんじさんの走る距離を50mのままにしたとき，２人で同時にゴールするためには，けんいちさんのスタート地点を何m後ろにすればよいですか。

5　鶴見さんと花月さんは，次のような数当てゲームをしています。

① 鶴見さんは，３桁《けた》の数を決めて紙に書く。ただし，どの位の数字も異なり，０は含《ふく》まないものとする。
② 花月さんは，鶴見さんが書いた３桁の数を予想して答える。
③ 鶴見さんは，花月さんが予想した３桁の数で，位も数字も当たっている数字の個数と，位は違うが数字は当たっている数字の個数をヒントとして伝える。
④ 花月さんは，鶴見さんのヒントをもとに，もう一度，数を予想して答える。
⑤ 花月さんは，鶴見さんが①で書いた３桁の数を当てるまで予想をくり返す。

たとえば，鶴見さんが書いた３桁の数が793で，花月さんが予想した数が173とすると，鶴見さんは花月さんに，位も数字も当たっている数字は１個，位は違うが数字が当たっている数字は１個と伝えます。次の問いに答えなさい。

(1)　花月さんは５回目の予想で，鶴見さんが書いた３桁の数を当てました。下の表は，花月さんが４回目までに予想した数と，それに対する鶴見さんのヒントです。
鶴見さんの書いた３桁の数はいくつですか。

回 数	花月さんの予想	鶴見さんのヒント	
		位も数字も当たっている	位は違うが数字は当たっている
１回目	９８７	１　個	０　個
２回目	３２１	１　個	０　個
３回目	４２６	０　個	０　個
４回目	３５７	０　個	１　個

⑵　数を３桁から４桁にして，同じゲームをしてみました。花月さんは６回目の予想で，鶴見さんが書いた４桁の数を当てました。下の表は，花月さんが５回目までに予想した数と，それに対する鶴見さんのヒントです。鶴見さんの書いた４桁の数はいくつですか。

回 数	花月さんの予想	鶴見さんのヒント	
		位も数字も当たっている	位は違うが数字は当たっている
１回目	１２３４	０　個	２　個
２回目	６７８９	１　個	０　個
３回目	９４１８	０　個	０　個
４回目	７５２３	１　個	２　個
５回目	６５３２	１　個	３　個

【社　会】〈難関進学クラス１次試験〉（理科と合わせて45分）〈満点：50点〉

1　次の文章を読み、以下の問いに答えなさい。

2022年の上半期に、NHK連続テレビ小説の「ちむどんどん」という番組が放送されました。このドラマの舞台《ぶたい》のひとつとなっているのが、鶴見《つるみ》です。

①京浜《けいひん》工業地帯の中核《ちゅうかく》にある鶴見には、かつて全国から多くの人々《ひとびと》が、仕事を求めて集まってきました。その中でも②沖縄《おきなわ》県の出身者が多く、鶴見には沖縄の文化が根付いています。

鶴見と沖縄の関係が始まったのは、大正《たいしょう》から昭和《しょうわ》初期といわれています。当時の沖縄は、産業の中心だった（　Ｘ　）の凶作《きょうさく》や砂糖《さとう》価格の暴落などにより、生活が苦しくなった農民が続出していました。そこで、③臨海部に様々《さまざま》な企業《きぎょう》が進出していた鶴見に、働き口を求めて、沖縄県民が集まってきたことが、大きなきっかけだといわれています。その後、県民が増えたことにより、沖縄コミュニティが定着していきました。現在でも、鶴見の各地には、沖縄の物産店や沖縄料理店があり、エイサーなどの伝統芸能の催《もよお》しも行われています。

1990年ころになると出入国管理及び難民認定法の改正があり、海外から鶴見に移住してくる人々が増えていきました。これは第二次世界大戦《だいにじせかいたいせん》の後、④沖縄から南米へ移住した人々の子どもや孫の世代が、鶴見の沖縄コミュニティを頼《たよ》って、日本に戻《もど》ってきたことが要因の一つだといわれています。2021年現在、鶴見区の人口約30万人のうち、約１万３千人が外国籍《がいこくせき》の人々です。ブラジルやペルーなどの南米《なんべい》はもちろん、中国《ちゅうごく》や韓国《かんこく》、ベトナムやフィリピンなど様々なコミュニティが混在するようになりました。

このように、鶴見は多様な文化が共生する街です。もちろん、多様な文化が共生し、社会に定住することは容易ではなく、その過程で多くの問題が起きました。特に言語の壁《かべ》は大きく、この問題を解決するために、自治体や関係機関が協力しながら、少しずつ鶴見という街をつくっていきました。現在、鶴見区で配られている⑤防災マップは７ヶ国語で作成されています。このように、海外出身の方々も日本人も安心して活発に暮らせるよう、日々《ひび》取り組みを進めているようです。多様な文化が共生する街として、今後も鶴見から目が離《はな》せません。

（１）下線部①について、次のグラフは、京浜工業地帯・中京《ちゅうきょう》工業地帯・阪神《はんしん》工業地帯・北九州《きたきゅうしゅう》工業地帯の工業別生産額の割合をまとめたものです。グラフ中のＣに当てはまる工業の種類を、次の**ア～オ**から一つ選び、記号で答えなさい。

工業地帯の製造品出荷額等の構成（2019年）

（グラフの単位は%）

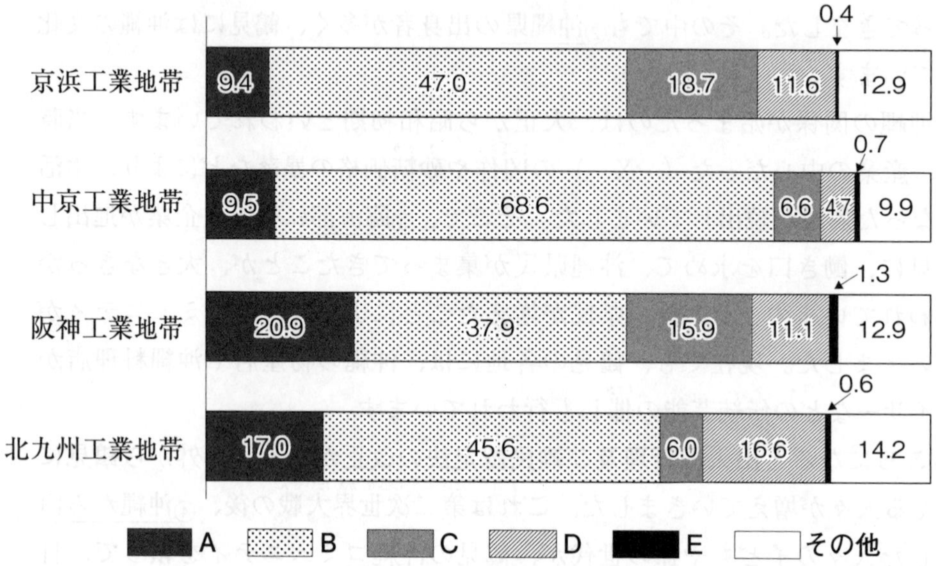

（矢野恒太記念会『日本国勢図会 2022 ／ 23 年版』より作成）

ア　機械　　**イ**　繊維《せんい》　　**ウ**　化学　　**エ**　食料品　　**オ**　金属

（2）下線部②について、下の問いに答えなさい。

（a）次の雨温図は、札幌《さっぽろ》・松本《まつもと》・潮岬《しおのみさき》・高松《たかまつ》・新潟《にいがた》・那覇《なは》のものです。このうち那覇のものを、次の**ア〜カ**から一つ選び、記号で答えなさい。

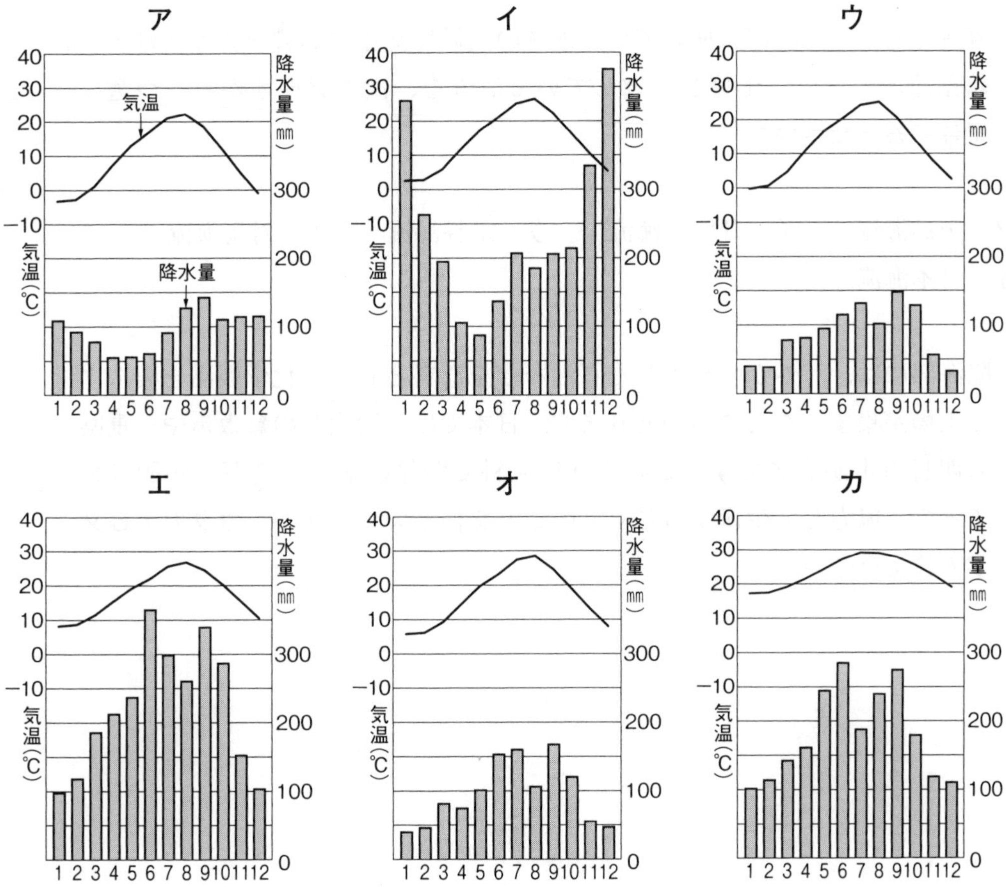

（矢野恒太記念会『日本国勢図会 2022／23 年版』などより作成）

（b）沖縄県の県庁所在地は那覇市です。沖縄県のように、県名と県庁所在地の名前が一致しない県を、次の**ア〜オ**から一つ選び、記号で答えなさい。

ア 山口県《やまぐち》　**イ** 福井県《ふくい》　**ウ** 長野県《ながの》　**エ** 岐阜県《ぎふ》　**オ** 島根県《しまね》

（c）沖縄県に所属する島を、次の**ア〜オ**から一つ選び、記号で答えなさい。

ア 択捉《えとろふ》島　**イ** 沖ノ鳥《おきのとり》島　**ウ** 南鳥《みなみとり》島　**エ** 与那国《よなぐに》島

オ 種子《たねが》島

(3) 文中の（　X　）には、沖縄県の主要な作物であり、砂糖の原料となる農作物の名前が入ります。（　X　）に当てはまる語句を答えなさい。

(4) 下線部③について、下の問いに答えなさい。

(a) 臨海部のように、海に面している地域の気候は海流の影響《えいきょう》を強く受けます。鶴見地域の気候に影響を及《およ》ぼしている海流を、次の**ア〜オ**から一つ選び、記号で答えなさい。

ア　千島《ちしま》海流　　**イ**　リマン海流　　**ウ**　宗谷《そうや》海流　　**エ**　対馬《つしま》海流
オ　日本海流

(b) 臨海部には、海外から輸入した石油などを原料として、化学製品を製造する工場が集まったところがあります。日本では、岡山《おかやま》県の倉敷《くらしき》市や三重《みえ》県の四日市《よっかいち》市が有名です。このように原料で関係のある工場が一か所に集まって、協力して生産するしくみのことを何といいますか。**カタカナ６文字**で答えなさい。

（5） 下線部④について、次の図表Ⅰ・Ⅱは沖縄県から海外への国別移住者数およびその推移を表しています。この図表から読み取ることができるものとして正しいものを、次の**ア〜オ**から一つ選び、記号で答えなさい。

Ⅰ　沖縄県の国別移住者数の推移（昭和23〜47年）

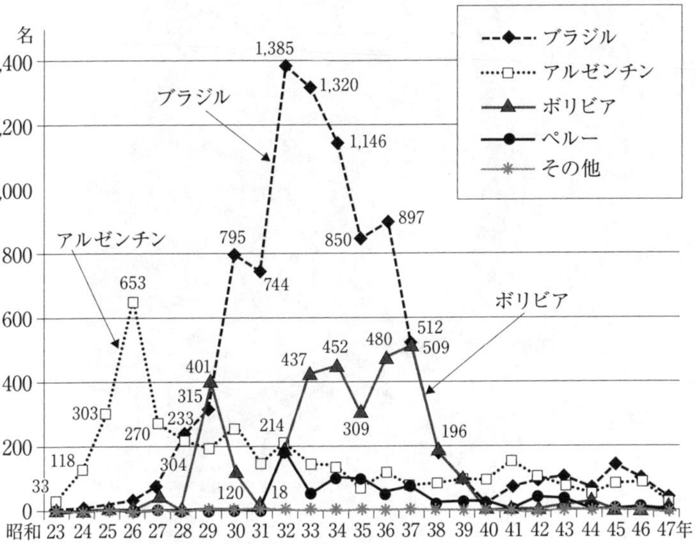

Ⅱ　沖縄県の国別移住者数（昭和23〜平成5年）

国名	移住者数（名）
ブラジル	9,494
アルゼンチン	3,897
ボリビア	3,448
ペルー	733
パラグアイ	32
メキシコ	12
カナダ	102
その他	8
総数	17,726

（沖縄県交流推進課「国際交流関連業務概要」より引用）

ア　アルゼンチンからの移住者は昭和26年が最も多く、653名である。

イ　昭和23年から平成《へいせい》5年にかけて、沖縄県から海外への移住者は17,726名に達し、その半数以上はブラジルへ渡っていることがわかる。

ウ　ペルーへの移住者は、昭和23年から平成5年までの総数としては733名であり、推移としては昭和29年が最も多い。

エ　ブラジルへ移住する人は、昭和23年から昭和47年にかけて合計10,000名を超《こ》えている。

オ　昭和30年代に沖縄県から海外への移住が激増しており、特にこの年代はボリビアへの移住者が一番多いことがわかる。

(6) 下線部⑤について、下の地図は、鶴見区のハザードマップの一部を拡大したものです。薄《うす》く色がついている地区は、２日間で792mmの降雨があった場合、浸水する可能性があることを示しています。また、地図中の②～㉗の数字は、指定緊急避難場所《していきんきゅうひなんばしょ》になっている場所です。この図から読み取ることができるものとして**誤っているもの**を、次の**ア～オ**から一つ選び、記号で答えなさい。

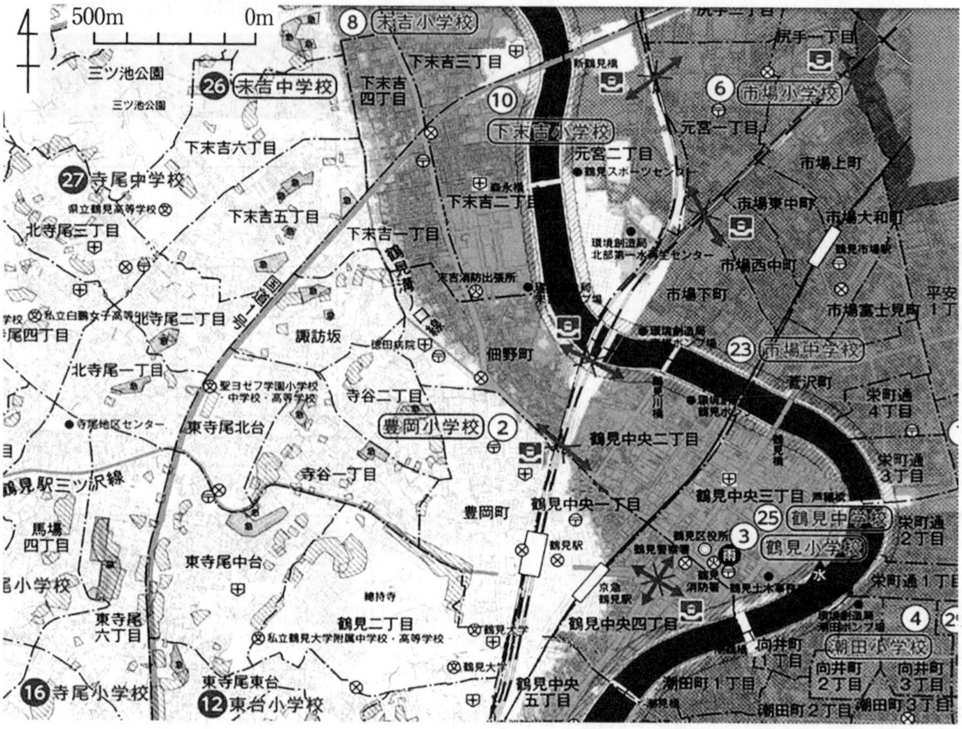

(鶴見区洪水ハザードマップ洪水浸水想定区域(想定最大規模)より引用)

ア　私立鶴見大学附属《つるみだいがくふぞく》中学校・高等学校の北には病院がある。

イ　末吉《すえよし》小学校は、川の西に位置しているため、浸水する可能性がない。

ウ　２日間で792mmの大雨が降った場合、尻手《しって》一丁目は浸水をする可能性がある。

エ　下末吉《しもすえよし》二丁目から元宮《もとみや》二丁目に向かって橋をわたると、鶴見スポーツセンターがある。

オ　国道１号と鶴見川の間には、指定緊急避難場所が５か所ある。

2 **次の文章を読み、以下の問いに答えなさい。**

突然《とつぜん》ですが、受験生の皆《みな》さんは「動物園で好きな動物」と聞かれたら、何を思い浮《う》かべますか。ライオン、ゾウ、キリンなど…さまざまな動物が挙がりますが、パンダを思い浮かべた人もいるのではないでしょうか。日本《にほん》では３か所でしか、飼育されていませんが、根強い人気を誇《ほこ》っています。パンダが日本にやってきたのは、1972（昭和47）年９月、日中共同声明《にっちゅうきょうどうせいめい》が出され、中国から友好の証として２頭、贈《おく》られたことがきっかけでした。

①日本と中国は古来、深い関わりを持っていましたが、②明治《めいじ》時代以降、対立することが多くなりました。第一次世界大戦《だいいちじせかいたいせん》が始まると、日本は中華民国《ちゅうかみんこく》（当時の中国）に対し、二十一か条の要求を突きつけ、軍事力を背景に、要求の大部分を認めさせました。さらに、1931（昭和６）年より始まった③満州事変《まんしゅうじへん》で、中国への軍事的な進出が本格的に始まり、日中戦争・④太平洋戦争にいたる戦争状態は、1945（昭和20）年に日本の全面的な敗北という結果で終わりました。

第２次世界大戦後、発足した当時の国際連合に代表権を持っていたのは国民政府（蒋介石《しょうかいせき》政権）でしたが、内戦で中国共産党に敗れて台湾《たいわん》に逃れ、1949（昭和24）年に中国共産党を指導する毛沢東は中華人民共和国の成立を宣言、朝鮮戦争が始まるとアメリカとの対立を深めるようになりました。一方、事実上アメリカの占領下にあった日本は、1951（昭和26）年に⑤アメリカなどの連合国との間で講和条約を結びましたが、中華人民共和国は会議に招かれず1952年に日本は台湾の国民政府との間で平和条約を結びました。その後、日本と中華人民共和国との間では民間レベルの交流がたびたび行われましたが、政府内では国交の回復には消極的な意見があり、政府レベルでの国交回復への動きにはなかなか進展が見られませんでした。

1971年、国際連合では中華人民共和国の代表権が認められ、国民政府は追放されることになりました。そのような中、⑥佐藤栄作《さとうえいさく》首相は1972年１月、中華人民共和国との国交回復を目指す考えを示しました。翌月には、アメリカのニクソン大統領が、日本との事前協議なしに中国を訪問し、米中《べいちゅう》共同宣言を発表しました。田中角栄《たなかかくえい》首相は同年９月、中国を訪れ、毛沢東・周恩来《しゅうおんらい》とともに日中共同声明を発表し、対立関係の終結を宣言したのでした。

（１）下線部①について、日本と中国の関わりに関して述べた文として**誤っているもの**を、次の**ア～オ**から一つ選び、記号で答えなさい。

ア　弥生《やよい》時代、倭《わ》の奴《な》の国王が中国（後漢《ごかん》）に使いを送り、金印を授かった。
イ　聖徳太子《しょうとくたいし》は、中国（隋《ずい》）の進んだ政治のしくみや文化を取り入れようと、小野妹子《おののいもこ》などを遣隋使《けんずいし》として派遣した。
ウ　平安《へいあん》時代、菅原道真《すがわらのみちざね》などは中国（唐《とう》）国内の乱れや航海の危険を考え、遣唐使の停止を提案した。
エ　足利義満《あしかがよしみつ》は倭寇《わこう》を鎮《しず》め、中国（明《みん》）との間で勘合《かんごう》を用いた貿易を行った。
オ　豊臣秀吉《とよとみひでよし》は中国（明）を征服《せいふく》するため、文永《ぶんえい》の役・弘安《こうあん》の役を行った。

（２）下線部②について、明治時代における日本と中国が対立した事例として、日《にっ》清《しん》戦争が挙げられます。日清戦争について、下の問いに答えなさい。

（ａ）次の図は、日清戦争前の世界情勢を表した風刺《ふうし》画です。図中Ａ～Ｄが表す国名の組み合わせとして正しいものを、次の**ア～カ**から一つ選び、記号で答えなさい（なお、図の一部は黒く塗《ぬ》りつぶしてあります）。

（光村図書より採録）

ア　Ａ―日本　Ｂ―中国（清）　Ｃ―ロシア　Ｄ―樺太《からふと》（サハリン）
イ　Ａ―日本　Ｂ―中国（清）　Ｃ―ロシア　Ｄ―朝鮮
ウ　Ａ―日本　Ｂ―中国（清）　Ｃ―アメリカ　Ｄ―朝鮮
エ　Ａ―日本　Ｂ―ロシア　Ｃ―中国（清）　Ｄ―樺太（サハリン）
オ　Ａ―日本　Ｂ―ロシア　Ｃ―中国（清）　Ｄ―朝鮮
カ　Ａ―日本　Ｂ―アメリカ　Ｃ―中国（清）　Ｄ―朝鮮

（b）次の資料（史料）は、日清戦争の講和条約の一部です。資料中の下線について、この賠償《ばいしょう》金の一部を使って北九州《きたきゅうしゅう》に建設され、日本の重工業を発展させるきっかけとなった、官営工場の名を**漢字５文字**で答えなさい。

第１条	清国は、朝鮮国が完全な独立国であることを認める。
第２条	清国は、リャオトン半島（遼東《りょうとう》半島）、台湾とそれに付属の島、澎湖《ほうこ》諸島の主権を永遠に日本国にあたえる。
第４条	清国は、賠償金として銀２億テール（両）を日本に支払うことを約束する。

（3）下線部③について、満州事変に関して述べた文として**誤っているもの**を、次の**ア～オ**から一つ選び、記号で答えなさい。

ア　満州事変前、世界恐慌《せかいきょうこう》の影響で不景気となったことから、日本では景気回復のために、満州を手に入れようとする主張が高まった。

イ　満州事変は、日本軍が南満州鉄道《みなみまんしゅうてつどう》の線路を爆破《ばくは》し、これを中国のしわざとした、柳条湖《りゅうじょうこ》事件をきっかけに始まった。

ウ　満州事変のあと、満州国が建国されたが、リットン調査団による調査の結果、独立が認められなかったため、日本は国際連盟《こくさいれんめい》を脱退《だったい》した。

エ　満州事変のあと、中国では五《ご》・四《し》運動が展開され、反日の動きが高まった。

オ　満州事変のあと、日本では首相や大臣が暗殺されるなどして、しだいに軍部が政治の実権を握るようになった。

（4）下線部④について、下の問いに答えなさい。

（a）太平洋戦争が終結するまでのできごとに関する次の文を年代順に並べ替《か》えたとき、４番目にくるできごととして正しいものを、次の**ア～オ**から一つ選び、記号で答えなさい。

ア　８月６日には広島《ひろしま》、９日には長崎《ながさき》に、原子爆弾《ばくだん》が投下された。

イ　アメリカ軍が沖縄に上陸した。

ウ　日本がイギリス領のマレー半島・ハワイの真珠湾《しんじゅわん》を攻撃《こうげき》した。

エ　日本がポツダム宣言を受け入れた。

オ　ミッドウェー海戦において、日本が大敗した。

(b) 終戦後の日本に関して述べた文として**誤っているもの**を、次の**ア～オ**から一つ選び、記号で答えなさい。

ア 日本は、マッカーサーを最高司令官とする、GHQ（連合国軍総司令部《れんごうこくぐんそうしれいぶ》）の管理下に置かれた。

イ 国民主権・基本的人権の尊重・平和主義を原則とする、新しい憲法がつくられた。

ウ アメリカなどの物資援助《えんじょ》を受け、学校給食が始まった。

エ 国が地主から土地を買い上げ、小作農家に安く提供する、農地改革が行われた。

オ 納税額によって与えられていた選挙権が、満25歳《さい》以上のすべての男子に与えられた。

(5) 下線部⑤について、日本の独立回復が認められることとなった講和条約が結ばれた都市はどこですか。**カタカナ**で答えなさい。

(6) 下線部⑥について、佐藤栄作に関して述べた文として**誤っているもの**を、次の**ア～オ**から一つ選び、記号で答えなさい。

ア 佐藤栄作内閣のとき、大阪《おおさか》で万国博覧会が開催された。

イ 佐藤栄作内閣のとき、所得倍増《しょとくばいぞう》計画が出され、高度経済成長期に入った。

ウ 佐藤栄作内閣のとき、韓国との国交回復を実現した。

エ 佐藤栄作は「この島の問題が解決されないかぎり、日本の戦後は、終わらない」として、沖縄返還《へんかん》を成し遂《と》げた。

オ 佐藤栄作は、「非核三原則《ひかくさんげんそく》」を唱え、日本の核兵器についての立場を確立した。

3　**次の鶴見くんと先生の会話文を読み、以下の問いに答えなさい。**

先　　生：2023（令和《れいわ》5）年は、関東大震災《かんとうだいしんさい》が発生してから100年となる年です。鶴見くんは、関東大震災について何か知っていますか。

鶴見くん：確か、震災の当日は、当時の内閣総理大臣が亡くなって新たな①内閣の組閣中であったことや、東京を中心として起こった地震だったため、多くの省庁の建物が被害《ひがい》にあい、迅速《じんそく》に対応することができなかったようですね。

先　　生：関東大震災は1923（大正12）年９月１日、午前11時58分に発生しました。地震の規模はマグニチュード7.9と推定されています。震度7の地域は震源の近くに分布していましたが、震度６弱以上の地域をみると、震源から離れていても1000年前の利根《とね》川や荒《あら》川の流路に沿って、分布していました。

鶴見くん：震災にあった被災者たちは、大きな公園や学校などの避難所では足らず親戚《しんせき》の家や、中にはそのとき初めて知り合った人の家に避難することも少なくなかったようです。また、地域の住民が自分たちだけで救護活動を行っていたとも聞いています。

先　　生：当時の人々はまさに、②自助・共助・公助の考えによる行動をしていたのではないでしょうか。現在は、このような事態を避けるため、中央省庁の東京《とうきょう》一極集中から地方へ分散しようとしていますね。③消費者庁の一部の拠点を徳島《とくしま》県に移転したり、文化庁が2022年度中にも京都《きょうと》府に移転したりすることなどが、その例ですね。

鶴見くん：これは、SDGs※1の11番目の目標「住み続けられるまちづくりを」に関係していますよね。国の省庁の機能だけでなく、被害にあわれた方々の避難生活も、復興を行うにあたって今後のまちづくりをどのようにしていくかも、④地域住民の人たちも加わることで、積極的に話し合ってほしいですね。

先　　生：そうですね。⑤国をはじめ⑥地方公共団体では、関東大震災、阪神淡《はんしんあわ》路《じ》大震災、東日本《ひがしにほん》大震災などの大災害を教訓に、災害に強いまちづくりを考え、実行するようになってきました。例えば、⑦被災が想定される区域や避難場所・避難経路といった防災関係施設の位置などを示したハザードマップを作成し、国土交通省や各地方公共団体のホームページに掲載《けいさい》したり、役所などで配布したりしていますね。

鶴見くん：関東大震災の発生以降、安全のために建築の基準が変わるなど、大災害は私たちのまちづくりに大きな影響を与えています。だからこそ、⑧立法・行政・司法が協力し合い、災害に強く、長く住み続けられるまちづくりを引き続き進めてほしいですね。

※１　2015年9月の国連サミットで加盟国の全会一致で採択《さいたく》された。2030年までに持続可能でよりよい世界を目指す17の国際目標のこと。

（1）下線部①について、内閣に関して説明した文として**誤っているもの**を、次の**ア～オ**から一つ選び、記号で答えなさい。

ア　内閣の会議である閣議は、多数決で採決をとる。
イ　内閣は、内閣総理大臣とその他の国務大臣で構成される。
ウ　内閣総理大臣とその他の国務大臣は、文民でなければならない。
エ　国務大臣の過半数は、国会議員から選ばれなければならない。
オ　内閣は、政令を制定できる。

（2）下線部②について、自助・公助・共助の考え方のなかで、共助の考え方に分類される内容として正しいものを、次の**ア～オ**から一つ選び、記号で答えなさい。

ア　避難所や持ち出し品の確認をする。
イ　被災者の生活再建を支援《しえん》する。
ウ　各家の危険度や安全度を確認する。
エ　災害時要援護者の避難を助ける。
オ　避難所を開設し安全を確保する。

（3）下線部③について、消費者庁は消費者の利益を守るための省庁で、活動の一つに、人・社会・地域・環境に配慮《はいりょ》した消費行動の普《ふ》及《きゅう》を呼びかけています。これに関連して、途《と》上《じょう》国で生産された商品を生産者から直接、適正価格で輸入・販売《はんばい》する貿易の仕組みを何といいますか。**カタカナ７文字**で答えなさい。

(4) 下線部④について、地域住民が自身の住む地域で行うことができる内容について述べた次の文中の空らん（　Ⅰ　）・（　Ⅱ　）・（　Ⅲ　）に当てはまる語句の組み合わせとして正しいものを、下の**ア～オ**から一つ選び、記号で答えなさい。

> 直接請求《せいきゅう》権とは、条例の制定と改廃《かいはい》、監査《かんさ》請求、議会の解散請求、首長・議員の解職請求などがある。条例の制定と改廃、監査請求は有権者の（　Ⅰ　）の署名が必要であり、議会の解散請求、首長・議員の解職請求は（　Ⅱ　）の署名が必要である。請求先は、条例の制定と改廃は首長、監査請求は監査委員、議会の解散請求は（　Ⅲ　）となっている。

ア　Ⅰ：3分の1以上　Ⅱ：50分の1以上　Ⅲ：首長
イ　Ⅰ：50分の1以上　Ⅱ：3分の1以上　Ⅲ：選挙管理委員会
ウ　Ⅰ：3分の2以上　Ⅱ：50分の1以上　Ⅲ：首長
エ　Ⅰ：50分の1以上　Ⅱ：過半数　Ⅲ：選挙管理委員会
オ　Ⅰ：過半数　Ⅱ：3分の1以上　Ⅲ：首長

(5) 下線部⑤について、我が国の沿岸から200海里の範囲で、水産資源と鉱産資源は沿岸国のものとなる海域の名称《めいしょう》を何といいますか。**漢字７文字**で答えなさい。

(6) 下線部⑥について、地方自治について**誤っているもの**を、次の**ア～オ**から一つ選び、記号で答えなさい。

ア　地方公共団体間の地方税収入の格差をなくすために、国から使用用途が自由な地方交付税交付金が支給されている。
イ　都道府県議会議員、市町村議会議員、都道府県知事、市町村長の被選挙権は満25歳以上で、選挙権は満18歳以上である。
ウ　首長は地方議会が制定した条例と予算について異議がある場合、10日以内に再議の要求ができる。
エ　国会議員の選挙管理や戸籍《こせき》の業務は国から任されて、各地方公共団体で行われている。
オ　近年、それぞれの地域にあった行政サービスを行えるよう、国が持つ権限や財源を地方公共団体に移す地方分権が行われている。

(７) 下線部⑦について、ハザードマップは自然災害の軽減や防災目的に使用するために作成されています。次のグラフⅠ・Ⅱはハザードマップ・避難所の認知度、年代別ハザードマップ認知度を表しています。このグラフから読み取れることとして正しいものを、次ページの**ア〜オ**から一つ選び、記号で答えなさい。

Ⅰ　ハザードマップ・避難所の認知度

単位は％

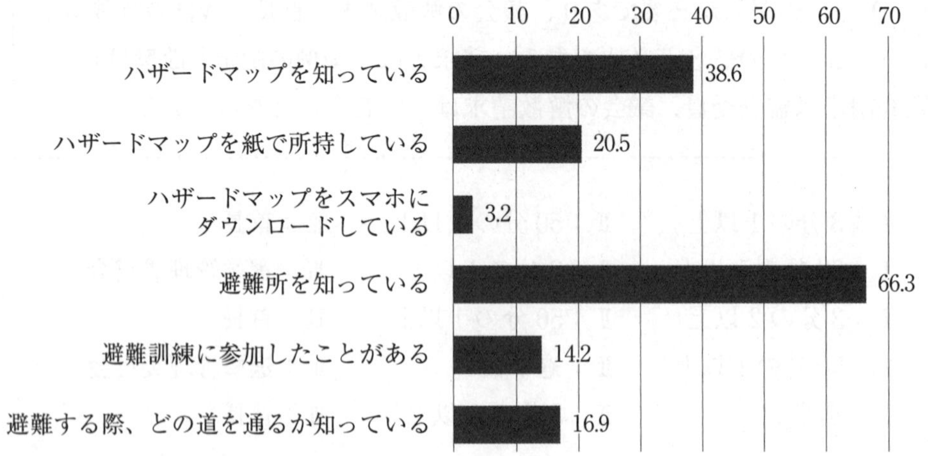

Ⅱ　年代別ハザードマップ認知度

単位は％

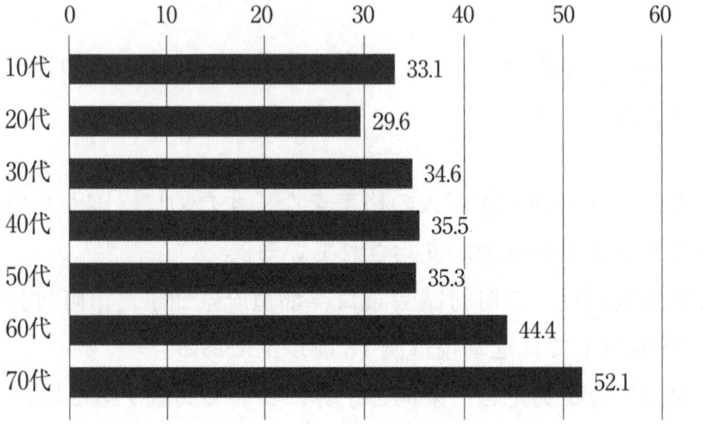

（株式会社ＮＴＴドコモ　モバイル社会研究所　レポートより）

ア　ハザードマップの年代別の認知度が３番目に高いのは30代である。

イ　ハザードマップの認知度よりも避難所の認知度の方が低い。

ウ　避難訓練に参加したことがある人の割合は、避難所を知っている人の割合よりも高い。

エ　年代別ハザードマップの認知度は、10代よりも60代の方が10％以上低い。

オ　ハザードマップを何らかの形で所有している人は、３割に満たない。

(8)　下線部⑧について、日本では立法権、行政権、司法権の三権に分かれ、それらの権限は国会、内閣、裁判所にあたえられています。このことを三権分立と呼びます。この三権分立について**誤っているもの**を、次の**ア〜オ**から一つ選び、記号で答えなさい。

ア　モンテスキューは『法の精神』の中で、三権分立の考えを説いた。

イ　行政権、立法権、司法権の三権は、互いに権力の行き過ぎを防いでいる。

ウ　三権分立において、主権者である国民は三権に対して監視をしたり、抑《よく》制《せい》したりすることは全くできない。

エ　立法権と行政権の関係において、内閣は衆議院の解散を行うことができる。

オ　司法権と立法権の関係において、裁判所は国会が制定した法律に対して、違憲立法審査を行う。

【理　科】〈難関進学クラス１次試験〉（社会と合わせて45分）〈満点：50点〉

1　半径の大きい円板と半径の小さい円板を同じ軸《じく》にとりつけた道具について，以下の各問いに答えなさい。

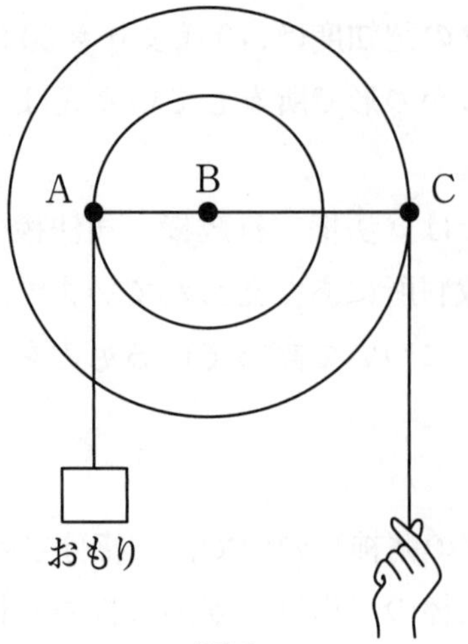

図１

(1)　この道具（図１）の名前は何ですか。

(2)　この道具（図１）は「てこの原理」を応用しています。図中のＡ・Ｂ・Ｃを，てこの３点の名前で答えなさい。

(3) 次のア～カのうち，「てこの原理」を利用したものはどれですか。正しいものをすべて選び，ア～カで答えなさい。

ア
扇《せん》風機の回転する羽根

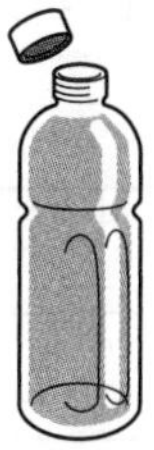

イ
ペットボトルの丸いふた

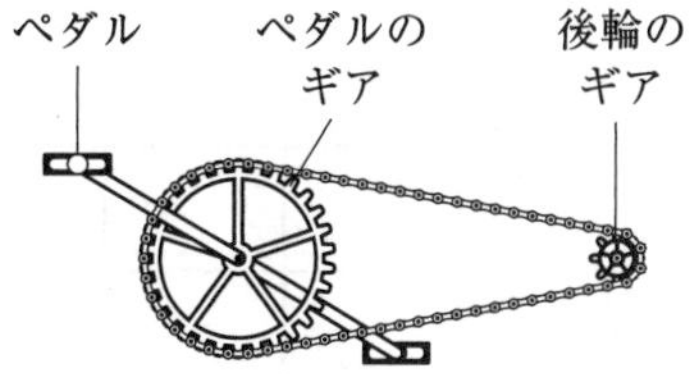

ウ
自転車のペダル部分

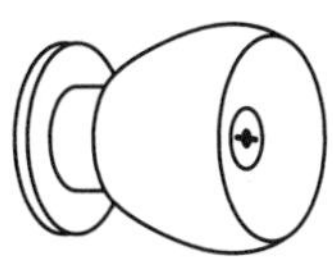

エ
ドアのぶ

オ
ドライバー

カ
自動車のハンドル

(4) 図２のように，半径 36cm の円板Ａと半径 18cm の円板Ｂを用いた「てこの原理」を利用した道具があります。次の①，②の問いに答えなさい。ただし，糸のおもさや糸と円板の間のまさつはないものとします。

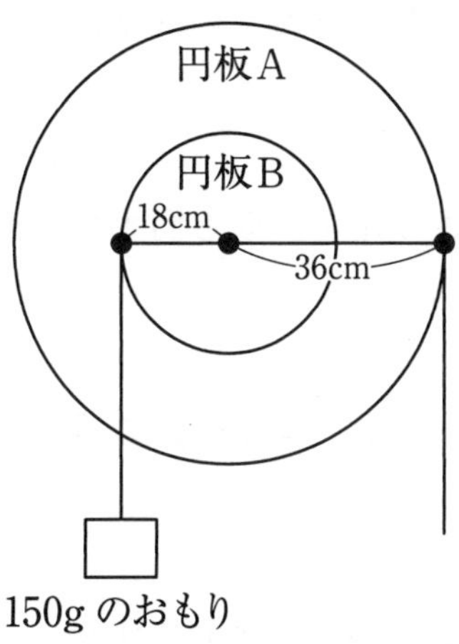

図２

① 円板Ｂにつけた糸に，150g のおもりがつるされています。このとき，円板Ａにつけた糸に何 g のおもりをつりさげれば，ちょうどつり合いがとれますか。

② 円板Ｂの 150g のおもりを 10cm 引き上げるとき，円板Ａにつけた糸を何 cm 引っ張ればよいですか。

2 ある重さのマグネシウムと銅をはかりとり，ガスバーナーで加熱して空気中で反応させました。反応が終わり，冷えてからその重さをはかると，下のグラフのようになりました。以下の各問いに答えなさい。

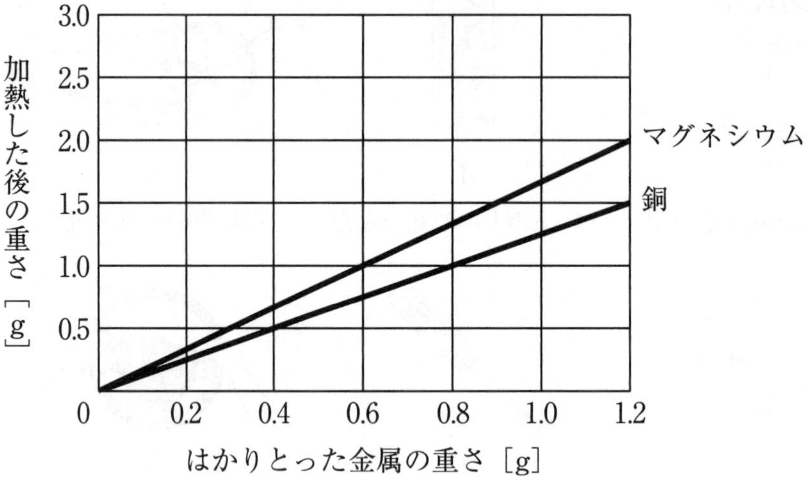

図1

(1) マグネシウムや銅は空気中で加熱して反応させると，重さが増加します。その理由を答えなさい。

(2) 銅 1.2g を加熱して完全に反応させたとき，加熱後の物質には何 g の酸素が含《ふく》まれていますか。

(3) 銅を加熱した後の物質に含まれている銅と酸素の重さの比を，最も簡単な整数の比で答えなさい。

(4) マグネシウムを加熱した後の物質に含まれているマグネシウムと酸素の重さの比を，最も簡単な整数の比で答えなさい。

(5) マグネシウム 9.0g を加熱して完全に反応させると，重さは何 g 増加しますか。

(6) 加熱して，完全に反応した銅を加熱する前の状態にもどすには，どのような方法を使えばよいですか。

3　こん虫の育ち方に関して，以下の各問いに答えなさい。

(1) 次のイラストはモンシロチョウとアブラゼミのたまごと，成虫になる途中《とちゅう》の様子を表したものです。モンシロチョウとアブラゼミの，たまごとよう虫はそれぞれどれですか。正しいものをそれぞれ1つずつ選び，ア～オで答えなさい。

ア．

イ．

ウ．

エ．

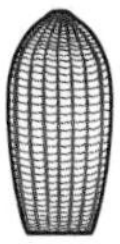

オ．

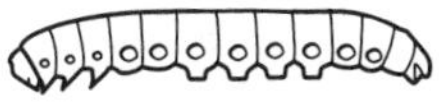

(2) アブラゼミのような，さなぎの期間がない育ち方を何といいますか。漢字で答えなさい。

(3) モンシロチョウのよう虫とアブラゼミのよう虫がえさにしているものは何ですか。正しいものをそれぞれ1つずつ選び，ア～エで答えなさい。

ア．花のみつ　　　イ．樹液（木のしる）
ウ．他のこん虫　　エ．キャベツの葉

(4) アブラゼミは成虫の期間が短いことで知られています。そこで，アブラゼミの育っていく期間を以下のようにまとめました。このとき，アブラゼミの成虫の期間を1として，たまご：よう虫：成虫の期間の長さを整数比で示しなさい。ただし，1年間は365日とし，答えが整数でない場合は小数第1位を四捨五入して，整数で答えなさい。

たまごの期間 … 1年間
成虫の期間 … 2週間
よう虫の期間と成虫の期間の合計 … 4年間

4 次の表は，飽《ほう》和《わ》水蒸気量《すいじょうきりょう》（空気1㎥中に含むことできる水蒸気量）を表したものです。表をもとに，各問いに答えなさい。

表

気温［℃］	0	5	10	15	20	25	30	35
飽和水蒸気量［g］	4.8	6.8	9.4	12.8	17.3	23.1	30.4	39.6

(1) 気温が30℃で，湿《しつ》度が80％の空気1㎥中に含まれる水蒸気量は何gですか。

(2) (1) のとき，空気1㎥中にはあと何gの水蒸気を含むことができますか。

(3) 気温が35℃で，空気1㎥中に27.72gの水蒸気が含まれているとき，湿度は何％ですか。

(4) (3) のとき，空気の温度を10℃にすると，空気1㎥あたり何gの水滴《てき》が出てきますか。

(5) 気温が5℃のとき，湿度が100％であった空気が温められて20℃になりました。このときの湿度は何％ですか。答えが割り切れない場合は，小数第3位を四捨五入して答えなさい。

問七　Ⅰ・Ⅱの文章を読んだあと、クラスで感想を述べ合いました。内容が正しく読み取れている感想として最も適切なものを次から一つ選び、記号で答えなさい。

ア　今までの私たちは、環境問題を防止するための禁欲的な生活とは逆のトレードオフをおこなってきたということがわかりました。これからは効率を高めることを優先する環境への配慮《はいりょ》が必要ということですね。

イ　トレードオフという考え方を進めると長所と短所の追求につながる。だから、環境問題を考えたときのエネルギーのトレードオフについては、効率を犠牲にして能率を追求していくことが大事だということがわかった。

ウ　環境問題のトレードオフという考え方は、エネルギーの能率と効率の関係と合致しているということがわかった。環境倫理を考える上では、資源消費が少なくて済むような効率のよい社会を目指さなければいけないと思った。

エ　大胆なドジョウは生命のリスクのトレードオフを理解できずに生を終わらせるということがわかりました。私たちは、能率のために多大なエネルギーを浪費する今のシステムをすぐに見直していかなければいけないと思いました。

問八　═══線部「『〇〇をやれば環境問題はすべて解決！』みたいなことを言う人が現れたら、その人は十中八九、あるいはそれ以上の確率で詐欺師である」とありますが、その理由を四十字以内で答えなさい。

問三　――線部１「魚を飼っていると、おもしろい発見がある」とありますが、おもしろい発見とはどのような発見ですか。最も適切なものを次から一つ選び、記号で答えなさい。

ア　金魚よりもドジョウの方が早く泳げるということ。
イ　同じ魚でも性質によって成長の差が出るということ。
ウ　金魚よりもドジョウの方が環境適応力が高いということ。
エ　同じ魚でも性質によって環境適応力の個体差があるということ。

問四　――線部２「おとなしく砂にもぐっているほうがプラスになるかもしれない」とありますが、この場合のプラスになるとはどういうことですか。十字以内で書きなさい。

問五　――線部３「反比例の関係」とありますが、どのような関係ですか。その説明として最も適切なものを次から一つ選び、記号で答えなさい。

ア　効率を追求すると能率が悪くなり、能率を追求すると効率が悪くなるという関係。
イ　能率を追求すると節約ができなくなり、節約を追求すると能率が悪くなるという関係。
ウ　時間の短縮をはかると節約ができなくなり、節約をはかると正確さに欠けるという関係。
エ　たくさんの仕事をこなそうとすると時間がかかり、時間を短縮すると収入が減るという関係。

問六　――線部４「すべての技術開発を悪者にするのはおかしな話」とありますが、その理由として最も適切なものを次から一つ選び、記号で答えなさい。

ア　技術開発には目的があり、それを達成できているかを問うことと善悪の判断は合致《がっち》しないものだから。
イ　技術開発というものは開発者の善意から発生しているので、悪者という判断自体が存在しないものだから。
ウ　技術開発には多くの開発者の知恵と努力がつまっているので、簡単に善悪の判断を下せるものではないから。
エ　技術開発は失敗と成功を繰り返しながら進められていくものであり、失敗にだけ目を向けてはいけないものだから。

回し読みするわけですから、全員のポストにコピーを投函《とうかん》するよりも、紙資源が節約できます。したがってとても効率がよいやり方です。

ここから分かるのは、効率を追求すると能率が悪くなる、ということです。逆に、時間の節約を目指すと資源をたくさん使うことになりがちです。能率を追求すると効率が悪くなるわけです。

すべてがそうとは限りませんが、これまでの科学技術は、効率を犠牲《ぎせい》にして能率を追求する傾向《けいこう》がありました。たとえば新幹線は、遠隔地《えんかくち》への移動時間を格段に短縮しましたが、そのために多大なエネルギーを使っています。このようなスピードの追求、能率の追求は、悪いことではありませんが、そのためにエネルギーの消費が増えるのでは問題があります。

最近では、省エネ家電のように、少ない電力でたくさんの仕事をする家電製品が増えてきました。ここでは効率をよくするための技術開発が行われたわけです。

4すべての技術開発を悪者にするのはおかしな話ですが、エネルギー浪費《ろうひ》型でスピードを追求する方向に進むのであれば、その傾向は環境倫理《りんり》の観点からは批判の対象になるでしょう。逆に、技術開発によって資源消費が少なくて済むようになるのであれば、環境倫理の観点からは推奨《すいしょう》されるべき流れといえます。

（吉永明弘『はじめて学ぶ環境倫理　未来のために「しくみ」を問う』より）

問一　～～線部Ａ「教訓」と同じ構成の熟語を次から一つ選び、記号で答えなさい。

ア　加減　　イ　植樹　　ウ　困難　　エ　地震

問二　～～線部Ｂ「冷静」の対義語として、最も適切なものを次から一つ選び、記号で答えなさい。

ア　混乱　　イ　雑然　　ウ　感動　　エ　興奮

たいへんなことが生じる。逆に、環境問題を防止するため禁欲的な生活を送る。そうすると未来の環境は守られるけど、僕らは強いストレスにさらされることになってしまう。

トレードオフが存在するとき、答えはひとつに決まらない。もしも、長所しかない選択肢《せんたくし》があるなら、僕らは迷わずそれを選択することだろう。ところが、僕らの前に存在する選択肢は、それぞれ長所と短所を持つことが多い。どちらを選んでも弱点はある。そして、環境問題に関する選択には、このようなトレードオフが存在することが多々あるのだ。たとえば、僕らが文明生活を営むのに必要なエネルギーのつくり方。再生可能エネルギーにも太陽光・風力・地熱・潮汐《ちょうせき》などいろんなタイプがあり、それぞれに一長一短がある。僕らは[B]冷静に、客観的な判断が求められる。ときには、複数の選択肢を併存《へいぞん》させるリスクヘッジという考え方が必要になったりする。このように、環境問題の解決はむずかしいことを理解しておくことはなにかの役に立つと思う。もしあなたの前に「〇〇をやれば環境問題はすべて解決！」みたいなことを言う人が現れたら、その人は十中八九、あるいはそれ以上の確率で詐欺師《さぎし》であることを見破れるのだ。

（伊勢武史『２０５０年の地球を予測する』より）

Ⅱ

科学技術をどういう方向へと導いていけばよいのでしょうか。河宮信郎『必然の選択』という本には、そのヒントになる考えがいくつか書かれています。

その一つが、「能率」と「効率」の区別です。「能率」は「時間当たりの仕事量」を意味します。それに対して「効率」は「資源当たりの仕事量」を指します。能率がよいというのは、一定時間内にたくさんの仕事をこなした、ということです。そして効率がよいというのは、わずかな資源でたくさんの仕事ができた、ということを指します。

この二つの違いはとても重要です。そして、この二つはときに[3]反比例の関係にあります。みなさんは「回覧板」というものをご存じでしょうか。最近はあまり見ませんが、町内会などで、各家庭に回し読みされるものです。これだと町内の人全員が読み終わるまでに時間がかかります。したがって能率は非常に悪いといえます。しかし、一つの情報を一枚の紙に書いて底に戻《もど》り、そこでゆっくりモグモグするという習性を持つに至ったのである。この水槽では、二匹《ひき》のドジョウを飼っていた。飼いはじめたのは同時で、当時はおなじくらいのサイズだったのだが、一匹《ぴき》はとても大胆《だいたん》で、もう一匹はとても臆病《おくびょう》な性質を持っていることに気づいた。案の定、水面で金魚のエサを取ることを覚えたのは大胆なほうのドジョウだ。臆病なドジョウはいつまでたっても水槽の底の砂に身を隠《かく》し、たまに落ちてくる金魚のエサのおこぼれを食べるという状況《じょうきょう》に甘《あま》んじていたのである。こういう状況が半年くらい続いて、ついに二匹のドジョウに二倍ほどの体格差が生じてしまった。

ここまでだと、「大胆にチャレンジするのはすばらしい」みたいなA教訓の話のように聞こえてしまったかもしれない。しかし僕は生態学者であり、大胆に水面までのぼってくるドジョウの個性は、果たしていつでもプラスに働くのかどうか？　と考えてしまう。安全な我《わ》が家の水槽とは違い、自然界には危険がいっぱいだ。小魚を食べようと、水鳥などの肉食動物が待ちかまえていたりする。そんなとき、水面のエサを食べるという行動はむしろマイナスになり、2おとなしく砂にもぐっているほうがプラスになるかもしれない。

僕は釣《つ》り人でもある。おなじ種類の魚でも、個体によって個性があることを経験上知っている。ためらいなくルアーに食いつく大胆な個体もいれば、臆病で用心深い個体もいる。なんでも口に入れてみるタイプの個体は、場合によってはたくさんエサを食べて大きく成長するかもしれない。しかし、ルアーにだまされて釣り上げられそこで一生を終える、なんて確率も高くなるのである。

そこで考えたのは、魚の生き方のトレードオフである。トレードオフとは、何かを得るために何かを失うという関係性のこと。ドジョウの場合、「エサをたっぷり食べる」というプラスには、「我が身を危険にさらす」というマイナスがつきものなのだ。自然界で生きている生物はみな、このようなトレードオフにさらされている。たとえば、恐竜《きょうりゅう》は大きな体を持つことで繁栄《はんえい》したが、その巨体《きょたい》を維持するためにはたくさんのエサが必要になる。だから白亜紀《はくあき》末期に地球環境が激変したときに絶滅《ぜつめつ》してしまい、代わりに体の小さな哺乳類《ほにゅうるい》が栄えることになったのである。

環境問題を考えるときも、このトレードオフが重要になってくる。ドジョウとおなじように、僕ら人間の行動にもトレードオフは存在している。たとえば、環境問題を気にせず好き勝手に生きるという選択《せんたく》。そうすると、いまは楽しいけど将来

問六　――線部４「私もその隣で、降りしきる雨音に包まれる」とありますが、この場面の説明として最も適切なものを次から一つ選び、記号で答えなさい。

ア　これまでの自分の日本での暮らしを、穏《おだ》やかな気持ちで振《ふ》り返《かえ》ろうとしている。

イ　期待を裏切られたつらさや悔《くや》しい思いが、だんだんと胸にこみ上げてきている。

ウ　これまでとは違う新しい感じ方が芽生えたことに驚き、気持ちが混乱している。

エ　年下の高校生の言葉によって心が温まっているのを感じ、とても驚いている。

問七　――線部５「そして話したいことは、ここに山ほどある」とありますが、私はこれからどのように話したいと思っていますか。次の文の［　］に入ることばを本文中から十五字でぬき出しなさい。

［　　　　　］ように話したい。

問八　＝＝線部「リアルと直面して、思ってたのと違ったなあっていうのが、案外良かったりするんです」とありますが、このあと私が直面する「思ってたのと違った」ことを、三十字以内で書きなさい。

四　次のⅠ・Ⅱの文章を読んで後の問いに答えなさい。

Ⅰ

1 魚を飼っていると、おもしろい発見がある。ドジョウと金魚をおなじ水槽《すいそう》で飼っていたことがあった。ドジョウは本来、水底を主な生息地として砂のなかでエサを探して生活しているはずである。ところが、金魚と一緒《いっしょ》の環境《かんきょう》に適応したドジョウは、金魚のエサが投入されると自分も水面までのぼっていって金魚と一緒にエサをつつくようになったのである。最初のころ、そのドジョウはエサを食べるのがへたで、水面までのぼってエサを口にほおばるのだが、うまく飲《の》み込《こ》めず口から出してしまい、金魚に横取りされることも多々あった。しかし、金魚のエサを食べるという努力を毎日やっていると、徐々《じょじょ》に食べるのがうまくなってきた。やがて、最短コースで水槽の底から水面にやってきて、エサをかっさらうとまたすぐ水槽の

（注）　※１　今日はなかなか、がんばったよ……きちんと授業を受けようとしない生徒に対して、強く諭《さと》したことを指す。

※２　ＪＬＰＴ……日本語能力試験。

問一　〰〰線部Ａ「梅雨」は熟語単位で「つゆ」と読む「特別な読みをする熟語」です。同じような特別な読みをする熟語を一つ、漢字で書きなさい。

問二　[Ｂ] に入ることばとして最も適切なものを次から一つ選び、記号で答えなさい。

ア　ゆるくなる　　イ　とめどなくなる　　ウ　きつくなる　　エ　熱くなる

問三　――線部１「高校生は一瞬びっくりした顔をして」とありますが、なぜびっくりしたのですか。最も適切なものを次から一つ選び、記号で答えなさい。

ア　少し傘の雫がかかっただけなのに、相手の外国人がとてもすまなそうに謝ったから。

イ　傘の雫がかかったことに対して、外国人がすぐにていねいな日本語で謝ってきたから。

ウ　スマートフォンを操作していたために、何で雫がかかってきたのかよくわからなかったから。

エ　スマートフォンを操作していたことで迷惑《めいわく》をかけてしまったのに、反対に謝られてしまったから。

問四　――線部２「少し照れ気味に話しかけてくる」とありますが、なぜ照れているのですか。その理由がわかる一文をぬき出し、最初の五字を書きなさい。

問五　――線部３「ハッと胸を打たれた」とありますが、なぜこのような気持ちになったのですか。最も適切なものを次から一つ選び、記号で答えなさい。

ア　自分の悩みの解決法が判明したから。

イ　自分が悩んでいることの原因がわかったから。

ウ　日本人と自分との考え方の違いが理解できたから。

エ　日本とイギリスの価値観の違いがわかった気がしたから。

イメージや印象だけで、良くも悪くも日本人はこうだとひとくくりにしていたのは私のほうだったのではないか。学生たちにやる気がないと、私は頭から決めていた。その証拠《しょうこ》に、出席をとるとき、名前を呼ぶだけで目と目を合わせることすらしなかったじゃないか。彼らに期待するだけで、自分から心を通わせようとはしてこなかったじゃないか。

「……私はせっかく日本語を学んだのに、外国人だから理解してもらえないと思っていました。でも、そうじゃなかったのかもしれない」

うつむく私を、高校生は不思議そうに見ている。

「うん？　理解してもらえないなんて悩《なや》み、日本人同士にだってあふれかえってますよ」

雨音に混じって、明るい笑い声が聞こえてきた。ふと顔を上げると、いつもここに来る小学生の女の子と若いワーキングウーマンが歩いてくる。彼女《かのじょ》たちはカラフルな傘を回しながら、親しげに話していた。

バス・ストップに近づくと、小学生の女の子が男子高校生に「おはよう」と声をかけた。高校生が答える。

「おはよう。楽しそうに何話してたの」

「ないしょ。女子トークだもん」

小学生の女の子が、おしゃまな口調で言った。女子＋トークか。

……トーク。

そうだ、神様が言っていた「お話」はきっと、スピークではなくトークだ。

私に足りなかったのは、一方的に模範《もはん》解答を語るのではなく、相手と心のこもった言葉を交《か》わすことだったのだ。

網戸《あみど》の破れをかいくぐる蚊《か》。厄《やく》を除《よ》ける盛り塩。美味《おい》しいさつま揚《あ》げ。天気を知らせるキヨタ・エミリさん。教科書には載《の》っていなかったこと。日本に来なければ出会わなかったこと。

いくら文法を習得していても、難しい漢字が書けても、※2 ＪＬＰＴで最高レベルＮ１を認定《にんてい》されても、私の知らないこと、教えてもらいたいこと……そして話したいことは、ここに山ほどある。

気が済んだなどと思うのは、まだまだ早いかもしれない。

（青山美智子『ただいま神様当番』より）

「どちらから、いらしたんですか」
「イギリスです」
三カ月もほぼ毎朝顔を合わせていて、話をしたのは初めてだった。傘がそれぞれの小さなドームになって、声がやわらかく反響《はんきょう》している。
「僕《ぼく》、海外へ行ったことがなくて。イギリスってすごくオシャレなイメージだなあ」
「でも、実際に行ったら想像とは違ってがっかりするかもしれませんよ」
私が答えると、彼はなぜか、少し優《やさ》しい表情になった。
「それはそれでいいんじゃないかな。リアルと直面して、思ってたのと違ったなあっていうのが、案外良かったりするんです」
3ハッと胸を打たれた。
理想から外れていることをただ嘆《なげ》くなんて、それこそつまらない気がした。砕《くだ》けた日本語の意味を知ることを、私はどうして楽しめなかったのだろう。
急に言葉を失った私の沈黙《ちんもく》を埋《う》めるように、高校生は言った。
「雨、だいぶ降ってきましたね」
「……はい。梅雨に入りましたからね」
「ええっ、梅雨なんて知ってるんだ。すげぇ」
高校生は感嘆《かんたん》の声を上げ、傘の外に目をやりながら言った。
「いいですよねえ、雨。この音、落ち着きます」
意外だった。私は思わず問いかけた。
「日本人は、雨が嫌《きら》いなのではないですか？」
「雨が好きな日本人も、けっこういますよ」
雨粒《あまつぶ》を眺《なが》めながら彼は言った。4私もその隣《となり》で、降りしきる雨音に包まれる。

コーヒーを淹《い》れて一口飲んだら、びりびりと左腕《ひだりうで》がしびれた。神様だ。

神様は私の手から抜《ぬ》け出すと、ちょこんと私の前に正座した。親愛のこもった微笑《ほほえ》みで、私を見ている。

「※1今日はなかなか、がんばったよ、リック」

褒《ほ》めてもらえるとは、驚《おどろ》いた。じわっと目頭《めがしら》が［　B　］のを抑《おさ》え、私からも神様に笑《え》みを向ける。

「あれでよかったのでしょうか、神様」

「うん。かっこよかったよ。ちゃんと想《おも》いを言葉にできていた」

そうか、このすっきりした気持ちはそのせいかもしれない。思うままのことを、言えてよかった。たとえ陰《かげ》で学生たちが、やっぱりつまらないやつだと笑っているとしても。

「では……私は美しい言葉を使えたのでしょうか。もう、神様当番は終了《しゅうりょう》ですか」

うんにゃ、と神様は首を横に振《ふ》る。

「わし、お話がしたいの。本当はわかってるじゃろ?」

私の答えを待たずに、神様はすうっと、手の中に入っていった。

翌日は、朝からしっとりとした雨だった。

私は傘《かさ》を差してバス・ストップに向かった。男子高校生が一番に来ていて、広げた傘の柄《え》を片手で持ち、もう片方の手でスマートフォンを操作している。

横に並んだ瞬間《しゅんかん》、うっかり手元がくるって私の傘が高校生のほうに傾《かたむ》いた。雫《しずく》が彼《かれ》の肩《かた》に飛び散る。

「あっ、申し訳ありません。大丈夫《だいじょうぶ》ですか?」

私が謝《あやま》ると[1]高校生は一瞬《いっしゅん》びっくりした顔をして、すぐにホッとしたように笑った。日本語だったので安心したのだろう。

「大丈夫です」

「すみません」

いえいえ、と彼はスマートフォンをズボンのポケットにしまった。そして[2]少し照れ気味に話しかけてくる。

2023年度

鶴見大学附属中学校

【国語】〈難関進学クラス一次試験〉（四五分）〈満点：一〇〇点〉

《注意》（字数制限のある問題は、句読点・記号も一字に数えます。）

一

次の――線部の漢字の読み方を書きなさい。

1　雑作もないことだ。
2　別の問題が派生した。
3　遺失物を届ける。
4　勇気を奮って行動する。
5　優勝を目指して部員を率いる。

二

次の――線部のカタカナを漢字で書きなさい。

1　諸外国をレキホウする。
2　雨不足でカンガイが起こる。
3　料金をセイサンする。
4　アヤマりを認める。
5　我々は自由をタットぶ国民だ。

三

次の文章を読んで、後の問いに答えなさい。

リックは、ずっと憧《あこが》れていた日本に大学の英語の非常勤講師の職を得て来日した。しかし、三カ月もしないうちに、実際の日本での暮らしや仕事が思い描《えが》いていたものと大きく違《ちが》っていることに、思い悩《なや》み始めた。そんなときに突然《とつぜん》神様があらわれ、「わしは美しい言葉でお話がしたい」と言ってリックの体の中に住みついた。

夜になり、夕方から降り出した雨が強まってきたようだ。
私は窓を閉めた。A梅雨《つゆ》入りしたのだ。これが過ぎると夏がやってくる。

2023年度

鶴見大学附属中学校 ▶解説と解答

算 数 ＜難関進学クラス１次試験＞（45分）＜満点：100点＞

解 答

1 (1) 300 (2) 5.3 (3) 100 (4) 9 (5) 8.1 2 (1) **あげパン**…７個，**チョコパン**…８個 (2) 28本 (3) ９秒 (4) 30個 (5) 28.5cm^2 (6) 40 g (7) 13日 (8) 時速28km (9) 320.28cm^3 3 (1) 71度 (2) 38度 4 (1) 10m (2) 12.5m 5 (1) 581 (2) 6325

解 説

1 四則計算，逆算

(1) $67+174+327-56-212=241+327-(56+212)=568-268=300$

(2) $(21.7-5.4+3.7)\times(17.1-10.6-4.3)-38.7=(16.3+3.7)\times(6.5-4.3)-38.7=20\times2.2-38.7=44-38.7=5.3$

(3) $3.4\times1\frac{3}{17}\times3\frac{1}{8}\div0.125=\frac{34}{10}\times\frac{20}{17}\times\frac{25}{8}\div\frac{1}{8}=\frac{100}{8}\times\frac{8}{1}=100$

(4) $(58.9-4.1\times\square)\div4.4=5$ より，$58.9-4.1\times\square=5\times4.4=22$，$4.1\times\square=58.9-22=36.9$ よって，$\square=36.9\div4.1=9$

(5) $\frac{7}{12}\times\{21.5-(\square-5.6)\times5\}=5\frac{1}{4}$ より，$21.5-(\square-5.6)\times5=5\frac{1}{4}\div\frac{7}{12}=\frac{21}{4}\times\frac{12}{7}=9$，$(\square-5.6)\times5=21.5-9=12.5$，$\square-5.6=12.5\div5=2.5$ よって，$\square=2.5+5.6=8.1$

2 つるかめ算，植木算，通過算，売買損益，面積，濃度《のうど》，仕事算，流水算，体積

(1) チョコパンを15個買ったとすると，代金の合計は，160×15＝2400(円)となり，実際よりも，2400－2050＝350(円)高くなる。そこで，チョコパンを減らして，かわりにあげパンをふやすと，代金の合計は１個あたり，160－110＝50(円)ずつ安くなる。よって，あげパンの個数は，350÷50＝７(個)，チョコパンの個数は，15－７＝８(個)とわかる。

(2) 右の図１で，柱と柱の間の数は，64÷16＝４(か所)になり，柱と柱の間に植える木の本数は，16÷２－１＝７(本)とわかる。よって，必要な木の本数は，７×４＝28(本)と求められる。

図１

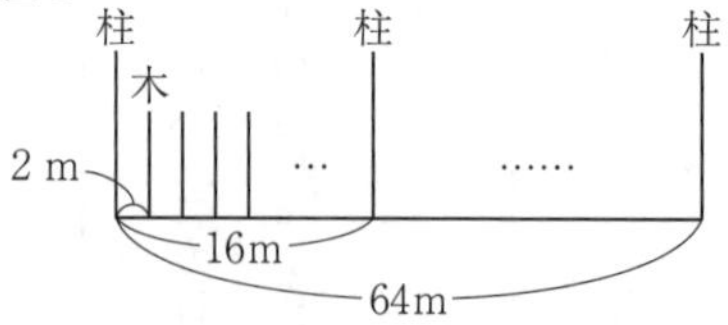

(3) ２つの列車がすれ違《ちが》うとき，最後尾《さいこうび》と最後尾が出会うまでに，２つの列車が進んだ長さの和は，225＋180＝405(m)である。２つの列車が１秒間に進む長さの和は，20＋25＝45(m)だから，すれ違い終わるまでにかかる時間は，405÷45＝９(秒)となる。

(4) 定価で売れたときの利益は，80－50＝30(円)である。また，定価の１割引きの値段は，80×(１－0.1)＝72(円)なので，このときの利益は，72－50＝22(円)になる。そして，定価で100個売れたとすると，利益の合計は，30×100＝3000(円)となり，実際よりも，3000－2760＝240(円)多くなる。そこで，定価で売るのを減らして，かわりに１割引きで売るのをふやすと，利益の合計は１個あたり，30－22＝８(円)ずつ少なくなる。よって，１割引きで売ったみかんの数は，240÷８＝30(個)と求められる。

(5)　右の図２のように，●印の部分を矢印のように移動させると，色のついた部分の面積は，半径10cmで中心角が90度のおうぎ形の面積から，直角をはさむ辺の長さが10cmの直角二等辺三角形の面積を引いたものになる。よって，色のついた部分の面積は，$10\times10\times3.14\times\frac{90}{360}-10\times10\div2=78.5-50=28.5$(cm²)とわかる。

図２

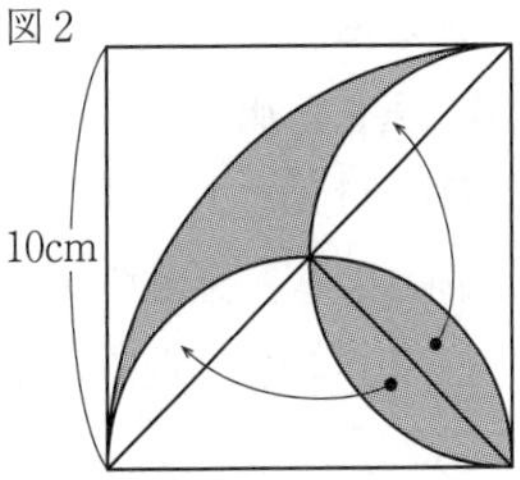

(6)　(食塩の重さ)＝(食塩水の重さ)×(濃度)より，５％の食塩水150ｇと13％の食塩水50ｇにふくまれる食塩の重さはそれぞれ，150×0.05＝7.5(ｇ)，50×0.13＝6.5(ｇ)である。これらを混ぜた食塩水，150＋50＝200(ｇ)にふくまれる食塩の重さは，7.5＋6.5＝14(ｇ)なので，混ぜてできた食塩水100ｇには食塩が，$14\times\frac{100}{200}=7$(ｇ)ふくまれる。また，食塩水に水を加えても食塩の重さは変わらないから，最後にできた５％の食塩水にふくまれる食塩の重さは７ｇとなる。よって，５％の食塩水の重さは，７÷0.05＝140(ｇ)なので，混ぜた水の重さは，140－100＝40(ｇ)とわかる。

(7)　この仕事の仕事量を１とすると，ＡさんとＢさんが１人で１日にする仕事量はそれぞれ，$1\div10=\frac{1}{10}$，$1\div15=\frac{1}{15}$である。Ａさんが４日間でする仕事量は，$\frac{1}{10}\times4=\frac{2}{5}$だから，残りの仕事量は，$1-\frac{2}{5}=\frac{3}{5}$となり，この仕事量をＢさんがするとかかる日数は，$\frac{3}{5}\div\frac{1}{15}=9$(日)とわかる。よって，このとき仕事が終わるまでにかかる日数は，４＋９＝13(日)である。

(8)　上りと下りにかかる時間の比は，40：30＝４：３だから，上りと下りの速さの比は，$\frac{1}{4}:\frac{1}{3}=3:4$である。また，上りは静水時よりも流れの速さの分だけおそくなり，下りは静水時よりも流れの速さの分だけ速くなる。すると，上りと下りの速さの差は時速，４＋４＝８(km)になるから，上りの速さは時速，$8\times\frac{3}{4-3}=24$(km)とわかる。したがって，この船の静水時の速さは時速，24＋４＝28(km)である。

図３

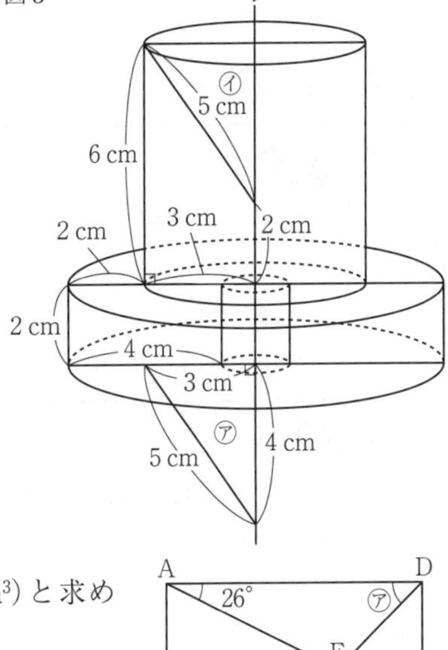

(9)　右の図３のように，㋐の三角形を㋑の部分に移動すると，できる立体は，底面の円の半径が３cmで高さが６cmの円柱と，底面の円の半径が，２＋３＝５(cm)で高さが２cmの円柱から，底面の円の半径が，５－４＝１(cm)で高さが２cmの円柱をのぞいたものになる。よって，できる立体の体積は，３×３×3.14×６＋５×５×3.14×２－１×１×3.14×２＝(54＋50－２)×3.14＝102×3.14＝320.28(cm³)と求められる。

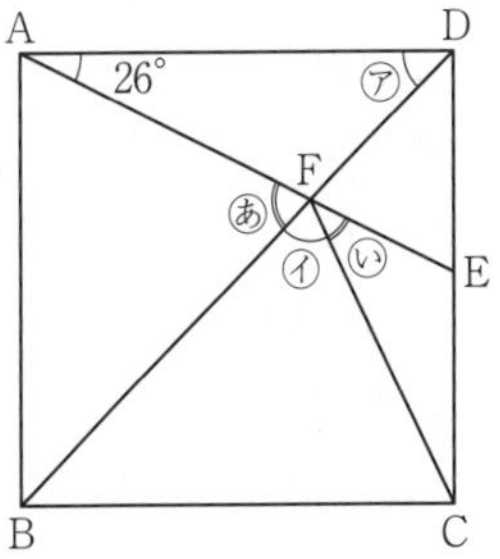

3　平面図形—角度

(1)　右の図で，三角形ABDは直角二等辺三角形なので，角㋐の大きさは45度である。角あは三角形ADFの外角で，となり合わない２つの内角の和に等しいから，角あの大きさは，26＋45＝71(度)とわかる。

(2)　AB＝CB，BF＝BF，角ABF＝角CBF＝45度より，三角形ABFと三角形CBFは合同なので，角㋑の大きさは角あ⃝の大きさと同じ71度である。よって，角い⃝の大きさは，180－71×２＝38(度)となる。

4　速さと比

(1)　けんいちさんとけんじさんの速さの比は，（１÷7.2）：（１÷９）＝５：４である。走る時間が同じとき，距離《きょり》の比と速さの比は等しいから，けんいちさんが50m走ったとき，けんじさんは，50×$\frac{4}{5}$＝40(m)走る。よって，けんじさんのスタート地点を，50－40＝10(m)前にすればよい。

(2)　けんじさんが50m走ったとき，けんいちさんは，50×$\frac{5}{4}$＝62.5(m)走る。よって，けんいちさんのスタート地点を，62.5－50＝12.5(m)後ろにすればよい。

5　推理

(1)　３回目の４，２，６は数字が当たっていないので，２回目の３か１が位も数字も当たっている。また，４回目の３は位が当たっていないから，１が一の位の数字とわかる。すると，４回目の３と７は数字が当たっていないので，５が百の位の数字とわかる。よって，１回目の８が位も数字も当たっているから，鶴見さんの書いた３桁《けた》の数は581である。

(2)　５回目より，４つの数字は６，５，３，２で，１回目より，２は百の位，３は十の位ではない。次に，２回目より，６は千の位の数字とわかる。すると，５回目で位も数字も当たっているのは６だから，２は一の位でもない。そこで，２は十の位の数字とわかり，４回目や５回目より，５は一の位の数字とわかる。よって，３は百の位の数字となるから，鶴見さんの書いた４桁の数は6325である。

社　会　＜難関進学クラス１次試験＞（理科と合わせて45分）＜満点：50点＞

解　答

1　(1)　ウ　(2)　(a)　カ　(b)　オ　(c)　エ　(3)　さとうきび　(4)　(a)　オ　(b)　コンビナート　(5)　イ　(6)　イ　2　(1)　オ　(2)　(a)　イ　(b)　八幡製鉄所　(3)　エ　(4)　(a)　ア　(b)　オ　(5)　サンフランシスコ　(6)　イ　3　(1)　ア　(2)　エ　(3)　フェアトレード　(4)　イ　(5)　排他的経済水域　(6)　イ　(7)　オ　(8)　ウ

解　説

1　日本の産業や気候，自然などについての問題

(1)　京浜工業地帯や阪神工業地域で割合が高いグラフ中のＣは，ウの化学工業である。原油をおもな原料とするため，海外からの輸入に適した臨海部に工場がつくられることが多い。なお，Ａは金属工業，Ｂは機械工業，Ｄは食料品工業，Ｅは繊維《せんい》工業。

(2)　(a)　那覇市(沖縄県)は南西諸島の気候に属しており，１年を通して気温が高く５月から９月にかけての降水量が多い。よってカがあてはまる。なお，北海道の気候に属する札幌市(北海道)は１年を通して気温が低く冬は０度を下回り降水量が少ないのでア，中央高地の気候に属する松本市(長野県)は１年を通して降水量が少なく冬と夏の気温差が大きいのでウ，太平洋側の気候に属する潮岬(和歌山県)は夏の降水量が多いためエ，瀬戸内の気候に属する高松市(香川県)は１年を通して降水量が少ないためオ，日本海側の気候に属する新潟市は冬の降水量が多いためイがあてはまる。

(b)　中国地方の日本海側に位置する島根県の県庁所在地は松江市である。　(c)　沖縄県に所属する島はエの与那国《よなぐに》島である。与那国島は日本最西端の島としても知られる。なお，アの択捉《えとろふ》島は北海道に所属する日本最北端の島で，現在，ロシアが国後《くなしり》島，色丹《しこたん》島，歯舞《はぼまい》群島とともに実効支配している。イの沖ノ鳥島は東京都に所属する日本最南端の島，ウの南鳥島は東京都に所属する日本最東端の島，オの種子《たねが》島は鹿児島県に所属する島。

(3)　沖縄県の主要な作物で産業の中心とされてきたのはさとうきびである。さとうきびは温暖な気候で育ち，強風や水不足に強いため，台風や干ばつの被害が多い沖縄県での栽培《さいばい》に向いている。

(4)　(a)　日本列島の太平洋側を北上する暖流である日本海流(黒潮)が東京湾付近に暖かい海流を送るので，鶴見地域は温暖な気候となっている。なお，アは千島列島から北海道東部，東北地方の太平洋側を南下する寒流，イは日本列島の日本海側を南下する寒流，ウは対馬《つしま》海流が宗谷海峡《そうやかいきょう》を通ってオホーツク海に入り，北海道の北東海岸に沿って南東に流れる暖流，エは日本列島の日本海側を北上する暖流。　(b)　企業どうしが生産性を向上させるために，一定の地域に原料や製品などの工場を結びつけて配置し，合理的に生産するしくみをコンビナートという。倉敷《くらしき》市(岡山県)や四日市市(三重県)の化学工業における石油化学コンビナートが有名。

(5)　図表Ⅱの沖縄県の国別移住者数を見ると，総数は17726名で，ブラジルへの移住者は9494名のため半数を超《こ》えているので，イが正しい。なお，アについて，これらの資料からはアルゼンチンからの移住者数は読み取れない。ウについて，図表Ⅰよりペルーへの移住者が最も多いのは昭和32年。エについて，図表Ⅱより，ブラジルへ移住する人は，昭和23年から平成５年にかけてにおいても10000名を超えていない。オについて，図表Ⅰより，昭和30年代に沖縄県から海外への移住先として最も多いのはブラジルである。

(6)　地図より，末吉小学校は川の西に位置しているが，薄く色がついているため，２日間で792mmの降雨があった場合，浸水する可能性がある。

2　各時代における日本と中国の関わりについての問題

(1)　豊臣秀吉が中国(明)を征服《せいふく》するために行ったのは1592年に始まった文禄の役と，1597年に始まった慶長の役である。なお，文永の役(1274年)と弘安の役(1281年)は，鎌倉時代に中国(元)が日本に攻《せ》めてきたときの戦い。

(2)　(a)　日清戦争前の世界情勢を表したこの図では，朝鮮半島をめぐる当時の日本・中国(清)・ロシアの対立関係が描かれており，Ｄの朝鮮という魚を釣《つ》ろうとするＡの日本(左の人物)とＢの清(右の人物)を，Ｃのロシア(橋の上の人物)が機をうかがうかのようにじっと見ている。　(b)　日清戦争の講和条約である下関条約によって清が日本に支払った賠償《ばいしょう》金の一部を使って北九州に建設されたのは八幡製鉄所である。八幡製鉄所は日本の重工業を発展させるきっかけとなった。

(3)　五・四運動とは，1919年５月４日に中国で始まった反日運動である。1918年に開かれたパリ講和会議で，中国側は第一次世界大戦中に日本が中国に一部を認めさせた二十一か条の要求を撤廃《てっぱい》することを求めたが，認められなかった。これに抗議する北京の学生の運動が，反日運動として全国に広まった。

(4)　(a)　アの原子爆弾の投下は1945年８月６日(広島)と９日(長崎)，イのアメリカ軍の沖縄県上陸は1945年３月，ウのマレー半島と真珠湾への攻撃は1941年12月，エのポツダム宣言を受け入れたのは1945年８月14日，オのミッドウェー海戦は1942年６月のできごとである。よって年代順に並べ替《か》えるとウ→オ→イ→ア→エとなる。　(b)　太平洋戦争後の日本で選挙権が与《あた》えられたのは，満20歳以上の男女である。納税額による制限のない選挙権が満25歳以上の男子に認められたのは1925年のことである。

(5)　日本の独立回復が認められることになった講和条約は，1951年にアメリカ西部の都市サンフランシスコで結ばれたので，サンフランシスコ平和条約とよばれる。

(6)　所得倍増計画は1960年に池田勇人《はやと》内閣のときに出された。なお，高度経済成長は1950年代後半から1970年代初めにかけて，日本の経済が年平均で10％程度の成長を続けた時期を指す。

3　日本の政治や防災などについての問題

(1)　閣議の採決は内閣のメンバーである国務大臣の全会一致で行われる。

(2)　共助の考え方は，地域やコミュニティといった周囲の人々が助け合って協力することなので，災害で避難《ひなん》するさいに手助けが必要な人(災害時要援護者)の避難を助けるエが正しい。

(3)　途上国で生産された商品を生産者から直接，適正価格で輸入・販売《はんばい》する貿易のしくみをフェアトレードという。このしくみは対等で適切な貿易によって開発途上国の生産者や労働者の生活改善や自立を目指すものである。

(4)　条例の制定と改廃，地方公共団体の事業や会計の全般《ぜんぱん》に対する監査要求は，有権者の50分の１以上の署名，議会の解散請求，首長・議員の解職請求には３分の１以上の署名が必要であり，議会の解散請求の請求先は選挙管理委員会となっている。

(5)　沿岸から200海里までの領海の外側の海域で，水産資源と鉱産資源について沿岸国の主権がおよぶ海域を排他的経済水域という。

(6)　都道府県知事と参議院議員の被選挙権は満30歳以上，それ以外の議員や地方公共団体の首長の被選挙権は満25歳以上となっている。

(7)　グラフⅠより，ハザードマップを何らかの形で所有している人は，紙で所持している20.5％とスマホにダウンロードしている3.2％を合わせた23.7％であるため，３割に満たない。

(8)　国民は国会や内閣に対しては選挙や世論などの形で，裁判所に対しては最高裁判所裁判官の国民審査を通して抑制や監視をすることが可能である。

理　科　＜難関進学クラス１次試験＞（社会と合わせて45分）＜満点：50点＞

解　答

1　(1)　輪軸　(2)　A　作用点　B　支点　C　力点　(3)　ウ，エ，オ，カ　(4)　①　75ｇ　②　20cm　2　(1)　(例)　加熱によって金属と酸素が結びつくから。　(2)　0.3ｇ　(3)　４：１　(4)　３：２　(5)　６ｇ　(6)　(例)　炭素の粉末と混ぜて加熱する。

3　(1)　(たまご，よう虫の順に)　**モンシロチョウ**…エ，オ　**アブラゼミ**…ア，ウ　(2)　不完全変態　(3)　**モンシロチョウ**…エ　**アブラゼミ**…イ　(4)　26：103：１　4　(1)　24.32ｇ　(2)　6.08ｇ　(3)　70％　(4)　18.32ｇ　(5)　39.31％

解 説

1 輪軸《りんじく》についての問題

(1)〜(3) 半径の異なる何枚かの円板を同じ軸にとりつけて，それぞれの円板にひもや糸を巻きつけた道具を輪軸という。輪軸はてこの原理を応用したもので，問題文中の図１のＡは作用点，Ｂは支点，Ｃは力点にあたり，ABの長さよりBCの長さを長くすることで，小さな力で重いおもりを支えることができる。輪軸を利用した道具には，自転車のペダルと同じ軸に固定されたギア，ドアのぶ，ドライバー，自動車のハンドル，回して開く水道のじゃ口などがある。

(4) ① つりさげるおもりの重さを□ｇとすると，てこのつり合いから，150×18＝□×36となる。よって，□＝2700÷36＝75(ｇ)のおもりをつりさげれば，ちょうどつり合いがとれる。 ② 円板に巻きつく糸の長さは円板の半径に比例するので，円板Ｂにつけたおもりを10cm引き上げるとき，円板Ａにつけた糸を引っ張る長さは，$10\times\frac{36}{18}=20$(cm)となる。

2 金属の燃焼についての問題

(1) マグネシウムや銅を空気中で加熱すると，これらの金属と空気中の酸素が結びつくため，結びついた酸素の分だけ重さが増加する。

(2)，(3) グラフより，銅1.2ｇを加熱して完全に反応させたときの重さは1.5ｇなので，加熱後の物質に含《ふく》まれている酸素の重さは，1.5－1.2＝0.3(ｇ)となる。このとき，加熱してできた物質に含まれている銅の重さと酸素の重さの比は，1.2：0.3＝４：１と求められる。

(4)，(5) グラフより，マグネシウム1.2ｇを加熱して完全に反応させたときの重さは2.0ｇとなったので，このとき結びついた酸素の重さは，2.0－1.2＝0.8(ｇ)とわかる。よって，加熱してできた物質に含まれているマグネシウムの重さと酸素の重さの比は，1.2：0.8＝３：２となる。したがって，マグネシウム9.0ｇを加熱して完全に反応させたときに増加する重さ(結びつく酸素の重さ)は，$9.0\times\frac{2}{3}=6.0$(ｇ)と求められる。

(6) 炭素や水素は銅より酸素と結びつきやすい。そこで，加熱して完全に反応した銅を加熱する前の状態にもどす方法としては，完全に酸素と反応した銅を炭素の粉末と混ぜて加熱する，水素を送りながら加熱するなどがある。このとき，炭素の粉末を用いると銅と二酸化炭素が得られ，水素を用いると銅と水(水蒸気)が得られる。

3 こん虫の育ち方についての問題

(1)，(2) モンシロチョウは，エのたまご→オのよう虫→イのさなぎ→成虫のように成長し，アブラゼミは，アのたまご→ウのよう虫→成虫のように成長する。また，モンシロチョウのような，さなぎの期間がある育ち方を完全変態といい，アブラゼミのような，さなぎの期間がない育ち方を不完全変態という。

(3) モンシロチョウのよう虫はキャベツなどのアブラナ科の植物の葉をえさとし，成虫は花のみつをえさにしている。また，アブラゼミのよう虫は土の中で木のしるをえさとし，成虫は地上で樹液(木のしる)をえさにしている。

(4) たまごの期間は365日間，よう虫の期間は，365×４－７×２＝1446(日間)，成虫の期間は，７×２＝14(日間)とわかる。したがって，成虫の期間に対するたまごの期間の割合は，365÷14＝26.0…より，26で表され，成虫の期間に対するよう虫の期間の割合は，1446÷14＝103.2…より，103で表される。したがって，(たまごの期間の長さ)：(よう虫の期間の長さ)：(成虫の期間の長さ)＝26：103：１となる。

4　飽和《ほうわ》水蒸気量と湿度《しつど》についての問題

⑴，⑵　気温が30℃のときの飽和水蒸気量は30.4 g なので，湿度が80％の空気１ m^{3}に含まれる水蒸気量は，$30.4\times\frac{80}{100}=24.32$(g)となる。また，このときさらに含むことができる水蒸気の量は，30.4－24.32＝6.08(g)と求められる。

⑶　気温が35℃のときの飽和水蒸気量は39.6 g なので，このときの湿度は，27.72÷39.6×100＝70(％)となる。

⑷　気温が10℃のときの飽和水蒸気量は9.4 g なので，⑶の空気の温度を10℃にすると，空気１ m^{3}あたり，27.72－9.4＝18.32(g)の水滴《すいてき》が出てくる。

⑸　気温が５℃のときの飽和水蒸気量は6.8 g なので，湿度100％のときは空気１ m^{3}に6.8 g の水蒸気が含まれている。20℃のときの飽和水蒸気量は17.3 g なので，この空気を20℃に温めたときの湿度は，6.8÷17.3×100＝39.306…より，39.31％と求められる。

国　語　＜難関進学クラス１次試験＞（45分）＜満点：100点＞

解　答

一　**1**　ぞうさ　**2**　はせい　**3**　いしつぶつ　**4**　ふる(って)　**5**　ひき(いる)

二　下記を参照のこと。　三　**問１**　(例)　明日　**問２**　エ　**問３**　イ　**問４**　三カ月もほ　**問５**　イ　**問６**　ア　**問７**　相手と心のこもった言葉を交わす　**問８**　(例)　日本人は雨が嫌いという先入観が裏切られたこと。　四　**問１**　ウ　**問２**　エ　**問３**　エ　**問４**　(例)　長生きをすること　**問５**　ア　**問６**　ア　**問７**　ウ　**問８**　(例)　環境問題に対する解決方法には長所と短所があり，一つに決めることはできないから。

●漢字の書き取り

二　**1**　歴訪　**2**　干害　**3**　精算(する)　**4**　誤(り)　**5**　尊(貴)(ぶ)

解　説

一　漢字の読み

1　手間やお金がかかること。　**2**　元のものから枝分かれして生じること。　**3**　忘れ物や落とし物。　**4**　音読みは「フン」で，「奮起」などの熟語がある。　**5**　音読みは「ソツ」「リツ」で，「引率」「能率」などの熟語がある。

二　漢字の書き取り

1　いろいろな土地や人を次々に訪ねること。　**2**　日照りによって生じる農作物などの災害。　**3**　金額を細かく計算して結果を確定させること。　**4**　音読みは「ゴ」で，「誤解」などの熟語がある。　**5**　「尊ぶ」と「貴ぶ」のどちらにも，「たっと(ぶ)」と「とうと(い)」という訓読みがある。

三　出典は青山美智子《あおやまみちこ》の『ただいま神様当番』による。日本での暮らしや仕事が，思い描《えが》いていたものと違《ちが》っていることに悩《なや》んでいた「私」(リック)は，男子高校生と話しているうちに，自分のほうが日本人をイメージや印象でひとくくりにしていたのだと気づく。

問１　二字以上からなる熟字に，特別な読みをあてたものを熟字訓という。ほかに，「大人(おとな)」「七夕(たなばた)」「五月雨(さみだれ)」などがある。

問２　「目頭《めがしら》が熱くなる」は，涙《なみだ》がこみあげてくるさまを表す。神様に優しい言葉をかけられて驚《おどろ》いた「私」は，こみあげてくる涙を抑《おさ》えて，「神様に笑《え》みを向け」たのである。

問３　すぐ後で，男子高校生は「ホッとしたように笑っ」ている。その理由については，「私」が話した言葉が「日本語だったので安心したのだろう」とあり，男子高校生が「びっくりした」のは，「私」が日本語で謝《あやま》ってくるとは思っていなかったからだと考えられる。

問４　少し後に，「私」と男子高校生は，「三カ月もほぼ毎朝顔を合わせていて，話をしたのは初めてだった」とある。お互《たが》いの顔は知っていたものの，会話を交《か》わすのはこのときが初めてだったので，男子高校生は照れくささを感じていたのだろうと推測できる。

問５　「私」は，日本での暮らしや仕事が思い描いたものと大きく違っていることに思い悩んでいたが，男子高校生から，「リアルと直面して，思ってたのと違った」ことのなかに，意外な良さがあるのだと聞かされ，自分は「理想から外れていることをただ嘆《なげ》」いていただけだったのだとわかった。そこで，「私」は，自分が思い悩んでいることの原因に気づいたので，深く心が動いたのである。

問６　日本人は「雨が嫌《きら》い」だと思いこんでいた「私」は，高校生の言葉で，雨が好きな日本人もいることに気づいた。ここでは，「イメージや印象だけで，良くも悪くも日本人はこうだとひとくくりにしていた」のは自分のほうだったのではないかと反省し，これまでの自分の日本の暮らしについて，心を落ち着けて振《ふ》り返っているようすを表している。

問７　最初の部分で，大学での行いを褒《ほ》めてもらった「私」が「神様当番は終了《しゅうりょう》ですか」と問うと，神様は首を横に振り，「わし，お話がしたいの」と答えた。そして，最後の部分で，小学生の女の子が，自分たちの会話を「女子トーク」と言ったことから，神様の言っていた「お話」とは，「一方的に」語る「スピーク」ではなく，相手と言葉のやり取りをする「トーク」だと気づいた。「私」が「相手と心のこもった言葉を交わす」ように話したいと思ったことがわかる。

問８　後の部分に注目する。「私」は，「雨が好きな日本人も，けっこういますよ」という高校生の言葉によって，日本人は雨が嫌いだということが自分の思いこみだったと知った。このことが二重線部「思ってたのと違った」ことの具体的な例にあたる。

四　文章Ⅰの出典は伊勢武史《いせたけし》の『2050年の地球を予測する―科学でわかる環境《かんきょう》の未来』，文章Ⅱの出典は吉永明弘《よしながあきひろ》の『はじめて学ぶ環境倫理《りんり》―未来のために「しくみ」を問う』による。文章Ⅰでは，環境問題におけるトレードオフという考え方について説明されており，文章Ⅱでは，環境倫理における能率と効率の関係について述べられている。

問１　「教訓」と「困難」は，似ている意味の漢字を重ねて組み立てられている熟語。

問２　「冷静」は，その場の感情に左右されずに落ち着いていること。対義語は，感情が高ぶることを意味する「興奮」。

問３　筆者が飼っていた二匹《ひき》のドジョウのうち，「大胆《だいたん》なほうのドジョウ」は，「水面で金魚のエサを取ること」を覚え，「臆病《おくびょう》なドジョウ」は，水槽《すいそう》の底の砂に身を隠《かく》して「落ちてくる金魚のエサのおこぼれ」を食べていた。この二匹のようすから，筆者は，同じ魚でも環境に適応する力が個体によって違うということに気づいたのである。

問４　水槽と違って「自然界には危険がいっぱい」あるので，「大胆に水面までのぼって」きてエサを食べようとすると肉食動物におそわれることもある。そのため，おとなしく砂にもぐっているほうが，危険を回避《かいひ》して長生きできるかもしれない。そのことを「プラス」と表現しているのである。

問５　各家庭で回し読みする回覧板は，読み終わるまで時間がかかるので，「時間当たりの仕事量」を意味する「能率」はよくないことになる。しかし，「一つの情報を一枚の紙に書いて回し読みする」ので，全家庭にコピーを配布するよりも，「資源当たりの仕事量」を意味する「効率」はよいことになる。つまり，続く部分にあるとおり，「効率を追求すると能率が悪く」なり，「能率を追求すると効率が悪く」なるので，「効率」と「能率」は反比例の関係にあるといえる。

問６　前の部分に注目する。新幹線に用いられている技術は，「多大なエネルギー」を消費しているので，「環境倫理の観点」からは批判《ひはん》される。しかし，新幹線は「遠隔地《えんかくち》への移動時間を格段に短縮」するという目標は達成できているので，新幹線の科学技術を「悪者にする」ことはできない。つまり，技術開発には，それぞれに目的があるので，一つの観点から簡単に善悪を決めつけることはできないのである。

問７　文章Ⅰでは，自然界で生きている生物は「何かを得るために何かを失うという関係性」の「トレードオフ」にさらされているという話題が前半で述べられている。そして，人間が環境問題に関する選択《せんたく》を行う際にも，それぞれの考え方には「一長一短」があり，「トレードオフ」が存在するので，「客観的な判断が求められる」ということが述べられている。文章Ⅱでは，前半で，効率を追求すると能率が悪くなり，能率を追求すると効率が悪くなるということが，例をあげて説明されている。そして，技術開発の問題では，今までのようにエネルギー浪費《ろうひ》型で効率を犠牲《ぎせい》にして能率を追求するのであれば，環境倫理の観点からは批判の対象になるが，技術開発によって資源消費が少なくて済《す》むようになるのであれば，環境倫理の観点からは「推奨《すいしょう》されるべき流れ」であるということが述べられている。よって，この二つの文章の内容をふまえているウが合う。

問８　前の部分で環境問題に関する選択には，「トレードオフ」が存在することが多いと述べられている。環境問題を解決するために，ある方法がよいと思っても，それには短所もあると考えられる。一つの方法で環境問題が全て解決することはありえないので，二重線部のようにいうことができる。

2023年度

鶴見大学附属中学校

【適性検査】 〈適性検査試験〉 (45分) 〈満点：100点〉

《注意》(定規やコンパス，分度器は使用できません。)

1 社会科部に所属する鶴見さんは、部活動のフィールドワークの最中に、丘《おか》の上に建っている丸い塔《とう》のような建物を見つけました。次の鶴見さんと先生の会話文を読んで、あとの問いに答えなさい。

鶴見さん：先生、あそこに見える丸い塔のようなものは何でしょうか。

【図１】配水塔

先生：あれは「配水塔」といわれる住宅や工場に水を送り届ける施設《しせつ》です。その見た目から地域の人たちからは「ねぎぼうず」と呼ばれています。

鶴見さん：とても大きいですね。中に水が入っているのでしょうか。

先生：もちろん①塔の中にも水が入っていますが、その近くにある大きな水槽《すいそう》にたくさんの水をためているのですよ。

鶴見さん：とてもたくさんの水をためておくことができるのですね。どうやって家まで水を送り届けているのか気になります。

先生：実は配水塔にためた水は、特別な道具を使わなくても各家庭に届けることができます。水はまず、地中を通っている水道管から配水池という大きな水槽に運ばれていきます。そして、②ポンプを使って一度、配水塔の上の水槽まで水をもち上げます。その後、配水塔の上の水槽からそれぞれの家に配水管を通して水を届けることができるのです。

鶴見さん：水槽から住宅に直接水を運ぶのではなく、配水塔の上まで水を運ぶのですね。でもポンプを使わずに住宅まで水を届けることが本当にできるのでしょうか。

先生：いい質問ですね。では、ペットボトルを使って簡単な実験をしてみましょう。【図２】のようにペットボトルの中に水を入れ、キャップを外《はず》した状態で、側面にＡ・Ｂ・Ｃの３つの穴を開けます。それぞれの穴が水道の蛇口《じゃぐち》だと思ってください。穴をあけると、Ａから出てくる水の勢いは弱く、Ｂ、Ｃの順番で水の勢いは強くなっていきます。では、次にキャップを取り付けて、【図３】のようにペットボトルを横に置き、同じようにＡ・Ｂ・Ｃの穴をあけ、上部にＤという【図２】の注ぎ口と同じ大きさの穴をあけます。するとＡ・Ｂ・Ｃの穴から出る水の勢いはどのようになりましたか。

鶴見さん：水の勢いは同じになりました。

先生：そうですね。では、【図２】と【図３】の結果からペットボトルに穴をあける位置と水の出る勢いにはどのような関係があると思いますか。

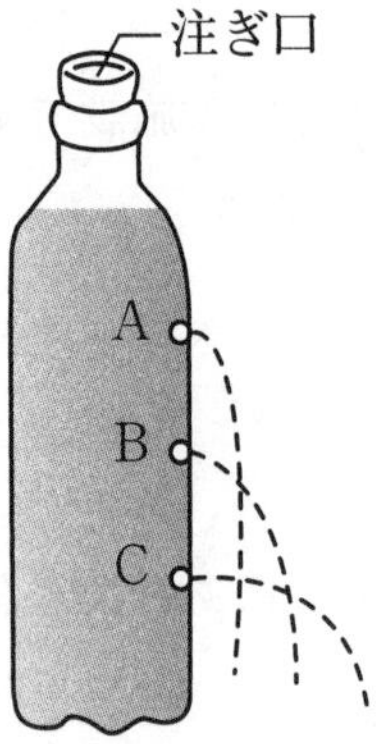

【図2】

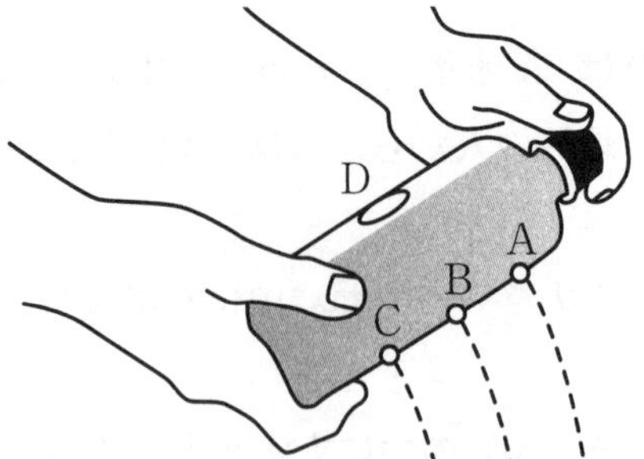

【図3】

鶴見さん：★

先生：その通りです。ペットボトルにあけた同じ大きさの穴に対して、水が押《お》し出《だ》されるために加わる力を圧力と言います。この圧力が大きくなるほど水は勢いよく飛び出します。

鶴見さん：ある一定の面積に、どれだけ力が加わるかを表したものが圧力なんですね。水を押す力のほかに、どんな圧力があるのでしょうか。

先生：例えば、私たちの周りにある空気から受ける圧力のことを大気圧と言います。この大気圧を利用することで③ストローは水を吸い上げることができるのです。

鶴見さん：配水塔のポンプもこの仕組みを利用しているのでしょうか。

先生：実は大気圧を利用したポンプの仕組みでは約10mの高さまでしか水を引き上げることができません。したがって、それよりも高い配水塔に水を引き上げるためには圧力を加えることができるポンプが必要なのです。

問1．下線部①「塔の中にも水が入っています」について、次のア～エはある配水塔に関する資料です。それぞれの資料の“容量”は塔の中にどのくらいの水をためておけるかを示しています。資料を読み、容量が多いものを左から順にならべなさい。なお、$1m^3$は1000Lと等しく、水1tは$1m^3$と等しいです。

ア

横浜市　建築局
○○○団地　給水塔
容量：$70m^3$　地上高：45.2m
竣工《しゅんこう》：昭和 42 年 2 月
製作：日本 ×× 株式会社

イ

横浜市住宅局　給水塔
容量：64 t　地上高：53.5m
竣工：昭和 45 年 5 月
製作：△△工業株式会社

ウ

神奈川県　土木部住宅課
○○○アパート　給水塔
容量：47000L　地上高：20.8m
竣工：昭和 49 年 12 月
製作：□□重工株式会社

エ

神奈川県　住宅供給公社
○○住宅　給水塔
容量：59.2t　地上高：53.5m
竣工：昭和 51 年 7 月
製作：日本◇◇株式会社

問2．下線部②「ポンプ」について、ポンプには「液体を吸い上げ、送り出す」という役割があります。次のア～エから、ポンプの役割にあてはまらないものを一つ選び、記号で答えなさい。

ア

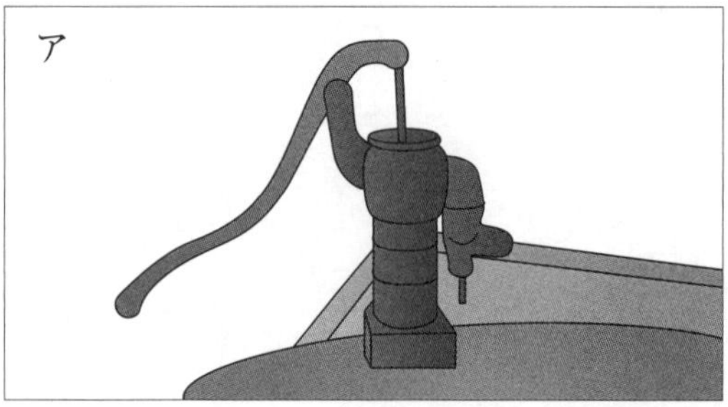

イ

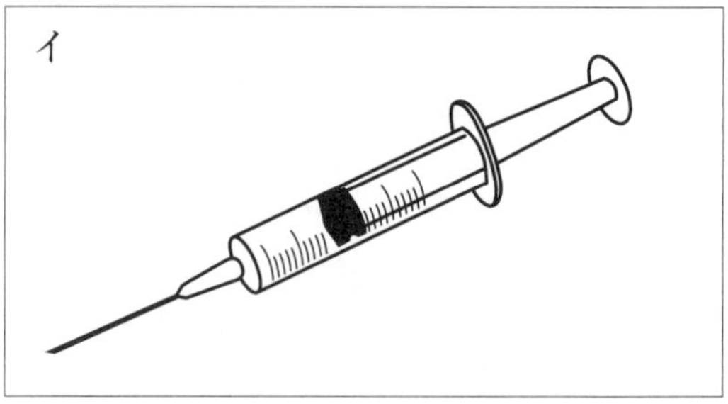

ウ

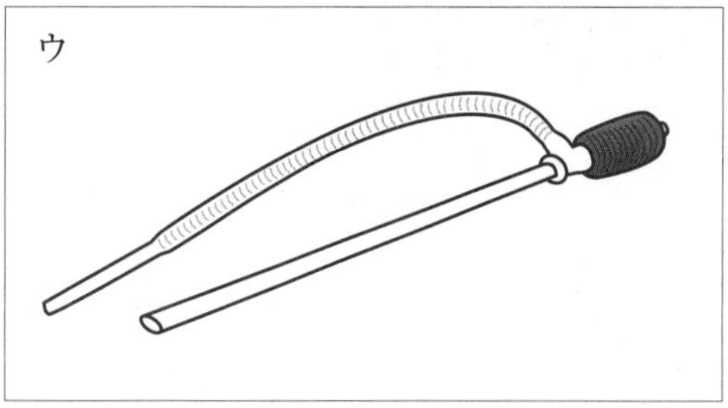

エ

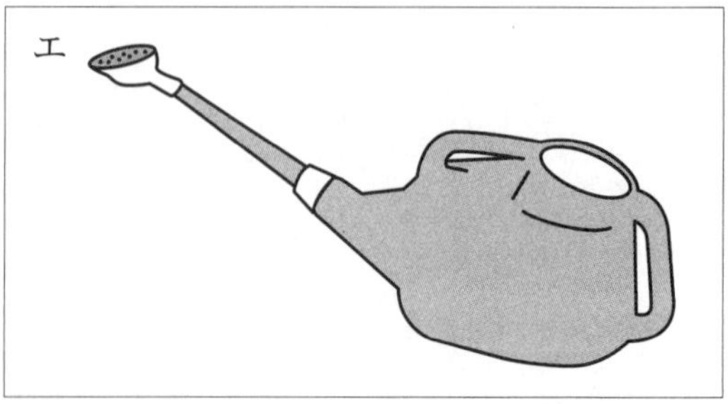

問３．【図２】、【図３】の実験の結果から会話文の　★　にあてはまる文章を考え、４０字以内で答えなさい。

問４．下線部③「ストロー」について、以下の問いに答えなさい。

（1）　下の文章は【図４】の仕組みを説明したものです。下の文章の（　1　）～（　3　）にあてはまる言葉として正しい組み合わせを、次のア～クから一つ選び、記号で答えなさい。

大気圧の仕組みを使って水を吸い上げる方法として、コップとストローを使った例を考えてみましょう。コップの水面やストロー内の水面には空気が水面を押す大気圧がはたらいています。ストローを使って中の水を吸い上げようとすると、ストローの中にある空気が（　1　）ので、ストローの中の空気が水面を押す力は（　2　）なります。すると、ストローの中の水面とコップの水面で空気が水面を押す大気圧に差が生じます。大気圧は（　3　）の方が強くなるため、水は空気に押されてストローの中を通り、上方向に移動します。

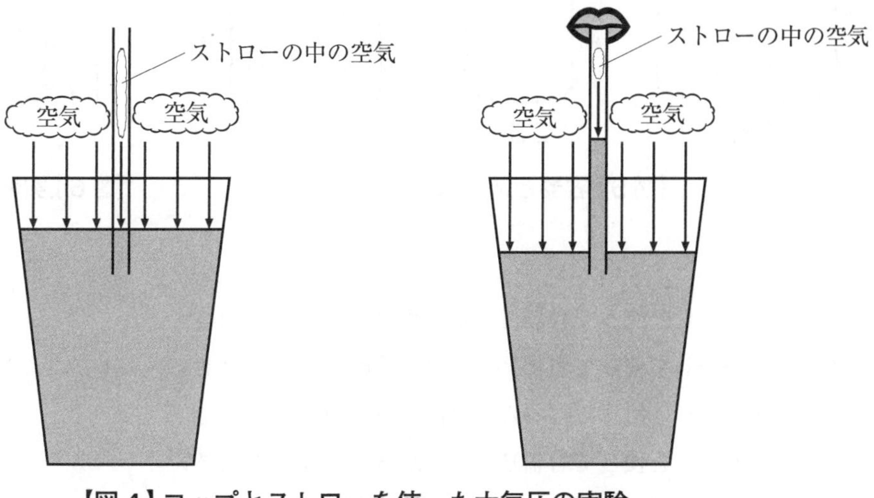

【図４】コップとストローを使った大気圧の実験

	（1）	（2）	（3）
ア	増える	大きく	ストローの中の水面
イ	少なくなる	大きく	ストローの中の水面
ウ	増える	小さく	ストローの中の水面
エ	少なくなる	小さく	ストローの中の水面
オ	増える	大きく	コップの水面
カ	少なくなる	大きく	コップの水面
キ	増える	小さく	コップの水面
ク	少なくなる	小さく	コップの水面

(2) 【図5】のような2種類の円柱型の容器A・Bと2種類のストローC・Dを用意しました。容器Aの底面の半径は5㎝、容器Bの底面の半径は3㎝、ストローCの半径は1㎝、ストローDの半径は5㎜です。【図6】のように容器は底から10㎝の高さまで水を注ぎます。ストローは水面から1㎝つかるところまで入れます。容器A・Bに入った水をストローC・Dを使って吸い上げようとしたとき、次のア～エから2番目にストローの水位が高くなるものを一つ選び、記号で答えなさい。

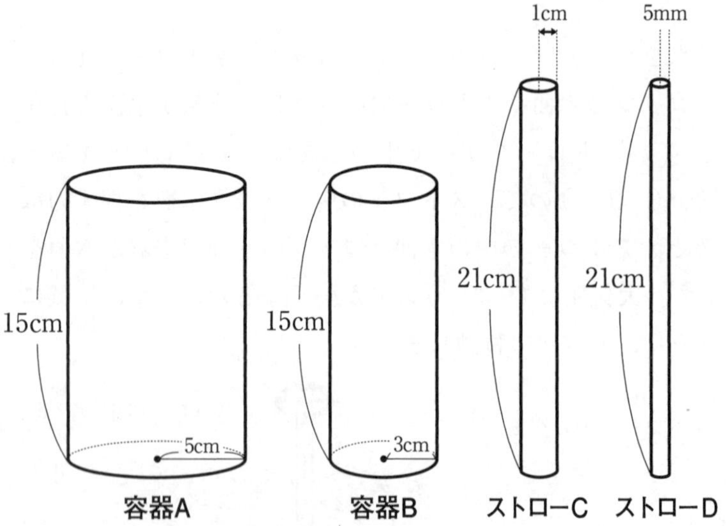

【図5】容器とストロー

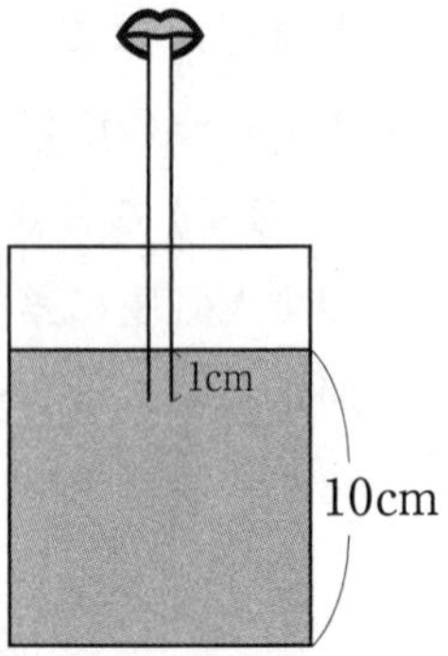

【図6】実験のようす

ア. ストローCを使って容器Aの水面が3㎜下がったとき
イ. ストローDを使って容器Bの水面が3㎜下がったとき
ウ. ストローCを使って容器Aの水面が5㎜下がったとき
エ. ストローDを使って容器Bの水面が5㎜下がったとき

問5. ほ乳類の体にも「心臓」とよばれるポンプがあります。心臓は体中に血液を運ぶ役割を持っています。心臓が血液を送り出す力を「血圧」といいます。次のア～エから最も血圧が高くなる要素を一つ選び、記号で答えなさい。

ア. ゾウのように体重が重い。
イ. イタチのように体が長い。
ウ. キリンのように頭の位置が高い。
エ. ネズミのように心拍数《しんぱくすう》が多い。

問６．血圧は私たちの生活の中で変化することがあります。基本的には心臓のはたらきと血管の状態によって血圧が決まります。血管は体温を下げたいときなどは広がり、体温を保ちたいときは縮みます。そして、低血圧の状態になると脳など体の上部を流れる血液の量が減ります。次のア～エから低血圧が原因で起きる体調変化として正しいものを一つ選び、記号で答えなさい。

ア．長時間座《すわ》っていて急に立ち上がると、たちくらみが起きる。
イ．プールに長時間入っていると体が冷えるので唇《くちびる》が紫色《むらさきいろ》になる。
ウ．長距離《ちょうきょり》走などで長い時間運動を続けるとほおが赤くなる。
エ．標高２５００ｍを超《こ》える高い山を一気に登ると頭痛やめまいがする。

2 横浜市在住の外国人に関する次の会話文を読んで、あとの問いに答えなさい。

川崎さん：横浜市は全国で２番目に外国人人口が多いそうです。横浜市の中でも外国人の数が多いのは「中区」と「鶴見区」だそうです。でも、この２つの区に住む外国人には出身国などに大きな違《ちが》いがあるようです。

野毛さん：そもそも、中区に外国人が住むようになったのは、幕末の時代、横浜が開港地になってから、今の関内を中心とした「①居留地《きょりゅうち》」ができてからのことです。まず、居留地に住むようになったのは、アメリカ人やイギリス人など欧米《おうべい》の人々からですね。その後、中国人の数が大幅《おおはば》に増加し、1870年代以降には過半数を占《し》めるようになったのです。

川崎さん：だから、今でも中区にはアメリカや中国の方が多いのですね。

生麦さん：一方、鶴見区に外国人が住むようになったのは京浜工業地帯が形成された②1910年代以降で、当初は朝鮮半島出身の人々が多く、今でも、韓国・朝鮮籍《せき》を持つ人々が多く暮らしています。また、戦前から沖縄出身者が多かったことから、③1990年代以降は沖縄から（　あ　）に渡《わた》った人々の子孫にあたる日系２世、３世が親戚《しんせき》や知り合いを頼《たよ》って鶴見区に多く住むようになったそうです。さらに、2000年代に入ると中国・東南アジア出身者などが大幅に増加しています。

川崎さん：だから、中区や鶴見区には様々な国の料理を提供するお店が多いのですね。料理をはじめ、多くの国の文化を味わうことができるのは横浜の大きな魅力《みりょく》の一つなのですね。

生麦さん：横浜市や鶴見区でも「④多文化共生」をテーマとした様々なイベントが開催《かいさい》されていますね。

問１．下線部①「居留地」に関連して、下のグラフを参考に、以下の問いに答えなさい。

【グラフ】　横浜外国人居留地における人口の推移（中国人・欧米人別）

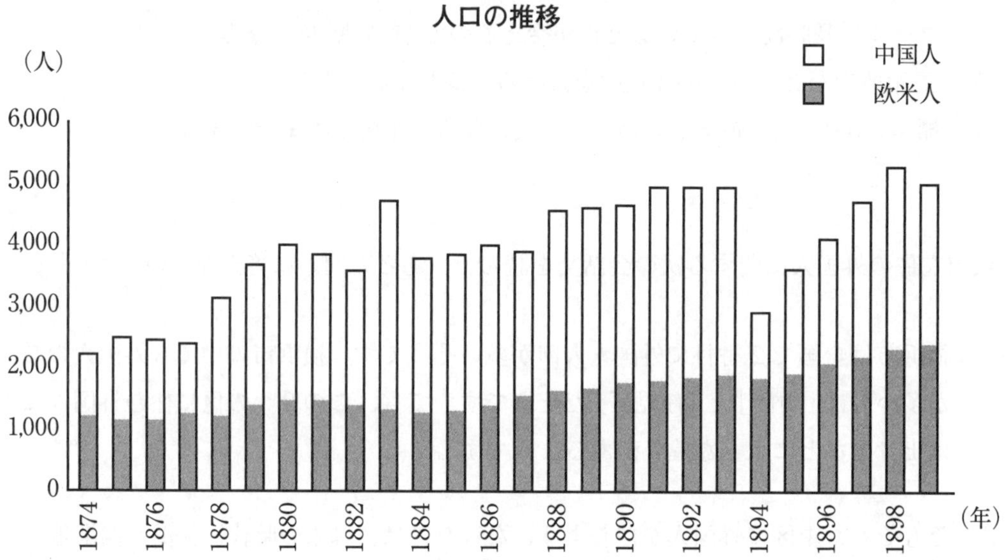

（出典：篠崎孝子『図説　横浜外国人居留地』有隣堂　1998年）

（１）　東南アジアやアメリカに移住した中国人の多くが肉体労働に従事していたのに対し、横浜では商人や職人、特にすぐれた技能と資質を生かして「三把刀（さんばとう）」と呼ばれる職業につく中国人が多かったです。中国語で「三把刀」の“把”は手に持って使う物などを数える単位、“刀”は刃《は》物《もの》全般《ぜんぱん》を意味します。このことをヒントに、「三把刀」にあてはまる職業を次のア～キからすべて選び、記号で答えなさい。

ア．料理人　　イ．医師　　ウ．大工　　エ．通訳
オ．洋裁（洋服の仕立て）　　カ．占《うらな》い師《し》　　キ．床屋《とこや》（理髪《りはつ》）

（２）　グラフを見ると、1894年に居留地で中国人の人口が大幅に下がっています。その理由として考えられる戦争の名を答えなさい。

問２．下線部②に関連して、1910年代以降に、朝鮮半島出身者が増加したのはなぜですか。簡潔に答えなさい。

問３．会話文中の（　あ　）にあてはまる国名を、下の表の中から二つ答えなさい。

2022年の国籍・地域別外国人数（神奈川県・横浜市・鶴見区・中区）

国名	県合計	横浜市	鶴見区	中区
全合計	222,018	99,229	13,395	15,491
中国	68,445	38,889	4,907	8,577
ベトナム	26,478	9,154	1,367	605
韓国、朝鮮	26,225	12,154	1,354	1,942
フィリピン	22,960	8,298	1,302	711
ブラジル	8,410	2,525	1,179	81
ネパール	7,850	4,174	911	233
ペルー	6,188	1,252	405	48
米国	5,522	2,353	105	545
インド	5,432	2,738	254	232
台湾	5,053	2,699	224	741
スリランカ	4,088	911	67	55
タイ	4,071	1,658	127	313
インドネシア	3,823	1,437	128	71
その他　159	27,473	10,987	1,065	1,337

（横浜市HP「令和４（2022）年　外国人の人口」より作成）

横浜市（1955年〜2022年）の国籍・地域別外国人数の推移

年	1955	1965	1975	1985	1990	1995	2005	2015	2022
中国	4,489	5,245	4,920	5,181	8,492	12,554	23,276	32,491	38,639
韓国、朝鮮	8,382	10,309	12,222	13,334	15,075	15,777	15,782	13,708	12,765
ベトナム	1	…	…	88	274	535	1,301	2,877	8,934
ネパール	…	…	…	…	…	…	130	1,577	4,184
インド	49	55	64	129	136	289	807	1,987	2,788
ブラジル	1	…	74	72	1,055	3,808	3,883	2,286	2,563
アメリカ	704	1,637	1,517	1,453	1,911	2,368	2,637	2,260	2,398
ペルー	…	…	…	10	503	1,449	1,754	1,233	1,248
総数	14,777	18,581	20,979	23,264	32,964	47,162	67,731	78,576	98,752

（横浜市HP「第18表　国籍・地域（16区分）別外国人数－その1・横浜市（昭和27年－令和4年）」より作成）

問4．下線部③「1990年代」に関連して、(　あ　)の人々が大幅に増加した背景として考えられる文を次のア～エからすべて選び、記号で答えなさい。

ア．世界各地で紛争《ふんそう》が多発し、難民の受け入れが求められた。
イ．バブル経済の影響《えいきょう》で、深刻な人手不足が生じた。
ウ．好景気が続き、日本では物価が下がる傾向《けいこう》が続いた。
エ．法律の改正により、海外で暮らす日系人が日本で働く機会が広がった。

問5．下線部④「多文化共生」に関連して、以下の資料は「多文化共生の地域づくりに役立てる」ことを目的とした聞き取り調査(抜粋《ばっすい》)です。Xさん、Yさん、Zさんからの聞き取り内容を参考に、鶴見区において多文化共生を実現するための具体的な提案をしなさい。なお、まずタイトルを示し、次に内容を具体的に説明しなさい。

Xさん(韓国出身、女性・区内在住)

私のように主婦をしている外国人は、日本の生活習慣がわからず孤独《こどく》に感じてしまうことも多いです。特に、小さな子どもがいる母親の中には、日本語をきちんと覚え、友達をつくり、日本での生活に馴染《なじ》んでいく必要があるにもかかわらず、孤立《こりつ》して誰にも相談できず、不安な毎日を過ごしている人もいます。こうしたことのないように、日本での生活のしかたや日本語について、来日初期にケアする仕組みが必要だと思います。

Yさん(インド出身、男性・区内在勤)

生活の面についていえば、日本は外国語の表記が少ないと思います。日本語を少しでも勉強したことのある外国人なら、ひらがなやカタカナは読むことができるので、漢字を多用せず読みやすい表記を増やしてもらえると、外国人にも暮らしやすいまちになると思います。

Zさん(ブラジル出身、女性・区内在住)

日本語がほとんどできず、相談できる知り合いも少ないので、あまり情報が入ってきません。子どもが3人いますが、出産や予防接種などのしくみがわからず苦労しました。例えば、妊娠して病院に行った時に、看護師さんの日本語の説明を理解できずにいたら、「この病院に入院しなくていいから帰ってください。」と言われました。子どもの予防接種についても、どの時期にどのような予防接種を行えばよいのか未《いま》だにわかりません。また、公園やプールに子どもを連れていきたい、お花見にいきたいといっても、そうした情報は日本語でしかないので、よくわからず結局諦《あきら》めてしまいます。

(『鶴見区多文化共生推進アクションプラン(改訂版)』より作成)

3 祖父がブラジル人である川崎さんは、祖父の仕事であるコーヒー農園について調べようと思い、次の文章を見つけました。文章を読んで、あとの問いに答えなさい。

消費者がそれを望むか望まざるかにかかわらず、日本には安いコーヒーほど(A)チョウホウされる、という現実があります。

その背景にあるのは「コーヒー１杯の原価率は３％以下」という日本の飲食業界の「常識」です。この常識がまかり通る限り、コーヒー１杯の価格の９７％は、店の取り分になります。

他の飲み物や料理《りょうり》と比較してみましょう。一般的《いっぱんてき》に飲み物は原価率が低く利益を出しやすいと言われていますが、もっとも低いサワー系の飲み物でも１０～２０％、ビールは３０％、ワインになると２５～４０％です。料理の原価率は２０～３０％、高級店ほど原価率が高くなる傾向《けいこう》があり、その多くは３０％以上になります。もちろん※アイテムごとの単価も高くなります。

これを見るといかにコーヒーの原価率が低いかおわかりでしょう。飲食業界において、コーヒーは、他のメニューでの原価率を下げるための※緩衝材《かんしょうざい》、もしくは調整弁のような役割になってしまっているのです。

高級レストランで提供される高品質のワインの場合は、原価率がさらに上がります。そうしないと売値が高くなりすぎてしまうからです。しかしコーヒーの場合は逆で、①原価率はさらに下がります。なぜならば、高級レストランと言ってもコーヒーの品質にはこだわらず、店の格で価格が設定されることが多いからです。

消費国のコーヒー業界は、取引先にコーヒーの抽出《ちゅうしゅつ》器具の無料貸与《たいよ》や無償供与《むしょうきょうよ》をする代わりに、長期契約《けいやく》を結ぶというビジネスモデルを作り、これが飲食業界の常識となっていました。その結果、どこのコーヒー会社と取引をするかを決める際の判断基準が、コーヒーの品質ではなく「どこが一番安く」「何を無料でくれるか」になってしまいました。

しかし、冷静に考えれば、利益が出ないのにコーヒー会社が無償で器具を提供するわけがありません。[　　　]、ホテルやレストランがコーヒーの対価として支払《しはら》っているコーヒーの価格には、貸与したり供与したりする器具に関わる費用は少なからずコーヒーの卸価格《おろしかかく》に上乗せされているのです。その結果、ホテルやレストランには、実際に支払う卸価格に見合わない低品質のコーヒーが(B)ノウヒンされます。高級レストランやホテルで、高いのに不味《まず》いコーヒーに出くわした経験があなたにもあるのではありませんか?

②「原価率は３％以下」という悪《あ》しき習慣がまかり通る限り、コーヒー会社は、いかにして生豆《きまめ》を安く仕入れるかに必死になります。「とにかく安く」を強《し》いられる輸入商社は、「とにかく安く」買い付けようとします。[　　　]、「３％以下」のしわ寄せは、結局遠い国の生産者に及《およ》んでいるのです。

もしも「３％以下の原価率」より、「美味《おい》しいコーヒー」の提供のほうにこだわるホテルやレストランが増えれば、コーヒー会社もただひたすら安いコーヒーではなく、納得のゆく価格で品質の良いコーヒーを輸入商社に問い合わせるようになります。(　　③　　)という当たり前のビジネスが成立すれば、輸入商社も適正な価格で、生産国に※オファーできます。そうすれば生産者が不当に安い値段で※搾取《さくしゅ》されることもなくなります。

実は最近日本では、「３％の呪縛《じゅばく》」から自らを解放し、原価率を上げてでも美味しいコーヒーを提供しようとするホテルやレストランも少しずつ増え始めています。利益のためと割り切って不味いコーヒーを提供し続けるより、たとえ１杯当たりの利益は多少減っても「あの店のコーヒーは美味しい」という評判を得るほうが結果的には売り上げも上がることに経営者たちが気づき始めているのです。またさらに良い傾向として、抽出器具は自前で揃《そろ》えるホテルやレストランが生まれつつあります。器具の紐《ひも》付《つ》き契約を結んでしまうと、縛《しば》りが付き途中でコーヒーを変えられません。コンビニコーヒーの(C)台頭と昨今のコーヒーブームの影響で、コーヒーの見直しが始まっています。

では消費者の立場としてできることはなんでしょうか。それはコーヒーの美味しさに敏《びん》感《かん》になり、本当に美味しいコーヒーを提供してくれる店を大いに応援《おうえん》することです。逆に金額に見合わない不味いコーヒーを出す店に対しては、その感想を(D)率直にお店の人に伝えてください。そのような声がどんどん大きくなれば、お店のほうも真剣《しんけん》にコーヒーの品質を考えるようになるでしょう。コーヒーが「安さ」だけを求められる存在から脱《だっ》すれば、それは④生産者と消費者の「不公平な関係」の解消にもつながるはずです。

（出典：Jose.川島良彰、池本幸生、山下加夏『コーヒーで読み解くSDGs』ポプラ社　2021年）

※アイテム … ここでは、商品のこと。
※緩衝材 … 大きな衝撃《しょうげき》をやわらげ、吸収するもののこと。
※オファー… ここでは、依頼すること。
※搾取 … 労働に対して正当な対価を支払わず、利益だけ横取りすること。

問１．下線部(A)～(D)のカタカナを漢字に、漢字をひらがなに直しなさい。

問２．本文中の［　　　　］二か所に共通して入ることばを次のア～エから一つ選び、記号で答えなさい。

ア．さらに　　イ．そこで　　ウ．つまり　　エ．または問３．下線部①「原価率はさらに下がります」とありますが、高級レストランでこういうことが起こるのはなぜですか。その理由として最も適切なものを次のア～エから一つ選び、記号で答えなさい。

ア．高級レストランでは他のメニューが多いので、売り上げの中でのコーヒーの占める割合が低くなるから。
イ．高級レストランでは他のメニューが高いので、安い生豆を使ってもコーヒーの値段は高く設定されるから。
ウ．高級レストランでは長期契約をコーヒー業者と結ぶことが多く、同じ品質のコーヒーを安く買えるから。
エ．高級レストランではほとんどのお客さんがコーヒーを注文するので、コーヒーの原価率の低さが増強されるから。

問４．下線部②「『原価率は３％以下』という悪しき習慣がまかり通る」とありますが、この習慣がまかり通るのは飲食業界がコーヒーをどのように考えているからですか。その内容が書かれた段落を探し、その最初の５字を答えなさい。

問５．(　　③　　) に入る語句として最も適切なものを次のア～エから一つ選び、記号で答えなさい。

ア．品質に見合った価格を払う
イ．価格を下げる努力を常にする
ウ．海外の生産者を相手に選ぶ
エ．原価率は考えずに商品を仕入れる

問６．下線部④「生産者と消費者の『不公平な関係』」とありますが、その説明として最も適切なものを次のア～エから一つ選び、記号で答えなさい。

ア．コーヒーを飲むとき消費者はその値段にだけ関心があり、生産者の品質へのこだわりに気づけない。

イ．コーヒーを飲むとき消費者は高級な店であるかどうかを問題にし、生産者の店の格に合わせた栽培法《さいばいほう》には気づけない。

ウ．コーヒーを飲むとき消費者はその原価率を考えることがなく、生産者がお店と長期契約を結びたいことに気づけない。

エ．コーヒーを飲むとき消費者はきちんと原価を支払った商品だと思っていて、生産者が商社に値切られてその金額をもらえていないのに気づけない。

問７．この文章に見出しをつけるとき、最も適切なものを次のア～エから一つ選び、記号で答えなさい。

ア．消費者がレストランでお得に食事するには？

イ．消費者が美味しさに敏感になるべき理由とは？

ウ．社長としてレストランの経営を改善するには？

エ．飲食業者が原価率をいつでも重視する理由とは？

問８．＝＝＝線部「コーヒーの見直し」とありますが、どのような発想をすることを指しているのですか。「原価率」ということばを必ず使って、30字以内で答えなさい。

2023年度

鶴見大学附属中学校 ▶解　答

※　編集上の都合により，適性検査試験の解説は省略させていただきました。

適性検査　＜適性検査試験＞（45分）＜満点：100点＞

解　答

[1] **問1**　ア→イ→エ→ウ　**問2**　エ　**問3**　（例）ペットボトルに穴をあける位置が水面に対して深くなると，水の勢いが強くなります。　**問4**　(1)　ク　(2)　ウ　**問5**　ウ　**問6**　ア　[2] **問1**　(1)　ア，オ，キ　(2)　日清戦争　**問2**　（例）日本が韓国を併合したことにより，鶴見に埋立地が増加し，工場が誘致されたから。　**問3**　ブラジル，ペルー　**問4**　イ，エ　**問5**　（例）多文化共生を実現するために／在住する外国人の出身国が多彩な鶴見区では，公共の場所や案内などに，英語以外にも様々な言語の表記，わかりやすい記号や絵を多く使うこと，来日時の初期ケアなどの取り組みがのぞまれる。　[3] **問1**　(A)，(B)　下記を参照のこと。　(C)　たいとう　(D)　そっちょく　**問2**　ウ　**問3**　イ　**問4**　これを見る　**問5**　ア　**問6**　エ　**問7**　イ　**問8**　（例）原価率を上げても美味しいコーヒーを提供しようとする発想。

●漢字の書き取り

[3] **問1**　(A)　重宝　(B)　納品

Memo

Memo

Memo

2022年度　鶴見大学附属中学校

〔電　話〕　(045)581－６３２５
〔所在地〕　〒230－0063　神奈川県横浜市鶴見区鶴見２―２―１
〔交　通〕　JR京浜東北線 ―「鶴見駅」より徒歩15分

【算　数】〈難関進学クラス１次試験〉（45分）〈満点：100点〉

1　次の □ の中にあてはまる数を入れなさい。

(1)　$210 - 92 + 107 - 5 + 63 - 203 = \square$

(2)　$0.96 \times 425 + 0.48 \times 150 + 0.24 \times 400 = \square$

(3)　$1\frac{1}{7} \times 0.75 \div 0.25 \times 14 = \square$

(4)　$7 \div \left(\frac{1}{3} + \frac{1}{15} + \frac{1}{35}\right) \times (24 - \square) = 343$

(5)　$\left(3\frac{5}{6} - \square + 1\frac{7}{15}\right) \times 1\frac{14}{15} = 5.8$

2 次の □ の中にあてはまる数を入れなさい。

(1) A，B，Cの３つの数の和が141で，AはBより44大きく，BはCより58小さいとき，Aは □ です。

(2) 弟の部屋のそうじをするのに，姉だけですると２時間かかり，妹だけですると３時間かかります。姉と妹の２人でそうじをすると □ 分かかります。

(3) 3％，5％，8％の食塩水が，それぞれ100gずつあります。これらをすべて混ぜあわせ，さらに200gの水を加えると □ ％の食塩水ができます。

(4) A町から6kmはなれたB町まで往復します。行きの速さは時速2km，帰りの速さは時速3kmでした。往復の道のりの平均の速さは時速 □ kmです。

(5) 40人のクラスで，男子22人の平均体重は38kg，女子の平均体重は30kgでした。このクラス全員の平均体重は □ kgです。

(6) 1個30円，40円，50円の３種類のあめを，あわせて10個買うと420円でした。あめを買った個数は50円のあめが最も多く，続いて30円，40円の順でした。どのあめも１個以上買ったとすると，30円のあめは □ 個買いました。

(7)　下の図で，四角形ABCDは台形です。また，辺ABと辺ADの長さが等しく，辺BCと対角線BDの長さも等しくなっています。このとき，角xの大きさは［　　　　］度です。

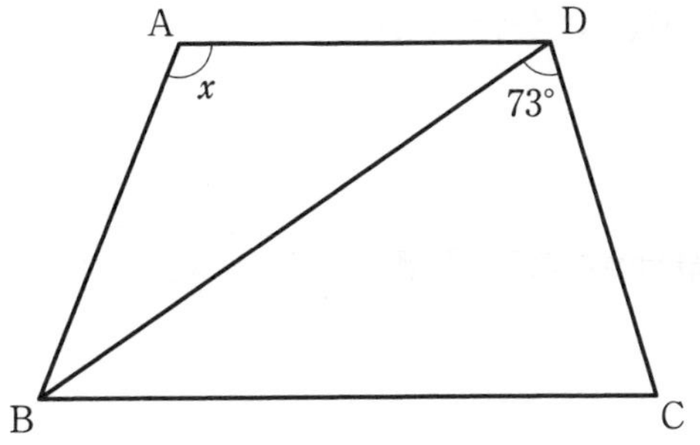

(8)　下の図のように，長方形ABCDの頂点Aにひもを固定し，辺AB上にあわせます。このひもAOを点Aを中心にたるまないようにして時計回りに長方形ABCDに巻き付けていったとき，点Oの移動する長さは［　　　　］cmです。ただし，円周率は3.14とします。

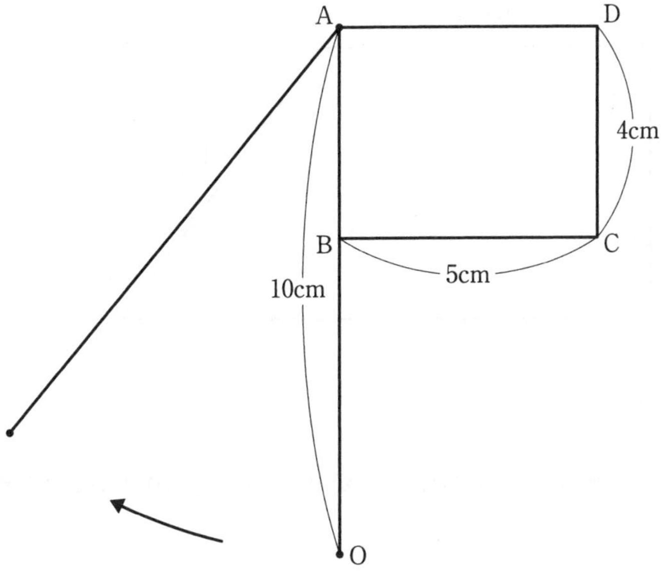

(9)　0と1の数字を用いて，1から11111まで小さい順に数を並べたとき，11110は最初から数えて［　　　　］番目の数です。

3 １，４，２，８，５，７，１，４，２，８，５，７，……
のように，ある規則にしたがって，数が並んでいます。次の問いに答えなさい。

(1) 最初から数えて20番目の数はいくつですか。

(2) 20回目にでてくる２は最初から数えて何番目の数ですか。

4 下の図のような台形ABCDがあります。点Ｐは，頂点Ｂより出発して台形ABCDの辺上を毎秒1cmの速さで，頂点Ａ，頂点Ｄを通って頂点Ｃまで進みます。このときできる三角形BPCについて，次の問いに答えなさい。

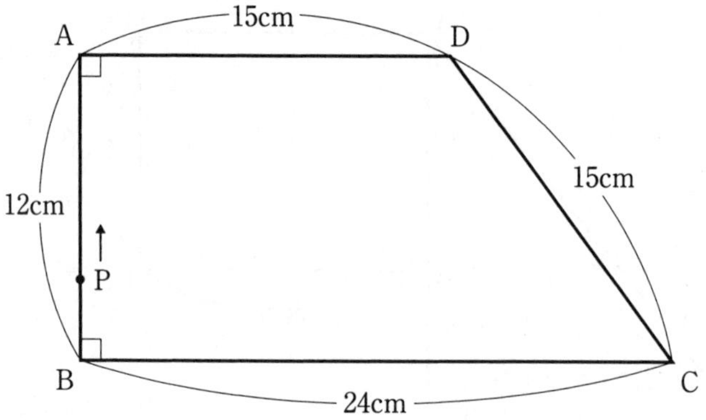

(1) 三角形BPCの面積が最大になるのは，点Ｐが出発してから何秒後から何秒後までですか。

(2) 三角形BPCの面積が$48cm^2$になるのは，点Ｐが出発してから何秒後と何秒後ですか。

5 下の図の立体は，３辺の長さが7cm，10cm，12cm の直方体から円柱をくりぬいたものです。くりぬく前と後では体積が339.12cm^{3}変わりました。次の問いに答えなさい。ただし，円周率は3.14とします。

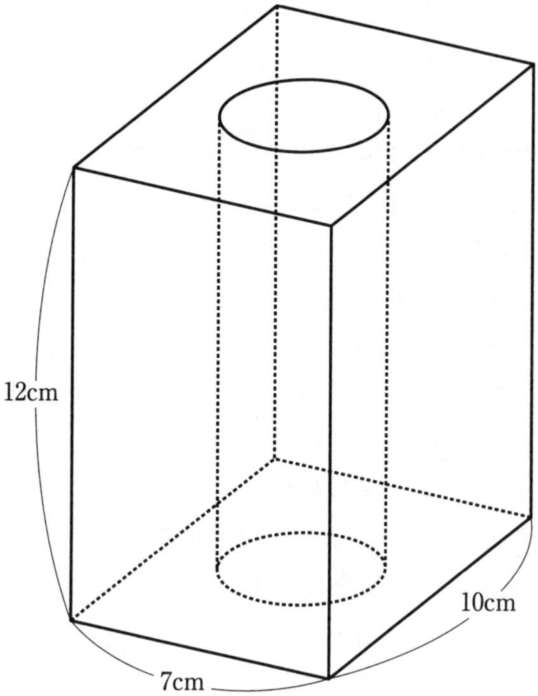

(1) くりぬかれた円柱の底面の半径は何 cm ですか。

(2) この立体の表面積は何 cm^2 ですか。

【社　会】〈難関進学クラス１次試験〉（理科と合わせて45分）〈満点：50点〉

1　次の文章を読み，以下の問いに答えなさい。

日本は名字の種類が多い国で，約 30 万種あると言われています。名字の由来はさまざまありますが，地名に由来するものがおよそ９割を占《し》めます。そのため，地名を探《さぐ》ることで名字のルーツを知ることができます。

例えば，神奈川県《かながわけん》にルーツを持つ名字として，「秋葉《あきば》（秋庭《あきば》）」があります。一説によると，現在の横浜《よこはま》市戸塚《とつか》区秋葉町に由来する名字で，この地域に住み着いた武士の近藤《こんどう》氏が，①静岡《しずおか》県の秋葉山にちなんで，同地を秋葉と名付けたといわれています。その後，秋葉に定住した武士が名字として名乗るようになり，名字としての「秋葉」が誕生《たんじょう》したということです。

このように，ある地域に由来する名字が都道府県ごとに存在し，かつてはその分布に地域性がみられました。しかし，近年はその地域性がだんだんと薄《うす》れています。②東京都《とうきょうと》に隣接する神奈川県，千葉《ちば》県，埼玉《さいたま》県，③山梨《やまなし》県の名字ランキングを例に見てみましょう。山梨県，埼玉県以外の一都二県には，「鈴木《すずき》」「佐藤《さとう》」「高《たか》橋《はし》」「渡辺《わたなべ》」が上位に含《ふく》まれています。しかし，山梨県には「望月《もちづき》」「清水《しみず》」といった，一都二県では上位にならなかった名字が含まれています。このことから，④東京都内へ通勤しやすい神奈川県，千葉県へ移住する人が増加したことで，一都二県の名字の分布に影響《えいきょう》を与え，均一《きんいつ》化されたと考えられます。

ところで，日本全体に目を向けてみると，東日本と西日本で名字の分布に違いがみられます。東日本では主に，「鈴木」「佐藤」のどちらかが，最多の名字であることが多い一方で，西日本では「田中《たなか》」「山本《やまもと》」が広く分布しており，西日本を代表する名字といえます。このとき，名字における東日本と西日本の境界と考えられるのが，新潟《にいがた》県と⑤富山《とやま》県です。新潟県では「佐藤」が最も多いですが，富山県では「山本」が県内最多となっています。この２県の間には⑥北アルプスが走っており，その⑦日本海側には親不知《おやしらず》・子不知《こしらず》と呼ばれる，断崖絶壁《だんがいぜっぺき》の難所があります。かつてはこの難所を越《こ》えることが困難で，北アルプスを越えての移動が少なかったため，これを境に，名字の分布に差が出ているといわれています。

（1）下線部①について，静岡県の地図を参照しながら，次の問いに答えなさい。

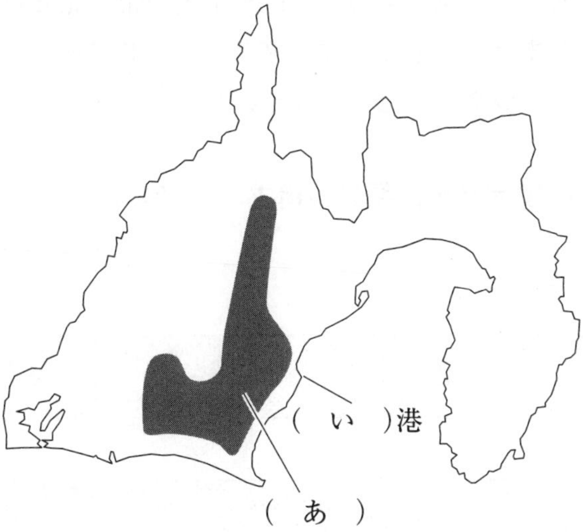

（a）次の表Aは地図中の地域（ あ ）で，栽培《さいばい》されている農産物の，収穫《しゅうかく》量上位５府県をまとめたものです。この作物の名称《めいしょう》を答えなさい。

A	
1位	静岡県
2位	鹿児島《かごしま》県
3位	三重《みえ》県
4位	宮崎《みやざき》県
5位	京都府《きょうとふ》

（農林水産省資料より作成）

（b）地図中の（ い ）港は，日本第３位の水揚《あげ》量を誇《ほこ》ります（農林水産省統計年報，2021年より）。（ い ）港の名称を**漢字２字**で答えなさい。

（2）下線部②について，東京都と神奈川県には，京浜工業《けいひんこうぎょう》地帯が広がっています。次のグラフは京浜工業地帯，中京《ちゅうきょう》工業地帯，阪神《はんしん》工業地帯，北九州《きたきゅうしゅう》工業地帯の工業別生産額の割合をまとめたものです。グラフ中の**B**に当てはまる工業の種類を次の**ア〜オ**から一つ選び，記号で答えなさい。

工業地帯の製造品出荷額等の構成（2018年）

（グラフの単位は%）

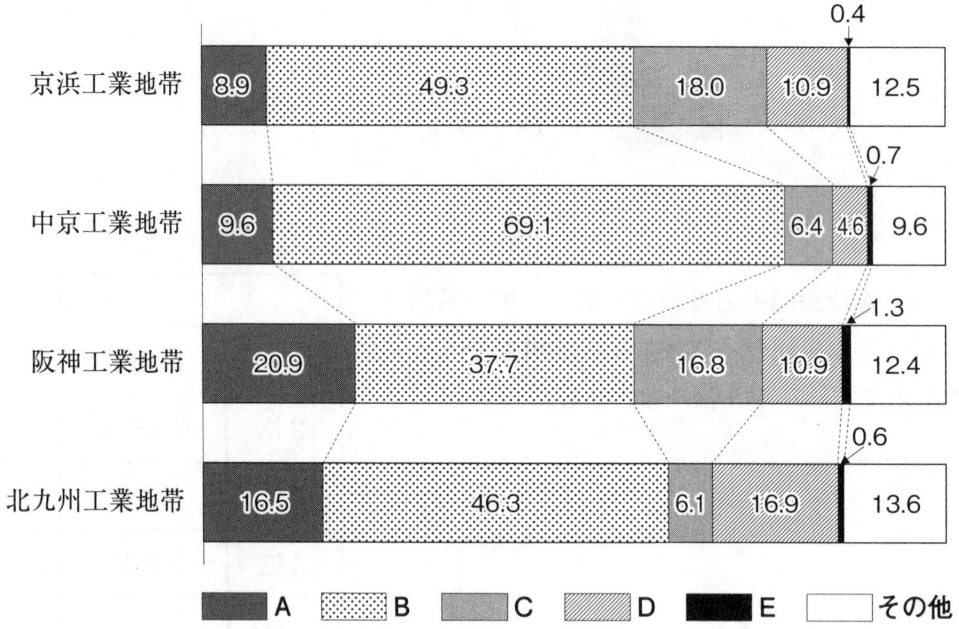

（矢野恒太記念会『日本国勢図会 2021/22』より作成）

ア　化学　　**イ**　食料品　　**ウ**　金属　　**エ**　繊維《せんい》　　**オ**　機械

（3） 下線部③について，次の山梨県笛吹《ふえふき》市の地形図から**読み取れないもの**を，下の**ア～オ**から一つ選び，記号で答えなさい。

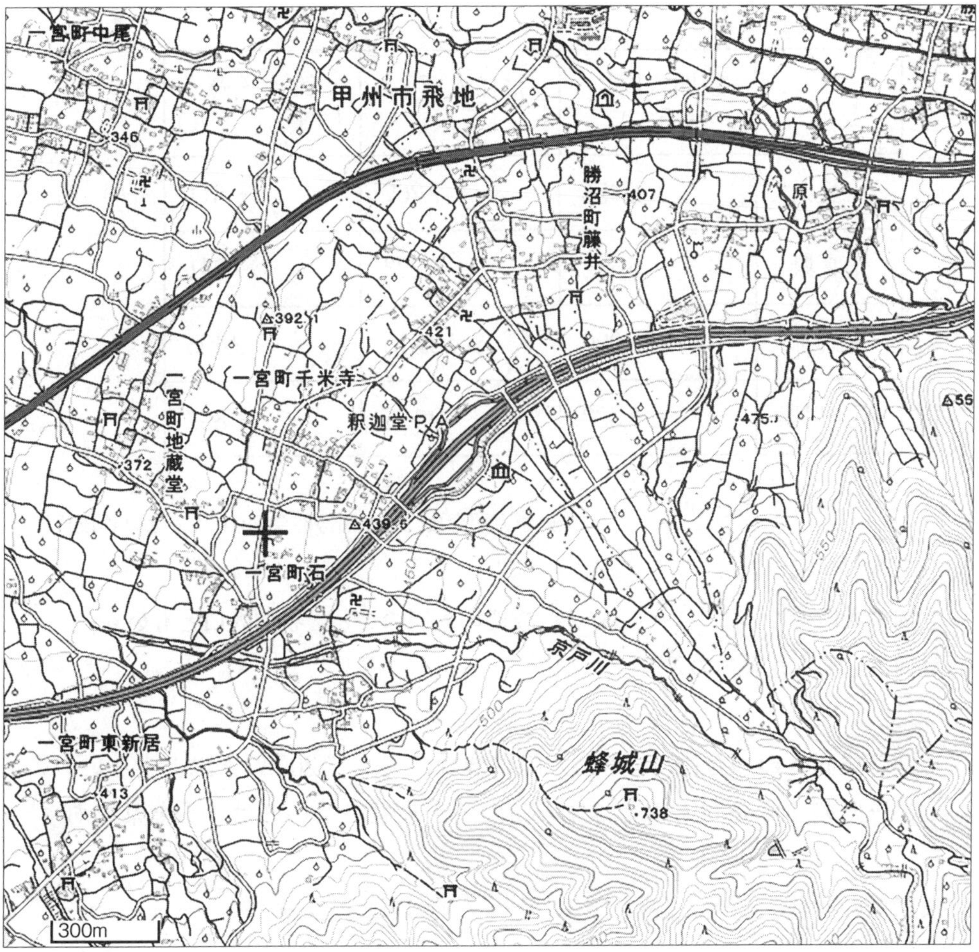

（国土地理院　電子地図より作成）

ア　博物館から見て，南西方向には老人ホームがある。

イ　この地域の土地は，主に果樹園として利用されている。

ウ　蜂城《はちじょう》山の斜面《しゃめん》には，針葉樹林がみられる。

エ　この地形図には，扇状地《せんじょうち》がみられる。

オ　蜂城山の山頂には，神社がある。

(4) 下線部④について，次の表は一都三県の昼間《ちゅうかん》人口などを示したものです。この表について述べた文章**A**～**C**の正誤を判断し，正しい組み合わせを次の**ア**～**オ**から一つ選び，記号で答えなさい。

	昼間人口※1（千人）	常住《じょうじゅう》人口※2（千人）	流入超過人口※3（千人）
埼玉県	6,456	7,267	－ 811
千葉県	5,582	6,223	－ 641
東京都	15,920	13,515	2,405
神奈川県	8,323	9,126	－ 803

（矢野恒太記念会『日本国勢図会 2021/22』より作成）

※１　昼間の人口のこと。　※２　夜間の人口のこと。夜間人口ともいう。
※３　昼間人口と常住人口の差。

A　三県の昼間人口の合計は，常住人口の合計に比べて 200 万人以上少ない。
B　一都三県の中で昼間人口と常住人口の差が最も少ないのは，千葉県である。
C　東京都の常住人口は，昼間人口に比べて約 24 万人多い。

ア　**A**・**B**が正しい　**イ**　**A**・**C**が正しい　**ウ**　**B**・**C**が正しい
エ　すべて正しい　**オ**　すべて誤《あやま》っている

(5) 下線部⑤について，次の雨温図は松本《まつもと》市，高松《たかまつ》市，旭川《あさひかわ》市，鹿児島市，富山市を表したものです。富山市のものを，次の**ア～オ**から一つ選び，記号で答えなさい。

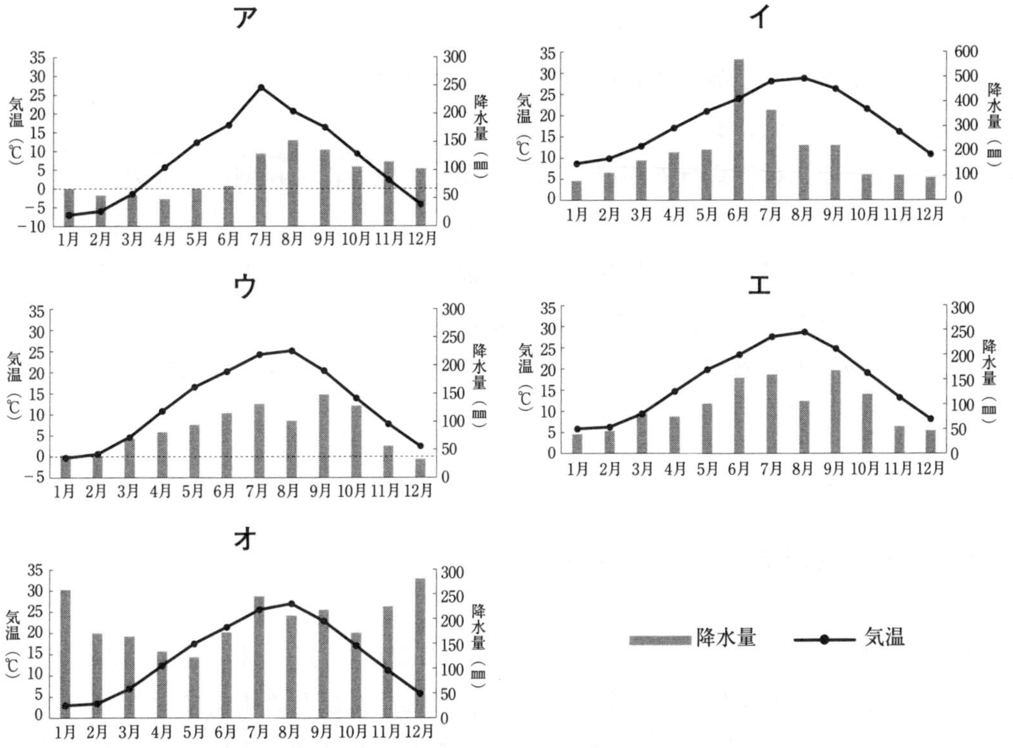

(1991 ～ 2020 年の平均値，気象庁ホームページより作成)

(6) 下線部⑥について，北アルプスとは何山脈のことですか。次の**ア～オ**から一つ選び，記号で答えなさい。

ア　木曽《きそ》山脈　　**イ**　飛騨《ひだ》山脈　　**ウ**　奥羽《おうう》山脈
エ　赤石《あかいし》山脈　　**オ**　越後《えちご》山脈

(7) 下線部⑦について，日本海に関して述べた文章として**誤っているもの**を，次の**ア～オ**から一つ選び，記号で答えなさい。

ア　日本海にそそぐ最上《もがみ》川の下流には庄内《しょうない》平野が広がり，稲作《いなさく》が盛《さか》んに行われている。

イ　日本海に突き出した能登《のと》半島の輪島《わじま》では，漆器《しっき》の生産が有名で，伝統工芸品に指定されている。

ウ　日本海に浮かぶ佐渡《さど》島は新潟県に属し，かつては金山の採掘《さいくつ》により栄えていた。

エ　日本海に面する鳥取《とっとり》県には砂丘があり，灌漑《かんがい》施設の整備が進んだことでらっきょうやすいかなどの栽培が盛んである。

オ　日本海を南下する寒流を千島《ちしま》海流と呼び，夏に吹くやませは，冷害を引き起こすことがある。

2　次の文章を読み，以下の問いに答えなさい。

日本は外国と比べて地震《じしん》が多い国といわれます。2011年3月11日に発生した東日本大震災《ひがしにほんだいしんさい》では，東北《とうほく》地方を中心に多くの命が奪《うば》われ，人びとの生活に大きな影響を与えました。現在，私たちは緊急地震速報《きんきゅうじしんそくほう》※1などから情報を得ていますが，かつては地震発生のしくみも分かっていませんでした。人びとの間でさまざまな原因が考えられ，「鯰《なまず》が暴れると地震が起こる」と信じられたこともありました。昔の日本人は地震をどのように考えていたのでしょうか。

地層の調査から，①縄文《じょうもん》時代終わりごろにも，数多くの大地震があったことが分かっていますが，地震を表す神話が残されていないことから，人びとは地震について，ほとんど意識していなかったといわれます。記録が残っている地震としては，飛鳥《あすか》・奈良《なら》時代，日本書紀にある②大和《やまと》地震（416年）が最古のものです。当時，地震を「なゐふる《ないふる》（大地の揺《ゆ》れ）」と呼んでいた人びとは，神様のしわざと考え，祭りや祈《いの》りを通じて神の怒りを鎮《しず》めようとしました。他方，中国では，世界最初の地震計が考案されるなど研究が進んでおり，地下に何らかの原因があると考えられました。

平安《へいあん》時代，中国から「地震」という言葉や地震に関する研究が伝わりました。主に漢文が読める③貴族や僧《そう》の間で広まり，④菅原道真《すがわらのみちざね》らが受験した上級官僚《かんりょう》への昇級《しょうきゅう》試験にも出題されるほどでした。⑤鎌倉《かまくら》時代には民衆《みんしゅう》にも伝わり，これまでの考えと結びついて，「地下にひそむ竜《りゅう》や大魚が暴れて大地震が起こる」という，日本独自の考えが生まれました。

「地下にひそむ竜や大魚」が鯰に変わったのは江戸《えど》時代，⑥松尾芭蕉《まつおばしょう》が出版した作品のなかで句を詠《よ》んだのが最初とされます。⑦江戸幕府成立から200年を過ぎたころから，飢饉《ききん》や伝染病とともに，各地で地震がたびたび起こるようになりました。人口増加に伴《ともな》って被害《ひがい》が拡大したため，地震やその原因に関心をもつ人が増えました。こうした中，1847年に信濃《しなの》国（現在の長野《ながの》県）で発生した地震の直後，江戸で鯰の姿を書き込んだ瓦版《かわらばん》※２が発行されました。当時，地震を起こす鯰を鹿島《かしま》神宮（茨城《いばらき》県鹿嶋《かしま》市）の神が押さえたという神話が広まったこともあり，注目を集めました。そして1855年，江戸を襲《おそ》った直下型地震の後，鯰絵と呼ばれる色刷り瓦版が大量に出回り，「鯰が暴れると地震が起こる」というお話が人びとに広まりました。

※１　緊急地震速報…気象庁を中心に2007年より開始した，地震発生時に起こる地震波から震度などを予測して知らせるシステム。

※２　瓦版…災害や事件など速報性の高い内容を扱《あつか》った印刷物。

(1) 下線部①について，縄文時代に関して述べた文章として**誤っているもの**を，次の**ア～オ**から一つ選び，記号で答えなさい。

ア　この時代は今から約１万6000年前ごろから始まったといわれる。
イ　人びとは狩りや漁をしやすい場所に竪穴《たてあな》住居をたてて住んだ。
ウ　食料の煮炊《にた》きや保存のため，縄目の文様《もんよう》がついた土器を使った。
エ　稲作の道具として，石包丁や鉄器が使われた。
オ　人びとが食べ物の残りなどを捨てた場所が貝塚《かいづか》といわれる。

(2) 下線部②について，地震があった大和地方（現在の奈良県）では３世紀後半以降，大和政権が成立し支配を広げました。大和政権に関して述べた文章として**誤っているもの**を，次の**ア～オ**から一つ選び，記号で答えなさい。

ア　大和政権の王は現在の天皇の祖先とされ，「大王《おおきみ》」と呼ばれた。
イ　中国や朝鮮からやってきた渡来人が，お茶を飲む風習を伝えた。
ウ　５世紀末までに，九州《きゅうしゅう》から東北地方南部にかけて支配した。
エ　強大な権力をあらわすため，前方後円墳が多く造られた。
オ　大和政権の王はたびたび中国へ使いを送り，高い称号《しょうごう》を得ようとした。

（3）下線部③について，貴族や僧に関して述べた文章として**誤っているもの**を，次の**ア～オ**から一つ選び，記号で答えなさい。

ア　平安京に都を移した桓武《かんむ》天皇は，律令《りつりょう》政治の立て直しをはかった。

イ　仏教の改革のため，中国へ渡った最澄《さいちょう》は帰国後，比叡《ひえい》山に延暦《えんりゃく》寺をひらいた。

ウ　娘を天皇の后《きさき》にし，摂政《せっしょう》や関白《かんぱく》の地位に就《つ》いて政治を行うことで勢力を強めた藤原氏は蘇我馬子《そがのうまこ》の子孫であった。

エ　貴族たちは，寝殿造《しんでんづくり》と呼ばれる広い屋敷をもっていた。

オ　貴族を中心に国風文化がうまれ，仮名《かな》文字を用いた文学作品が書かれた。

（4）下線部④について，菅原道真が894年に派遣の停止を提案した，中国の進んだ政治のしくみや文化を学ぶために派遣された使者を何といいますか。**漢字**で答えなさい。

（5）下線部⑤について，鎌倉時代に関して述べた文章として**誤っているもの**を，次の**ア～オ**から一つ選び，記号で答えなさい。

ア　鎌倉幕府では将軍と家来の御家人が，土地を仲立ちに「ご恩と奉公《ほうこう》」の関係で結ばれた。

イ　1221年，後鳥羽《ごとば》上皇は実権を取り戻そうと兵を挙げたが，北条政子《ほうじょうまさこ》の演説に賛同した御家人たちにより，敗北した。

ウ　３代執権《しっけん》の北条泰時《やすとき》は，武士の定めた最初の法律とされる武家諸法度《ぶけしょはっと》をつくった。

エ　商業の発展により，寺社の門前や交通の要所では月３回，定期市が開かれるようになった。

オ　８代執権北条時宗《ときむね》は，元寇《げんこう》で戦った御家人に対して領地をほとんど与えることができなかったので，幕府の力が衰《おとろ》える要因となった。

(6) 下線部⑥について，次の問いに答えなさい。

(a) 松尾芭蕉が活躍《かつやく》したころの文化に関して述べた文章として**誤っているもの**を，次の**ア～オ**から一つ選び，記号で答えなさい。

ア　京都や大阪《おおさか》で発展した，町人を中心とする文化であった。
イ　外国との交流が少ない状況から生まれた，日本独自の文化であった。
ウ　人形浄瑠璃《じょうるり》や歌舞伎《かぶき》が人びとの娯楽《ごらく》として広まった。
エ　色鮮《あざ》やかな浮世絵《うきよえ》が描かれるようになった。
オ　町人の好みを反映し，社会を風刺する狂歌《きょうか》が登場した。

(b) 松尾芭蕉は日本各地を旅《たび》し，その土地の様子を文章や俳句で記しました。松尾芭蕉が東北・北陸地方をめぐった紀行文《きこうぶん》を何といいますか，答えなさい。

(7) 下線部⑦について，次の問いに答えなさい。

(a) 江戸幕府成立から200年を過ぎた，1800年代のできごとに関して述べた文章として**誤っているもの**を，次の**ア～オ**から一つ選び，記号で答えなさい。

ア　大阪で幕府の元役人であった大塩平八郎《おおしおへいはちろう》が，役人や商人がききんで苦しんでいる人びとを救おうとしないことに抗議《こうぎ》して，打ちこわしを起こした。
イ　島原《しまばら》（長崎《ながさき》県）や天草《あまくさ》（熊本《くまもと》県）で，キリスト教の禁止と重い年貢《ねんぐ》に反発する大規模な反乱が起こった。
ウ　ロシアやイギリスなどの外国船が日本近海に出現するようになったことから，外国船打払令が出された。
エ　大老井伊直弼《いいなおすけ》が，自身の政策に反対した吉田松陰《よしだしょういん》などを処刑《しょけい》する，安政《あんせい》の大獄《たいごく》が起こった。
オ　坂本龍馬《さかもとりょうま》を仲立ちに，薩摩藩《さつまはん》（現在の鹿児島県）と長州《ちょうしゅう》藩（現在の山口《やまぐち》県）が，同盟を結んだ。

（b）飢饉や伝染病は1700年代以降，しきりに発生しましたが，その一つに1833年に起こった天保《てんぽう》の飢饉が挙げられます。この飢饉が起きた頃《ころ》の政治に関して述べた文章として正しいものを，次の**ア～オ**から一つ選び，記号で答えなさい。

ア　８代将軍徳川吉宗《とくがわよしむね》は，参勤交代の制度を一時的にゆるめる代わりに，米を納めさせた。
イ　青木昆陽《あおきこんよう》は，さつまいもの栽培方法を研究した。
ウ　老中田沼意次《たぬまおきつぐ》は，年貢収入を増やすために印旛《いんば》沼の開発に取り組んだ。
エ　老中松平定信《まつだいらさだのぶ》は，大名に米などを貯蔵《ちょぞう》させた。
オ　老中水野忠邦《みずのただくに》は，都市へ出稼《かせ》ぎに来ていた農民を村へ帰させた。

３　次の文章を読み，以下の問いに答えなさい。

2021（令和３）年は，サンフランシスコ平和条約が結ばれて70周年の年でした。ここでは，日本の戦後史を振り返ってみましょう。サンフランシスコ平和条約とは1951（昭和26）年，当時の吉田茂《よしだしげる》内閣が48か国と締結《ていけつ》したことにより，日本の主権が回復された条約です。

太平洋戦争に敗れた日本は，①アメリカ合衆国を中心とする連合国軍の支配下に置かれ，ＧＨＱ（連合国軍最高司令官総司令部）の指導のもとに，民主化を中心とする国内の改革がすすめられました。この改革の下に1946（昭和21）年，②日本国憲法が公布されました。日本国憲法では，国会・③内閣・裁判所の３つの独立した機関が相互に抑制《よくせい》しあい，権力の濫用《らんよう》※を防ぎ，国民の自由と権利を保障する，「三権分立」の制度が定められました。また，④日本国憲法第９条には，「戦争の放棄《ほうき》」が条文に記されました。

太平洋戦争の激戦地であった沖縄《おきなわ》は，サンフランシスコ平和条約締結当時，日本には返還《へんかん》されませんでした。沖縄が日本に返還されたのは，この条約締結から20年以上経過した，1972（昭和47）年のことでした。それ以来，沖縄は日本の⑤地方公共団体の一つとなっています。

サンフランシスコ平和条約が締結された講和会議には，ソビエト連邦などが参加していませんでした。その後，日本はソビエト連邦と国交を回復しましたが，後にソビエト連邦は解体したため，解体前からあった（　⑥　）問題で現在のロシア連邦と交渉を続けています。

平和条約締結後の日本経済は，高度経済成長・オイルショック・バブル経済などを経験しました。バブル経済崩壊後は，長期的な不景気となった日本経済を回復させるために，国の財政や⑦地方財政が注目されるようになりました。

サンフランシスコ平和条約は日本が大きく成長するきっかけとなりましたが，70年経過した現在でも，解決しなければならない，さまざまな課題があります。

※　濫用…一定の基準や限度を越えてむやみに使うこと。

（1）下線部①について，アメリカ合衆国に関して説明した文として**誤っているもの**を，次の**ア～オ**から一つ選び，記号で答えなさい。

ア　アメリカ合衆国には国際連盟の本部が置かれていた。
イ　アメリカ合衆国の国土面積は世界第３位である。
ウ　アメリカ合衆国には多くの国からやってきた様々《さまざま》な人種や民族の人々が暮らしている。
エ　アメリカ合衆国は旅客を乗せる鉄道が少なく，車社会の国である。
オ　アメリカ合衆国は50州からなる連邦国家である。

（2）下線部②について，自由権のうち，日本国憲法で「信教の自由」が分類されるものとして正しいものを，次の**ア～オ**から一つ選び，記号で答えなさい。

ア　職業選択《せんたく》の自由　　**イ**　経済活動の自由　　**ウ**　表現の自由
エ　身体の自由　　**オ**　精神の自由

（3）下線部③について，次の問いに答えなさい。

（a）次の資料は内閣に関する日本国憲法の条文です。空らん（　　　　）に当てはまる語句を答えなさい。

> 第66条　内閣は，法律の定めるところにより，その首長たる内閣総理大臣及びその他の（　　　　）でこれを組織する。

（b）内閣はすべての行政機関を取りまとめています。産業を発展させ，貿易をさかんにするための仕事を受けもつ省はどこですか。**漢字５字**で答えなさい。

(4) 下線部④について，次の資料は日本国憲法第９条の一部です。空らん（　　）に当てはまる語句を，次の**ア～オ**から一つ選び，記号で答えなさい。

第９条２　前項《ぜんこう》の目的を達するため，陸海空軍その他の戦力は，これを保持しない。国の（　　　　）は，これを認めない。

ア　防衛権　　**イ**　戦争権　　**ウ**　対戦権　　**エ**　交戦権　　**オ**　自衛権

(5) 下線部⑤について，地方公共団体が行う地方自治に関する説明として**誤っているもの**を，次の**ア～オ**から一つ選び，記号で答えなさい。

ア　パスポートの交付を行う。
イ　条例というきまりを制定できる。
ウ　有権者数の50分の１以上の署名を集めれば，議会を解散することができる。
エ　都道府県知事も市長村長も，選挙権は満18歳以上である。
オ　市町村長の被選挙権は満25歳以上である。

(6) 空らん（　⑥　）について説明した次の文を読み，（　⑥　）に当てはまる語句を答えなさい。

現在の日本の領土は，サンフランシスコ平和条約により法的に確定しました。（　⑥　）は，日本の固有の領土です。日本政府は，（　⑥　）の帰属《きぞく》の問題を解決して平和条約を結ぶという基本方針に基づいて，ロシア政府との間で粘《ねば》り強く交渉を行っています。

（外務省ホームページより抜粋）

(7) 下線部⑦について，景気の後退は地方財政にも大きな影響を与えています。次ページのグラフⅠ～Ⅲはそれぞれ，全国の地方財政歳入《さいにゅう》の割合，東京都の歳入の割合，神奈川県の歳入の割合（いずれも2021年度）を表しています。このグラフから**読み取れないもの**を，次ページの**ア～オ**から一つ選び，記号で答えなさい。

Ⅰ　全国の地方財政の歳入の割合

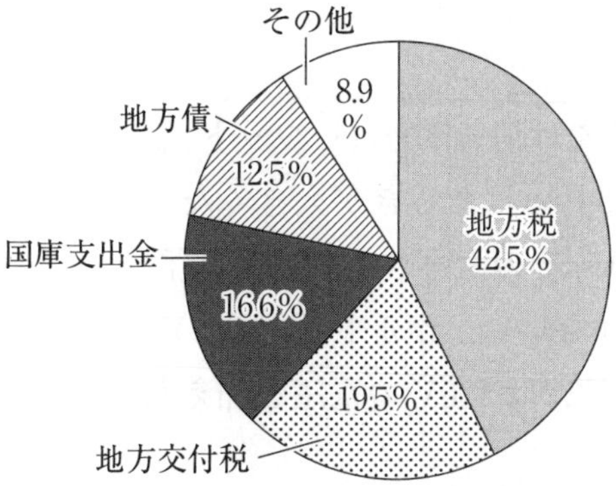

歳入総額：90兆2478億円

（矢野恒太記念会『日本国勢図会2021/22』より採録）

Ⅱ　東京都の歳入の割合

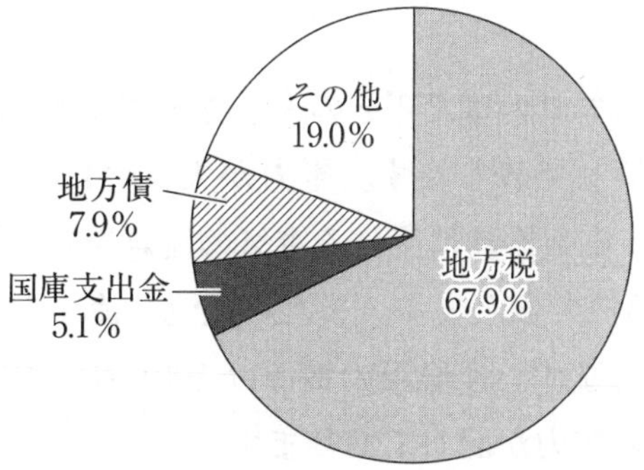

歳入総額：7兆4250億円

（東京都主税局ホームページより）

Ⅲ　神奈川県の歳入の割合

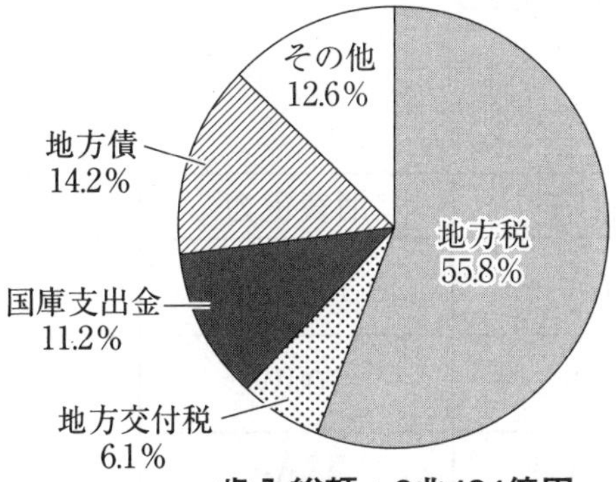

歳入総額：2兆484億円

（神奈川県ホームページより）

ア　東京都も神奈川県も，地方税の収入は50%を上回っている。

イ　東京都は自主財源が多いため，地方交付税が交付されていない。

ウ　東京都の歳入は，神奈川県の歳入の約3.6倍である。

エ　地方債《さい》の割合について，神奈川県の歳入の方が，全国の地方財政の歳入よりも大きい。

オ　国庫支出金の金額は，神奈川県の方が東京都より多い。

【理　科】〈難関進学クラス１次試験〉（社会と合わせて45分）〈満点：50点〉

1　次の各問いに答えなさい。

電気器具のはたらきの大きさを表す値（電力または消費電力）は，ワット［記号：W］で表します。電力が大きいほど電気器具のはたらきが大きくなります。電気器具に流れる電気の流れを電流といい，その大きさをアンペア［記号：A］で表します。また，電流を流す力を電圧といい，ボルト［記号：V］で表します。家庭用の電源は100Vで，電気器具には100Vの電圧を加えたときの電力が記してあります。

電力と電圧，電流には次の関係が成り立つこともわかっています。

電力［W］＝電圧［V］×電流［A］

(1)　鶴見《つるみ》くんの家にある電気器具の一部を表にまとめました。

表

品目	消費電力	品目	消費電力
ノートパソコン	50W	ドライヤー	1200W
テレビ	400W	電子レンジ	700W
アイロン	1200W	冷蔵庫	600W
扇風機《せんぷうき》	50W	炊飯器《すいはんき》	1300W
エアコン	750W	電気ポット	800W
掃除機《そうじき》	1000W	洗濯機《せんたくき》	500W

①　アイロンに流れる電流の大きさは何Aですか。

②　電気ポットとテレビを同時に使いました。テレビに流れる電流の大きさは何Aですか。

③　表の電気器具のうち，一定時間に流れる電流が最も大きいものはどれですか。表の中から品目を選び，正確に解答らんに書きなさい。

(2) 図中の電源タップは壁《かべ》等に設置されたコンセントから離《はな》れた場所，または複数の電気器具に電気を供給《きょうきゅう》するための道具です。電源タップには，安全に使用できる基準があります。図の電源タップは電圧 125V まで，電流 15A まで，電力の合計 1500W までが安全に使用できる基準です。また，壁にあるコンセントは，２口を合計して 1500W まで使用することができることを表しています。

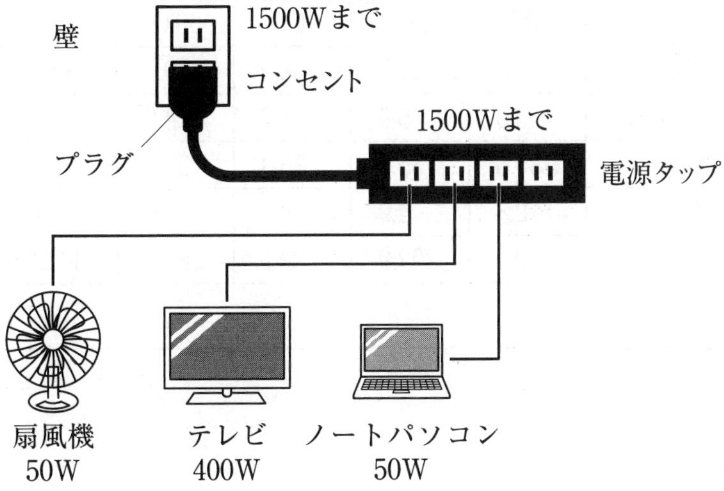

図

① 扇風機・テレビ・ノートパソコンをつないで使用しました。電源タップに流れる電流の大きさは何 A ですか。

② 12A の電流が流れるドライヤーを使用する場合，扇風機・テレビ・ノートパソコンのうちどのプラグを１つ電源タップから抜いたら安全に使用することができますか。

③ 扇風機・テレビ・ノートパソコンのうち，扇風機の電源をオフにしてもテレビとノートパソコンには電流が流れたままです。この理由を簡潔に書きなさい。

2 硝酸《しょうさん》カリウム，焼ミョウバン，食塩，ホウ酸，ショ糖を用意して，水の温度を変えながら水100gにどれだけとけるか実験を行いました。その結果が下の表です。また，表の情報から図を作りました。ただし，図の縦方向の上限は200gとし，200gより大きい値は表示しないものとします。次の各問いに答えなさい。

表　それぞれの物質が水100gにとける量〔g〕

	0℃	20℃	40℃	60℃	80℃	100℃
硝酸カリウム	13.3	31.6	63.9	109.2	168.8	244.8
焼ミョウバン	3.0	5.9	11.7	24.8	71	119
食塩	35.6	35.8	36.3	37.1	38.0	39.3
ホウ酸	2.8	4.9	8.9	14.9	23.6	37.9
ショ糖	179.2	203.9	238.1	287.3	362.1	485.2

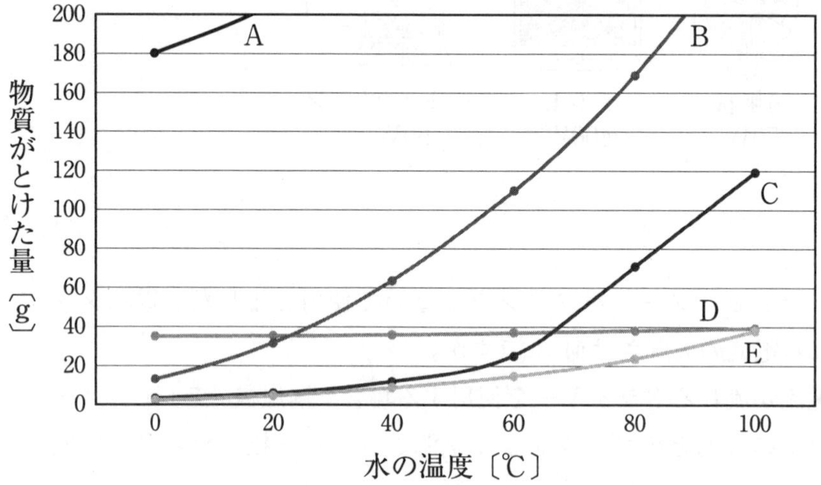

図　それぞれの物質が水100gにとける量

(1) 図からホウ酸のグラフを１つ選び，A～Eで答えなさい。

(2) 表や図について，次の説明文のうち正しいものをすべて選び，ア～オで答えなさい。

ア．水の温度40℃～100℃において，物質Dが最もとけにくい。
イ．物質Eは水の温度0℃から100℃になったとき，最もとける量の変化が小さい。
ウ．物質Bは水の温度20℃～100℃の範囲において，水の温度が高くなるにつれて20℃ずつ温度が上がったときに変化するとけやすさの割合(20℃低いときより何倍とけやすくなったか）が小さくなっていく。
エ．水の温度が0℃から100℃に変化したとき，最もとける量が増えるのは物質Aである。
オ．物質Cにおいて，とけやすさの割合（何倍とけやすくなるか）の変化が最も大きいのは水の温度が60℃から80℃に変化したときである。

(3) 図において，物質Cのグラフの形の特徴《とくちょう》について説明しなさい。

(4) 次のうち，加えた物質がとけ残るものをすべて選び，ア～オで答えなさい。ただし，各物質をとかした後に水の温度は変わらないものとします。

ア．0℃の水150gに物質Aを180g加えてとかす。
イ．20℃の水200gに物質Bを40g加えてとかす。
ウ．40℃の水250gに物質Cを45g加えてとかす。
エ．60℃の水300gに物質Dを120g加えてとかす。
オ．80℃の水350gに物質Eを80g加えてとかす。

(5) ホウ酸30gをすべてとかすには40℃の水が何g必要ですか。小数点第一位を切り上げて整数で答えなさい。

3 次の図は，a～hの動物を①～③の特徴をもとに分類したものです。図をもとに，次の各問いに答えなさい。

① 一生，えらで呼吸する。
② 卵を産む。
③ 周囲の温度に合わせて体温が変化しない。

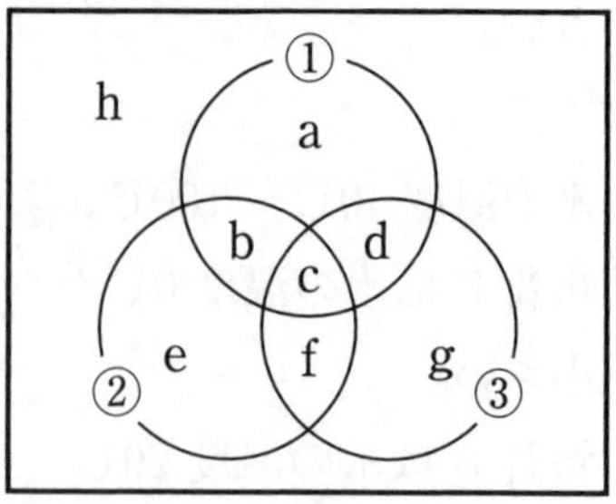

図

(1) 図中のcにあてはまる動物は，どのような特徴をもっていますか。正しいものを１つ選び，ア～エで答えなさい。

ア．一生，肺で呼吸をし，卵を産まず，周囲の温度に合わせて体温が変化しない。
イ．一生，えらで呼吸をし，卵を産み，周囲の温度に合わせて体温が変化しない。
ウ．一生，えらで呼吸をし，卵を産み，周囲の温度によって体温が変化する。
エ．一生，肺で呼吸をし，卵を産み，周囲の温度によって体温が変化する。

(2) ホニュウ類の特徴として，あてはまるものはどれですか。正しいものを１つ選び，(1) のア～エで答えなさい。

(3) ハ虫類と両生類があてはまるものはa～hのうちどれですか。正しいものをそれぞれ１つずつ選び，図中の記号a～hで答えなさい。

(4) 次のア～ウの動物があてはまるものはどれですか。正しいものをそれぞれ１つずつ選び，図中の記号a～hで答えなさい。

ア．サメ　　　イ．ペンギン　　　ウ．イルカ

4　次の図１は川の源流から河口までの様子を表したものです。次の各問いに答えなさい。

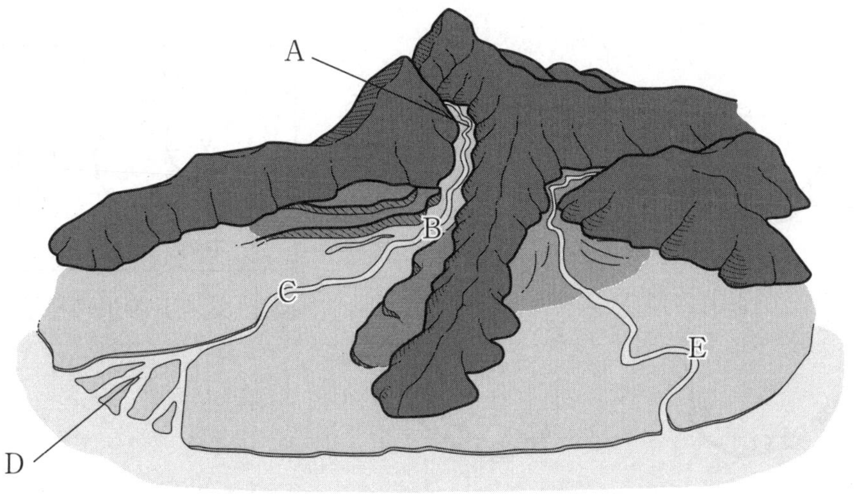

図１　川の源流から河口までの様子

(1) 図１中の地点Ａおよび地点Ｃの川の様子を比較《ひかく》したときの違いについて，次の文章にまとめました。（　①　）～（　③　）に当てはまる言葉をそれぞれ答えなさい。

地点Ａは，地点Ｃよりも川の流れが（　①　）く，河原の石の大きさは（　②　）い。また，川はばも（　③　）かった。

(2) 図１の川にすんでいる生き物を調べたところ，様々な種類の生き物の姿を見ることができました。次のア～エは図１の川で見かけることができた生き物です。次のうち，地点Ａでは見つけることができなかった生き物を１つ選び，ア～エで答えなさい。

ア．ヤマメ　　　イ．ボラ　　　ウ．サワガニ　　　エ．イワナ

(3) 次の図２は地点Ｅの川の様子を示しています。点線Ｘ－Ｙの川底の様子として正しく表したものを１つ選び，ア～エで答えなさい。また，川の流れが速いのは，「X」と「Y」のどちら側ですか。

ア.
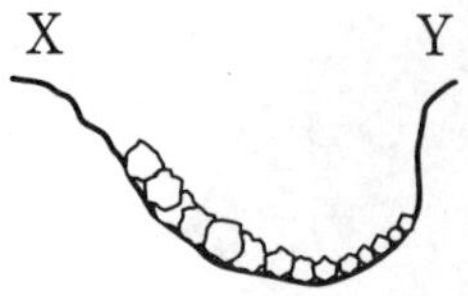

イ.
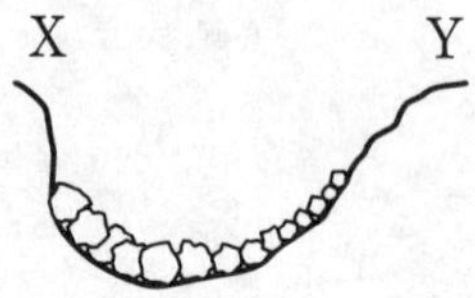

ウ.

エ.
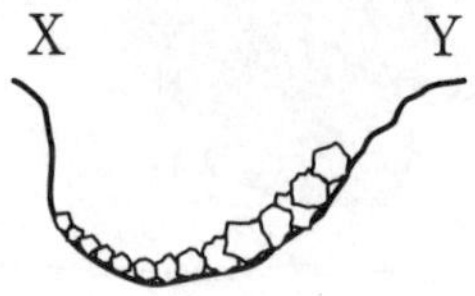

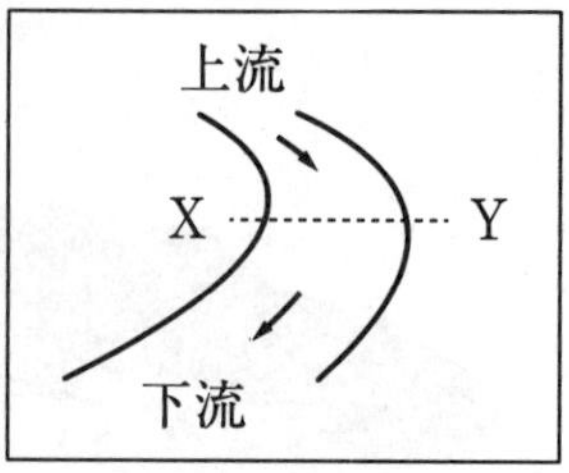

図２　地点Ｅの川の様子

(4) 水の流れがゆるやかな地点では，川が蛇《だ》行することがあります。しかし，大雨などによって水量が増え，こう水が起こると，川の流れが変化して蛇行していた部分が川の流れから取り残され，湖として残ることがあります。この湖の名前を一般的に何といいますか。また，この湖が見られる地点を図１中の記号Ａ～Ｅから２つ選び，答えなさい。

(5) 近年は，こう水を防ぐためにさまざまな対策をとっています。その一例として遊水地があります。遊水地はどのようにしてこう水を防ぐ場所ですか。正しいものを１つ選び，ア～カで答えなさい。

ア．盛土《もりつち》などで土地の高さを上げ，てい防のはばを非常に広くしている場所。
イ．川岸の土砂が流れないように，てい防に金あみをはっている場所。
ウ．川の水を少しずつ取って用水路に流し，水田や公園の水場などに利用している場所。
エ．川の水をせき止めて，下流に流れる水の量を調整できる場所。
オ．普段《ふだん》は平地だが，大雨の際に川の水を誘導《ゆうどう》して水をためることができる場所。
カ．地下に大きな空間をつくり，大雨の際に一時的に雨水をためることができる場所。

Ｄ　［Ⅰ］の鳥やゴリラの例は、［Ⅰ］や［Ⅱ］で言われているように、「動物の世の中のしくみを知能によって親から学ばなければいけない」、ということでまとめることができますね。

問八　――線部５「子どもたちは、大人のマネをする『ごっこ』遊びが大好きです」とありますが、ある生徒が「ごっこ遊び」の意義を次のようにノートにまとめました。［　　］に入ることばを十五字以内で書きなさい。

・ごっこ遊び＝「大人のマネ」をすること

←

・サルの仲間が少女になったときに赤ちゃんザルを抱っこしたがる例　＝　模擬練習

←

・遊びを通して、重要な［　　　　］を学んでいる

問五　――線部３「母親のところと父親のところを行ったり来たりする」とありますが、このようなゴリラの行動を筆者はどのようにとらえていますか。最も適切なものを次から一つ選び、記号で答えなさい。

ア　母親に保護されていたいと思う気持ちと、父親と行動をともにして大人と認められたいと思う気持ちが入り交じっている。

イ　自分を生んでくれた母親を守っていたいという気持ちと、父親をこえられるようになりたいという両方の気持ちがある。

ウ　母親のように子どもを守り育てることと、父親のように子どもにルールを教えることを学ぶという経験をしたい気持ちがある。

エ　まだ母親と一緒に暮らしたいという気持ちがあるが、父親に従ってたくさんのことを学ばなければならないという気持ちもある。

問六　――線部４「動物園で人間に育てられたゴリラは、子育てができないと言われています」とありますが、その理由を説明した次の文の［　　］に入ることばを本文中から二十六字でぬき出し、初めの五字を書きなさい。

［　　　　　　　　］**だが、それを教われないから。**

問七　「Ⅰ」「Ⅱ」を読んで話し合いをしました。次のＡ～Ｄの生徒の意見のうち、適切でないものを一つ選び、記号で答えなさい。

Ａ　「Ⅱ」の高等な社会生活を営んでいる種族だからこそ、親から学んで成長する必要があるというところが、「Ⅰ」のゴリラの子育てと重なっていると思いました。

Ｂ　重なっているといえば、「Ⅱ」の「かわいさの法則」が「Ⅰ」のサルの仲間も少女になると赤ちゃんザルを抱っこしたがることにつながっているのかなと思いました。

Ｃ　「Ⅰ」の鳥の例は、「Ⅱ」の「かわいさの法則」が必要のない例に当てはまるのかなと思いましたが、ヒナが未熟な形で生まれ、時間をかけて育つという点では、哺乳類に近いのかなと思いました。

未熟な形で生まれ、親がかわいいなと思いながら育てられる生き物は、高等な社会生活を営んでいる種族です。つまり子ども時代に、本能以外で生きていかなければいけない、その動物の世の中のしくみを、親から学ばなければいけないからです。高等な社会で生きるためのトレーニング期間として、子ども時代があるということですね。

（野村潤一郎『サルが食いかけでエサを捨てる理由』より）

問一　〰〰線部Ａ「たどたどしい」とありますが、どのような様子をあらわしていますか。最も適切なものを次から一つ選び、記号で答えなさい。

ア　危なっかしい様子　　イ　ぎこちない様子　　ウ　もどかしい様子　　エ　格好悪い様子

問二　〰〰線部Ｂ「単独」の対義語として適切なものを次から一つ選び、記号で答えなさい。

ア　独立　　イ　協力　　ウ　複合　　エ　共同

問三　――線部１「母親がオスのゴリラのところへ、子どもを置きにくるようになる」とありますが、ゴリラがそのような行動を取る理由を筆者はどのように考えていますか。最も適切なものを次から一つ選び、記号で答えなさい。

ア　オスのゴリラのほうが愛情が深くて腕力もあり、子どもを守る力が強いため。

イ　母親のもとから離れさせることで、子どもたちが乳離れできるようになるため。

ウ　複数の子どもたちとの遊びを通して、ゴリラ同士のルールや社会性を学ばせるため。

エ　オスのもとに行くことで、父親の存在や役割の必要性を子どもたちに認識させるため。

問四　――線部２「ゴリラの幼稚園」とありますが、この幼稚園でメスのゴリラが子どもたちを見守らないのはなぜですか。その理由を説明した、次の文の□に入ることばを、本文中から七字でぬき出しなさい。

メスのゴリラだと、子どもたちがケンカをしたとき、自分の子どもを□から。

ごっこ遊びが好きなのは、人間の子どもだけではありません。

サルの仲間も少女になると赤ちゃんザルに興味を持ち、抱っこしたがります。この経験があるサルは自分の子を不器用ながらも育てることができますが、この経験をしていないサルは自分の子を育てられないそうです。動物園のサルがそうです。

ごっこ遊びは、いわば模擬《もぎ》練習です。

哺乳動物の子どもたちは大人のマネをします。そして、「子どもを育てる」という哺乳動物にとってはもっとも重要な技術も、遊びを通して学ぶのです。

（稲垣栄洋『生き物が大人になるまで』より）

［Ⅱ］

哺乳類《ほにゅうるい》には「かわいさの法則」というのがあります。

それは、たとえば二頭身や三頭身で、まあるい頭。丸くて大きな、離れた目。そして武器——牙《きば》や爪《つめ》が、未発達。運動能力が明らかに低そうな、Aたどたどしい動き方。要するに無力。毛も少なくて。こういうものを、哺乳類は「かわいい」と思うようにできています。だから哺乳類の子どもは、別種の哺乳類が見てもかわいいと思うし、親は子どもを守るわけです。

（中略）

そういう法則が必要のない生き物もいます。生まれてすぐに親から独立している、親が育てる必要のない生き物です。具体的にいうと、大部分の爬虫類《はちゅうるい》や魚類、昆虫《こんちゅう》などです。親が保護する必要がない、B単独で生きていくための身体で生まれてきます。だから形やしぐさは、ちっともかわいくありません。

ヘビの子どもがダルマみたいな格好をしてたらけっこうかわいいんじゃないかと思います。でもヘビの子どもはヘビの姿なんですね。形だけを見たら、子どもなのか親なのかがわからない。これは、親が「かわいいな」と思う必要がないから、そのように生まれてきているんですね。

もとで「社会のルール」を身につけていくのです。

やがて、子どもたちも成長するにつれて、3母親のところと父親のところを行ったり来たりするようになります。それはまるで、「甘《あま》え」と「自立」の間を行ったり来たりしている思春期の子どものようです。

そして、子どもたちは母親のベッドではなく、父親のベッドで寝《ね》るようになり、さらに成長すると父親のベッドの近くに自分のベッドを作って眠《ねむ》るようになります。自分のベッドを作ることが、ゴリラにとっての自立の証《あか》しなのです。

ゴリラは成熟した大人になるのに、十〜十五年の期間を必要とします。これは、哺乳《ほにゅう》動物の中でもかなりの長さです。このような長い期間をかけてゆっくりと子育てをすることができるのは、ゴリラに子どもを守る力がある証しでもあるのです。

そして、ゆっくりと成長するということは、それだけ大人になるために、学ぶことが多いということでもあるのです。

4動物園で人間に育てられたゴリラは、子育てができないと言われています。

ゴリラの子育ては複雑です。この子育てを受けて大人になったゴリラが、初めてこの複雑な子育てをすることができるようになります。ゴリラの子どもは、ゴリラの両親に育てられて、初めてゴリラになるのです。

子育てを通じて、子どもは「親」という存在を認識《にんしき》します。一方、親自身も子どもを育てることによって親になっていきます。

親にとっては、子どもを育てることも経験であり、知能で学習すべきことです。

鳥は、子育ての仕方は本能にプログラミングされているのでしょう。教わらなくても、木の枝を集めて巣を作り、教わらなくても卵を温めます。そして、エサを集め、ヒナたちにそのエサを与《あた》えるのです。

ところが哺乳動物は、鳥に比べて、さらに「知能」を活用する術《すべ》を身につけています。言《い》い換《か》えれば、知能で学習しなければ、子育てさえすることができないのです。

子どもたちは、遊ぶことを本分としています。とにかく子どもたちは遊びます。

なかでも5子どもたちは、大人のマネをする「ごっこ」遊びが大好きです。お母さんのマネをしてままごとをしたり、駅員のマネをして電車ごっこをします。大人のマネをして電話をかけてみたり、車の運転のマネをしてみたりします。

四　次の［Ⅰ］［Ⅱ］の文章を読んで、後の問いに答えなさい。

［Ⅰ］

人間に近いと言われるゴリラのオスの子育ての例を見てみましょう。ゴリラはオスが子育てをすることが知られています。

ゴリラは、一頭のオスがリーダーとなり、複数のメスを率いて群れを作ります。子育てといっても、小さな子どもの面倒《めんどう》をみるのは母親の役割です。何しろ、ゴリラの赤ちゃんはとても小さいのが特徴《とくちょう》です。生まれてくるときの体重は二〇〇グラムにも満たないほどです。この小さな赤ちゃんは、三歳《さい》になるまで母親から乳をもらって育つというから、ずいぶん甘《あま》えん坊《ぼう》です。

子どもが小さなうちは、母親がずっと抱《だ》っこして、愛情を注ぎます。

しかし、子どものゴリラが離乳《りにゅう》する頃《ころ》になると、オスのゴリラにも出番が回ってきます。1母親がオスのゴリラのところへ、子どもを置きにくるようになるのです。

ゴリラの群れには複数のメスがいます。他のメスのゴリラも同じように子どもを連れてくるので、オスのゴリラのまわりは子どものゴリラでにぎやかになります。

まるで幼稚園《ようちえん》のようです。2ゴリラの幼稚園では、子どもたちが互《たが》いに遊んでいます。

オスゴリラは、子どもたちの面倒をみることはありません。子どもたちが遊ぶ様子を見守っているだけです。しかし、子どもたちがケンカを始めると仲裁《ちゅうさい》に入ります。

オスのゴリラの仲裁は平等です。年下の子どもや、攻撃《こうげき》を受けたほうの子どもを保護します。こうして、子どもたちにゴリラ同士のルールや社会性を教えているのです。

集まってきた子どもは、すべてオスのゴリラの子どもですから、えこひいきすることはありません。しかし、母親だと、こうはいきません。母親は自分が産んだ子どもがかわいいので、どうしても自分の子どもをかばってしまいます。

それでは群れが治まらないので、オスのゴリラが子どもたちの面倒をみるのです。そして子どもたちは、オスのゴリラの

問六　———線部４「自分はどんな『好き』でできているのか探して、身体の中も外もそれで満たしてみろ」とありますが、祖父が美緒に伝えたい内容として、最も適切なものを次から一つ選び、記号で答えなさい。

ア　もっと自分らしさを大切にして思うままに生きろ。

イ　自分自身の長所を見つけて向上する方法を考えろ。

ウ　つらいことに耐《た》えられる自分自身を誇《ほこ》りに思え。

エ　落《お》ち込《こ》んでばかりいないで笑ってみろ。

問七　この文章に描かれている内容として最も適切なものを次から一つ選び、記号で答えなさい。

ア　祖父の作ったジャケットを羽織って温かい気持ちに包まれた美緒は、素直《すなお》に自分の悩《なや》みを打ち明けることができ、自分もいつかは祖父のようになりたいと思うようになった。

イ　自分を見失っていた美緒だったが、ありのままの自分を見つめていいところを生かせという祖父のことばから、自分自身と向き合っていく勇気が芽生えはじめた。

ウ　心を閉ざしていた美緒が誰《だれ》にもいえなかった悩みを自分にだけ話してくれたと感じた祖父は、これまで集めたスプーンコレクションを全て美緒に譲《ゆず》ろうと思った。

エ　汚毛洗いの長所と短所を言い当てることができた美緒に、祖父は自分の思いを伝えることができた満足感といとおしさを感じている。

問八　———線部５「祖父の目がやさしげにゆるんだ」とありますが、このときの祖父の気持ちを三十五字以内で説明しなさい。

問一　〰〰線部Ａ「調和と均衡が取れていて」とありますが、ここでの「取れて」の意味として、最も適切なものを次から一つ選び、記号で答えなさい。

ア　失われて　　イ　保たれて　　ウ　得られて　　エ　求められて

問二　〰〰線部Ｂ「熱心」と同じなりたちの熟語を次から一つ選び、記号で答えなさい。

ア　再会　　イ　温暖　　ウ　開閉　　エ　読書

問三　――線部１「美緒も似たようなものだ」とありますが、祖父は美緒に何を気づかせようとしているのですか。最も適切なものを次から一つ選び、記号で答えなさい。

ア　善悪の判断力　　イ　美しさの価値観　　ウ　ものごとのとらえ方　　エ　好ききらいの考え方

問四　――線部２「それが許せないと責めるより」とありますが、祖父は「責める」ことはどのようなことにつながるといっていますか。次の［　］に入ることばを本文中より八字でぬき出しなさい。

［　　　　　　　　］**ということ。**

問五　――線部３「へこみとは、逆から見れば突出した場所だ」とありますが、どのようなことですか。最も適切なものを次から一つ選び、記号で答えなさい。

ア　短所に目をつぶって長所を伸《の》ばすべきだということ。

イ　短所と長所はわずかな違《ちが》いでしかないということ。

ウ　短所を改めればすぐに長所に変わるということ。

エ　短所も見方を変えれば長所に見えるということ。

「手始めに、気に入ったさじがあったら、それで食事をしてみろ。良いさじで食物を口に運ぶ感触をとことん味わってごらん」

「えっ、でも……」

戸惑《とまど》いながらも梱包していないスプーンと、コレクションが納まった箱を美緒は一つずつ見る。祖父が集めたものは、どれも色や形が美しい。そしておそらく外見のほかにも祖父の心をとらえた何かがある――。しだいに興味がわいてきて、次々とスプーンが入った箱を開けて見る。

木材、金属、動物の角。さまざまな材質のスプーンを持ったあと、最後に残った箱を開けた。

赤や黒、赤紫色《あかむらさきいろ》に塗《ぬ》られた木製のスプーンが出てきた。

無地もあるが、金箔《きんぱく》などで模様が描《えが》かれたものや、虹色《にじいろ》に輝《かがや》く装飾《そうしょく》が施《ほどこ》されているものもある。

一本、一本見ていくなかで、シンプルな黒塗《くろぬ》りのスプーンに心惹《ひ》かれた。手にすると、スプーンの先から柄《え》に向かって、真珠《しんじゅ》色の光が走った。

「おじいちゃん、これはうるし?」

祖父はうなずいた。

「これがいい、これが好き。おじいちゃん、このスプーンをください」

「美緒はこれが好きか。どうしてこれを選んだ?」

「直感?　何かいい感じ」

5 祖父の目がやさしげにゆるんだ。

（伊吹有喜『雲を紡ぐ』より）

（注）　※ホームスパン…粗い羊毛を手紡ぎし手織にしたもの。スコットランドが本場で家内工業的に作られ、日本では大正時代に岩手県ではじまった。

かにある。ただ、それだけだ。2それが許せないと責めるより、一度、丁寧《ていねい》に自分の全体を洗ってみて、その性分を活《い》かす方向を考えたらどうだ？」

「活かすって？　どういうこと？　そんなのできるわけないよ」

「そうだろうか？　繊細な性分は、人の気持ちのあやをすくいとれる。ものごとを注意深く見られるし、集中すれば思わぬ力を発揮することもある。3へこみとは、逆から見れば突出《とっしゅつ》した場所だ。悪い所ばかり見ていないで、自分の良い点も探してみたらどうだ？」

「ない。そんなの」

「即答《そくとう》だな」

祖父がスプーンに目を落とした。

「だって、ないから。自分のことだから、よくわかってる」

それは本当か、と祖父が声を強めた。

「本当に自分のことを知っているか？　何が好きだ？　どんな色、どんな感触、どんな味や音、香《かお》りが好きだ。何をするとお前の心は喜ぶ？　心の底からわくわくするものは何だ」

「待って。そんなの急にいっぱい聞かれても」

「ほら、何も知らない。いやなところなら、いくらでもあげられるのに」

からかうような祖父の口調に、美緒は顔をしかめる。

「そんなしかめ面《つら》をしないで、4自分はどんな『好き』でできているのか探して、身体の中も外もそれで満たしてみろ」

「好きなことばっかりしてたら駄目にならない？　苦手なことは鍛《きた》えて克服《こくふく》しないと……」

「なら聞くが。責めてばかりで向上したのか？　鍛えたつもりが壊れてしまった。それがお前の腹じゃないのか。大事なもののための我慢《がまん》は自分を磨《みが》く。ただ、つらいだけの我慢は命が削《けず》られていくだけだ」

祖父がテーブルに並べたスプーンを指差した。

「手で持ったときより、うんと軽い」

「手紡《てつむ》ぎ、手織りの糸は空気をたくさんはらむから軽くて温かい。身体に触《ふ》れる布の感触《かんしょく》が柔《やわ》らかいから、着心地が軽快になる。さじにかぎらず、良い職人の仕事はA調和と均衡《きんこう》が取れていて心地《ここち》よいんだ。音楽で言えば」

「ハーモニー？　もしかして」

「そうだ、よくわかったな」

「私、中学からずっと合唱部に入ってたの」

祖父にジャケットを返すと、慈《いつく》しむようにして大きな手が生地《きじ》を撫《な》でた。

「美緒は音楽が好きなんだな」

あらためて考えると、合唱はそれほど好きでもなかった。

B熱心に部に勧誘《かんゆう》されたことが嬉《うれ》しかった。合唱部はみんな仲が良さそうに見えたから、その輪に入っていると安心できただけだ。

「部活、そんなに好きじゃなかったかも。なんか……私って本当に駄目《だめ》だな」

ジャケットを傍《かたわ》らに置くと、祖父がスプーンの梱包《こんぽう》作業に戻《もど》った。

「この間、汚毛《おもう》を洗っただろう？　どうだった？　ずいぶんフンをいやがっていたが」

「臭《くさ》いと思ったけど、洗い上がりを見たら気分が上がった。真っ白でフカフカしてて。いいかも、って思った。汚毛、好きかも」

そうだろう、と祖父が面白《おもしろ》そうに言った。

「1美緒も似たようなものだ。自分の性分《しょうぶん》について考えるのは良いことだが、悪いところばかりを見るのは、汚毛のフンばかり見るのと同じことだ」

祖父が何を言い出したのかわからず、美緒は作業の手を止める。赤い漆塗《うるしぬ》りのスプーンを取り、祖父が軽く振《ふ》る。

「学校に行こうとすると腹を壊《こわ》す。それほどの繊細《せんさい》さがある。良いも悪いもない。駄目でもない。そういう性分が自分のな

二〇二二年度 鶴見大学附属中学校

【国 語】〈難関進学クラス一次試験〉（四五分）〈満点：一〇〇点〉

《注意》（字数制限のある問題は、句読点・記号も一字に数えます。）

一 次の――線部の漢字の読み方を書きなさい。

1 難しいことを平易に説明する。
2 彼《かれ》の潔白は証明された。
3 決して看過できない。
4 人々の声援《せいえん》に応える。
5 潮のかおりがする。

二 次の――線部のカタカナを漢字で書きなさい。

1 来年はふるさとにキセイしたい。
2 友のことばにフンキした。
3 シキン距離《きょり》から撮影《さつえい》する。
4 月の満ちカけを観察する。
5 ケワしい表情でニュースを聞く。

三 次の文章を読んで、後の問いに答えなさい。

高校生の美緒《みお》は、岩手で古くから※ホームスパン作りをしている祖父のもとに、家出同然にころがりこみ、家の手伝いをするようになる。祖父はホームスパン作りのかたわら、さじ（スプーン）などのコレクションをしていた。

ジャケットを羽織ってみるようにと祖父がすすめた。

袖《そで》に腕《うで》を通したとたん、「あれ？」と再び声が出た。手で感じた重量が身体に伝わってこない。肩《かた》にも背中にも重みがかからず、着心地《きごこち》がたいそう軽《かろ》やかだ。それなのに服に守られている安心感がある。

2022年度

鶴見大学附属中学校 ▶解説と解答

算　数　＜難関進学クラス１次試験＞（45分）＜満点：100点＞

解　答

1 (1) 80　(2) 576　(3) 48　(4) 3　(5) $2\frac{3}{10}$　**2** (1) 57　(2) 72分　(3) 3.2％　(4) 時速2.4km　(5) 34.4kg　(6) 3個　(7) 112度　(8) 56.52cm　(9) 30番目　**3** (1) 4　(2) 117番目　**4** (1) 12秒後から27秒後まで　(2) 4秒後と37秒後　**5** (1) 3 cm　(2) 717.56cm^2

解　説

1 **計算のくふう，四則計算，逆算**

(1) $210-92+107-5+63-203=210+107+63-92-5-203=(210+107+63)-(92+5+203)=(317+63)-(97+203)=380-300=80$

(2) $A\times B+A\times C=A\times(B+C)$となることを利用すると，$0.96\times425+0.48\times150+0.24\times400=0.48\times2\times425+0.48\times150+0.24\times2\times200=0.48\times850+0.48\times150+0.48\times200=0.48\times(850+150+200)=0.48\times(1000+200)=0.48\times1200=576$

(3) $1\frac{1}{7}\times0.75\div0.25\times14=\frac{8}{7}\times\frac{3}{4}\div\frac{1}{4}\times14=\frac{6}{7}\times\frac{4}{1}\times14=48$

(4) $7\div\left(\frac{1}{3}+\frac{1}{15}+\frac{1}{35}\right)\times(24-\square)=343$より，$24-\square=343\div\left\{7\div\left(\frac{1}{3}+\frac{1}{15}+\frac{1}{35}\right)\right\}=343\div\left\{7\div\left(\frac{35}{105}+\frac{7}{105}+\frac{3}{105}\right)\right\}=343\div\left\{7\div\left(\frac{42}{105}+\frac{3}{105}\right)\right\}=343\div\left(7\div\frac{45}{105}\right)=343\div\left(7\times\frac{105}{45}\right)=343\div\frac{49}{3}=343\times\frac{3}{49}=21$　よって，$\square=24-21=3$

(5) $\left(3\frac{5}{6}-\square+1\frac{7}{15}\right)\times1\frac{14}{15}=5.8$より，$3\frac{5}{6}-\square+1\frac{7}{15}=5.8\div1\frac{14}{15}=\frac{58}{10}\div\frac{29}{15}=\frac{29}{5}\times\frac{15}{29}=3$，$3\frac{5}{6}-\square=3-1\frac{7}{15}=2\frac{15}{15}-1\frac{7}{15}=1\frac{8}{15}$　よって，$\square=3\frac{5}{6}-1\frac{8}{15}=3\frac{25}{30}-1\frac{16}{30}=2\frac{9}{30}=2\frac{3}{10}$

2 **和差算，仕事算，濃度《のうど》，速さ，平均とのべ，条件の整理，角度，点の移動，長さ，N進法**

(1) 右の図１で，$141-44-58=39$がBの３倍にあたるから，Bは，$39\div3=13$となる。よって，Aは，$13+44=57$である。

図１

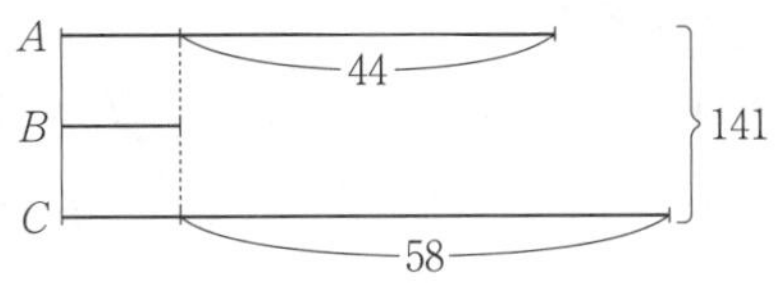

(2) そうじの全体の量を１とすると，姉の１時間あたりのそうじの量は，$1\div2=\frac{1}{2}$，妹の１時間あたりのそうじの量は，$1\div3=\frac{1}{3}$である。よって，姉と妹の２人の１時間あたりのそうじの量の和は，$\frac{1}{2}+\frac{1}{3}=\frac{5}{6}$となるので，２人でそうじをするのにかかる時間は，$1\div\frac{5}{6}=\frac{6}{5}$(時間)，つまり，$60\times\frac{6}{5}=72$(分)とわかる。

(3) (食塩の重さ)＝(食塩水の重さ)×(濃度)より，３％，５％，８％の食塩水100ｇずつにふくまれる食塩の重さはそれぞれ，$100\times0.03=3$（ｇ），$100\times0.05=5$（ｇ），$100\times0.08=8$（ｇ）である。

これらの食塩水と水200ｇを混ぜあわせてできる食塩水の重さは，100×３＋200＝500(ｇ)となり，そこにふくまれる食塩の重さは，３＋５＋８＝16(ｇ)だから，混ぜあわせてできる食塩水の濃度は，16÷500×100＝3.2(％)と求められる。

⑷　行きにかかる時間と帰りにかかる時間はそれぞれ，６÷２＝３(時間)，６÷３＝２(時間)である。よって，往復の道のりの，６×２＝12(km)を，３＋２＝５(時間)で進んだので，往復の道のりの平均の速さは時速，12÷５＝2.4(km)となる。

⑸　(平均体重)＝(体重の合計)÷(人数)より，(体重の合計)＝(平均体重)×(人数)となるから，男子と女子の体重の合計はそれぞれ，38×22＝836(kg)，30×(40－22)＝540(kg)になる。よって，クラス全員の体重の合計は，836＋540＝1376(kg)なので，クラス全員の平均体重は，1376÷40＝34.4(kg)と求められる。

⑹　個数の条件のみを考えるとき，１個30円，40円，50円のあめの個数の組み合わせは，(30円，40円，50円)＝(２，１，７)，(３，１，６)，(４，１，５)，(３，２，５)の４通りある。それぞれの合計金額は，30×２＋40×１＋50×７＝450(円)，30×３＋40×１＋50×６＝430(円)，30×４＋40×１＋50×５＝410(円)，30×３＋40×２＋50×５＝420(円)となるから，合計金額が420円のとき，30円のあめは３個買ったとわかる。

⑺　問題文中の図で，三角形BCDは二等辺三角形なので，角CBDの大きさは，180－73×２＝34(度)である。また，辺ADと辺BCは平行で錯角《さっかく》は等しいから，角ADBの大きさは角CBDの大きさと等しく34度になる。よって，三角形ABDは二等辺三角形なので，角xの大きさは，180－34×２＝112(度)とわかる。

⑻　点Ｏの移動するようすは右の図２のように，半径10cmで中心角が270度の弧《こ》と，半径，10－５＝５(cm)で中心角が90度の弧と，半径，５－４＝１(cm)で中心角が90度の弧になる。よって，その長さは，$10\times2\times3.14\times\frac{270}{360}+5\times2\times3.14\times\frac{90}{360}+1\times2\times3.14\times\frac{90}{360}=18\times3.14=56.52$(cm)となる。

図２

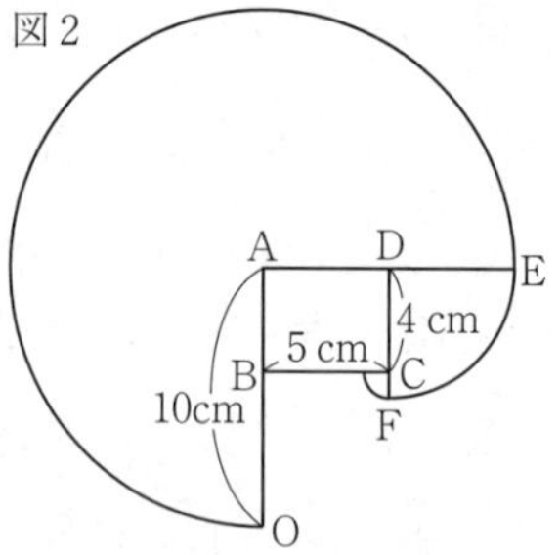

⑼　０と１の数字を用いて数を表す方法を２進法という。２進法は右側の桁《けた》から，１の位，２の位，２×２＝４の位，２×２×２＝８の位，２×２×２×２＝16の位，…となる。よって，11110は，最初から数えて，16×１＋８×１＋４×１＋２×１＋０＝30(番目)の数である。

3　周期算

⑴　{１，４，２，８，５，７}の６個の数がくり返し並んでいる。20÷６＝３余り２より，20番目までには６個の数が３回くり返され，さらに２個の数が並ぶから，20番目の数は２番目の数と同じ４とわかる。

⑵　２は⑴の６個の数の中に１個あるので，６個の数が19回くり返され，さらに３個の数が並ぶ。よって，20回目にでてくる２は最初から数えて，６×19＋３＝117(番目)である。

4　平面図形―図形上の点の移動，辺の比と面積の比

⑴　三角形BPCの面積が最大になるのは，点Ｐが頂点Ａから頂点Ｄまで進んでいるときである。よって，12÷１＝12(秒後)から，(12＋15)÷１＝27(秒後)までとわかる。

(2)　三角形BPCの面積が最大になるのは，24×12÷２＝144(cm^2)のときであり，時間と三角形BPCの面積の関係を表すグラフは，右の図のようになる。よって，１回目のとき，点Ｐは辺AB上にあり，BCを底辺と見ると，高さはPBだから，三角形BPCの面積が48cm^{2}になるのは点Ｐが，48×２÷24＝４(cm)進んだときなので，４÷１＝<u>４(秒後)</u>である。また，２回目のとき，点Ｐは辺DC上にあり，三角形BDCと三角形BPCのDC，PCをそれぞれ底辺と見ると，高さは等しいから，面積の比より，DC：PC＝144：48＝３：１とわかる。したがって，点Ｐが辺DC上を，$15\times\left(1-\frac{1}{3}\right)$＝10(cm)進んだときだから，(12＋15＋10)÷１＝<u>37(秒後)</u>となる。

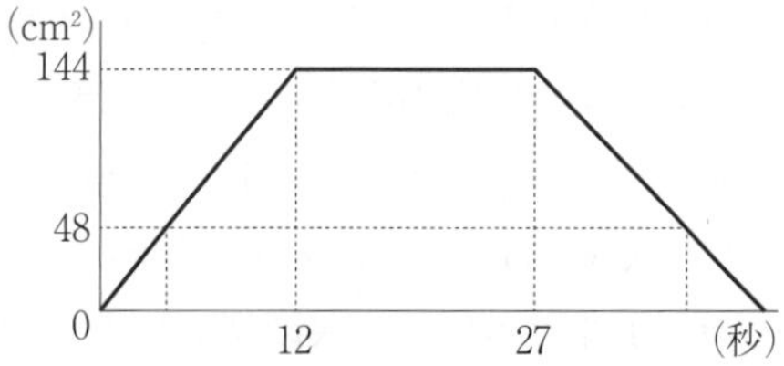

5　立体図形―長さ，表面積

(1)　円柱の底面の円の半径を□cmとすると，くりぬいた円柱の体積は339.12cm^{3}なので，□×□×3.14×12＝339.12という式で表すことができる。よって，□×□＝339.12÷12÷3.14＝９となり，３×３＝９より，求める半径は３cmである。

(2)　この立体の表面積は，直方体の表面積とくりぬいた円柱の側面積の和から，円柱の底面の円の面積２つ分を引けば求められる。よって，この立体の表面積は，(７×10＋12×７＋12×10)×２＋３×２×3.14×12－３×３×3.14×２＝548＋72×3.14－18×3.14＝548＋54×3.14＝548＋169.56＝717.56(cm^2)となる。

社　会　<難関進学クラス１次試験>（理科と合わせて45分）<満点：50点>

解　答

1　(1)　(a)　茶　(b)　焼津　(2)　オ　(3)　ア　(4)　ア　(5)　オ　(6)　イ　(7)　オ

2　(1)　エ　(2)　イ　(3)　ウ　(4)　遣唐使　(5)　ウ　(6)　(a)　オ　(b)　奥の細道　(7)　(a)　イ　(b)　オ

3　(1)　ア　(2)　オ　(3)　(a)　国務大臣　(b)　経済産業省　(4)　エ　(5)　ウ　(6)　北方領土　(7)　オ

解　説

1　日本の地形や産業などについての問題

(1)　(a)　地図中の地域「あ」に広がる牧ノ原台地では，茶の栽培がさかんである。茶の収穫量第１位は静岡県，第２位は鹿児島県。なお，統計資料は『日本国勢図会』2021／22年版による(以下同じ)。　(b)　水揚《みずあげ》量全国第３位の漁港は，焼津《やいづ》港(静岡県)。遠洋漁業の基地である焼津港では，値段が高いカツオやマグロの水揚量が多いので，水揚金額では全国第１位である。

(2)　グラフ中の，どの工業地帯でも製造品出荷額等の割合が最も大きいＢは，現在の，日本の工業の中心である機械工業。機械工業の製造品出荷額等は，年間150兆円をこえ，ほとんどの工業地帯・工業地域で第１位を占《し》めている。なお，Ａは金属工業，Ｃは化学工業，Ｄは食料品工業，Ｅはせんい工業を示している。

(3)　博物館(🏛)は釈迦堂《しゃかどう》PA(パーキングエリア)近くにある。老人ホーム(⌂)は博物館から見て北東方向にあり，南西方向には見られないので，アが読み取れない。この地形図では，果樹園(♁)が多く見られ，蜂城《はちじょう》山の斜面《しゃめん》には，針葉樹林(Λ)がある。さらに，蜂城山の北側に扇状地《せんじょうち》が広がっており，蜂城山の山頂には神社(⛩)が見られる。

(4) 三県の流入超過《ちょうか》人口は，合計で－2255千人となっており，昼間人口は常住人口(夜間人口)に比べて約225万５千人少ないとわかり，Ａは正しい。一都三県の中で，昼間人口と常住人口の差が最も少ないのは，流入超過人口が－641千人の千葉県で，Ｂも正しい。東京都の常住人口は，昼間人口に比べて2405千人少ないので，Ｃは誤りで，アの組み合わせが正しい。

(5) 日本海側に位置する富山市の雨温図は，冬に降水量が多くなる日本海側の気候を示しているオである。なお，アは冬の気温が低いので，旭川《あさひかわ》市(北海道)，イは冬の気温が最も高いことから，選択肢《せんたくし》の中で一番南にある鹿児島市。ウとエはいずれも降水量が比較《ひかく》的少ないが，ウは冬の気温が０℃まで下がっており，寒さの厳しい中央高地にある松本市(長野県)，０℃まで下がらないエは，温暖な瀬戸内海に面した高松市(香川県)の雨温図。

(6) 北アルプスとは，イの飛騨《ひだ》山脈のことである。なお，アの木曽《きそ》山脈は中央アルプス，エの赤石山脈は南アルプスとよばれる。また，飛騨山脈・木曽山脈・赤石山脈をまとめて日本アルプスという。

(7) 日本海を南下する寒流はリマン海流であり，千島海流は太平洋側を南下する寒流である。また，やませは夏に東北地方の太平洋側に吹《ふ》く，冷たい北東風である。したがって，オが日本海側に関して述べた文章として誤っている。

2 各時代の歴史的なことがらについての問題

(1) 鉄器などの金属器が，日本に伝わったのは弥生時代と考えられており，縄文時代には鉄器は使われていなかった。

(2) 平安時代初めの書物に，茶を飲んだことが書かれていることから，奈良時代から平安時代初めに，日本に茶が伝わったと考えられる。３～７世紀ごろに大陸から移住してきた渡来人が伝えた文化や技術としては，漢字・儒教《じゅきょう》・機織・土木・製陶《せいとう》などがあるが，お茶を飲む風習は渡来人が伝えたものではない。

(3) 藤原氏は，中大兄《なかのおおえの》皇子らとともに大化の改新を行った中臣鎌足《なかとみのかまたり》の子孫であり，蘇我馬子《そがのうまこ》の子孫ではない。

(4) 遣唐使は飛鳥時代から平安時代にかけて，中国の進んだ政治のしくみや文化を学ぶために派遣されたが，菅原道真の意見によって，894年に派遣が停止された。

(5) 鎌倉幕府の第３代執権《しっけん》北条泰時《やすとき》が制定した，最初の武家法とされるきまりは御成敗式目《ごせいばいしきもく》(貞永《じょうえい》式目)である。なお，武家諸法度《ぶけしょはっと》は，江戸幕府が大名の統制のために定めた法令。

(6) (a) 松尾芭蕉《ばしょう》は江戸時代初めの，元禄《げんろく》文化のころ(17世紀後半)に活躍《かつやく》した俳人である。狂歌《きょうか》は元禄文化よりもあとの，18世紀後半以降に流行していた。狂歌とは，社会批判や皮肉などを，和歌の形式(５・７・５・７・７の音)でよんだものである。 (b) 松尾芭蕉が東北・北陸地方をめぐって書いた紀行文は，『奥の細道』である。松尾芭蕉は，昔の歌人たちが和歌をよんだ，各地の名所旧跡をめぐった。

(7) (a) イの島原や天草で，キリスト教の禁止と重い年貢に反発する大規模な反乱(島原・天草一《いっ》揆《き》)が起きたのは，1637年である。なお，アの大塩平八郎の乱は1837年，ウの外国船打払令が出されたのは1825年，エの安政の大獄《たいごく》は1858～59年のできごと，オの薩長同盟は1866年に結ばれた。

(b)　天保《てんぽう》の飢饉《ききん》のあとに，老中水野忠邦《ただくに》が都市へ出稼《でかせ》ぎに来ていた農民を村へ帰す人返しの法や株仲間の解散などの天保の改革を行っているので，オが正しい。なお。アの江戸幕府第８代将軍徳川吉宗による享保《きょうほう》の改革は，18世紀前半に行われた。イの青木昆陽《こんよう》がさつまいもの栽培方法を研究したのは，徳川吉宗の命令によるものである。ウの田沼意次《おきつぐ》は，18世紀後半に老中として政治を行った。エの松平定信は18世紀後半に政治の実権をにぎり，老中として寛政の改革を行った。

3　日本国憲法や地方自治についての問題

(1)　国際連合の本部はアメリカ合衆国のニューヨークに置かれているが，国際連盟の本部はスイスのジュネーブに置かれていたので，アが誤り。アメリカ合衆国の国土面積はロシア，カナダについで世界第３位。さまざまな国からの移民たちが建国したアメリカ合衆国は，多民族国家である。国土が広いアメリカ合衆国では，旅客輸送の鉄道は少ない。アメリカ合衆国は50の州からなる連邦国家である。

(2)　「信教の自由」は精神の自由にふくまれるので，オが正しい。自由権は，精神の自由，身体の自由，経済活動の自由に分けられる。このうち，信教の自由や表現の自由などは精神の自由にふくまれ，居住・移転・職業選択の自由などは経済活動の自由にふくまれ，正当な理由なく逮捕《たいほ》されない自由などは身体の自由にふくまれる。

(3)　(a)　内閣は，内閣総理大臣と国務大臣で構成される。国務大臣の任免は内閣総理大臣が行う。

(b)　産業を発展させ，貿易をさかんにするための仕事を受け持つ中央省庁は，通商や産業に関する行政を行う経済産業省である。

(4)　日本国憲法は平和主義を実現するため，第９条１項で戦争の放棄《ほうき》や戦力の不保持を，２項で「国の交戦権は，これを認めない」と交戦権の否認を規定している。

(5)　その地方公共団体の有権者数の３分の１以上の署名を集めると，議会の解散請求《せいきゅう》ができる。解散請求が行われると，住民投票が行われ，住民投票で過半数の賛成があると，議会は解散される。

(6)　日本固有の領土のうち，ロシアとの間で領土問題となっているのは，択捉《えとろふ》島などの北方領土で，現在ロシアが不法占拠《せんきょ》している状態である。

(7)　国庫支出金の割合は，東京都(5.1％)よりも神奈川県(11.2％)のほうが高い。しかし，金額を計算すると，東京都が７兆4250億円×0.051＝3786.75億円，神奈川県が２兆484億円×0.112＝2294.208億円となるので，東京都のほうが金額が多い。

理　科　＜難関進学クラス１次試験＞（社会と合わせて45分）＜満点：50点＞

解　答

1　(1)　①　12Ａ　②　４Ａ　③　炊飯器　(2)　①　５Ａ　②　テレビ　③　(例)　扇風機とテレビとノートパソコンは，並列回路でつながっているため。　2　(1)　Ｅ　(2)　ウ，エ，オ　(3)　(例)　水の温度が60℃をこえたときに物質Ｃは急に水にとけやすくなる。(4)　ウ，エ　(5)　338ｇ　3　(1)　イ　(2)　ア　(3)　**ハ虫類**…ｅ　**両生類**…ｅ　(4)　**ア**　ｂ　**イ**　ｆ　**ウ**　ｇ　4　(1)　①　速　②　大き　③　せま　(2)　イ　(3)　**川底**…ウ　**川の流れ**…Ｙ　(4)　**湖の名前**…三日月湖　**地点**…Ｃ，Ｅ　(5)　オ

解 説

1 家庭用の電気器具についての問題

(1) ① (電力)＝(電圧)×(電流)の関係が成り立つので，(電流)＝(電力)÷(電圧)になる。表より，アイロンの消費電力は1200Wで，家庭用の電源は100Vと述べられているから，アイロンに流れる電流の大きさは，1200÷100＝12(A)と求められる。　② 表より，テレビの消費電力は400Wなので，テレビに流れる電流の大きさは，400÷100＝4(A)となる。なお，家庭用の電気器具は並列につながれているので，電気ポットとテレビを同時に使ってもそれぞれの器具に100Vの電圧がかかる。このとき電気ポットには，800÷100＝8(A)の電流が流れている。　③ 家庭用の電源は100Vで一定なので，表で消費電力が大きいものほど一定時間に流れる電流も大きくなる。したがって，1300Wの炊飯器《すいはんき》を選べばよい。

(2) ① 扇風機《せんぷうき》・テレビ・ノートパソコンのそれぞれに流れる電流の合計が電源タップに流れることになる。それぞれに流れる電流の大きさは，扇風機は，50÷100＝0.5(A)，テレビは，400÷100＝4(A)，ノートパソコンは，50÷100＝0.5(A)なので，合計は，0.5＋4＋0.5＝5(A)となる。
② 電源タップを安全に使用できる電流の大きさは15Aまでなので，12Aの電流が流れるドライヤー以外の電気器具に流れる電流の大きさを，15−12＝3(A)以内とする必要がある。①より，テレビには4Aの電流が流れるので，テレビのプラグを電源タップから抜《ぬ》けば，5−4＝1(A)となり，3A以内になる。　③ 家庭用の電気器具は並列回路になるようにつながれている(並列つなぎになっている)ので，複数の電気器具を使っているときに，いずれか1つの電気器具の電源をオフにしても，ほかの電気器具には電流が流れたままになる。

2 もののとけ方についての問題

(1) 表より，水100gにとけるホウ酸の量は，0℃で2.8g，100℃で37.9gなので，図の物質Eはホウ酸とわかる。なお，物質Aがショ糖，物質Bが硝酸《しょうさん》カリウム，物質Cが焼ミョウバン，物質Dが食塩となる。

(2) ア 図より，水の温度が40℃から100℃のとき，水100gにとける量が最も少ないのは物質E(ホウ酸)とわかる。　イ 表より，それぞれの物質が0℃と100℃で水100gにとける量の差を求めると，硝酸カリウムは，244.8−13.3＝231.5(g)，焼ミョウバンは，119−3.0＝116(g)，食塩は，39.3−35.6＝3.7(g)，ホウ酸は，37.9−2.8＝35.1(g)，ショ糖は，485.2−179.2＝306(g)となるので，0℃から100℃になったときのとける量の変化は物質D(食塩)が最も小さい。　ウ 表より，物質B(硝酸カリウム)が水100gにとける量の割合の変化は，水の温度が20℃から40℃で，63.9÷31.6＝2.0…(倍)，40℃から60℃で，109.2÷63.9＝1.7…(倍)，60℃から80℃で，168.8÷109.2＝1.5…(倍)，80℃から100℃で，244.8÷168.8＝1.4…(倍)となる。したがって，水の温度を20℃ずつ上げていくとき，とけやすさの割合はだんだんと小さくなっている。　エ イで求めたことより，水の温度が0℃から100℃に変化したときに，水100gにとける量が最も増えるのは物質A(ショ糖)である。
オ 表より，物質C(焼ミョウバン)が水100gにとける量の割合の変化は，水の温度が0℃から20℃で，5.9÷3.0＝1.9…(倍)，20℃から40℃で，11.7÷5.9＝1.9…(倍)，40℃から60℃で，24.8÷11.7＝2.1…(倍)，60℃から80℃で，71÷24.8＝2.8…(倍)，80℃から100℃で，119÷71＝1.6…(倍)となる。したがって，表でとけやすさの割合の変化が最も大きくなっているのは，水の温度が60℃から80℃に変化したときである。

(3)　図を見ると，水の温度が60℃になるまでとくらべて，60℃をこえたあとの方が，水100ｇにとける物質Ｃ(焼ミョウバン)の量が急激に増えていることがわかる。

(4)　表より，０℃の水150ｇにとける物質Ａ(ショ糖)の最大量は，$179.2\times\frac{150}{100}=268.8$(ｇ)，20℃の水200ｇにとける物質Ｂ(硝酸カリウム)の最大量は，$31.6\times\frac{200}{100}=63.2$(ｇ)，40℃の水250ｇにとける物質Ｃ(焼ミョウバン)の最大量は，$11.7\times\frac{250}{100}=29.25$(ｇ)，60℃の水300ｇにとける物質Ｄ(食塩)の最大量は，$37.1\times\frac{300}{100}=111.3$(ｇ)，80℃の水350ｇにとける物質Ｅ(ホウ酸)の最大量は，$23.6\times\frac{350}{100}=82.6$(ｇ)と求められる。よって，ウとエでは加えた物質がとけ残る。

(5)　表より，ホウ酸は40℃の水100ｇに8.9ｇまでとけることがわかるので，ホウ酸30ｇをすべてとかすために必要な水の量は，$100\times\frac{30}{8.9}=337.0\cdots$より，338ｇと求められる。

3　セキツイ動物の分類についての問題

(1)　図のｃは，①～③の特徴《とくちょう》をすべてもつ動物を表しているから，イが正しい。

(2)　一般《いっぱん》的なホニュウ類は，③の特徴はあてはまるが，①と②の特徴はあてはまらず，一生肺で呼吸をし，卵は産まず，周囲の温度に合わせて体温が変化しないので，アが正しい。

(3)　ハ虫類と両生類はいずれも，②の特徴はあてはまるが，①と③の特徴にはあてはまらないので，ハ虫類，両生類ともにｅとなる。なお，ハ虫類は一生，肺で呼吸をするのに対し，両生類は子どものときはえら呼吸をするが，成体になると肺呼吸や皮ふ呼吸をする。

(4)　**ア**　サメは魚類で，①と②の特徴はあてはまるが，③の特徴はあてはまらないので，ｂに分類される。　**イ**　ペンギンは鳥類で，②と③の特徴はあてはまるが，①の特徴はあてはまらないので，ｆとなる。　**ウ**　イルカはホニュウ類なので，(2)よりｇに分類される。

4　流れる水のはたらきについての問題

(1)　地点Ａは，地点Ｃよりも上流にある。川の上流では川の流れが速く，川はばがせまいことが多い。また，小さな石は流されやすく，大きな石は流されにくいので，地点Ａでは地点Ｃよりも大きな石が多く見られる。

(2)　ヤマメやサワガニ，イワナは川の上流で多く見られるが，ボラは川の下流や沿岸部に生息しており，川の上流では見られない。

(3)　図２のように曲がって流れる川では，カーブの内側のＸよりも外側のＹの方が川の流れが速くなり，川底も深くけずられる。川の流れが速いところでは，小さな石は流され，大きな石が残りやすくなるので，Ｙ側の方に大きな石が多くなり，ウのような川底になる。

(4)　一般に，問題文の説明のようにしてできる湖を三日月湖という。三日月湖は，流れがゆるやかになるＣとＥのような平野部に見られる。

(5)　遊水地は川に接する平地などに設けられ，こう水のときなどに川の水を誘導してためておくことができる。

国語 ＜難関進学クラス１次試験＞（45分）＜満点：100点＞

解答

一 1 へいい 2 けっぱく 3 かんか 4 こた(える) 5 しお 二 下記を参照のこと。 三 問1 イ 問2 ア 問3 ウ 問4 命が削られていく 問5 エ 問6 ア 問7 イ 問8 （例） 美緒が自分の好きなことを素直に主張したことをうれしく思っている。 四 問1 イ 問2 エ 問3 ウ 問4 えこひいきする 問5 ア 問6 子どもを育 問7 D 問8 （例）「子どもを育てる」技術

●漢字の書き取り

二 1 帰省 2 奮起 3 至近 4 欠(け) 5 険(しい)

解説

一 漢字の読み

1 簡単でわかりやすいこと。 2 間ちがったおこないをしていないこと。 3 見過ごすこと。 4 音読みは「オウ」で,「応答」などの熟語がある。 5 海の水。

二 漢字の書き取り

1 ふるさとに帰ること。 2 やる気をふるい起こすこと。 3 非常に近いこと。 4 音読みは「ケツ」で,「欠席」などの熟語がある。 5 音読みは「ケン」で,「危険」などの熟語がある。

三 出典は伊吹有喜《いぶきゆき》の『雲を紡《つむ》ぐ』による。自分のことを好きになれずにいる美緒《みお》を，祖父が真剣《しんけん》な言葉で教え導き，気に入った「さじ」で食事をするようにと好きなスプーンを選ばせる場面である。

問1 「調和が取れる」「均衡《きんこう》が取れる」は，いずれも，“つりあいが保たれている”という意味である。

問2 「熱心」は，上の漢字が下の漢字を修飾《しゅうしょく》する組み立てなので，アの「再会」と同じ組み立てである。なお，イは似た意味の字を重ねた組み立て，ウは反対の意味の字を重ねた組み立て，エは上の漢字が動作を表し，下の漢字が動作の対象を表す組み立てである。

問3 祖父は，自分の「悪いところばかりを見る」美緒のものごとのとらえ方を見直してほしくて，汚毛《おもう》を例に話をしている。

問4 後に続く会話のなかで，祖父は，自分自身を「責めてばかりで向上したのか？」と美緒に問いかけ，「つらいだけの我慢《がまん》は命が削《けず》られていくだけだ」と伝えている。

問5 祖父は，「悪い所ばかり見ていないで，自分の良い点も探してみたらどうだ？」と言って，美緒に「へこみ」（短所）を「突出《とっしゅつ》した場所」（長所）としてとらえ直すことをうながしているのだから，エが合う。

問6 祖父は，「本当に自分のことを知っているか？」と美緒に問いかけている。自分が本当に好きなものを知り，好きなものに囲まれながら，心の底からわくわくして生きることが大事ということを伝えたいのだと考えられるので，アがよい。

問7 最後に，美緒は「これが好き」という直感で一本のスプーンを選んだ。祖父のアドバイスに

はげまされた美緒は，自分を好きになる第一歩をふみ出し，自分の気に入ったスプーンを選ぶことができたのだから，イがふさわしい。

問８　問６でみたように，祖父は美緒が自分を好きになり，自分らしく生きようとすることを願っている。「手始めに，気に入ったさじがあったら，それで食事をしてみろ」というアドバイスを受け入れ，美緒が自分の好きなものを素直《すなお》に主張して前へ進もうとしているのを見て，祖父はうれしくなったのである。

四　**出典は稲垣栄洋《いながきひでひろ》の『生き物が大人になるまで―「成長」をめぐる生物学』による。**ゴリラの子育てを通して，どのように哺乳《ほにゅう》動物の子どもが自立していくのか，遊ぶことがどれだけ子どもにとって大事なのかを説明している。

問１　「たどたどしい」は，物事に慣れておらず，うまく進まないようすを表す。これと同じ意味のものは，「ぎこちない」である。

問２　「単独」は，ひとりで物事を行うこと。これと反対の言葉は，みんなで物事を行う「共同」である。

問３　後に続く「オスのゴリラ」の行動について述べている部分に注目すると，子どもたちを見守り，ケンカを始めると平等に仲裁《ちゅうさい》することで「ゴリラ同士のルールや社会性を教えている」と説明されている。それらを学ばせるために，母親は子どもをオスのゴリラのところへ置きにくるのだと考えられる。

問４　母親は，「自分が産んだ子どもがかわいい」ので，どうしても「えこひいき」してしまう。一方，オスのゴリラにとってそこにいるのはすべて自分の子どもなので「えこひいき」することはない。社会性を平等に身につけるために，メスのゴリラではなくオスのゴリラが子どもたちを見守るのである。

問５　直後に，「甘《あま》え」のために「母親のところ」へ，「自立」のために「父親のところへ」と行ったり来たりする「思春期の子どものよう」だと書かれている。「甘え」は保護されていたい気持ち，「自立」は大人として認められることを表すので，アがよい。

問６　メスとオスの共同作業である「複雑な子育て」は，それを実際に経験して大人になったゴリラだけが同じようにできるが，人間に育てられたゴリラはそのような子育ての「経験」が得られず「学習」ができなかったので，うまく子育てができないというのである。

問７　「哺乳動物」の子育てが「鳥」と違《ちが》うのは，「知能で学習」を行うことだと説明されている。よって，「鳥」も知能によって学ぶとしているＤが誤り。

問８　［Ｉ］の最後の段落に，哺乳動物の子どもは，「子どもを育てる」という重要な技術を，「大人のマネ」をする遊びから学んでいると書かれている。

Dr.福井の入試に勝つ! 脳とからだのウルトラ科学

勉強が楽しいと，記憶力も成績もアップする！

みんなは勉強が好き？　それとも嫌い？――たぶん「好きだ」と答える人はあまりいないだろうね。「好きじゃないけど，やらなければいけないから，いちおう勉強してます」という人が多いんじゃないかな。

だけど，これじゃダメなんだ。ウソでもいいから「勉強は楽しい」と思いながらやった方がいい。なぜなら，そう考えることによって記憶力がアップするのだから。

脳の中にはいろいろな種類のホルモンが出されているが，どのホルモンが出されるかによって脳の働きや気持ちが変わってしまうんだ。たとえば，楽しいことをやっているときは，ベーターエンドルフィンという物質が出され，記憶力がアップする。逆に，イヤだと思っているときには，ノルアドレナリンという物質が出され，記憶力がダウンしてしまう。

要するに，イヤイヤ勉強するよりも，楽しんで勉強したほうが，より多くの知識を身につけることができて，結果，成績も上がるというわけだ。そうすれば，さらに勉強が楽しくなっていって，もっと成績も上がっていくようになる。

でも，そうは言うものの，「勉強が楽しい」と思うのは難しいかもしれない。楽しいと思える部分は人それぞれだから，一筋縄に言うことはできないけど，たとえば，楽しいと思える教科・単元をつくることから始めてみてはどうだろう。初めは覚えることも多くて苦しいときもあると思うが，テストで成果が少しでも現れたら，楽しいと思えるきっかけになる。また，「勉強は楽しい」と思いこむのも一策。勉強が楽しくて仕方ない自分をイメージするだけでもちがうはずだ。

Dr.福井(福井《ふくい》一成《かずしげ》)…医学博士。開成中・高から東大・文Ⅱに入学後，再受験して翌年東大・理Ⅲに合格。同大医学部卒。さまざまな勉強法や脳科学に関する著書多数。

2022年度　鶴見大学附属中学校

〔電　話〕　(045)581－６３２５
〔所在地〕　〒230－0063　神奈川県横浜市鶴見区鶴見２－２－１
〔交　通〕　JR京浜東北線 ―「鶴見駅」より徒歩15分

【適性検査】〈適性検査試験〉（45分）〈満点：100点〉

《注意》（定規やコンパス，分度器は使用できません。）

1　次の文章を読んで、あとの問いに答えなさい。

京浜急行《けいひんきゅうこう》の駅名にもなっている金沢文庫《かなざわぶんこ》は、駅から東に歩いて12分ほどの距離《きょり》に位置し、称名寺《しょうみょうじ》の境内《けいだい》に隣接《りんせつ》している。武士がつくった最古の文庫（図書館）として有名である。金沢文庫には、鎌倉《かまくら》時代から南北朝時代を中心とする古文書群《こもんじょぐん》、「①金沢文庫文書」が多数保管されている。鎌倉幕府の要職にあった北条《ほうじょう》（金沢《かねざわ》）実時《さねとき》が、日本や中国の貴重な書物を集めたのが始まりである。

そもそも金沢は鎌倉の外港《がいこう》であった六浦《むつうら》に位置する。三方が山に囲まれた鎌倉は、海が遠浅で港には向いておらず、北条氏は和賀江島《わかえじま》という人口の島を建設したが、港として利用し続けることは難しく、朝比奈切《あさひなき》り通《どお》しを建設して、六浦の港を外港とした。六浦は鎌倉の街を災いや②疫病《えきびょう》から守る儀式《ぎしき》の場としても選ばれている。六浦には元《げん》朝支配下の中国との貿易に使われていた大型船が発着し、中国から多くの物産が運ばれた。

元の日本襲来《しゅうらい》は２度におよんだが、南宋《なんそう》・元を通じて交易がおこなわれ、③鎌倉の武士や僧侶《そうりょ》は、和賀江島や六浦を通じて絵画や陶磁器《とうじき》、漆工《しっこう》、書物などを買い入れ、唐物《からもの》として尊重した。鎌倉の街からは中国から輸入した陶磁器や銅銭などが、多数出土している。金沢文庫に収められている中国の書物もその一例である。

鎌倉、特に和賀江島と六浦は鎌倉時代の交易、そして、モンゴル帝国《ていこく》により形成されたユーラシアの東西を結ぶ交易ルートの起点に位置していたものと考えられる。

問１．下線部①「金沢文庫文書」とありますが、称名寺の僧侶たちは、いらなくなった文書をすぐに捨てるのではなく、紙の裏面に日常の記録や日記、書物などを書き写して保存していました。これは、現代でいえば「リユース」の一種です。現代の「リユース」にあてはまるものを、次のア～オの中から一つ選び、記号で答えなさい。

ア．買った食材は無駄《むだ》なく料理する。
イ．使わなくなった子ども服を捨てずに、小さな子どものいる家庭にゆずる。
ウ．買い物の時はエコバッグを持参し、必要以上にレジ袋をもらわない。
エ．ビンやカンを資源ゴミとして回収する。
オ．資源ゴミをきちんと分別してから集積所に出す。

問２．下線部②「疫病」と人々の歴史に関連して、江戸時代の末期、開国後の日本では、コレラという伝染病が流行しました。人々はコレラの恐怖《きょうふ》から逃れようと「コレラ祭り」を行いましたが、かえって感染が拡大する結果になったと見られます。以下の文章を読み、「コレラ祭り」の後に、感染が広がった理由として考えられることを簡潔に述べなさい。

> コレラが暴発した時、長崎の住民は気が狂《くる》ったかように、昼夜、カネや太鼓《たいこ》をたたき、のろしをあげて騒《さわ》いだ。（中略）また、市民は様々な神様を担《かつ》いで市中を練《ね》り歩き、この疫病神《やくびょうがみ》を追い払おうとした。（中略）さらに、住民は、町中行列を作り、太鼓を叩いて練り歩き、鉄砲《てっぽう》を打って気を浮《う》き立たせ、かくして厄除《やくよ》けをしようとしていたようであった。（中略）しかし、そうした行列の場合にはきまって酒が出るので、様々な脱法沙汰《だっぽうざた》がおこり、我々やロシア人、イギリス人が迷惑《めいわく》するので、ついに禁止せられた。
>
> これは長崎の情景《じょうけい》であるが、江戸でも、そしてコレラが流行した全国いたるところで同じ情景がみられた。
>
> （立川昭二『江戸 病草紙』より一部改変）

問３．下線部③に関連して、次の文章は鎌倉時代末期に京都出身の文化人吉田兼好《よしだけんこう》が著した『徒然草《つれづれぐさ》』からの引用です。吉田兼好はどのような立場で、「鎌倉の武士」のどのような風潮を批判していますか。**40字**ほどで答えなさい。

> 中国のモノは薬のほかは何の役にも立たない。書物の類は、日本の国内にもいくらでも広まっているから、書き写せばすむことである。中国からの貿易船が、困難な航路なのにもかかわらず、無用のモノばかりを船いっぱいに運んでくるのは、実にばかげたことである。
>
> （『徒然草』第120段、作問者訳）

問４．次の表は日本の各時代の主な貿易品目です。これについて、あとの問いに答えなさい。

奈良時代	【輸出】黄 絁《きのあしぎぬ》※・砂金・水晶《すいしょう》 【輸入】ガラス器・銅器・香木《こうぼく》
鎌倉時代	【輸出】砂金・硫黄《いおう》・美術工芸品 【輸入】（　A　）・書籍《しょせき》・陶磁器・高級織物・薬・茶
室町時代	【輸出】刀剣《とうけん》・硫黄・銅・美術工芸品 【輸入】（　A　）・（　B　）・絹織物・陶磁器
戦国時代	【輸出】（　C　） 【輸入】（　B　）・絹織物・鉄砲《てっぽう》・火薬・（　A　）
江戸時代	【輸出】（　C　）・銅 【輸入】（　B　）・絹織物・毛織物・木綿・麻布《あさぬの》
明治時代	【輸出】（　B　）・茶・水産物・米 【輸入】綿糸・砂糖・綿織物・毛織物

※中国の皇帝《こうてい》にさし上げるための黄色い絹織物

（1）奈良時代の貿易について、輸入品は誰《だれ》からどのような形式でもたらされたものですか。次の文の空らんにあてはまる言葉を答えなさい。

[　あ　] から [　い　] という形式でもたらされた。

（2）空らん（A）・（B）・（C）にあてはまる品目の組み合わせを次のア～カの中から一つ選び、記号で答えなさい。

ア．（A）生糸《きいと》　（B）銅銭　（C）銀
イ．（A）生糸　（B）銀　（C）銅銭
ウ．（A）銅銭　（B）銀　（C）生糸
エ．（A）銅銭　（B）生糸　（C）銀
オ．（A）銀　（B）銅銭　（C）生糸
カ．（A）銀　（B）生糸　（C）銅銭

（3）次の史料を読み、文中の空らんに共通する語句を、表の貿易品目の中から一つ選んで答えなさい。

【史料】「喫（　　）養生記」上巻序文
（　　）は健康増進のための薬であり、人類の寿命《じゅみょう》をのばす優れた方法です。山谷でこれが生えるところは気高く霊妙《れいみょう》な場所であり、（　　）を採取して飲む人は長命です。インド・中国では（　　）を貴び重んじ、我が日本でも昔は好んで飲んでいたものです。
（作問者訳）

問５．江戸時代初期の1616年９月、平戸《ひらど》のイギリス商館長リチャード＝コックスが江戸に来て２代将軍秀忠《ひでただ》に会見、その帰り道に鎌倉を訪れています。コックスは日記に次のように記しています。史料に続くA～Dの各文は日記から読み取れる内容を書きあらわしたものです。その正誤の組み合わせとして適切なものを、あとのア～クの中から一つ選び、記号で答えなさい。

われわれは今日鎌倉という町で食事をとった。ここはかつて500年前、日本の最大の町で、今日《こんにち》のミヤコ（京都）または江戸に比べて４倍の広さを持っていたという話である。そしてその地のトノ（殿《との》）すなわち王はショウグン（将軍）と呼ばれ、日本の最高指令官すなわち皇帝であった。仏教を開いたシャカ（釈迦《しゃか》）の後裔《こうえい》（子孫）であるダイリ（内裏《だいり》※1）から支配権を奪《うば》い取った主たる、もしくは最初の人物である。しかし、今では町（市街）はなく、いくつかの山に囲まれた気持のよい谷間のあちらこちらに家々が散在《さんざい》しているばかりである。（中略）

私はこれらの仏塔《ぶっとう》の周囲にある松や樅《もみ》の間の道ぐらい、快い道を見たことはない。そしてこれら仏堂のうち五カ寺《ごかでら》（鎌倉五山）は外《ほか》のものよりもよく知られている。

しかし何よりも私が一番感動したのはタイブツと呼ばれる巨大な青銅《せいどう》の偶像《ぐうぞう》であった。２つの山の間の谷に立っていて、その家は全く朽《く》ちてなくなっている。それは480年も前に建てられたものである。この偶像は裁縫師《さいほうし》のように足を組んで座っているが、私の見たところでは高さ20ヤード※2余り、膝《ひざ》と膝との間隔《かんかく》は12ヤードを超えている。その頭部の広さは30人以上の人が中に立つことができる程と思われる。内部に入ってみたがまるで大きな家のように広かった。私の考えるところでは、それは世界の七不思議の１つとされているローズの像※3よりも大きいものだろう。そのローズ像はその破片を積むのに900頭のラクダを要したと伝えられている。しかしこの像の銅を運び去るには優に３千頭の馬を要すると思われる。驚《おどろ》くべきものである。

一説によると、この町は天の業火《ごうか》※4によってほろびたという。しかし私が住民に尋《たず》ねたところによると、彼らはそのようなことは聞いたことがない、ただ戦争で焼けてほろびたのだということであった。(後略)

(鎌倉市教育委員会『私たちの鎌倉』より一部改変)

※１：天皇のすまい

※２：１ヤードは91.44センチメートル。20ヤードでは約18メートルあまりになる。
実際の座高は約11メートルである。

※３：「ロドスの巨像」と呼ばれる高さ35メートルのアポロの青銅像。紀元前224年の大地震で崩壊した。

※４：仏教で人の住む世界を焼きつくし灰にしてしまう大火のこと。

A　コックスは鎌倉時代の最高司令官を将軍と理解し、天皇から支配権を奪った最初の人物であると述べている。

B　コックスは江戸時代初期の鎌倉は谷間のあちらこちらに家が散在し、500年前のような町の状態ではないと述べている。

C　コックスは鎌倉のタイブツの大きさに驚いているが、世界の七不思議の１つとされるローズの像と比べた場合、ローズの像の方が大きいと述べている。

D　コックスの調べによると、鎌倉の町がほろんだ理由は仏教による業火ではなく、戦争による大火によるものである。

ア．A　正しい　B　正しい　C　正しい　D　正しい
イ．A　正しい　B　間違い　C　間違い　D　正しい
ウ．A　正しい　B　間違い　C　正しい　D　正しい
エ．A　正しい　B　正しい　C　間違い　D　正しい
オ．A　間違い　B　正しい　C　正しい　D　間違い
カ．A　間違い　B　間違い　C　正しい　D　間違い
キ．A　間違い　B　正しい　C　正しい　D　正しい
ク．A　間違い　B　間違い　C　間違い　D　間違い

2　次の文章を読んで、あとの問いに答えなさい。

金沢文庫駅の周辺の漁港で海苔《のり》の養殖《ようしょく》をさかんに行っていることを知った金沢くんと六浦さんは、海苔の養殖とその歴史にくわしい大森さんにインタビューをすることにしました。次の文はそのインタビューに関する内容です。

金沢くん：こんにちは。今日はお忙《いそが》しいなか、インタビューの時間をとっていただきありがとうございます。よろしくお願いします。

大森さん：こんにちは。柴《しば》漁港で漁師をしている大森です。よろしくお願いします。

六浦さん：ではさっそくインタビューをはじめていきたいと思います。そもそも海苔ってどのような生きものなんでしょうか？

大森さん：海苔は、①胞子《ほうし》によって数を増やしている生物なんだよ。昔の養殖では、海底に木の枝の束をさして、その枝に胞子がつくと海苔が育つので、それをとっていたんだよ。近代化した現在の養殖では、胞子の付着を自然にまかせるのではなくて、人工的に胞子を増やして海水に混ぜ、網《あみ》につけて、網から海苔をとっているんだけれどね。

金沢くん：昔の養殖では、海苔を育てる前に枝の束を海底にさす必要があったんですね。なんだか大変そうだなぁ。

大森さん：海苔を育てて収穫《しゅうかく》するためには多くの作業があるから、たくさんの漁師さんやその家族が一丸《いちがん》となって海苔を育てていたんだ。例えば、木の枝の束を海底にさすときも②振《ふ》り棒《ぼう》という専用の道具を使って海底に穴をあけ、胞子がついた枝の束を１つ１つ漁師さんが手作業でさしていたんだよ。

六浦さん：ほかに海苔漁師さんが海苔を育てているとき大変だなぁと感じる作業はありましたか？

大森さん：これは昭和時代の初め頃《ごろ》に活躍《かつやく》したベテラン漁師さんから聞いた話なんだけど、海苔を育てるときには朝早く作業をするときもあったから、冬の時期は真っ暗な状態で漁をしていたときが一番大変だったそうだよ。でも、③手持ちランプを使うようになってからは明るい状態で海苔の収穫ができるようになったから本当に助かった、というふうに話していたよ。

金沢くん：海苔漁師さんのたくさんの挑戦《ちょうせん》や工夫、そして技術の進歩のおかげでおいしい海苔が食べられるということなんですね。勉強になりました。大森さん、今日はありがとうございました。

問1．下線部①「胞子によって数を増やしている」とあるように、海苔は胞子で増える藻《そう》類です。陸上の植物にも同じように胞子で増えるものがあります。次のア～エの中から**すべて**選び、記号で答えなさい。

ア．シイタケ　　イ．イヌワラビ　　ウ．サクラ　　エ．ゼニゴケ

問2．下線部②「振り棒」について、下の**図1**は当時使われていた振り棒の設計図です。この図を見ると、はさみの持ち手のような形をした部分と、鉄で作られているとがった先端《せんたん》部分に分かれていることが読み取れます。漁師は海苔を育てる枝の束を海底に植えるためにこの振り棒を使っていましたが、振り棒の先端がとがってることで漁師にどのようなメリットがあると考えられますか。「**先端**」「**力**」という言葉を使って**50字**以内で答えなさい。

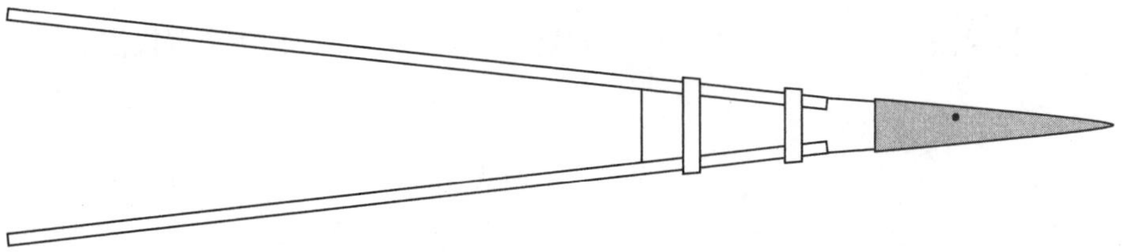

（大田区立郷土博物館　『大森及び周辺地域の海苔生産用具』より一部改変）

図1　振り棒の設計図

問3．下線部③「手持ちランプ」について、電気ランプが登場する前は、“カーバイド”と呼ばれる物質を使ったランプで海を照らし海苔の養殖を行っていました。**写真1**はカーバイドランプの写真であり、**図2**はその内部構造です。このランプは“カーバイド”に水を垂らすと“アセチレン”という気体が発生し、この気体に火をつけて燃やすことで明かりがつく、という仕組みになっています。

（「大森海苔のふるさと館」所蔵）

写真1　カーバイドランプ

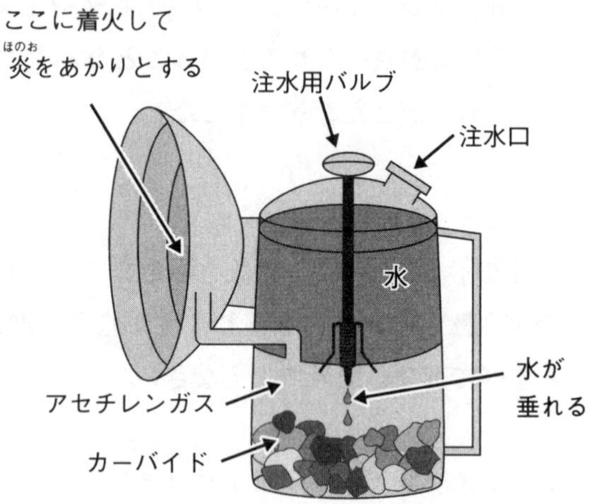

図2　カーバイドランプの内部構造

（1）“アセチレン”と同じように、火をつけるとみずから燃えるという特徴《とくちょう》をもつ気体を、次のア～エの中から一つ選び、記号で答えなさい。

ア．酸素　　イ．ちっ素　　ウ．水素　　エ．二酸化炭素

（2）（1）の気体を集める方法として最も適しているものを、次のア～ウの中から一つ選び、記号で答えなさい。

ア．水上置換法《ちかんほう》　　イ．上方置換法　　ウ．下方置換法

問４．2009年に国連環境計画（ＵＮＥＰ）は、植物が大気から吸収し、生物の体内や土壌《どじょう》に蓄積《ちくせき》された炭素のことを“グリーンカーボン”と呼ぶのに対して、海洋生物の作用によって海中に取り込まれた炭素のことを“ブルーカーボン”と呼ぶことを提唱しました。金沢文庫駅近くの浅海《せんかい》（海底まで光が届く、比較的浅い海）は海苔などの海藻類のほか、アマモなどの光合成を行う海草類の生息に適しています。近年こうした浅海が、二酸化炭素を吸収し、ブルーカーボンを蓄積するはたらきが大きいことがわかってきました。

図３は、年間に人間活動で排出《はいしゅつ》される94億トンの二酸化炭素が、それぞれの生態系（生物と生物をとりまく環境）に吸収される量を示した図です。また**表１**は、地球上における生態系の面積と年間の二酸化炭素吸収量を示しています。図と表を見て、あとの問いに答えなさい。

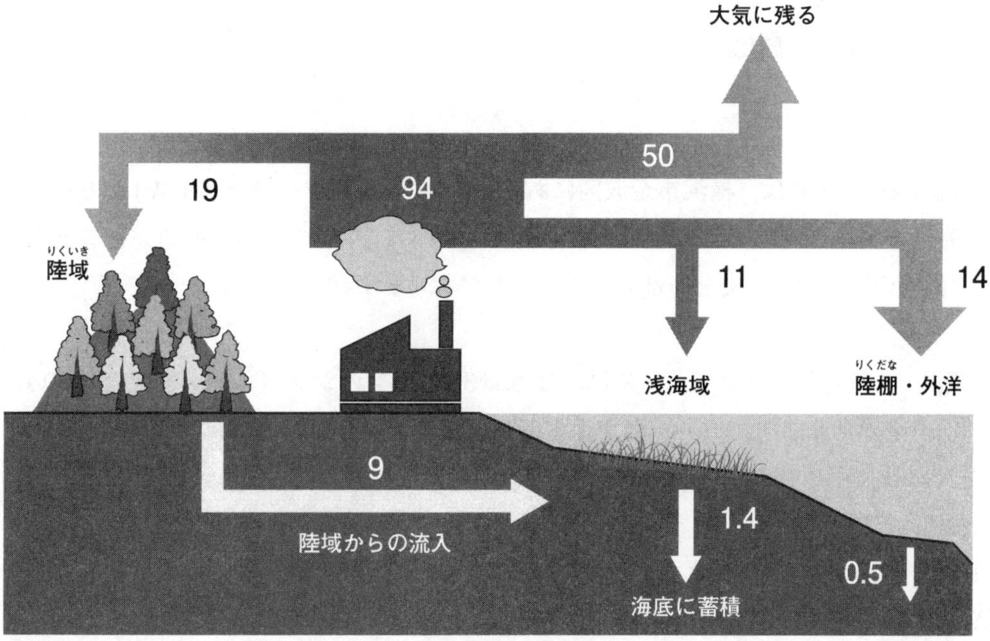

（一般社団法人日本環境アセスメント協会『JEAS NEWS』2021より一部改変）

図３　浅海での１年間における大気中の二酸化炭素吸収量と蓄積量（単位：億トン）

表１　生態系の面積とそれぞれの生態系における二酸化炭素吸収量

生態系	面積（×1,000,000 km^2）	年間の二酸化炭素吸収量（億トン）
陸地	149	19
海洋	361	25
海洋のうち浅海のみ	2.7	11

（堀正和・桑江朝比呂編著『ブルーカーボン 浅海におけるCO_2隔離・貯留とその活用』2017、および一般社団法人日本環境アセスメント協会『JEAS NEWS』2021をもとに作成）

（1） 1年間に人間活動で排出される二酸化炭素のうち何％が浅海に取り込まれますか。小数点第一位を四捨五入して整数で答えなさい。

（2） 浅海は海洋の何％の面積を占めていますか。小数点第二位を四捨五入して小数点第一位まで答えなさい。

（3） 海洋で吸収する二酸化炭素の何％を浅海が吸収していますか。整数で答えなさい。

（4） 地球温暖化を食い止めるための方法として、どのような行動が考えられますか。個人でできないことでも現在の技術で人が実践できることならかまいません。次の2つの観点から、それぞれ答えなさい。

① 二酸化炭素を出す量を減らす。

② 出された二酸化炭素を減らす。

3 次の文章Ⅰ・Ⅱは、横浜《よこはま》市金沢区にある「横浜・八景島シーパラダイス」でリーダー飼育員を務める安部奏さんが書いたものです。よく読んで、あとの問いに答えなさい。（設問の関係で、本文を一部変えたところがあります。）

Ⅰ 横浜・八景島シーパラダイスには、総水量3500トンのジンベエザメを飼育している水《すい》槽《そう》（プール）があります。一方、私が保育園時代に見ていた上野の水族館のサメが泳いでいる水槽の(A)キボは100トンあるかないかぐらいではなかったでしょうか。それでも、1970年代中頃《なかごろ》の当時としては、日本有数の大きな水槽でした。

この水槽で泳いでいたのは、メジロザメの仲間だったと記憶《きおく》しています。大きく突き出た第一背びれや、鋭《するど》くとがった胸《むな》びれをもっています。「サメ」と聞くとみなさんは、大きくて強くて荒々《あらあら》しい魚という印象をもたれるでしょう。メジロザメは、まさにサメの印象そのままの魚で、“元祖サメ”といった風貌《ふうぼう》をしています。ちなみにメジロザメのヒレは食用で、またフカヒレとして高級食材にもなります。「フカ」というのは、サメの別のよびかたです。

メジロザメは海のなかを常に泳ぎまわる回遊性の魚です。海で獲《と》れたサメを水族館の水槽まで運ぶというのはとても大掛《おおが》かりで困難を伴《ともな》うものです。海を常に泳ぎ回っている回遊性のサメを輸送するのであればなおさらのことです。とくに水槽の壁《かべ》に鼻先をぶつけさせないよう注意しなければなりません。

サメにとって鼻先というのは繊細《せんさい》なセンサーが集まっている急所のようなものです。サメやエイなどの軟骨《なんこつ》魚類の鼻先にある感覚器官を「ロレンチーニ器官」といいます。このセンサーで、海のほかの生きものが筋肉から出している微弱《びじゃく》な電気を感じとっているのです。この鼻先をぶつけると、サメはショック死を起こしたり、後遺症《こういしょう》を残したりすることがあります。命に関わる重大な影響《えいきょう》が出るわけです。

上野動物園のシンボル的存在はパンダですが、①水族館のほうでもメジロザメを代表的な魚として展示したかったのでしょう。今も昔も、サメは人気のある魚です。当時は、活魚車や十分な輸送(B)セツビがなかったと思われるので、展示に(C)至るまでは大変な苦労があったと推測します。

Ⅱ　ジンベエザメのお話ついでに、すこしだけ脱線《だっせん》して、“サメ”にまつわるうんちくを紹介《しょうかい》します。

まずはじめに、コバンザメは分類的にはサメの仲間ではありません。コバンザメは、自分より大きな体の生きものにはりついて、外敵から身を隠《かく》し、さらに餌《えさ》のおこぼれをもらうというちゃっかり者です。また、ときには見つかったら食べられてしまう捕食者《ほしょくしゃ》の体の目の届かないところにもはりついて“　　　　　　”作戦をするといった、②とても大胆《だいたん》な護身術も身につけています。コバンザメという名前は、頭に小判型の吸盤《きゅうばん》をもっていることによります。背びれが変化したもので、背びれそのものの面影《おもかげ》はまったくありません。

ミツクリザメは外見がグロテスクなサメです。獲物《えもの》を捕えるとき、頭部に収められている顎《あご》が飛び出してきます。この様相から英語では「小鬼鮫《こおにざめ》」を意味する「ゴブリンシャーク」とよばれています。まさに③モンスター級の顔つきのサメです。このサメは、深海に生息しているため大変に珍《めずら》しいものです。水族館では、相模湾《さがみわん》で深海刺《さ》し網漁《あみりょう》を操業している漁師さんの船に同行して、採集します。しかし、水温や水圧、紫外線《しがいせん》などの影響により、長期飼育が難しく、最長６日間しか展示したことがありません。今後もさらに長期飼育できるよう挑戦《ちょうせん》しています。

アカシュモクザメもこれまた珍しい体のつくりをしたサメです。英語では「ハンマーヘッドシャーク」とよばれており、頭部が金槌《かなづち》あるいは掃除機《そうじき》の先端《せんたん》のような形をしています。サメには微弱電気を感じとるロレンチーニ器官が頭部にあり、泳ぎながら金槌のような頭をふりふりして餌を探しているのです。

アカシュモクザメは、東京湾や相模湾でも夏から秋にかけて回遊してくるサメで、定置網漁で捕獲《ほかく》されることが多いです。

シロワニは、サメなのにワニと名がつけられてますが、古来よりサメのことをワニとよぶ地域があり、その名残《なごり》からそうつけられました。民話「因幡《いなば》の白兎《しろうさぎ》」では、白兎がワニを海に並ばせて島を渡《わた》ろうとしたという話がありますが、この鰐《わに》はサメのことです。また、シロワニの歯は、獲物に深く食い込《こ》むように細長く尖《とが》ったつくりになっています。④ちなみに、ホホジロザメやイタチザメなどの人喰《ひとく》いザメとして有名なサメたちは、三角形の歯で獲物を切り裂くつくりになっています。サメの種類によって形も機能も違います。シロワニは、「サメ喰いサメ」とも言われ、その(D)異名は、動きの遅《おそ》い底生性ドチザメやネコザメ、テンジクザメなどを好んで食べることから来ています。

というわけで、ちょっとジンベエザメから脱線してさまざまな“サメ”を紹介してきました。

(安部奏『さかなのすごい話』より)

問1．下線部(A)～(D)のカタカナを漢字に、漢字をひらがなに直しなさい。

問2．下線部①「水族館のほうでもメジロザメを代表的な魚として展示したかった」とありますが、なぜ「メジロザメ」が水族館を代表する魚に選ばれるのですか。最も適切なものを次のア～エの中から一つ選び、記号で答えなさい。

ア．回遊性の魚なので日本近海だけでなく世界的に出没し、その名を知られているから。

イ．輸送が大変だが連れて来さえすれば、どんな水槽でも問題を起こさず長く生きるから。

ウ．人気が高いサメの中でも、多くの人が持つサメの印象そのままの体つきであるから。

エ．高級食材フカヒレの魚として知られ、サメの別名が「フカ」だと社会に広めたから。

問3．［　　　　　］に入る、「探しているものや大切なものは、自分のすぐ近くにありながら見えにくいものだ」という意味のことわざを、次のア～エの中から一つ選び、記号で答えなさい。

ア．灯台下暗し　　　　イ．水心あれば魚心

ウ．油断大敵　　　　エ．井の中の蛙《かわず》大海を知らず

問4．下線部②「とても大胆な護身術」とありますが、コバンザメの作戦はどのような点で「とても大胆」だと言えるのですか。最も適切なものを、次のア～エの中から一つ選び、記号で答えなさい。

ア．吸盤を使うとサメの仲間でないと知られてしまうのに、張り付いて楽をする点。

イ．捕食者の体にはりつくという一番危険な方法を取ることで、敵から身を隠す点。

ウ．他の魚の周りを泳いで回ることで、いらなくなった餌をもらっている点。

エ．変化した背びれは泳ぐのには役立たないのに、それを威嚇《いかく》に使っている点。

問5．下線部③「モンスター級の顔つき」を言いかえた**5文字**の言葉をぬき出しなさい。

問6．下線部④「ちなみに、ホホジロザメやイタチザメなどの人喰いザメとして有名なサメたちは」とありますが、筆者はなぜここで、これらの有名なサメたちの話を入れたと考えられますか。最も適切なものを、次のア～エの中から一つ選び、記号で答えなさい。

ア．民話のワニが実際とはちがっていることを示すため。

イ．シロワニの歯の形や機能がすぐれていることを示すため。

ウ．シロワニが人喰いザメと同じように危険であることを示すため。

エ．サメの種類によって歯の形や機能が違うことを示すため。

問7．ある学校で、この2つの文章を読んで、筆者について読み取れることを4人の生徒が発表しました。文章の内容からは**ふさわしくない**発言をしているものを、次のア～エの中から一つ選び、記号で答えなさい。

ア．筆者は水族館の飼育員さんでありながら、魚を輸送したり展示したりするときの苦労なども詳しく知っていて、物知りだし思いやりのある方なのだろうと思います。

イ．深海に生息しているミツクリザメを水族館で展示できたのは最長6日間ということですが、筆者はこの記録を伸ばせるよう挑戦していくと言っていて、熱意を感じます。

ウ．筆者は漁師さんの船に乗ったり、ヒレが食用だと説明したりしていますが、私たちが普段食べる魚以外は価値がないと考えているようなところがあると感じました。

エ．筆者は、コバンザメは分類的にはサメの仲間ではないと区別するなど、あいまいで科学的に正しくない文章にならないように、気をつけている印象を受けました。

問8．二重下線部「水槽の壁に鼻先をぶつけさせないよう注意しなければなりません」とありますが、なぜ鼻先をぶつけてはいけないのですか。**40字**以内で説明しなさい。

2022年度

鶴見大学附属中学校

▶解　答

※　編集上の都合により，適性検査試験の解説は省略させていただきました。

適性検査　＜適性検査試験＞（45分）＜満点：100点＞

解　答

[1] **問1**　イ　**問2**　（例）　お祭り気分となり，盛り上がりを見せたため，感染が拡大した。　**問3**　（例）　日本風の文化を尊重する京都の公家の立場で，鎌倉武士の唐物を好む風潮を批判している。　**問4**　(1)　**あ**　中国の皇帝　**い**　貢ぎ物に対する返礼　(2)　エ　(3)　茶　**問5**　エ　**[2]** **問1**　イ，エ　**問2**　（例）　海底に突き刺す力が振り棒の先端に集まることで，より少ない力で海底に穴を空けることができる。　**問3**　(1)　ウ　(2)　ア　**問4**　(1)　12％　(2)　0.7％　(3)　44％　(4)　①　（例）　石炭を燃やさない。　②　（例）　植樹をする。　**[3]** **問1**　(A)，(B)　下記を参照のこと。　(C)　いた(る)　(D)　いみょう　**問2**　ウ　**問3**　ア　**問4**　イ　**問5**　グロテスク　**問6**　エ　**問7**　ウ　**問8**　（例）　サメの鼻先は，繊細なセンサーが集まっている急所で，ぶつけると命に関わるから。

●漢字の書き取り

[3] **問1**　(A)　規模　(B)　設備

2021年度　鶴見大学附属中学校

〔電　話〕　(045)581－６３２５
〔所在地〕　〒230－0063　神奈川県横浜市鶴見区鶴見２－２－１
〔交　通〕　JR京浜東北線 ―「鶴見駅」より徒歩15分

【算　数】〈難関進学クラス１次試験〉（45分）〈満点：100点〉

1　次の □ の中にあてはまる数を入れなさい。

(1)　$2021 \div 47 - (128 - 35 + 122) \div 5 = \square$

(2)　$\left(\frac{1}{2} - \frac{1}{3} + \frac{1}{4}\right) \div \left(\frac{1}{6} + \frac{1}{8} - \frac{1}{12}\right) = \square$

(3)　$8 - \{7 + (\square - 6) \times 5 - 4\} \div 3 = 2$

(4)　$\frac{2}{3} + \frac{4}{5} \div \frac{6}{7} \times \square = \frac{8}{9}$

(5)　$1\frac{1}{5} \times \left\{0.5 + \left(2\frac{1}{3} - \square\right) \div 2\right\} - 0.4 = 1$

2 次の □ の中にあてはまる数を入れなさい。

(1) 10円玉，50円玉，100円玉の３種類の硬貨《こうか》がたくさんあります。これらの硬貨を使って，合計金額を220円にするような方法は，全部で □ 通りあります。ただし，使わない硬貨があってもよいものとします。

(2) 下の図のように，２種類のおもり●，▲をのせたてんびんがつり合っています。
●１個の重さは □ gです。

(3) ある中学校の１年生は男女合わせて118人で，男子が女子の２倍より５人少ないとき，男子の人数は □ 人です。

(4) A，B，C，D，Eの５人で算数のテストをしたところ，５人の平均点は77.5点で，A，B，C３人の平均点は５人の平均点よりも６点高くなりました。D，E２人の平均点は □ 点です。

(5) 〔a，b〕は２つの数a，bの差を表すものとします。たとえば，〔３，８〕＝５です。このとき，〔〔A，25〕，〔６，18〕〕＝９となるAのうち，いちばん大きい数は □ です。

(6) 時速10kmの自転車で１時間30分かかる道のりを，時速 □ kmで歩くと３時間45分かかります。

(7)　15％の食塩水400ｇから □ ｇの食塩水を取り出し，代わりに同じ重さの水を加えたところ，9％の食塩水になりました。

(8)　下の図のような16個のマスの中に，7から22までの整数を入れていき，たて，横，ななめのどの4個の数の和もすべて等しくなるようにします。このとき，Aにあてはまる数は □ です。

9			20
	19		13
22	17		7
11			A

3　4つの数字2，4，6，8が，あるきまりにしたがって，下のように並んでいます。

2，4，6，8，6，4，2，4，6，8，6，4，2，4，6，8，6，4，2，……

次の問いに答えなさい。

(1)　左から数えて100番目の数は何ですか。

(2)　左から順に数を加えて和を求めます。和が初めて1000をこえるのは，左から数えて何番目の数を加えたときですか。

4 下の【図１】のように，半径が10cm，中心角が108度のおうぎ形OABがあります。このおうぎ形を【図２】のように，直線ACを折り目として折ると，点Oが円周上の点Dに重なりました。次の問いに答えなさい。

【図１】

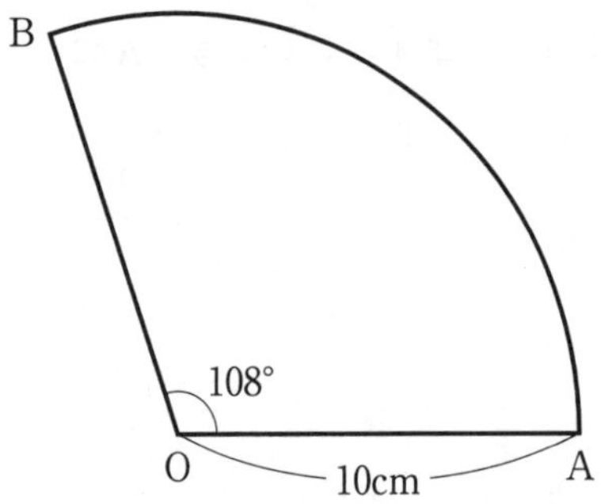

【図２】

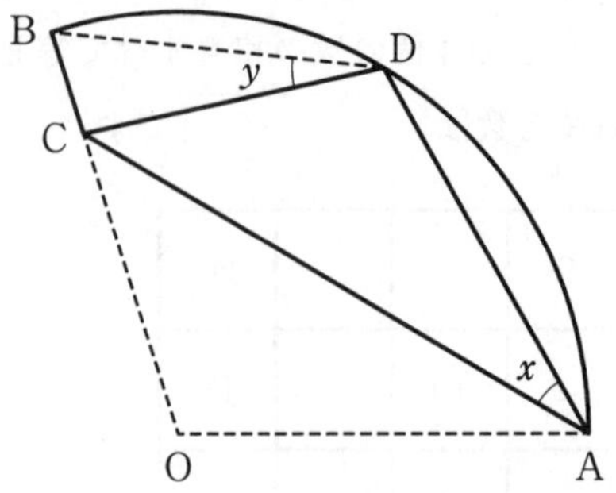

(1)　【図１】のおうぎ形OABの面積は何cm^2ですか。ただし，円周率は3.14とします。

(2)　角xの大きさは何度ですか。

(3)　角yの大きさは何度ですか。

5 下の図のような１辺30cmの立方体の水そうを水平な台の上に置きます。この水そうの底に，高さ24cmの仕切り板を面ABCDに平行に取りつけます。この水そうに水をいっぱいに入れて，辺ABを台につけながら矢印の方向に45度静かにかたむけて水をこぼします。水そうや仕切り板の厚さは考えないものとして，次の問いに答えなさい。

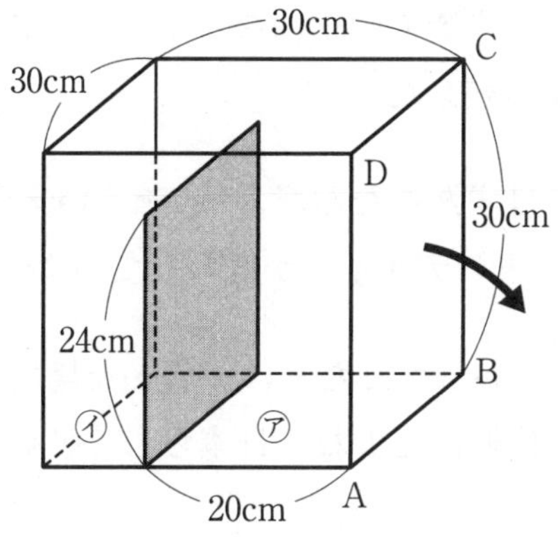

⑴　水をこぼしたあと，仕切り板の右側㋐の部分に残った水の量は何cm^3ですか。

⑵　水そうをもとにもどしたとき，仕切り板の左側㋑の部分の水面の高さは何cmになりますか。

【社　会】〈難関進学クラス１次試験〉（理科と合わせて45分）〈満点：50点〉

1　**次の鶴見《つるみ》大学《だいがく》附属《ふぞく》中学校に通う３年生の鶴見くんと友人の生麦《なまむぎ》さんとの会話文を読み，以下の問いに答えなさい。**

鶴見くん：今年３月に①オーストラリア研修旅行に行く予定だったけど，新型コロナウイルス感染症の影響で中止になったんだ。３年生の行事で一番楽しみにしていたから残念だな。

生麦さん：パスポートもつくるはずだったんだよね。そういえば2020年の２月に，28年ぶりにパスポートのデザインが変わったのよ。

鶴見くん：『富嶽三十六景《ふがくさんじゅうろっけい》』に変わったんだっけ。色々な場所から見た富士山《ふじさん》を描《えが》いた②葛飾北斎《かつしかほくさい》の代表作だよね。日本《にほん》らしくていいデザインだと思うな。

生麦さん：そうね。とくに「神奈川沖浪裏《かながわおきなみうら》」は現在の③東京湾《とうきょうわん》の辺りから描いたとされるもので，新千円札の裏側にも使われていて有名な作品の一つじゃないかしら。

鶴見くん：これは歴史の資料集で見たことあるよ。他にはどういう所から富士山が描かれているのかな。

生麦さん：横浜《よこはま》市の近くだと④江《え》の島《しま》から富士山を描いた作品があるわ。（　X　）盆地《ぼんち》にある山梨《やまなし》県笛吹《ふえふき》市から見える富士山も描いているのよ。

鶴見くん：（　X　）盆地って扇状地《せんじょうち》が広がっているところだよね。水はけと日当たりがいいから⑤果物の栽培《さいばい》が盛《さか》んだって授業で習ったよ。

生麦さん：その通り。一番西から描かれたものだと⑥愛知《あいち》県を舞台《ぶたい》にした作品もあるのだけれど，実際には富士山ではなくて⑦南アルプスの一部の聖《ひじり》岳《だけ》なんじゃないかと言われているみたい。

鶴見くん：えっ。富士山以外の山が交《ま》じっているなんてびっくりだな。

生麦さん：そうよね。このように北斎が富士山をテーマに作品を作ったのは，昔から日本にあった富士山への信仰《しんこう》が関係していて，この『富嶽三十六景』は富士山信仰者向けに作られたと言われているのよ。

鶴見くん：へえ，そうだったんだ。なんだかこの絵を見ていると各地を旅行している気分になれるなあ。実際にその場所に行ってみたくなったよ。

（1） 下線部①について，次の表は日本がオーストラリア，サウジアラビア，カナダ，ブラジル，ドイツから輸入している上位５品目とその割合を各国ごとにまとめたものです。このうちオーストラリアに当てはまるものを次の**ア～オ**から一つ選び，記号で答えなさい。

（　）内の数字は割合（%）を示す

順位／国名	１位	２位	３位	４位	５位
ア	液化天然《えきかてんねん》ガス（35.4）	石炭《せきたん》（30.0）	鉄鉱石《てっこうせき》（12.4）	肉類（4.5）	銅鉱《どうこう》（3.5）
イ	原油《げんゆ》（94.2）	石油製品《せきゆせいひん》（2.1）	有機化合物《ゆうきかごうぶつ》（1.1）	アルミニウム（0.9）	プラスチック（0.5）
ウ	鉄鉱石（38.4）	とうもろこし（12.4）	肉類（11.4）	コーヒー（5.7）	有機化合物（4.7）
エ	機械類（26.8）	自動車（22.6）	医薬品（19.1）	科学光学機器《かがくこうがくきき》（4.8）	有機化合物（4.5）
オ	石炭（14.5）	肉類（12.4）	なたね（8.3）	医薬品（7.8）	鉄鉱石（7.1）

（矢野恒太記念会『日本国勢図会 2020/21 年版』より作成）

（2） 下線部②について，北斎は生涯《しょうがい》で 90 回以上引っ越《こ》しをしましたが，引っ越し先はおもに現在の東京《とうきょう》都《と》墨《すみ》田《だ》区《く》内でした。次の墨田区の地図から**読み取れないもの**を，以下に続く**ア～オ**から一つ選び，記号で答えなさい。

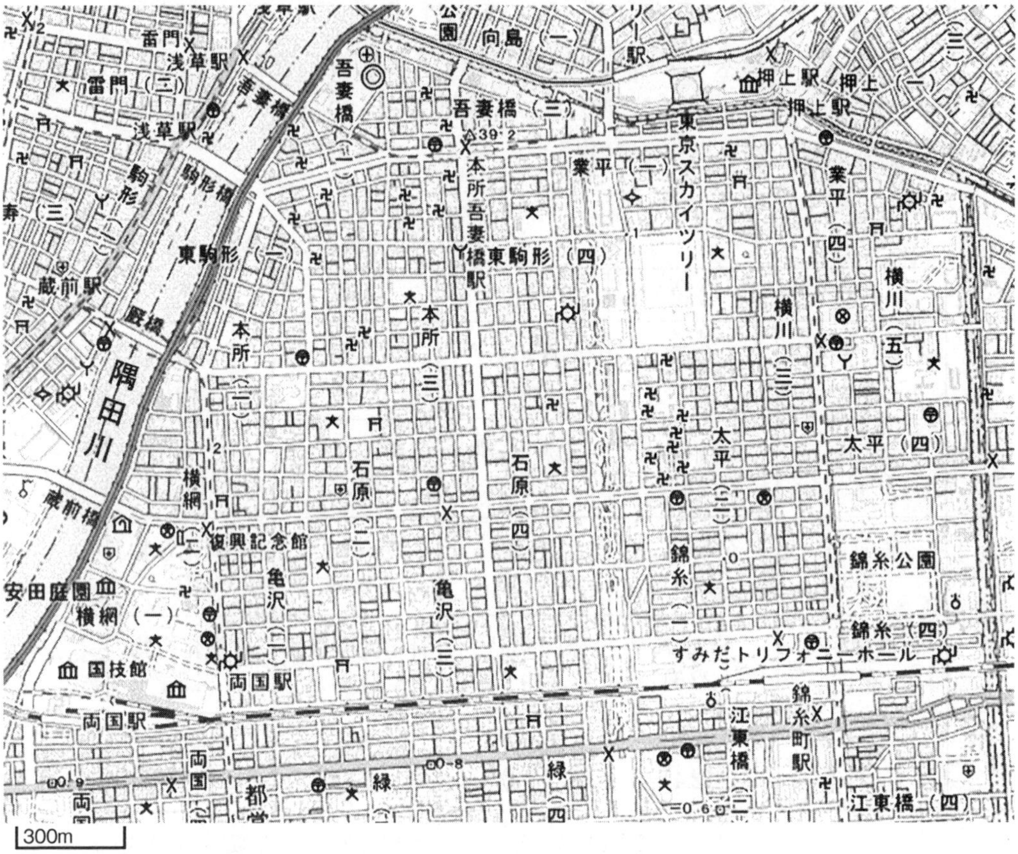

（国土地理院　電子地図より作成）

ア　ＪＲ両国《りょうごく》駅の北側には国技館《こくぎかん》がある。

イ　ＪＲ両国駅からＪＲ錦糸町《きんしちょう》駅へむかう左手の線路沿いには小学校（または中学校）がある。

ウ　ＪＲ錦糸町駅付近にみられる「X」は警察署《けいさつしょ》を示す。

エ　墨田区役所は東京スカイツリーの西側にある。

オ　隅田川《すみだがわ》にかかる蔵前橋《くらまえばし》の近くには老人ホームがある。

(3) 下線部③について，東京湾の西側には京浜工業地帯《けいひんこうぎょうちたい》，東側には京葉工業地域《けいようこうぎょうちいき》が広がっています。これらの工業地帯・地域について述べた文章のうち**誤っているもの**を次の**ア〜オ**から一つ選び，記号で答えなさい。

ア　京浜工業地帯に含《ふく》まれる東京都内には新聞社や出版社が多いため，印刷業が盛んである。

イ　京浜工業地帯は日本で初めて発達した工業地帯で，第二次世界大戦後から現在まで全国最大の生産額を誇《ほこ》っている。

ウ　京葉工業地域は東京湾を埋《う》め立ててつくられ，第二次世界大戦後から急速に発達した。

エ　京葉工業地域には石油化学コンビナートが見られ，工業別生産額《こうぎょうべつせいさんがく》においては化学工業の占《し》める割合がもっとも高い。

オ　京浜工業地帯と京葉工業地域の発達にともなって工業用地の不足や公害を招《まね》き，機械工場の郊外《こうがい》への移転が進んだ。

(4) 下線部④について，江の島は神奈川《かながわ》県に属する島ですが，これに関連して，次に示す島と所属する都道府県の組み合わせとして**誤っているもの**を次の**ア〜オ**から一つ選び，記号で答えなさい。

ア　志賀島《しかのしま》－福岡《ふくおか》県　　**イ**　石垣島《いしがきじま》－沖縄《おきなわ》県　　**ウ**　佐渡島《さどしま》－新潟《にいがた》県

エ　淡路島《あわじしま》－大阪《おおさか》府　　**オ**　南鳥島《みなみとりしま》－東京都

(5) 文中の空欄《くうらん》（　X　）には山梨県の県庁所在地でもある都市名が入ります。当てはまる語句を漢字で答えなさい。

(6) 下線部⑤について，次のグラフはもも，ぶどう，りんごの生産量が多い上位５県を示したものです。グラフ中の**A～C**に当てはまる県の組み合わせとして正しいものを次の**ア～カ**から一つ選び，記号で答えなさい。

	もも
1位	**A**
2位	福島県《ふくしま》
3位	**B**
4位	**C**
5位	和歌山《わかやま》県

	ぶどう
1位	**A**
2位	**B**
3位	**C**
4位	岡山《おかやま》県
5位	福岡県

	りんご
1位	青森《あおもり》県
2位	**B**
3位	岩手《いわて》県
4位	**C**
5位	福島県

（矢野恒太記念会『日本国勢図会 2020/21 年版』より作成）

ア　**A**－山梨県　**B**－長野《ながの》県　**C**－山形《やまがた》県
イ　**A**－長野県　**B**－山梨県　**C**－山形県
ウ　**A**－山形県　**B**－長野県　**C**－山梨県
エ　**A**－山梨県　**B**－山形県　**C**－長野県
オ　**A**－長野県　**B**－山形県　**C**－山梨県
カ　**A**－山形県　**B**－山梨県　**C**－長野県

(7) 下線部⑥について，愛知県に関して述べた文章を次の**ア～オ**から一つ選び，記号で答えなさい。

ア　多治見《たじみ》市では，伝統的工芸品に認定されている美濃焼《みのやき》が生産されている。
イ　志摩《しま》半島南部の英虞湾《あごわん》はリアス海岸で，真珠《しんじゅ》の養殖《ようしょく》が行われ，その生産量は全国でも上位に位置している。
ウ　八ヶ岳《やつがたけ》のふもとの野辺山原《のべやまはら》では，夏でも涼しい気候を利用してレタスを大都市に向けて出荷している。
エ　渥美《あつみ》半島は，豊川用水《とよがわようすい》が引かれたことで安定して水を確保できるようになり，電照菊《でんしょうぎく》の産地として発展した。
オ　焼津港《やいづこう》は，遠洋漁業の根拠地《こんきょち》となっており，2018 年にはカツオの水揚《みずあ》げ量全国１位となっている。

(8) 下線部⑦について，南アルプスとは何山脈のことですか。漢字で答えなさい。

2 **次の文章を読み，以下の問いに答えなさい。**

鶴見大学附属中学校には，モロカイ観音《かんのん》と呼ばれる仏像《ぶつぞう》があります。この観音像が作られたのは，①昭和《しょうわ》のはじめごろのことです。当時，アメリカに移住した日本人が，ハンセン病※1によりモロカイ島（ハワイ州）に隔離《かくり》されて苦しい生活を強《し》いられていました。かれらが心の平穏《へいおん》を求めて仏像を望まれているという話が本校にもたらされ，生徒や卒業生の寄付《きふ》などによって観音像が贈《おく》られ，多くの人びとの心の安らぎとなりました。年月が過ぎ，隔離政策が取りやめられて役割を終えた観音像は，本校に帰還《きかん》し現在に至《いた》っています。このモロカイ観音の由来《ゆらい》に見られる他人を思いやる心は，本校の建学の精神でもあります。

歴史をさかのぼると，②奈良《なら》時代，天然痘《てんねんとう》※2の流行などによって人びとの不安が高まるなか，聖武《しょうむ》天皇が仏教の力によって国を治めようとしたことから，仏教が政治といっそう結びつくようになりました。しかし，僧《そう》が政治に深く関《かか》わるようになり，混乱を招くようになったことから，桓武《かんむ》天皇は政治の建て直しを図《はか》って都をうつし，794年に平安京《へいあんきょう》の都が造られました。

平安時代末から鎌倉《かまくら》時代は，社会や政治の仕組みが大きく変化したことから，相次いで③戦乱が起こりました。さらに，鎌倉時代のなかばには④元寇《げんこう》が起こりました。

このような世の中から，多くの人びとが仏教に心の平穏を求めるようになりました。病《やまい》に苦しむ人びとを救う活動を積極的に行う僧も現れました。奈良の僧忍《にん》性《しょう》は，ハンセン病の患者《かんじゃ》を救済するための施設《しせつ》を作ったと伝えられています。

室町《むろまち》時代になると，中国から最新の医学の知識が取り入れられ，薬も販売《はんばい》されるようになりました。室町時代から続く小田原《おだわら》の和菓子《わがし》に「かながわの名産100選」にも選ばれている「お菓子《かし》のういろう」があります。これは，室町時代に中国から日本に移り住んだ人びとの子孫である外郎《ういろう》家が販売していた薬の「ういろう」に由来《ゆらい》すると伝えられています。外郎家が将軍《しょうぐん》⑤足利義満《あしかがよしみつ》に薬の「ういろう」を献上《けんじょう》した時に，口直しに添《そ》えた和菓子が「お菓子のういろう」のはじまりとされています。

江戸《えど》時代にも，たびたび流行するさまざまな感染症《かんせんしょう》により，多くの人びとの命が失われました。例えば，18世紀初めには麻疹《ましん》（はしか）※3が全国に流行し，⑥第５代将軍徳川綱吉《とくがわつなよし》も感染して命を落としています。幕府《ばくふ》の政治改革に取り組んだ第８代将軍徳川吉宗《よしむね》が，目安箱《めやすばこ》に投じられた町医者の意見を取り入れて，貧《まず》しい人びとでも病気の治療《ちりょう》を受けることができる小石川養生所《こいしかわようじょうしょ》を作ったことは，よく知られています。

幕末には，1858年長崎《ながさき》から始まったコレラ※4が全国に広まりました。コレラはころりと死ぬことから「コロリ」と呼ばれ，たいへん恐《おそ》れられました。感染源はペリー艦隊《かんたい》の乗員といわれています。この年に，⑦日米修好通商《しゅうこうつうしょう》条約を含《ふく》む５カ国との不平等条約が結ばれました。「鎖国《さこく》」を続けて来た日本では，人びとの間に開国と⑧貿易がはじまることへの不安が広がるなか，外国から伝来した感染症の流行が人びとの不安をいっそう高めたともいわれています。江戸の死者数は約10万人以上といわれており，浮世絵師《うきよえし》の⑨歌川《うたがわ》（安藤《あんどう》）広重《ひろしげ》もコレラで命を落としています。

※1　ハンセン病…癩菌《らいきん》による感染症。癩病《らいびょう》とも呼ばれ，顔や手足に症状《しょうじょう》が現れることから差別され，多くの国ぐにで隔離政策がおこなわれて，患者の人権が奪《うば》われてきた。

※2　天然痘…天然痘ウイルスによる感染症。疱瘡《ほうそう》，痘瘡《とうそう》とも呼ばれ，感染すると半数近い患者が命を落とす感染症。古代の日本ではもがさと呼ばれ恐れられた。唯一《ゆいいつ》，根絶《こんぜつ》に成功した感染症。

※3　麻疹（はしか）…麻疹ウイルスによる感染症。はしかとも呼ばれる。江戸時代にたびたび流行し，近年では，2007～8年にかけて国内で流行した。

※4　コレラ…コレラ菌による感染症。日本で最初の流行の記録は1822年に長崎から流行したもの。

（1）下線部①について，昭和時代に起こった戦争に関して述べた次の文Ａ～Ｄを時代順に正しく並べ替《か》えたものを，次の**ア～ク**から一つ選び，記号で答えなさい。

Ａ　日本軍がハワイのアメリカ軍基地を攻撃《こうげき》し，太平洋《たいへいよう》戦争が始まった。
Ｂ　ドイツがポーランドを攻撃したのをきっかけに第二次世界大戦が始まった。
Ｃ　南満州《みなみまんしゅう》鉄道が爆破《ばくは》されたことをきっかけに，満州事変《まんしゅうじへん》が起こった。
Ｄ　北京《ペキン》の近くの盧溝橋《ろこうきょう》で日本と中国の軍隊が衝突《しょうとつ》したことをきっかけに，日中戦争が始まった。

ア　Ａ－Ｃ－Ｄ－Ｂ　　**イ**　Ａ－Ｄ－Ｃ－Ｂ
ウ　Ｂ－Ｃ－Ｄ－Ａ　　**エ**　Ｂ－Ｃ－Ａ－Ｄ
オ　Ｃ－Ｄ－Ａ－Ｂ　　**カ**　Ｃ－Ｄ－Ｂ－Ａ
キ　Ｄ－Ｃ－Ａ－Ｂ　　**ク**　Ｄ－Ｃ－Ｂ－Ａ

（2）下線部②について述べた文章のうち**誤っているもの**を次の**ア～オ**から一つ選び，記号で答えなさい。

ア 中国（唐《とう》）の僧鑑真《がんじん》は，日本に初めて僧が守るべき規律《きりつ》（戒律《かいりつ》）を伝えた。
イ 社会事業につとめた僧の行基《ぎょうき》は，大仏づくりに協力した。
ウ 聖武天皇の后《きさき》の光明皇后《こうみょうこうごう》は，仏教を厚《あつ》く信仰し，病人や貧《まず》しい人のために尽《つ》くした。
エ 藤原頼通《ふじわらのよりみち》は，極楽浄土《ごくらくじょうど》をこの世に現《あらわ》そうとして，平等院鳳凰堂《びょうどういんほうおうどう》を建てた。
オ 聖武天皇は，仏教の力を借りて人々の不安をしずめ，国を守ろうと考え，国ごとに国分寺《こくぶんじ》・国分尼寺《こくぶんにじ》を置《お》くことを命じた。

（3）下線部③について，1221年に鎌倉幕府（北条《ほうじょう》氏）を倒《たお》し，天皇や貴族による政治を取り戻《もど》すために，後鳥羽上皇《ごとばじょうこう》が幕府に対しておこした戦いを何といいますか。次の**ア～オ**から一つ選び，記号で答えなさい。

ア 応仁《おうにん》の乱　**イ** 承久《じょうきゅう》の乱　**ウ** 保元《ほうげん》の乱　**エ** 平治《へいじ》の乱　**オ** 島原《しまばら》の乱

（4）下線部④について述べた文章として**誤っているもの**を次の**ア～オ**から一つ選び，記号で答えなさい。

ア 日本の武士は，元軍の集団戦法や「てつはう」という火薬兵器の攻撃《こうげき》に苦しめられた。
イ 幕府は，元軍との戦いで活躍《かつやく》した武士に，十分なほうびを与《あた》えることができなかったため，武士たちの間で幕府への不満が高まった。
ウ 元軍との戦いでは，軽武装《けいぶそう》の歩兵《ほへい》である足軽《あしがる》が日本軍の中心となって活《かつ》躍《やく》したことから，ようやく元軍を退《しりぞ》けることができた。
エ 元に仕《つか》えたイタリアの商人マルコ・ポーロの見聞《けんぶん》を記した『世界の記述（東方見聞録《とうほうけんぶんろく》）』には，日本が「黄金の国ジパング」として紹介《しょうかい》されている。
オ 日本を攻撃する際に，元はそれまでに支配した中国や朝鮮《ちょうせん》などを参加させた。

（5）下線部⑤について，足利義満のころの様子を述べた文章として**誤っているもの**を次の**ア～オ**から一つ選び，記号で答えなさい。

ア 義満の跡継《あとつ》ぎ争《あらそ》いが，大名どうしの勢力《せいりょく》争いと結びついて戦《いくさ》がはじまり，戦乱で京都《きょうと》は荒《あ》れ果《は》ててしまった。

イ　義満は，中国（明《ミン》）の求めに応じて，朝鮮や中国の沿岸《えんがん》で海ぞく行為《こうい》をする日本人をとりしまり，中国との貿易を始めた。

ウ　金閣《きんかく》は，義満が京都の北山《きたやま》につくらせた別荘《べっそう》内の建物で，武家風の住まいと貴族風の住まい，そして仏をまつるお堂の三層《そう》でできている。

エ　芸能への関心も深かった義満が保護したことから，能《のう》という音楽劇《げき》が完成した。

オ　それまで北朝と南朝に分かれていた朝廷《ちょうてい》が，義満の仲立ちによって統一された。

(6)　下線部⑥について，徳川綱吉のころの様子を述べた文章として**誤っているもの**を次の**ア～オ**から一つ選び，記号で答えなさい。

ア　幕府の学問として儒学《じゅがく》が重んじられ，儒学の祖《そ》である孔子《こうし》をまつった聖堂が江戸の湯島《ゆしま》につくられた。

イ　生類憐《しょうるいあわれ》みの令《れい》が出されて，特に犬を大切にすることが命じられ，人びとの暮らしが混乱した。

ウ　ポルトガルの船が日本へ来ることを禁止され，貿易ができる国はオランダと中国（明，のちに清《シン》）だけとなり，のちに「鎖国」と呼ばれる体制が完成した。

エ　松尾芭蕉《まつおばしょう》が日本各地を旅行して自然の美しさをよみこんだ俳句《はいく》をつくり，『奥《おく》の細道《ほそみち》』などの名作を残した。

オ　京都や大阪などを中心として町人の文化が栄《さか》え，近松門左衛門《ちかまつもんざえもん》が脚本《きゃくほん》を書いた人形浄瑠璃《にんぎょうじょうるり》や歌舞伎《かぶき》が上演《じょうえん》された。

(7)　下線部⑦について，次の資料（史料）は条約の一部です（現代語訳《やく》）。この取り決めでは，法を犯《おか》したアメリカ人は，日本の法ではなく，アメリカの法で裁《さば》くことを認めてしまっていました。このように，外国人がある国にいても，その国の法に従わなくてよい特別な権利のことを何といいますか。**漢字４文字**で答えなさい。

第６条	日本人に対して法を犯したアメリカ人は，アメリカ領事《りょうじ》裁判所で取り調べ，アメリカの法律《ほうりつ》で罰《ばっ》する。アメリカ人に対して法を犯した日本人は，日本の役人が取り調べ，日本のきまり（法律）で罰する。

(8) 下線部⑧について，次のグラフは，開国後の1865年の「主な輸出品・輸入品の割合」「横浜での国別貿易額の割合」を示しています。図中の**A**〜**D**にあてはまる国名・品目《ひんもく》の組み合わせとして正しいものを，以下に続く**ア**〜**カ**から一つ選び，記号で答えなさい。

主な輸出品・輸入品の割合（1865年）

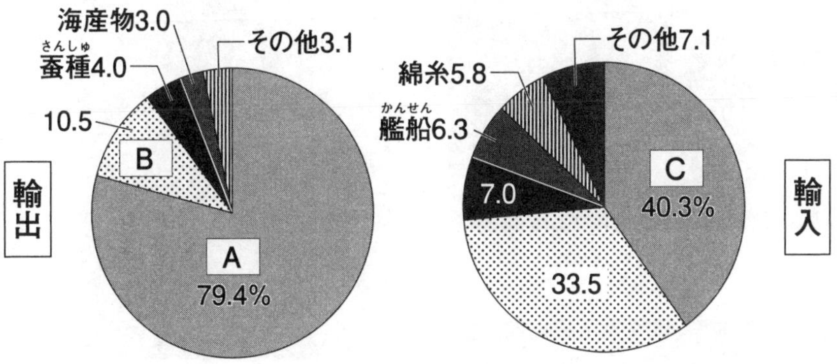

横浜での国別貿易額の割合（1865年）

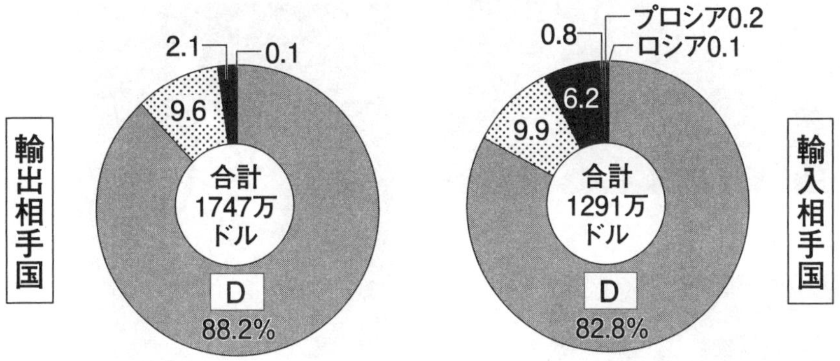

（石井孝『幕末貿易史の研究』より作成）

ア	**A**－生糸《きいと》	**B**－茶	**C**－綿織物	**D**－イギリス
イ	**A**－生糸	**B**－茶	**C**－毛織物	**D**－イギリス
ウ	**A**－生糸	**B**－茶	**C**－綿織物	**D**－アメリカ
エ	**A**－茶	**B**－生糸	**C**－綿織物	**D**－イギリス
オ	**A**－茶	**B**－生糸	**C**－毛織物	**D**－イギリス
カ	**A**－茶	**B**－生糸	**C**－綿織物	**D**－アメリカ

(９) 下線部⑨について，次の図版**ア〜オ**から，歌川（安藤）広重の作品を一つ選び，記号で答えなさい。

ア

イ

ウ

エ

オ

（『つながる歴史　神奈川県版』（浜島書店）より採録）

3 **次の文を読み，以下の問いに答えなさい。**

2016年から2030年までの15年間で，①国際連合に加盟するすべての国が誰《だれ》ひとり取り残さずに達成することをめざす17の目標「(　②　) な開発目標（ＳＤＧｓ)」が，2015年の国連サミットで採択《さいたく》されました。

ＳＤＧｓの特徴《とくちょう》は，17の目標がたがいにつながっており，統合的な取り組みに結びついていく点にあります。例えば，発展途上《とじょう》国には学校に通えない子どもがたくさんおり，特に女の子は教育の機会を奪《うば》われている現状があります。③「4．質の高い教育をみんなに」を達成するためには,「1．貧困をなくそう」や④「5．ジェンダー※1平等を実現しよう」が必要です。そして，これらを達成すれば「10．人や国の不平等をなくそう」の解決に一歩近づくことになります。このように，複数の目標を同時に達成する取り組みが求められているのです。ＳＤＧｓに対する企業《きぎょう》の取り組みも進んでいます。海外に進出している企業は⑤「8．働きがいも　経済成長も」を「1」や「10」の目標と結びつけることができます。地方自治体の中には“ＳＤＧｓ未来都市※2”に選定され，⑥「11．住み続けられるまちづくりを」をめざす都市も多くあります。

⑦国会では，例えば容器包装リサイクル法という法律が制定され（1995年制定)，廃棄《はいき》物の減量化や資源の有効利用が図られています。この法律に基づいて，2020年７月からレジ袋《ぶくろ》の有料化が実施されました。これは，国による「12．つくる責任つかう責任」⑧「13．気候変動に具体的な対策を」「14．海の豊かさを守ろう」に関連する取り組みといえます。一人一人が地球の課題に正面から取り組むことが

（　②　）な社会の実現への一歩なのではないでしょうか。

※１　ジェンダー…社会的・文化的な男女の性差のこと。
※２　ＳＤＧｓ未来都市…内閣府地方創生推進室が，ＳＤＧｓの達成に取り組んでいる都市を選定する制度。

（１） 下線部①について，国際連合に関して説明した文として**誤っているもの**を次の**ア～オ**から一つ選び，記号で答えなさい。

ア　国際連合の本部はアメリカのニューヨークに置かれている。
イ　国際連合の総会では，すべての加盟国が平等に１票を持つ。
ウ　日本は安全保障理事会の常任理事国である。
エ　国際連合が紛争《ふんそう》解決のために行う平和維持《いじ》活動に日本も参加している。
オ　国際連合の補助機関であるユニセフから，日本も太平洋戦争終戦直後に学校給食支援《しえん》を受けた。

（２） 空欄《くうらん》（　②　）について説明した次の文を読み，（　②　）に当てはまる語句を**漢字４文字**で答えなさい。

「（　②　）な開発目標」とは，将来の世代が必要とするものを保てるよう，環境《かんきょう》に配慮《はいりょ》しながら開発を行い，すべての人が平和と豊かさを獲得《かくとく》することを目的とするものである。

（３） 下線部③について，日本では憲法で教育を受ける権利が保障されています。この権利が分類される基本的人権として正しいものを次の**ア～オ**から一つ選び，記号で答えなさい。

ア　参政権　　　**イ**　自由権　　　**ウ**　社会権
エ　請求《せいきゅう》権　　　**オ**　憲法の条文にはない新しい権利

(４) 下線部④について，次のグラフは1979年・1999年・2019年の日本の女性の年齢《ねんれい》階級別労働力率（15歳《さい》以上人口に占《し》める労働力人口※の割合）の移り変わりを表しています。このグラフから読み取れることとして**誤っているもの**を，以下に続く**ア〜オ**から一つ選び，記号で答えなさい。

※　労働力人口…15歳以上の人口のうち「就業者」および「完全失業者」を合わせたもので，「労働する能力と意思を持つ人口」のこと。

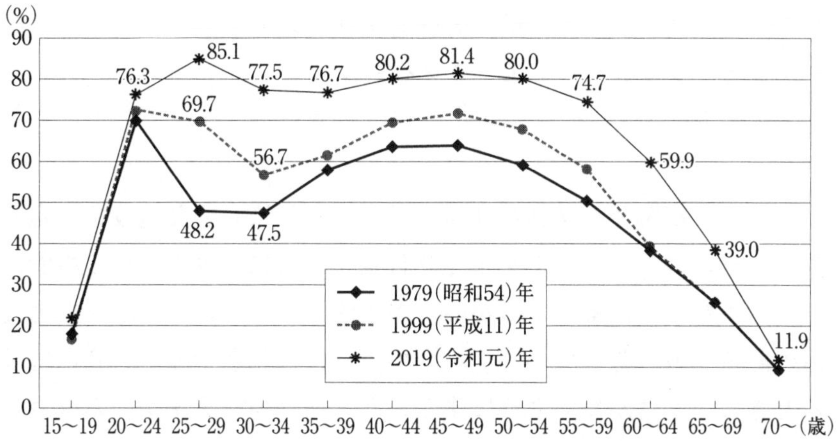

（内閣府『男女共同参画白書』令和2年度より作成）

ア　1979年と1999年は，20〜24歳の労働力率が最も高い。

イ　2019年は，25〜29歳の労働力率が最も高い。

ウ　2019年は60〜64歳の女性は半数以上が働いている。

エ　1979年は35〜39歳の女性は半数以上が働いていない。

オ　1999年は20〜64歳の女性の働く割合がすべての年代において，1979年より高く，2019年より低い。

(5) 下線部⑤について，下の文は「８．働きがいも　経済成長も」を実現するための企業の取り組みです。このような取り組みを何といいますか。次の**ア～オ**から一つ選び，記号で答えなさい。

> 貿易において，発展途上国で生産される原料や工業製品などを適正な価格で継続《けいぞく》して輸入することで，現地の人々の収入を安定したものにする。

ア　コンプライアンス　　**イ**　アウトソーシング
ウ　グローバリゼーション　　**エ**　イノベーション
オ　フェアトレード

(6) 下線部⑥について，高齢《こうれい》化が深刻な地域では，くらしに必要な施設《しせつ》を一定のエリアに集中させるコンパクトシティ化を目指すと共に，段差のある場所にスロープをつけるなど，高齢者や障がい者が生活しやすいような設備を充実《じゅうじつ》させ，生活の障壁《しょうへき》を取り除いています。このように高齢者や障がい者が施設を利用するときに，不便がないようにすることを何といいますか。**カタカナ６文字**で答えなさい。

(7) 下線部⑦について，法律は国会で制定されます。法律の制定以外の国会の仕事として**誤っているもの**を次の**ア～オ**から一つ選び，記号で答えなさい。

ア　予算を話し合って決める。　　**イ**　外国と条約を結ぶ。
ウ　内閣総理大臣を指名する。　　**エ**　裁判官を裁く裁判を行う。
オ　憲法改正を国民に発議する。

(8) 下線部⑧について，2016年に発効《はっこう》したパリ協定は，先進国も発展途上国も地球温暖化対策をとることを義務づけています。地球温暖化の最大の原因とされる，産業活動によって排出《はいしゅつ》された二酸化炭素，メタン，亜酸化窒素《あさんかちっそ》などをまとめて何といいますか。解答欄に合うように**漢字４文字**で答えなさい。

【理　科】〈難関進学クラス１次試験〉（社会と合わせて45分）〈満点：50点〉

1　ふりこに関して，以下の各問いに答えなさい。ただし，糸はたるむことなく，空気の抵抗《ていこう》や摩擦《まさつ》はないものとします。

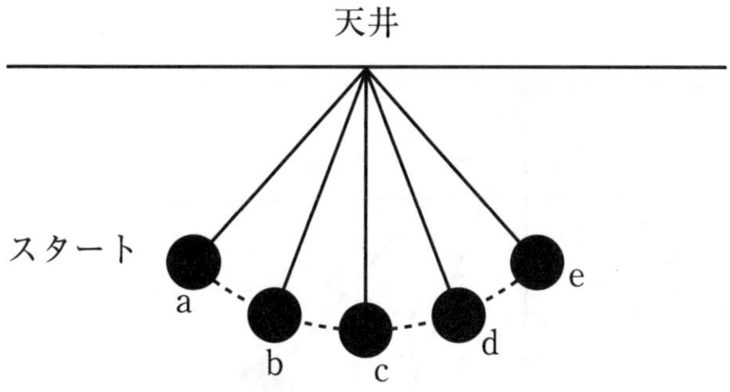

図１

(1)　図１のようなふりこをつくりました。このとき，ふりこが10往復する時間を３回調べたところ，12.6秒，12.6秒，12.3秒でした。ふりこが**１往復**する時間は平均で何秒ですか。小数点第２位を四捨五入して小数点第１位で答えなさい。

(2)　ふりこが動く速さが最も速いのはどこですか。図１中の記号ａ～ｅで答えなさい。

(3) おもりは変えずに，糸を長くして図２のようなふりこをつくり，位置 a′ からふりこが 10 往復する時間を調べました。糸を長くすると，ふりこが 10 往復する時間はどのようになりますか。

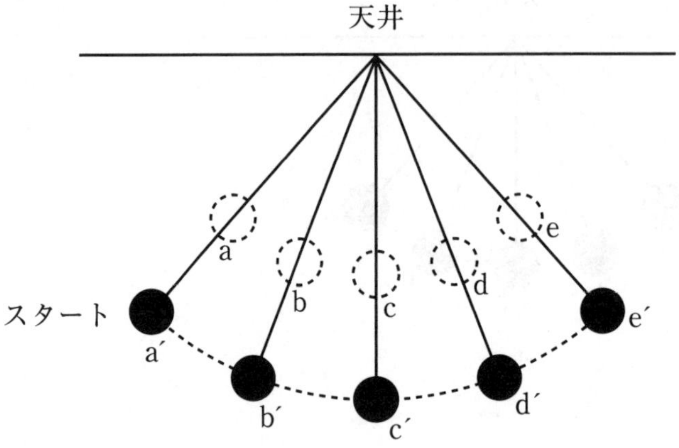

図２

(4) 図１のふりこで糸の長さは変えずに，おもりを重くして位置 a からふりこが 10 往復する時間を調べました。おもりを重くするとふりこが 10 往復する時間はどのようになりますか。

(5) 図１のふりこで糸の長さとおもりの重さを変えずに，位置 b からふりこが 10 往復する時間を調べました。スタートの位置を変えるとふりこが 10 往復する時間はどのようになりますか。

(6) ふりこの原理を利用している道具として正しいものを１つ選び，ア～カで答えなさい。

ア．ルーペ　　イ．くぎぬき　　ウ．ばれん
エ．こまごめピペット　　オ．メトロノーム　　カ．カスタネット

2 水よう液には酸性やアルカリ性などの性質があります。図１のように，BTBよう液を加えたうすい水酸化ナトリウム水よう液をつくり，これにうすい塩酸を少しずつ加えていきます。これについて，以下の各問いに答えなさい。

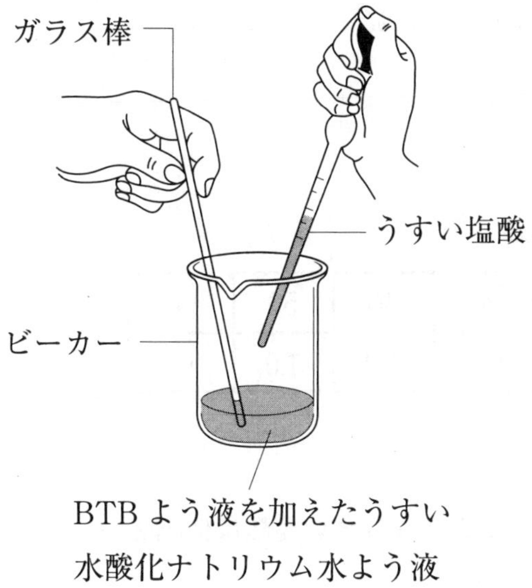

図１

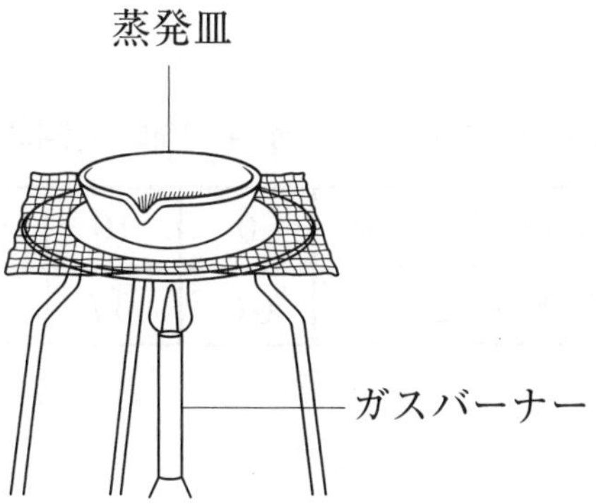

図２

(1) 酸性の水よう液とアルカリ性の水よう液を混ぜ合わせたとき，たがいの性質をうち消し合う反応を何といいますか。

(2) 図１のようにBTBよう液を加えたうすい水酸化ナトリウム水よう液をつくり，これにうすい塩酸を少しずつ加えていきます。２つの水よう液が完全にたがいの性質を打ち消し合ったとき，BTBよう液の色は何色になりますか。

(3) (2) の水よう液を蒸発皿に少量移し，図２のように加熱しました。加熱後，蒸発皿に残った白いものをけんび鏡で観察すると白い結しょうがありました。この白い結しょうは何ですか。

次の表は，図１の方法でうすい水酸化ナトリウム水よう液20㎤にさまざまな体積のうすい塩酸を加え，その水よう液を図２の方法で蒸発させたときにあらわれた白い結しょうの重さをまとめたものです。

うすい水酸化ナトリウム水よう液の体積　20㎤

加えたうすい塩酸［㎤］	0	10	20	30	40	50	60
白い結しょう［g］	0.6	0.7	0.8	0.9	1.0	1.0	1.0

(4) 表より，完全にたがいの性質をうち消し合うのに必要なうすい塩酸は何㎤必要なことがわかりますか。

(5) 加えたうすい塩酸が0㎤のときの白い結しょうは何ですか。

(6) (5) で答えた白い結しょうは，加えたうすい塩酸が増えるにしたがって，どうなりますか。「増える」「減る」「変わらない」より選び，答えなさい。

3 次の図は晴れた夏の日の正午の自然園を表したものです。以下の各問いに答えなさい。

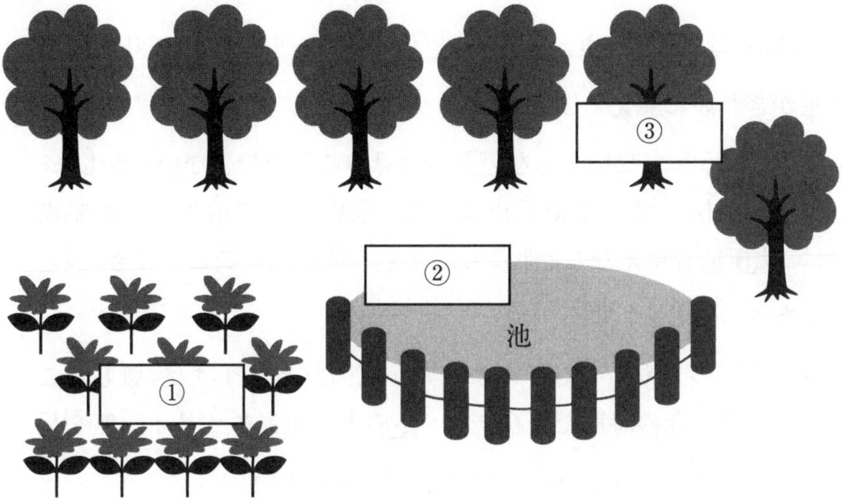

図

＜語群＞

カブトムシ	アブラゼミ	モンシロチョウ
オンブバッタ	オニヤンマ	カマキリ

(1) 図の①～③には，こん虫が隠《かく》れています。①～③の説明文も参考にして，それぞれにあてはまるものを語群から１つずつ選び答えなさい。

①：幼虫は菜の花の葉を食べていて，成虫は花のミツを吸っていました。
②：成虫が水辺にたまごを産んでいる姿を見ることができました。
③：口を木にさして樹液を吸っていました。

(2) 幼虫のとき水中で生活しているこん虫を語群から選び，答えなさい。

(3) 成虫が，おもに他のこん虫を食べるものを語群から２つ選び，答えなさい。

(4) 完全変態するこん虫を語群から２つ選び，答えなさい。

4 次の会話はある日の信一君とゆう子さんの会話です。会話文を読み，以下の各問いに答えなさい。

信一：ゆう子さん，昨日は①満月がきれいだったね。冬の夜空は少し寒いけど，晴れた日は星がきれいに見えるよね。

ゆう子：そうね。でも，どうして夜にならないと星は見ることができないのかしら。しかも，私たちが住んでいる横浜市よりも，家族旅行で泊《と》まった本栖《もとす》湖の夜空では②北極星も見えたし，他にもたくさん星を見ることができたわ。何の違いがあるのかしら。

信一：きっとそれは太陽の光や街の灯りによる光が原因だと思うけど，難しいことはわからないや。今の時期だと夜空に③冬の大三角形やオリオン座を見ることができるよね。ゆう子さんは見たことあるのかい。

ゆう子：ええ，見たことがあるわ。④冬の大三角形ってそれぞれ星の色も違うように感じるのよね。そういえば，オリオン座などの⑤星座は見る時間や日にちによって位置がずれているように感じるけど，どうしてかしら。

信一：じゃあ今度，一緒《いっしょ》に，⑥星座の位置がどのように変化するか観察しようよ。

ゆう子：いいわよ。次の天気がよさそうな日に観察しましょう。

(1) 下線部①について，満月を見ることができない時間帯を１つ選び，ア～エで答えなさい。

ア．日の出　　イ．昼間　　ウ．日の入り　　エ．真夜中

(2) 下線部②について，北極星をふくむ星座を答えなさい。

(3) 下線部③について，冬の大三角形を作る星をふくまない星座をすべて選び，ア～オで答えなさい。

ア．はくちょう座　　イ．おおいぬ座　　ウ．わし座
エ．こいぬ座　　オ．オリオン座

(4) 下線部④について，冬の大三角形はプロキオン，シリウス，ベテルギウスの3つの星からできています。それぞれの星の色として正しいものを１つ選び，ア～クで答えなさい。

	プロキオン	シリウス	ベテルギウス
ア	白色	青色	黄色
イ	白色	白色	赤色
ウ	白色	青色	赤色
エ	白色	白色	黄色
オ	黄色	青色	黄色
カ	黄色	白色	赤色
キ	黄色	青色	赤色
ク	黄色	白色	黄色

(5) 下線部⑤ついて，星座を１週間，同じ場所で同じ時刻に観察しました。１日目に真南に見えていた星座は，しだいにどのように見え方が変化しますか。次の説明文の中で正しいものを１つ選び，ア～オで答えなさい。

ア．１日目よりもしだいに西の空に位置がずれていく。
イ．１日目よりもしだいに東の空に位置がずれていく。
ウ．１日目と同じく真南に見えるが，地平線に近づくように位置がずれていく。
エ．１日目と同じく真南に見えるが，地平線から離れるように位置がずれていく。
オ．１日おきに東側にずれたり西側にずれたりする。

(6) 下線部⑥について，ある夜空の星の位置を１時間おきに確認して線で結んだ図を作りました。その結果が下の図です。信一君たちはどの方角の夜空を観察していましたか。正しいものを１つ選び，ア～エで答えなさい。

ア．東の空　　イ．北の空　　ウ．南の空　　エ．西の空

図

リノベーションの特徴

費用について	（　A　）
完成までの期間	（　B　）
設計の自由度	（　C　）

ア　A：高い　B：長い　C：低い
イ　A：安い　B：長い　C：高い
ウ　A：高い　B：短い　C：高い
エ　A：安い　B：短い　C：低い

問八　━━線部「大阪には、昔たくさんつくられた長屋建ての住居があります」とありますが、いま「大阪の長屋」がリノベーションされるようになっているのは、どのような価値があるからですか。本文中のことばを使って四〇字以内で説明しなさい。

問七　本文と次のチラシを参考にして、スクラップ・アンド・ビルドと比べた「リノベーションの特徴」をまとめた表を作りました。（　　）に当てはまることばの組み合わせとして最も適切なものを次から一つ選び、記号で答えなさい。

古い長屋・古家の今後の利用を考えるなら……

建て替えより **リノベーション** がオススメ！

ポイント１　１／３の価格で新築同然に！

どんなに低価格な住宅でも、今まで住んでいたお家を解体して建て替《か》えると、1,500万円を超《こ》える価格になります。この負担は大変なものです。そこで当社は「費用をかけない建て替えシステム」が必要だと考えました。

これまでの資材で使えるものは使うと、費用を１／３に抑えて新築同然に住宅を生き返らせることができます。

「あと20年安心して住み続けられる古家を新築に再生するシステム」を提案します。

ポイント２　工期は長くて１ヶ月！

リノベーションの際に気になるのが、どのくらい工期がかかるかという点です。工事の規模によっては仮住まいをどこかに用意する必要もあり、そのための手間やコストがかかってしまいます。

当社では綿密に計画を立てて工事を行うため、工期は最長でも１ヶ月と短期間での対応が可能です。

お客様の負担を最小限に抑《おさ》えられるように心掛けています。

ずっとサポートあなたの夢のお手伝い

(株)○○ホームズ

お問い合わせは ☎ 072-00SA-KA88

問一　～～～線部Ａ「生産・消費」は対義語の組み合わせになっていますが、次のことばの組み合わせのうち対義語でないものを一つ選び、記号で答えなさい。

ア　安全・危険　　イ　心配・不安　　ウ　前進・後退　　エ　全体・部分

問二　～～～線部Ｂ「ニーズ」の意味として最も適切なものを、次から一つ選び記号で答えなさい。

ア　重要　　イ　主要　　ウ　要求　　エ　要項

問三　――線部１「それ」が指す内容として最も適切なものを、次から一つ選び記号で答えなさい。

ア　行き詰まった経済の仕組み　　イ　これまで失われてきたもの　　ウ　「モノ」の量的な豊かさ　　エ　「モノ」

問四　――線部２「経済活動の様相は一変します」とありますが、どのように変わるのですか。最も適切なものを次から一つ選び、記号で答えなさい。

ア　新しいモノをつくりだすことだけでなく、「意味」を付け加えることが価値につながる重要なことになる。

イ　同じ機能を持つモノでも、労力をかけずに生産できるモノの方が価値が高いと思われるようになる。

ウ　新しいモノをつくりだすよりも、歴史的な価値のある古いモノの方が大切にされるようになる。

エ　同じ機能を持つモノでも、誰《だれ》もが持っているモノの方が価値が高いと判断されるようになる。

問五　［３］に入る適切なことばを、ここより前の本文中から五字でぬき出しなさい。

問六　――線部４「知識や情動が消費されるいまの時代に、もっともふさわしくない開発方式は、『スクラップ・アンド・ビルド』です」とありますが、「スクラップ・アンド・ビルド」がふさわしくない理由として最も適切なものを、次から一つ選び記号で答えなさい。

ア　新しくてきれいという価値は、その場所ならではの個性とは言いがたいから。

イ　その場所の新たな「ストーリー」を作り出すには、さまざまな人々の知恵が必要だから。

ウ　歴史のある建物を新たに作り替えることは、なじんできた住民の賛成が得られないから。

エ　地域の歴史やその場所のストーリーを「リセット」するためには、莫大《ばくだい》な費用がかかるから。

4 知識や情動が消費されるいまの時代に、もっともふさわしくない開発方式は、「スクラップ・アンド・ビルド」です。地域空間において営々と積み上げられてきた暮らしの風景は、いちど壊《こわ》されたらもとには戻りません。

スクラップ・アンド・ビルドは、工業化・近代化の時代には効率的な開発手法でした。かつては、地域の歴史やその場所のストーリーを「リセット」することこそが開発だ、と考えられていた時代がありました。しかし、建てなおされたその場所は新しくてきれいかもしれませんが、他の場所にも次々と新しいものはできるので、その場所ならではの個性を保っていくのはなかなか大変です。

これに対して、歴史のある自然や建物を、完全にスクラップせずに、むしろその雰囲気を守りつつ、時代にあった機能や意味を加えて再生する手法が「リノベーション」です。リノベーションとはもともと建築用語で、中古の建築物に対して、現代的に機能・価値を再生するために全面的に改修する事業をさします。

たとえば大阪には、昔たくさんつくられた長屋建ての住居があります。その起源は、大阪が商人・町人のまちとして発展した近世にあり、近代に入ってからは自治体の都市計画によって再整備されてきた歴史があります。大阪の長屋は、このように長いあいだ引《ひ》き継《つ》がれてきた庶民《しょみん》の暮らしを象徴《しょうちょう》する「大阪らしい」建造空間です。一時期はその価値が認められず、老《ろう》朽化《きゅうか》が進むにつれ取《と》り壊《こわ》されてきましたが、近年は、レトロな雰囲気やコミュニティ感覚が再評価されて、店舗《てんぽ》、事務所、宿泊施設《しゅくはくしせつ》などにリノベーションされるようになっています。モノとしては古くなり、その点では価値を失っていても、別の角度から「意味」を与えられることで、価値が再生するのです。

（除本理史・佐無田光『きみのまちに未来はあるか？』より）

（注）
※情動…喜怒哀楽《きどあいらく》などの感情。情緒《じょうちょ》。
※媒体…何かを伝えるための手段。なかだち。

的な評価に耐《た》え、生き残ることでむしろその価値は高まります。これは、作品というモノそれ自体ではなく、そこに与《あた》えられた「意味」が価値の根拠《こんきょ》になっているためです。モノの「意味」が深まって、見ている人の知識や※情動が高まれば、それにしたがい価値も増加するのです。

従来の経済の常識では、労働を投下して、新しい財やサービスをつくりだすことによってのみ、経済的価値は生まれるとされていました。ところが、何ら新しいものを生産しなくても、すでにあるものに対して「意味」を与えることで価値が高まるのならば、[2]経済活動の様相は一変します。そのため、現代では「モノづくり」だけでなく、「コトづくり」(ストーリーの生産)が重要になっているといわれます。

もちろん、見えるもの、ふれられるものがあってこそ五感は刺激《しげき》されますから、「コトづくり」の時代に入っても「モノづくり」の重要性は失われません。大事な点は、そこに知識や情動、倫理《りんり》や美しさといった[3]がどれだけあるかです。

「限界費用ゼロ社会」という表現があるように、すでにあるモノをコピーしたり増やしたりする生産は、デジタル化などの技術によって、限りなく費用ゼロでできるようになりつつあります(「限界費用」とは経済学の用語で、生産量を一単位増加させたときにかかる追加的費用のこと)。農業にせよ工業にせよ、規格品をたくさん生産するだけでは、値段を安くしていく価格競争に追いこまれてしまいます。

しかしたとえば、技術や知識をもった職人が、厳選された材料から精巧《せいこう》で美しい製品を生み出したならば、その製品はモノそれ自体にとどまらず、他にはない真実のストーリー、固有性を備えるでしょう。そこでは「ストーリー」のほうが主であり、「モノ」はその※媒体《ばいたい》になっています。「コトづくり」の重要性が説かれるのは、このようにモノにどんな「意味」を付け加えるかが大事だからなのです。

二〇世紀の常識では、地域の発展のためには産業が必要だと考えてきました。しかし、二一世紀の経済では、追加費用をかけて、いま以上にモノを増やしていくビジネスモデルは最小限になっていくでしょう。逆に、地域にあるものをそのまま使うことで、費用を節約することができます。大きな投資がなくても、地域の空間や暮らしそのものが、人びとに求められる「舞台《ぶたい》」となるわけです。

問七　——線部５「地面にはぼくたちの影が濃くうつって、『あわゆき』の黒い字を思い出した」とありますが、この場面からどのようなことがわかりますか。最も適切なものを次から一つ選び、記号で答えなさい。

ア　お墓に入ることができたあわゆきが天国からぼくに感謝を伝えているということ。
イ　この夏の出来事が忘れられない家族の思い出として心に焼き付いたということ。
ウ　これまで泣くのをこらえていたけれども、がまんができなくなったということ。
エ　地面にうつったぼくたちの濃い影と白い雲の対比が美しかったということ。

問八　——線部「そのうちにだんだん不安になってきた」とありますが、広太がそのように思った理由を説明した次の文の□の中に二十五字以上三十五字以内でことばを入れなさい。

□と思ったから。

四　**次の文章を読んで、後の問いに答えなさい。**

二〇世紀の経済における一つの特徴《とくちょう》は、規格化された画一的な商品を大量に生産・消費してきたことです。それにともなって、地域の固有性も失われていきました。地域それぞれに、歴史や風土に根ざした多様な暮らしがあったのですが、近代的な開発のもとでどんどん失われていったのです。

しかし現代では、そのような経済の仕組みは行《い》き詰《づ》まり、これまで失われてきたものが見直されるようになっています。人びとはこれ以上「モノ」の量的な豊かさを求めるのではなく、それによって得られる「知識」や心温まる「感動」といった無形の要素を重視するようになりました。このようなニーズの変化は、従来の経済活動や価値に対する考え方を大きく変えています。

たとえば「モノ」の機能は変わらなくても、あるいは時間がたって劣化《れっか》したとしても、そこに「意味」や「物語」（ストーリー）が加わることで価値が大きくなります。芸術作品がわかりやすい例ですが、時間がたつと「モノ」としては劣化しても、歴史

問五　―――線部3「父さんも母さんもなにも言わない。どうしたらいいかわからなくなった」とありますが、このときのそれぞれの気持ちの説明として最も適切なものを次から一つ選び、記号で答えなさい。

ア　父も母も広太がファースト名刺を作るときに姉の名前の由来を理解しようとしていたことに感動しているが、広太は解釈《かいしゃく》がまちがっていたかもしれないと思っている。

イ　父や母は広太がひとりで三日月堂を探し当てて名刺を作った行動力をほめる言葉を探しているが、広太は相談もせずにやったことが軽率だったかもと思い始めている。

ウ　父も母も広太の作ってくれたファースト名刺の出来映《できば》えのすばらしさに驚いているが、広太は勝手にしたことがかえって両親を傷つけたかもしれないと思っている。

エ　父や母はファースト名刺を作った広太の心の成長や優しさがうれしくて声も出せないでいるが、広太は父と母がすぐに喜んでくれないことを不安に思っている。

問六　―――線部4「あれができるのは、きっとお前しかいないんだ」とありますが、父は広太がどのようなことができたと思っていますか。最も適切なものを次から一つ選び、記号で答えなさい。

ア　母親の中に残っているあわゆきへの悲しい思いを、すっかり取り去ったこと。

イ　ぼくが納骨に立ち合うことで、親戚《しんせき》や母親に存在感を示すことができたこと。

ウ　母親の心をなぐさめることで、遺骨をお墓に納める気持ちを後押《あとお》ししたこと。

エ　涙を見せることなくしっかりとした態度を保つことで、母親を安心させたこと。

ぼくがなにをしたって、あわゆきがいなくなったことは変わらない。きっと母さんのなかには、ずっとあわゆきのあとが残っている。

空は晴れていて、白い雲がもくもくして、セミの声がした。地面にはぼくたちの影《かげ》が濃《こ》くうつって、「あわゆき」の黒い字を思い出した。

（ほしおさなえ『活版印刷三日月堂　海からの手紙』より）

問一 [A] に入る最も適切なことばを次から一つ選び、記号で答えなさい。

ア ぐずぐず　イ のそのそ　ウ そろそろ　エ ぼちぼち

問二 〰〰線部Ｂ「準備」の類義語を本文中から漢字二字でぬき出しなさい。

問三 ――線部１「大事なものだから、痛くても消しちゃいけないと思う」とありますが、「大事なもの」とは何ですか。本文中から三字でぬき出しなさい。

問四 ――線部２「そこのお姉さんが、『ファースト名刺』っていうものを教えてくれたんだよ。赤ちゃんの名刺。住所も苗字もない、名前だけの名刺」とありますが、ここから「ファースト名刺」を作ることにはどのような意味があると考えられますか。最も適切なものを次から一つ選び、記号で答えなさい。

ア 名前は一生変わることがないものだから、小さい頃から多くの人に名前をほめてもらいたい、という意味。

イ 名前以外は空白にすることで、たくさんの地位や名誉を手に入れられるようがんばってほしい、という意味。

ウ 名前は、何ももたずに生まれてきた子どもがはじめて手に入れるものだから大切にしてほしい、という意味。

エ 名前は名刺を使って広めていくものだから、早く作ることで少しでも早く一人前になってほしい、という意味。

母さんが言った。笑おうとしているが、目には涙《なみだ》がたまっている。それを見ていたら、ぼくも泣きそうになった。

「あわゆきのお骨、やっぱりお墓に納めましょう」

母さんが言った。

「さびしくないのか」

父さんが言った。

「さびしく……ないよ」

母さんが泣いた。ぼくも泣いた。なぜかわからなかったけど、ただ涙が出た。

富山のお寺は、海の近くにある。だからちょっとだけ、海の匂《にお》いがする。

セミの声がして、住職さんのお経《きょう》が聞こえて、ここにはこういう夏がずっとずっと繰《く》り返《かえ》されているんだ、と思った。ひいじいちゃんもひいばあちゃんも、そのなかで眠《ねむ》っている。

お経をあげたあと、あわゆきのお骨を納めるために、お墓を開けた。父さんと叔父《おじ》さんとぼくで石の蓋を持ち上げる。蓋は思ったよりずっと重かった。ちょっとやそっとじゃ動かなかった。

なかには骨壺《こつつぼ》が並んでいた。ひいじいちゃんの、ひいばあちゃんの、そのお父さんとお母さん。父さんがひいじいちゃんの壺のそばにあわゆきの壺を置いた。それだけとても小さかった。

母さんは泣いていた。だけど、ぼくは泣かなかった。父さんから、広太は男だから泣いちゃいけない、と言われたのだ。

――あわゆきの名刺、ありがとうな。

今朝、ふたりになったときに父さんが言った。

――4あれができるのは、きっとお前しかいないんだ。父さんが同じことをしてもダメ。母さんの両親でもきっとダメだ。あわゆきと同じように母さんから生まれたお前だけができること。お前は、自分で考えてそれをしたんだ。立派だよ。

そうなのかな。よくわからなかった。

母さんが箱を受け取る。

父さんも横から箱を覗《のぞ》き込《こ》んだ。

母さんが箱の蓋《ふた》を開ける。そのとたん、母さんも、父さんも、目を見開いた。

「これ……」

母さんが「あわゆき」の文字に指をのばす。

「名刺。母さんが言ってた、活版印刷の店で作ったんだ」

「え、あの朗読会の？　どうやって……？」

「中谷先生に聞いたんだよ」

「お前、ひとりで行ったのか？」

父さんが驚《おどろ》いたように言う。

「三日月堂、って言うんだ。2そこのお姉さんが、『ファースト名刺』っていうものを教えてくれたんだよ。赤ちゃんの名刺。住所も苗字《みょうじ》もない、名前だけの名刺」

母さんはなにも言わず、じっと名刺を見ている。

「あの、ぼく……『あわゆき』っていい名前だと思うんだ。淡雪《あわゆき》って春の雪でしょう？　雪が消えたら春が来る。母さんはきっと、春が来ることを思ってこの名前をつけたんだ、だから、あったかい、いい名前だとぼくは思う」

3父さんも母さんもなにも言わない。どうしたらいいかわからなくなった。

「ごめんなさい。けど、三日月堂のお姉さんと話したんだ。悲しさは消えないけど、大事なものだから消しちゃいけないんだ、って。ぼくはあわゆきのことを知らない。だけど、覚えていたかったんだ、だから……」

名刺は雪のように白くて、「あわゆき」の文字は足跡《あしあと》みたいだった。あわゆきと父さんと母さんとぼくが雪の上を歩いていくのが見えた。もしかしたら、そういう日があったのかもしれないんだな、と思った。

「悪くないよ、広太」

弓子さんに言われた料金（思っていたよりずっと安かった）を渡《わた》し、箱を受け取る。箱をそうっとカバンに入れ、家に戻《もど》った。

それからしばらく父さんの帰りが遅《おそ》い日が続いて、箱はぼくの部屋の机の引き出しのなかにあった。そのうちにだんだん不安になってきた。よく考えたら、こんなの渡しても、父さんも母さんも喜ばないかもしれない。辛《つら》い思い出なんだから、わざわざ思い出させるものを渡すのはよくないことかもしれない。

ますます渡せなくなって、[A]とお墓まいりに行く前日になってしまった。今日は父さんも早く帰ってきて、明日からの[B]準備をしている。だけど、あの壺をどうするのかは、よくわからなかった。

「広太、明日の支度《したく》、終わったの？」

夕食が終わるころ、母さんが言った。

「うん、だいたい……」

ぼくはうなずく。そして、渡すなら今しかない、と思った。

——あとはずっと消えないかもしれない。でも、[1]大事なものだから、痛くても消しちゃいけないと思う。

あの名刺、弓子さんといっしょに一生懸命《いっしょうけんめい》作ったんだ。

「あの……ちょっと待ってて」

ぼくは立ち上がり、自分の部屋に入った。引き出しから名刺の箱を取り出す。ぎゅっと手のひらに包んで、リビングに戻った。

「どうしたの？」

母さんが不思議そうな顔をした。

「ちょっと……渡したいものがあるんだ」

そこまで言って、また不安になる。だけど……。意を決して、箱を差し出した。

「なに、これ？」

二〇二一年度
鶴見大学附属中学校

【国　語】〈難関進学クラス一次試験〉（四五分）〈満点：一〇〇点〉

《注意》（字数制限のある問題は、句読点・記号も一字に数えます。）

一　**次の――線部の漢字の読み方を書きなさい。**

1　往来がはげしい。　2　木目の美しい家具。　3　品位あるふるまい。

4　日光を浴びる。　5　強敵を退ける。

二　**次の――線部のカタカナを漢字で書きなさい。**

1　上昇《じょうしょう》シコウの強い人。　2　書類をソウフする。　3　ベンゼツをふるう。

4　図工でアツガミを使う。　5　給水所をモウける。

三　**次の文章を読んで後の問いに答えなさい。**

小学五年生の広太は、学校の先生の朗読会に行った母親がもらってきたプログラムを見て印刷に興味を持ち、弓子さんが営む印刷所に出入りするようになる。ある日、広太は父親から、生後三日で亡《な》くなった「あわゆき」という名の姉がいたこと、家に置いてある遺骨の入った壺《つぼ》を今度の法事でお墓に入れようと思案していることを告げられた。

次の日、引き出しにためていたお小遣《こづか》いを持って、三日月堂に行った。弓子さんが箱を出してくれた。白い紙の箱だ。開くとなかに名刺《めいし》が入っていた。ちょうどよさそうな箱があったから、入れといたからね、と弓子さんが言った。

2021年度

鶴見大学附属中学校 ▶解説と解答

算　数　＜難関進学クラス１次試験＞（45分）＜満点：100点＞

解　答

1 (1) 0　(2) 2　(3) 9　(4) $\frac{5}{21}$　(5) 1　2 (1) 9通り　(2) 90g　(3) 77人　(4) 68.5点　(5) 46　(6) 時速4km　(7) 160g　(8) 18　3 (1) 8　(2) 201番目　4 (1) $94.2cm^2$　(2) 30度　(3) 18度　5 (1) $12000cm^3$　(2) 19cm

解　説

1 四則計算，逆算

(1) $2021\div47-(128-35+122)\div5=43-(93+122)\div5=43-215\div5=43-43=0$

(2) $\left(\frac{1}{2}-\frac{1}{3}+\frac{1}{4}\right)\div\left(\frac{1}{6}+\frac{1}{8}-\frac{1}{12}\right)=\left(\frac{6}{12}-\frac{4}{12}+\frac{3}{12}\right)\div\left(\frac{4}{24}+\frac{3}{24}-\frac{2}{24}\right)=\left(\frac{2}{12}+\frac{3}{12}\right)\div\left(\frac{7}{24}-\frac{2}{24}\right)=\frac{5}{12}\div\frac{5}{24}=\frac{5}{12}\times\frac{24}{5}=2$

(3) $8-\{7+(\square-6)\times5-4\}\div3=2$ より，$\{7+(\square-6)\times5-4\}\div3=8-2=6$，$7+(\square-6)\times5-4=6\times3=18$，$7+(\square-6)\times5=18+4=22$，$(\square-6)\times5=22-7=15$，$\square-6=15\div5=3$　よって，$\square=3+6=9$

(4) $\frac{2}{3}+\frac{4}{5}\div\frac{6}{7}\times\square=\frac{8}{9}$ より，$\frac{4}{5}\times\frac{7}{6}\times\square=\frac{8}{9}-\frac{2}{3}=\frac{8}{9}-\frac{6}{9}=\frac{2}{9}$，$\frac{14}{15}\times\square=\frac{2}{9}$　よって，$\square=\frac{2}{9}\div\frac{14}{15}=\frac{2}{9}\times\frac{15}{14}=\frac{5}{21}$

(5) $1\frac{1}{5}\times\left\{0.5+\left(2\frac{1}{3}-\square\right)\div2\right\}-0.4=1$ より，$1\frac{1}{5}\times\left\{0.5+\left(2\frac{1}{3}-\square\right)\div2\right\}=1+0.4=1.4$，$0.5+\left(2\frac{1}{3}-\square\right)\div2=1.4\div1\frac{1}{5}=\frac{14}{10}\div\frac{6}{5}=\frac{7}{5}\times\frac{5}{6}=\frac{7}{6}$，$\left(2\frac{1}{3}-\square\right)\div2=\frac{7}{6}-0.5=\frac{7}{6}-\frac{1}{2}=\frac{7}{6}-\frac{3}{6}=\frac{4}{6}=\frac{2}{3}$，$2\frac{1}{3}-\square=\frac{2}{3}\times2=\frac{4}{3}$　よって，$\square=2\frac{1}{3}-\frac{4}{3}=1\frac{4}{3}-\frac{4}{3}=1$

2 場合の数，消去算，分配算，平均とのべ，約束記号，速さ，濃度《のうど》，条件の整理

(1) 10円玉，50円玉，100円玉の硬貨《こうか》を使って，220円をつくる方法は，右の図1のように9通りある。

図1

100円玉(枚)	2	1	1	1	0	0	0	0	0
50円玉(枚)	0	2	1	0	4	3	2	1	0
10円玉(枚)	2	2	7	12	2	7	12	17	22

(2) ●＝▲▲より，●●＝▲▲▲▲だから，●●▲▲▲＝▲▲▲▲▲▲▲＝315gになる。よって，▲＝315÷7＝45(g)となるので，●1個の重さは，45×2＝90(g)である。

(3) 女子の人数を①とすると，男子の人数は(②－5)人となるから，(②－5)＋①＝118(人)と表すことができる。すると，③－5＝118，③＝118＋5＝123より，女子の人数は，123÷3＝41(人)とわかる。よって，男子の人数は，118－41＝77(人)と求められる。

(4) 5人の平均点は77.5点なので，5人の合計点は，77.5×5＝387.5(点)である。また，A，B，C 3人の平均点は，77.5＋6＝83.5(点)だから，3人の合計点は，83.5×3＝250.5(点)となる。よって，Ｄ，Ｅ２人の合計点は，387.5－250.5＝137(点)になるので，２人の平均点は，137÷２＝68.5(点)である。

⑸ 〔６，18〕＝18－６＝12だから，〔A，25〕は，12－９＝３か，12＋９＝21とわかる。〔A，25〕＝３のとき，Aは，25－３＝22か，25＋３＝28になり，〔A，25〕＝21のとき，Aは，25－21＝４か，25＋21＝46になる。よって，Aにあてはまる数でいちばん大きい数は46である。

⑹ １時間30分は，$30\div60=\frac{1}{2}$(時間)より，$1\frac{1}{2}$時間になり，３時間45分は，$45\div60=\frac{3}{4}$(時間)より，$3\frac{3}{4}$時間である。時速10kmで１時間30分かかる道のりは，$10\times1\frac{1}{2}=15$(km)なので，15kmを３時間45分で歩くときの速さは時速，$15\div3\frac{3}{4}=4$ (km)と求められる。

⑺ (食塩の重さ)＝(食塩水の重さ)×(濃度)より，15%の食塩水400ｇにふくまれる食塩の重さは，400×0.15＝60(ｇ)である。また，取り出した食塩水と加えた水の重さは同じだから，９％の食塩水の重さも400ｇとなり，そこにふくまれる食塩の重さは，400×0.09＝36(ｇ)になる。よって，取り出した食塩水にふくまれる食塩の重さは，60－36＝24(ｇ)とわかるので，取り出した食塩水の重さは，24÷0.15＝160(ｇ)と求められる。

⑻ 右の図２で，Bのマスで横とななめが交わるので，○をつけた３個の数の和と□をつけた３個の数の和は等しいとわかる。このことから，$9+19+A=22+17+7$という式で表すことができる。よって，Aにあてはまる数は，(22＋17＋７)－(９＋19)＝46－28＝18である。

図２

⑨			20
	⑲		13
[22]	[17]	B	[7]
11			Ⓐ

3 周期算

⑴ ｛２，４，６，８，６，４｝の６個の数がくり返し並んでいる。100÷６＝16余り４より，100番目までには６個の数が16回くり返され，さらに４個の数が並ぶので，100番目の数は４番目の数と同じ８とわかる。

⑵ くり返し並ぶ６個の数の和は，２＋４＋６＋８＋６＋４＝30だから，1000÷30＝33余り10より，６個の数を33回加えた後に，２＋４＋６＝12より，３個の数を加えれば余りの10をこえる。よって，こうなるのは左から数えて，６×33＋３＝201(番目)の数を加えたときである。

4 平面図形―面積，角度

⑴ おうぎ形OABの面積は，$10\times10\times3.14\times\frac{108}{360}=94.2(\mathrm{cm}^2)$である。

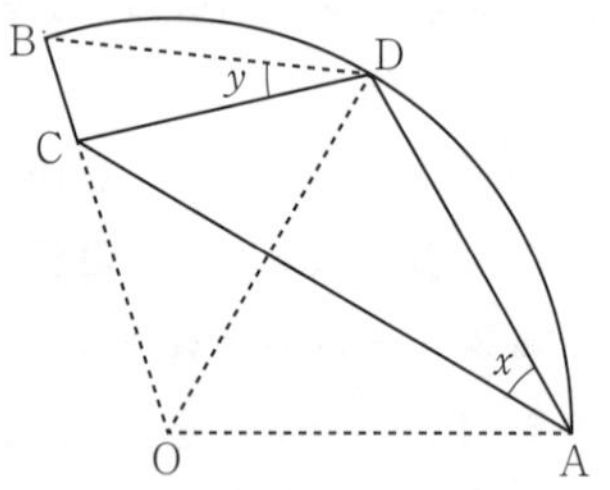

⑵ 右の図で，OD＝OA＝DAより，三角形OADは正三角形なので，角OADの大きさは60度になる。また，三角形OACと三角形DACは合同だから，角OACの大きさと角xの大きさは等しいとわかる。よって，角xの大きさは，60÷２＝30(度)となる。

⑶ 角CODの大きさは，108－60＝48(度)であり，三角形CODは，OC＝DCの二等辺三角形なので，角CDOの大きさは角CODの大きさと同じ48度になる。また，三角形OBDは，OB＝ODの二等辺三角形だから，角ODBの大きさは，(180－48)÷２＝66(度)である。よって，角yの大きさは，66－48＝18(度)と求められる。

5 立体図形―水の深さと体積

⑴ 水そうを45度かたむけた下の図１で，角DEGが90度，角EDGが45度より，三角形DEGは直角二等辺三角形なので，EGの長さはEDの長さと同じ20cmとなり，GFの長さは，30－20＝10(cm)と

わかる。よって，㋐の部分に残った水の量は，(10＋30)×20÷２×30＝12000(cm^3)である。

(2)　図１の㋑の部分の台形の面積と，水そうをもとにもどした右の図２の㋑の長方形の面積は等しいから，ウとエの長さの和と，オの長さの２倍は等しい。図１で，(1)と同様に三角形HIJは直角二等辺三角形なので，IJの長さはIHの長さと同じ，30－20＝10(cm)となり，ウの長さは，24－10＝14(cm)とわかる。よって，ウとエの長さの和は，14＋24＝38(cm)だから，求める水面の高さ(オの長さ)は，38÷２＝19(cm)である。

図１
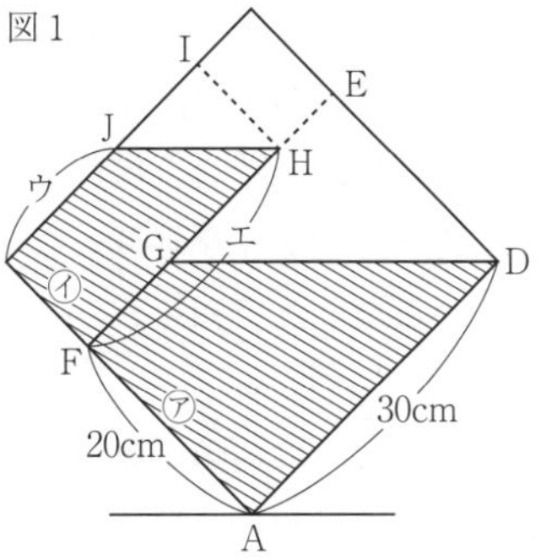

図２
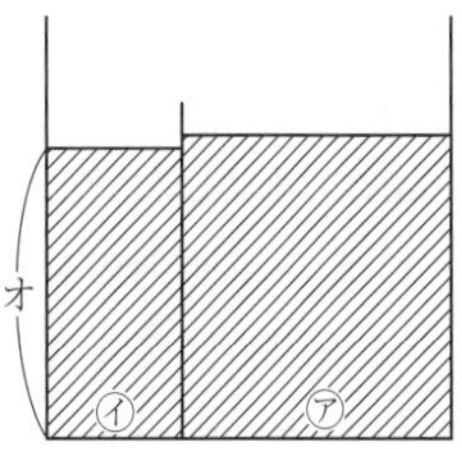

社　会　＜難関進学クラス１次試験＞（理科と合わせて45分）＜満点：50点＞

解　答

1 (1)　ア　(2)　ウ　(3)　イ　(4)　エ　(5)　甲府(盆地)　(6)　ア　(7)　エ　(8)　赤石(山脈)　**2** (1)　カ　(2)　エ　(3)　イ　(4)　ウ　(5)　ア　(6)　ウ　(7)　治外法権　(8)　イ　(9)　ア　**3** (1)　ウ　(2)　持続可能　(3)　ウ　(4)　エ　(5)　オ　(6)　バリアフリー　(7)　イ　(8)　温室効果(ガス)

解　説

1　各地の地形や産業，地形図の読み取りなどについての問題

(1)　日本は，オーストラリアから多くの資源を輸入しており，液化天然ガス・鉄鉱石・石炭の輸入先でオーストラリアが第１位となっている。なお，原油がほとんどを占《し》めるイはサウジアラビア，鉄鉱石やコーヒーの輸入が多いウはブラジル，自動車の輸入が多いエはドイツ，石炭が多いオはカナダである。統計資料は『日本国勢図会』2020／21年版による(以下同じ)。

(2)　ア　地形図には方位記号が示されていないので，上が北，右が東，下が南，左が西となる。JR両国駅の北側には国技館があるので，正しい。　イ　JR両国駅からJR錦糸町《きんしちょう》駅へむかう線路の左手には小・中学校(文)がみられるので，正しい。　ウ　JR錦糸町駅の北にみられるＸは交番で，警察署は⊗で表される。　エ　墨田《すみだ》区役所(◎)は東京スカイツリーの西にあるので，正しい。　オ　隅田《すみだ》川にかかる蔵前《くらまえ》橋の近くには老人ホーム(⌂)がみられるので，正しい。

(3)　2020年時点で，生産額が全国で最も多い工業地帯・地域は中京工業地帯なので，イが誤っている。

(4)　淡路《あわじ》島は兵庫県に属する島で，明石海峡《あかしかいきょう》大橋で兵庫県神戸市と，大鳴門橋で徳島県鳴門市とつながっている(３つある本州四国連絡橋のうちの神戸―鳴門ルート)。淡路島は，たまねぎの生産がさかんなことでも知られる。

(5)，(6)　山梨県の県庁所在地は甲府市で，県中央部に広がる甲府盆地に位置している。甲府盆地には扇状地《せんじょうち》があり，水はけのよさと日当たりのよさを生かした果物の栽培がさかんに行われている。特に，ぶどうとももの生産量は山梨県が全国第１位となっている。また，長野県も盆地での果物栽培がさかんで，りんごの生産量は青森県についで全国第２位，ぶどうの生産量は山梨県についで全国第２位である。山形県も盆地での果物栽培がさかんで，おうとう（さくらんぼ）や西洋なしの生産量は全国第１位，ももとりんごは第４位，ぶどうは第３位などとなっている。

⑺　愛知県南東部の渥美《あつみ》半島は，温暖な気候に加えて，1968年に天竜川と豊川を水源とする豊川用水が完成したことから，農業がさかんな地域となった。特に，夜間に照明を当てて開花時期を調整する，電照菊の栽培がさかんなことで知られる。なお，アは岐阜県，イは三重県，ウは長野県，オは静岡県に関する文章。

⑻　本州の中央部には，北から順に飛驒《ひだ》山脈・木曽山脈・赤石山脈が連なっている。これらは合わせて日本アルプスとよばれ，それぞれ北アルプス・中央アルプス・南アルプスとよばれる。

２　各時代の歴史的なことがらについての問題

⑴　Ａは1941年，Ｂは1939年，Ｃは1931年，Ｄは1937年のできごとなので，時代順にＣ→Ｄ→Ｂ→Ａの順となる。

⑵　浄土《じょうど》教を信仰した藤原頼通《よりみち》は，平安時代中期の1052年，父の道長からゆずり受けた京都宇治の別荘を平等院に改め，翌53年，極楽浄土をこの世に再現し，阿弥陀《あみだ》仏をまつるため，平等院鳳凰《ほうおう》堂を建てた。よって，エが誤っている。

⑶　源氏の将軍が３代で絶えると，1221年，後鳥羽《ごとば》上皇は鎌倉幕府を倒し，朝廷の手に政権を取り戻そうとして承久の乱を起こした。しかし，上皇に味方する武士は少なく，幕府軍の前にわずか１か月で敗れた。また，上皇は隠岐《おき》（島根県）に流された。

⑷　足軽とは，馬に乗らずに戦う歩兵のことで，室町時代に起こった応仁の乱以後，集団戦が主流となってから活躍《かつやく》した。元軍との戦いで日本の武士は，騎馬《きば》による一騎打ちをいどんだが，元軍が集団戦法で攻めてきたため，苦戦をしいられた。

⑸　1467年，室町幕府の第８代将軍足利義政の跡継《あとつ》ぎ争いに，有力守護大名どうしの勢力争いが結びついて，応仁の乱が始まった。1477年まで約11年続いた戦いで，主戦場となった京都は荒れ果ててしまった。

⑹　江戸幕府の第３代将軍徳川家光は，キリスト教禁止を徹底《てってい》するため鎖国体制を強化し，1639年にポルトガル船の日本への来航を禁止した。よって，ウが誤っている。

⑺　1858年，江戸幕府はアメリカとの間で日米修好通商条約を結んだ。この条約で日本はアメリカに治外法権（領事裁判権）を認めたため，日本で法を犯したアメリカ人を日本の法律で裁くことができず，裁判はアメリカ領事がアメリカの法律にもとづいて行うこととされた。治外法権は，1894年に外務大臣陸奥宗光《むつむねみつ》がイギリスとの交渉《こうしょう》に成功したことで，撤廃された。

⑻　1858年に欧米５か国と修好通商条約（安政の５か国条約）を結び，これにもとづいて貿易が開始されると，生糸が日本の最大の輸出品となった。また，おもな貿易相手はイギリスで，毛織物が多く輸入された。よって，イが正しい。

⑼　アは歌川（安藤）広重の連作「東海道五十三次」のうちの「御油《ごゆ》　旅人留女《とめおんな》」，イは喜多川歌麿《きたがわうたまろ》の「ポッピンを吹く女」，ウは葛飾北斎《かつしかほくさい》の連作「富嶽《ふがく》三十六景」のうちの「凱風《がいふう》快晴」，エは東洲《とうしゅう》斎《さい》写楽の「市川鰕蔵《えびぞう》の竹村定之進《ていのしん》」，オは菱川師宣《ひしかわもろのぶ》の「見返り美人図」である。

３　現代の世界や日本の政治のしくみなどについての問題

⑴　国際連合安全保障理事会の常任理事国は，アメリカ，イギリス，フランス，ロシア，中国の５

か国なので，ウが誤っている。

(2)　SDGsは2015年の国連総会で採択《さいたく》された「持続可能な開発目標」の略称で，全世界が2030年までに達成するべき17の目標(ゴール)と169のターゲットが盛りこまれている。

(3)　教育を受ける権利は，生存権，勤労の権利，労働基本権(労働三権)(団結権・団体交渉権・団体行動権)とともに，社会権にふくまれる。

(4)　1979年の35～39歳の労働力率は60％近い。つまり，1979年は35～39歳の女性の半数以上が働いていたことになるので，エが誤っている。

(5)　発展途上国で生産される商品を，適正な価格で継続して輸入することによって，現地の人々の収入を増やし，生活を安定させる取り組みを，フェアトレードという。先進国と発展途上国の経済格差を縮め，発展途上国の経済成長をうながす取り組みとして，積極的に行われている。

(6)　段差のある場所にスロープをつけるなど，高齢者や障がい者をふくめ，だれもが生活しやすいよう，生活の障壁(バリア)となるものを取り除くことを，バリアフリーという。

(7)　外国と条約を結ぶのは国会ではなく内閣の仕事なので，イが誤っている。国会は，内閣が外国と結んだ条約を事前または事後に承認する。

(8)　二酸化炭素やメタン，亜酸化窒素などの気体は，太陽から地表に届いた熱を大気中に閉じこめる働きがあることから，温室効果ガスとよばれる。温室効果ガスが増えすぎると地球温暖化が進行し，異常気象や農作物の不作，海面の上昇などの問題を引き起こすと考えられていることから，2016年に発効したパリ協定を中心として，削減《さくげん》に向けた対策がとられている。

理　科　＜難関進学クラス１次試験＞（社会と合わせて45分）＜満点：50点＞

解　答

1 (1)　1.3秒　(2)　c　(3)　(例)　長くなる。　(4)　(例)　変わらない。　(5)　(例)　変わらない。　(6)　オ　2 (1)　中和　(2)　緑色　(3)　食塩　(4)　40 cm^3　(5)　水酸化ナトリウム　(6)　減る　3 (1)　①　モンシロチョウ　②　オニヤンマ　③　アブラゼミ　(2)　オニヤンマ　(3)　オニヤンマ，カマキリ　(4)　カブトムシ，モンシロチョウ　4 (1)　イ　(2)　こぐま座　(3)　ア，ウ　(4)　カ　(5)　ア　(6)　エ

解　説

1　ふりこについての問題

(1)　ふりこが10往復する時間の平均は，(12.6＋12.6＋12.3)÷３＝12.5(秒)なので，ふりこが１往復する時間の平均は，12.5÷10＝1.25より，1.3秒と求められる。

(2)　ふりこが動く速さは，おもりの位置が下になるほど速いので，ｃの位置のときに最も速くなる。

(3)　ふりこが10往復(１往復)する時間は，ふりこ(糸)の長さだけによって決まり，ふりこ(糸)の長さが長くなるほど，ふりこが10往復する時間も長くなる。

(4)　ふりこが10往復(１往復)する時間は，おもりの重さを変えても変わらない。

(5)　スタートの位置を変えると，ふりこのふれはばが変わる。ふりこのふれはばを広くしたりせまくしたりしても，ふりこが10往復(１往復)する時間は変わらない。

⑹　メトロノームは，ふりこの原理を利用して，一定の時間間かくで音を鳴らし続ける器具である。

2 水よう液の中和についての問題

⑴　酸性の水よう液とアルカリ性の水よう液を混ぜると，たがいの酸性，アルカリ性の性質を打ち消し合って中性に近づく。この反応のことを中和という。

⑵　酸性の水よう液とアルカリ性の水よう液が完全に中和すると，中性の水よう液になる。ここでは，酸性のうすい塩酸とアルカリ性のうすい水酸化ナトリウム水よう液が完全に中和して，中性の食塩水ができ，BTBよう液が緑色を示す。

⑶　食塩水を蒸発《じょうはつ》皿に少し取り，加熱して水分を蒸発させると，食塩(塩化ナトリウム)の白い結しょうが残る。

⑷　表で，加えたうすい塩酸が40cm^{3}までは，うすい塩酸が10cm^{3}増えるごとに白い結しょうの重さが0.1ｇずつ増えているが，加えたうすい塩酸が40cm^{3}以上になると，白い結しょうが1.0ｇから増えなくなっている。これは，加えたうすい塩酸が40cm^{3}のときにうすい水酸化ナトリウム水よう液20cm^{3}と完全に中和したため，うすい塩酸をそれ以上加えても白い結しょうが増えないからである。なお，うすい塩酸は水に塩化水素という気体がとけた水よう液なので，加熱しても白い結しょうは残らない。

⑸　加えたうすい塩酸が０cm^{3}のとき，ビーカーにはうすい水酸化ナトリウム水よう液20cm^{3}だけが入っている。これを加熱して水分を蒸発させると，この水よう液にとけていた水酸化ナトリウムの白い結しょうだけが残る。

⑹　加えたうすい塩酸が増えるにつれ，うすい水酸化ナトリウム水よう液は中和されていって減少するので，加熱して水分を蒸発させたときにあらわれる水酸化ナトリウムの結しょうの重さは減っていく。なお，その減少分を上回る重さの食塩が中和によってできていくので，白い結しょう(水酸化ナトリウムと食塩の合計)の重さは1.0ｇまで増えていく。

3 こん虫についての問題

⑴　①　モンシロチョウの成虫は花のミツを吸ってくらし，キャベツやアブラナなどの葉のうらにたまごを産む。たまごからふ化した幼虫は葉を食べて成長する。　②　オニヤンマなどトンボのなかまは，たまごを水辺に産みつける。　③　アブラゼミの成虫は，注射針のような口を持ち，それを木にさして樹液を吸う。

⑵　トンボの幼虫をヤゴという。ヤゴは水中でくらしていて，こん虫や小さな魚などをとらえて食べる。

⑶　オニヤンマの成虫やカマキリの成虫は，ほかのこん虫などをとらえてエサとしている。なお，カブトムシの成虫はクヌギなどの木の樹液をなめ，オンブバッタの成虫は植物の葉などを食べる。

⑷　完全変態とは，たまご→幼虫→さなぎ→成虫の順にすがたを変える成長のしかたをいい，カブトムシ，チョウなどがあてはまる。なお，セミ，バッタ，トンボ，カマキリなどは，たまご→幼虫→成虫の順にすがたを変える成長のしかた(不完全変態)をする。

4 天体の動きと見え方についての問題

⑴　満月は，日の入りのころに東からのぼり，真夜中ごろに南中して，日の出のころに西へしずむ。よって，およそ一晩中見ることができるが，昼間に見ることはできない。

⑵　北極星はこぐま座にふくまれる２等星で，地球の地じくの先にあるため，北の空の決まった位

置に見られ，時間がたっても動かない。

(3)　冬の大三角形は，オリオン座のベテルギウス，こいぬ座のプロキオン，おおいぬ座のシリウスの３つの１等星を結んでできる。はくちょう座とわし座は，夏の大三角形をつくる１等星をふくむ星座である。

(4)　一般《いっぱん》に，プロキオンは黄色，シリウスは青白色，ベテルギウスは赤色といわれる。なお，プロキオンは白色やうす黄色，シリウスは白色とされることもある。

(5)　地球は太陽のまわりを，北極上空から見て反時計まわりに公転している。そのため，同じ場所で同じ時間に観察し続けると，星座は１日たつごとに西へ約１度ずつ位置がずれていき，１年後にもとの位置にもどって見える。

(6)　夜空の星は，東の空では右上がり，南の空では左から右(東から西)，西の空では右下がりにそれぞれ動き，北の空では北極星を中心に反時計まわりに回転するように動く。図に見える星は，地平線に向かって右下がりに動いていると考えられるので，西の空のようすだとわかる。

国　語　＜難関進学クラス１次試験＞（45分）＜満点：100点＞

解　答

一　1　おうらい　　2　もくめ　　3　ひんい　　4　あ(びる)　　5　しりぞ(ける)

二　下記を参照のこと。　　三　問1　ア　　問2　支度　　問3　悲しさ　　問4　ウ　　問5　エ　　問6　ウ　　問7　イ　　問8　(例)　あわゆきの名刺を渡せば，父さんと母さんにかえって辛い思いをさせる　　四　問1　イ　　問2　ウ　　問3　エ　　問4　ア　　問5　無形の要素　　問6　ア　　問7　エ　　問8　(例)　大阪のまちで長いあいだ引き継がれてきた庶民の暮らしを象徴しているという価値。

●漢字の書き取り

二　1　志向　　2　送付　　3　弁舌　　4　厚紙　　5　設(ける)

解　説

一　漢字の読み

1　行ったり来たりすること。　2　木材の断面の模様。　3　人や事物に備わっている上品さ。　4　音読みは「ヨク」で，「入浴」などの熟語がある。　5　音読みは「タイ」で，「退出」などの熟語がある。

二　漢字の書き取り

1　心が，ある方向を目指すこと。　2　送り届けること。　3　ものを言うこと。　4　厚い紙。　5　音読みは「セツ」で，「設備」などの熟語がある。

三　出典はほしおさなえの『活版印刷三日月堂　海からの手紙』による。広太は，「三日月堂」という印刷所で，生後三日で亡《な》くなった姉の名前だけが書かれた名刺《めいし》をつくり，両親に渡《わた》す。母はそれを見て，姉の遺骨をお墓に納める決心をする。

問1　名刺の入った箱を渡そうと思いながらも，「こんなの渡しても，父さんも母さんも喜ばないかもしれない」などと考えてしまい決心がつかないのだから，「ぐずぐず」がふさわしい。

問２　直後の母の言葉に，「準備」の類義語の「支度」がある。

問３　ここでの「大事なもの」は「消しちゃいけない」と広太が思っているものである。両親に名刺を渡す場面に注目すると，広太が「悲しさは消えないけど，大事なものだから消しちゃいけないんだ」と言っているので，「悲しさ」が合う。

問４　広太が「あわゆき」という名前をつけた両親の思いを考えて「『あわゆき』っていい名前だと思うんだ」と言っているように，「生まれてきた子どもがはじめて手に入れる」名前にはいろいろな思いがこめられている。「ファースト名刺」は，その名前を大切にしてほしいという気持ちからつくられているものだと考えられる。

問５　続く部分に注目する。「ごめんなさい」と謝《あやま》る広太に対して「悪くないよ」と言い，「笑おうとしているが，目には涙《なみだ》がたまっている」ようすから，父も母も広太の気持ちがうれしかったことが読み取れる。また，広太については，引き出しの中にしまった名刺を渡せないでいる場面に，「こんなの渡しても，父さんも母さんも喜ばないかもしれない」とあるので，名刺を渡すことで両親を喜ばせたいと考えていたが，二人が「なにも言わない」ので不安になっているのだと考えられる。

問６　一つ前の父さんの言葉に「あわゆきの名刺，ありがとうな」とあることから，ぼう線部４の言葉は，広太が名刺をつくって渡したことをさしていると考えられる。名刺を受け取った後，母さんはあわゆきの遺骨をお墓に納める決心をしたので，ウがふさわしい。

問７　広太と両親の影《かげ》がくっきりとうつったようすを「あわゆき」の黒い字になぞらえていることから，ぼう線部５は，「あわゆき」の名刺から始まった家族の大切な時間が，広太の心に刻まれたことを表していると考えられる。

問８　二重ぼう線部の直後にあるように，名刺を「渡しても，父さんも母さんも喜ばないかもしれない」し，「辛《つら》い」ことを「わざわざ思い出させ」てしまうのではないかと広太は不安になったのである。

四　出典は除本《よけもと》理史《まさふみ》・佐無田《さむた》光《ひかる》の『きみのまちに未来はあるか？―「根っこ」から地域をつくる』による。二〇世紀の近代的な開発により地域の固有性は失われてきたが，現代では「モノづくり」だけでなく「コトづくり」が重視されるようになってきたことを紹介《しょうかい》し，「スクラップ・アンド・ビルド」に代わり「リノベーション」という手法が求められると述べている。

問１　イの「心配」と「不安」は，類義語の組み合わせである。

問２　「ニーズ」は，“要求，需要《じゅよう》”という意味である。

問３　これまでは，「『モノ』の量的な豊かさを求め」てきたが，現代では「『知識』や心温まる『感動』」を「重視するように」なったという文脈である。何によって「『知識』や心温まる『感動』」を得るかというと，「モノ」である。

問４　ぼう線部２の直前の部分に注目すると，「何ら新しいものを生産しなくても，すでにあるものに対して『意味』を与《あた》えることで価値が高まるのならば」とある。これまでの経済活動は「新しいものを生産」することだったが，「すでにあるものに対して『意味』を与えること」を重視するようになるということである。

問５　現代の経済の変化について説明されている第二段落に注目する。「『モノ』の量的な豊かさ」ではなく，「それによって得られる『知識』や心温まる『感動』といった無形の要素を重視するように」なったと述べられている。空らん３の直前の「知識や情動，倫理《りんり》や美しさ」は，「『知識』や心温まる『感動』」と同じような内容なので，それらをまとめた「無形の要素」という言葉があてはまる。

問６　「スクラップ・アンド・ビルド」は古くなった設備などを壊《こわ》して新しく建てなおすことで，「地域の歴史やその場所のストーリーを『リセット』することこそが開発だ，と考えられていた時代」に行われていた開発方式であるが，そのような方式では「その場所ならではの個性を保っていくのはなかなか大変」だと述べられている。地域の歴史や個性が「無形の要素」にあたるため，これらを重視するようになった現代に，「スクラップ・アンド・ビルド」はふさわしくないといえる。

問７　チラシを見ると，「リノベーション」は今まで住んでいた家を解体して建て替《か》える「スクラップ・アンド・ビルド」に比べると費用が「１／３に抑《おさ》え」られ，「工期は最長でも１ケ月」と短いことがわかる。

問８　二重ぼう線部に続く部分に注目する。「大阪の長屋」は「大阪が商人・町人のまちとして発展した近世」に生まれ「近代に入ってからは～再整備されてきた」という歴史を持ち，「長いあいだ引き継《つ》がれてきた庶民《しょみん》の暮らしを象徴《しょうちょう》する」ものである。それが「『大阪らしい』建造空間」という個性であり「価値」だということができる。

Dr.福井の

入試に勝つ！ 脳とからだのウルトラ科学

記憶に残る“ウロ覚え勉強法”とは？

人間の脳には，ミスしたところが記憶に残りやすい性質がある。順調にいっているときの記憶はあまり残らないが，まちがえて「しまった！」と思うと，その部分がよく記憶されるんだ（これは，脳のヘントウタイという部分の働きによる）。その証拠に，おそらくキミたちも「あの問題を解けたから点数がよかった」ことよりも，「あの問題をまちがえたから点数が悪かった」ことのほうをよく覚えているんじゃないかな？

この脳のしくみを利用したのが“ウロ覚え勉強法”だ。もっと細かく紹介すると，テキストの内容を一生懸命覚え，知識を万全にしてから問題に取り組むのではなく，テキストにざっと目を通した程度（つまりウロ覚えの状態）で問題に取りかかる。もちろんかなりまちがえると思うが，それを気にすることはない。まちがえた部分はよく記憶に残るのだから……。言いかえると，まちがえながら知識量を増やしていくのが“ウロ覚え勉強法”なのである。

ここで，ポイントが２つある。１つは，ヘントウタイを働かせて記憶力を上げるために，まちがえたときは「あ～っ！」とわざとらしく驚くこと。オーバーすぎるかな……と思うぐらいでちょうどよい。

もう１つのポイントは，まちがえたところをそのままにせず，ここできちんと見直すこと（残念ながら，驚くだけでは覚えられない）。問題の解説を読んで理解するのはもちろんだが，必ずテキストから見直すようにする。そうすれば，記憶力が上がったところで足りない知識をしっかり身につけられるし，さらにその部分がどのように出題されるかもわかってくる。頭の中の知識を実戦で役立てられるようにするわけだ。

Dr.福井（福井《ふくい》一成《かずしげ》）…医学博士。開成中・高から東大・文Ⅱに入学後，再受験して翌年東大・理Ⅲに合格。同大医学部卒。さまざまな勉強法や脳科学に関する著書多数。

2021年度　鶴見大学附属中学校

〔電　話〕　(045)581－６３２５
〔所在地〕　〒230－0063　神奈川県横浜市鶴見区鶴見２—２—１
〔交　通〕　JR京浜東北線 —「鶴見駅」より徒歩15分

【適性検査】　〈適性検査試験〉　(45分)　〈満点：100点〉

《注意》（定規やコンパス，分度器は使用できません。）

次の文を読んで、あとの問いに答えなさい。

徳川家康《とくがわいえやす》の命により1597年に工事が始まり、14年の歳月《さいげつ》をかけて完成した神奈川県最古にして最大の人工用水が二ヶ領《にかりょう》用水である。用水の完成により、米の収穫量《しゅうかくりょう》は飛躍的《ひやくてき》に増加した。その後、①用水の水を決まった水量に分けるための施設《しせつ》が久地《くじ》に作られた。二ヶ領用水はその名の通り、稲毛《いなげ》領と川崎《かわさき》領の二つの地域に流れ、今日の川崎市が細長い形となる要因の一つとなっている。

同じ頃、街道と多摩《たま》川が交差するところには「渡《わた》し」が設けられ、宿場や町場《まちば》が生まれた。川崎・小杉《こすぎ》などは、陸上交通のみならず多摩川の水運により、人やモノが往来し、文化が発展した。

（あ）

川崎の臨海部は遠浅《とおあさ》の海が広がり、アサリ・ハマグリなどの魚介《ぎょかい》類が豊富に採れ、1871年には海苔《のり》の養殖《ようしょく》も始まった。臨海部の人々は、冬は海苔づくり、夏は梨・桃《もも》・米などをつくる半農半漁で生活していた。この頃《ころ》、新橋《しんばし》・横浜《よこはま》間に鉄道が開通、川崎駅も誕生した。さらに東日本で初めての電気鉄道である大師《だいし》電気鉄道が開通する一方で、工場の積極的な誘致《ゆうち》がおこなわれた。

（い）

多摩川沿岸では、1905年の横浜精糖《せいとう》（後の大日本明治製糖）の工場建設に始まり、東京電機（後の東芝《とうしば》）などが進出、工業化が本格化した。臨海部では浅野総一郎《あさのそういちろう》による浅野セメントの設立、海運・造船・電力事業などの展開により、②埋《う》め立てが進められ、京浜《けいひん》工業地帯の形成がもたらされた。

これにともない全国から若い労働者が集まり、人口が急速に増加し、商業も発展した。一方で、海岸の埋め立てと工業地帯としての発展が進むとともに、漁場は大幅《おおはば》に制限され、漁業は衰退《すいたい》した。

川崎が工業地帯として発展していく中で、二ヶ領用水の需要《じゅよう》も増加した。さらに災害防止と上下水道への利用を目的に加えて、水量に関わらず一定の比率で４つの堀《ほり》に分水する施設として1941年に作られたのが③久地円筒分水《えんとうぶんすい》である。用水路の施設としては、当時の科学技術の粋《すい》を集めたものであり、国の登録有形文化財に登録されている。

（う）

空襲により焼け野原となった川崎市中心部では戦災復興が進められ、主要幹線道路や多摩川大橋の建設や整備が行われた。1950年代にはいると、電力・造船・鉄鋼などが活気を見せ、臨海部の埋め立てにより新しい工場が進出し、石油化学コンビナートが形成されるなど、京浜工業地帯の中核《ちゅうかく》として高度経済成長を担った。一方で、公害が深刻化し、ぜんそくなど、大気汚染《おせん》などによる健康被害《ひがい》が増加した。

こうした中で、全国に先駆《さきが》けて「公害防止条例」や「環境影響評価《かんきょうえいきょうひょうか》に関する条例」が制定されるなど、公害問題を克服《こくふく》するための新たな④環境対策への取り組みも開始された。

川崎駅・武蔵小杉駅などの周辺では、再開発による都市拠点《きょてん》の整備が進められ、臨海部を中心とした地域では、最先端《さいせんたん》の環境技術などを持つ国際的な企業《きぎょう》や研究開発機関が数多く集まり、環境先端都市としての取り組みやライフサイエンスなどの新たな産業の創設に向けた取り組みが進められている。

問１．文中の（あ）～（う）の時期にあてはまる事柄を、次のａ～ｆの中から一つずつ選び、記号で答えなさい。

ａ．太平洋戦争が終わる　　ｂ．日中戦争が始まる　　ｃ．戊辰《ぼしん》戦争が始まる
ｄ．冷戦が終わる　　ｅ．日露戦争が始まる　　ｆ．ベトナム戦争が始まる

問２．下線部①に関連して、江戸時代から現代にかけてまで、用水の水を決まった水量に分ける必要があったのはなぜか。４つの役割をあげて、40字ほどで述べなさい。

問３．下線部②に関連して、川崎臨海部では大正から平成にかけて、地区を第一層・第二層・第三層に分けて、段階的に埋め立て事業が進められてきました。次の資料について、あとの問いに答えなさい。

【資料1】昭和34（1959）年と平成16（2004）年の川崎市臨海部（一部改変）

昭和34（1959）年

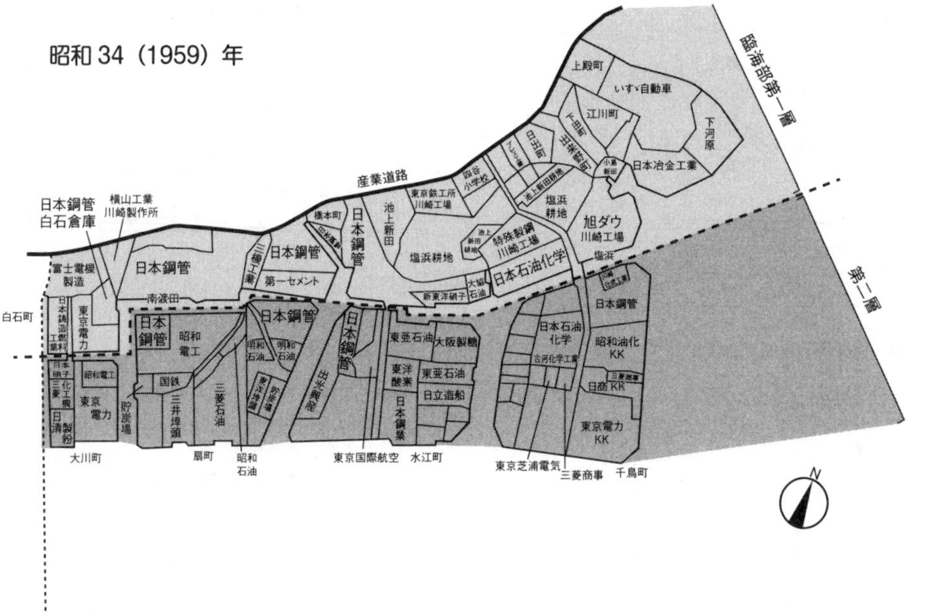

平成16（2004）年

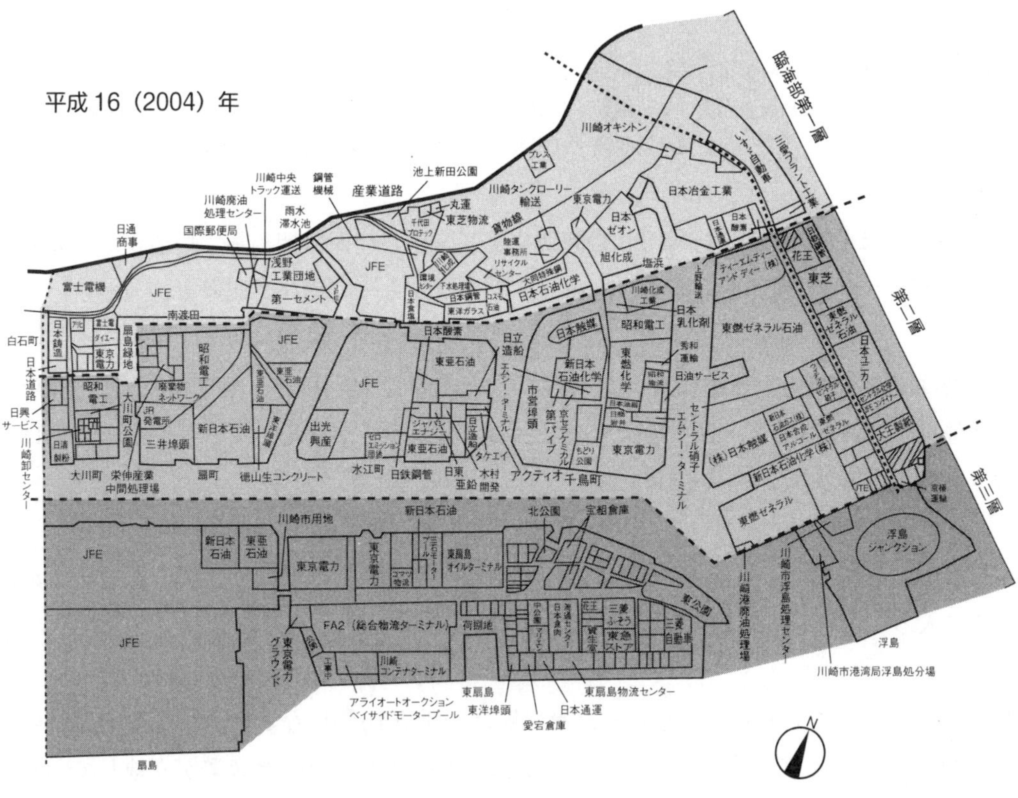

【資料2】川崎市臨海部の三層地区別における業種別事業所の立地変化
※昭和34（1959）年～平成16（2004）年部分を一部抜粋

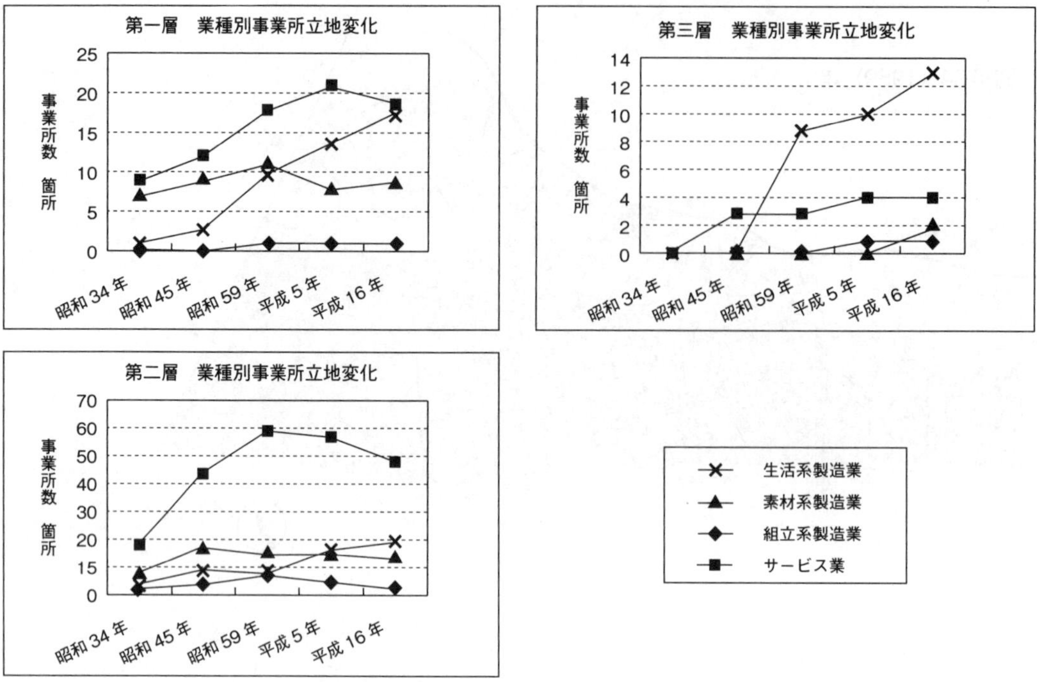

資料1・2の出典：『川崎都市白書』（第3章　p137～147の中から一部引用）
福島義和《よしかず》「第３章：躍動《やくどう》する臨海部の発展方向　第2節　川崎臨海部地域の再編と地域的課題—日本型ウォーターフロント開発から学ぶ」

設問：次のA～Dは【資料１】と【資料２】の説明文として正しいか、間違《まちが》っているか。正誤の組み合わせとして適切なものを、次のア～クの中から一つ選び、記号で答えなさい。

A　第一層は、昭和34年から平成16年にかけて、日本鋼管《こうかん》（現JFE）、旭《あさひ》ダウ（後に旭化成《あさひかせい》と合併《がっぺい》）、日本石油化学、日本冶金《やきん》工業などの素材系産業が立地しており、その点では大きな変化がみられない。

B　第二層は、昭和34年から平成16年にかけて、明らかに組立系産業が大幅《おおはば》な割合を占《し》め、平成に入ってからも、事業所数が増加している。

C　昭和34年当時まだ完成していなかった第三層は、平成16年になると、急速な道路網《もう》の拡充《かくじゅう》を背景に、東急ストアや資生堂《しせいどう》、三菱《みつびし》自動車などの物流関連産業が立地しており、この後、首都圏《けん》の物流拠点として展開していくと予想される。

D　第一層から第三層の業種別事業所の立地変化を見る限り、素材系製造業はどの層でも年々増加傾向にあり、重化学工業中心の産業の姿に変化が見られない。

ア	A	正しい	B	正しい	C	正しい	D	正しい
イ	A	正しい	B	間違い	C	間違い	D	正しい
ウ	A	正しい	B	間違い	C	正しい	D	間違い
エ	A	正しい	B	正しい	C	間違い	D	正しい
オ	A	間違い	B	正しい	C	正しい	D	間違い
カ	A	間違い	B	間違い	C	正しい	D	間違い
キ	A	間違い	B	正しい	C	正しい	D	正しい
ク	A	間違い	B	間違い	C	間違い	D	間違い

問４．下線部③久地円筒分水に関連して、円筒分水とは、用水などを一定の割合で正確に分配するために用いられる利水施設です。円筒状の設備の中心部に用水を湧《わ》き出させ、円筒外周部から、溢《あふ》れる際に一定の割合に分割される仕組みとなっています。
川崎の久地円筒分水は、二ヶ領用水から流れてくる水を根《ね》方《かた》堀、川崎堀、小《こ》杉《すぎ》堀、溝《みぞの》口《ぐち》堀の4方向へ分配します。この円筒分水の分配比率は、次のようになっています。

【資料３】分配比率と円筒分水の仕組み

地区	分配比率
根方堀	7
川崎堀	38
小杉堀	3
溝口堀	2

※分配比率は、実際の比率の小数第１位を四捨五入したもの

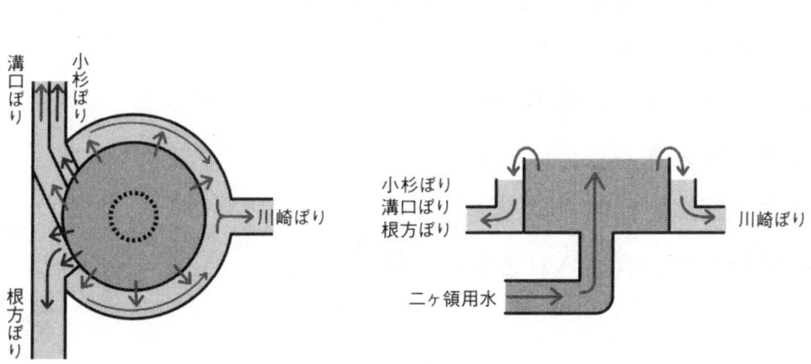

久地円筒分水には、平均で1日あたり約80万トンの水が流れてくるそうです。これについて次の問いに答えなさい。

(1) この時、川崎堀には、何トンの水が流れるか。

(2) ある日の小杉堀の流水量が39万トンだった。この日の溝口堀の流水量は何トンか。

(3)(2)の時、久地円筒分水全体の流水量は何トンか。

(4) 根方堀に14万トン流水するためには、久地円筒分水全体での流水量は何トンか。

問5. 下線部④環境対策への取り組みに関連して、川崎市では、地球環境にやさしい持続可能な循環《じゅんかん》型のまちを目指して、ごみの減量化・資源化・事業運営の効率化を計画の柱として、「川崎市一般廃棄《はいき》物処理基本計画(かわさきチャレンジ・3R)」を定めています。【資料4】は3Rの説明についてまとめたものです。次の【資料4】の例のA～Cにあてはまるものを、次のア～カの中からそれぞれすべて選び、記号で答えなさい。ア～カはA～Cのいずれか一つに必ずあてはまります。

【資料4】　3Rの説明

用　語	内　容	例
リデュース(Reduce)	むだをなくし、捨てるものの量をできるだけ少なくする	A
リユース(Reuse)	一度使ったものを捨てずに何度も使う	B
リサイクル(Recycle)	使い終わったものを、資源として使えるようにする	C

ア　着られなくなった洋服を、必要としている人にゆずる。
イ　空き缶を建築用鉄製品《けんちくようてつせいひん》やアルミ缶などにかえる。
ウ　つめかえのできるシャンプーの容器を使う。
エ　消しゴムを最後まで使いきる。
オ　再生利用のために古新聞を回収日に出す。
カ　食品ロスを減らすために、食べられる分だけ購入《こうにゅう》する。

問６．次の川崎市の資料について、あとの問いに答えなさい。

【資料５】世帯数・総人口の推移

年別	世帯数	人口			10年ごとの人口増加
		総数	男	女	
大正 13（1924）年	9,685	50,188	24,877	25,311	-
昭和 9（1934）年	32,685	150,375	76,998	73,377	100,187
昭和 19（1944）年	65,723	335,471	185,669	149,802	185,096
昭和 29（1954）年	98,859	427,807	224,429	203,378	92,336
昭和 39（1964）年	222,814	805,710	426,299	379,411	377,903
昭和 47（1972）年	298,453	992,923	521,086	471,837	-
昭和 49（1974）年	302,199	1,004,455	525,859	478,596	198,745
昭和 59（1984）年	402,488	1,077,254	563,689	513,565	72,799
平成 6（1994）年	500,911	1,202,069	632,152	569,917	124,815
平成 16（2004）年	587,660	1,306,021	675,919	630,102	103,952
平成 26（2014）年	687,224	1,459,191	740,963	718,228	153,170

※大正 13 年、昭和 9 年、昭和 29 年は 12 月末時点　昭和 19 年は 12 月 1 日時点
昭和 39 年以降平成 16 年までは 10 月 1 日時点　平成 26 年は 7 月 1 日

出典：『川崎市統計書』

【資料６】年齢３区分別人口構成比

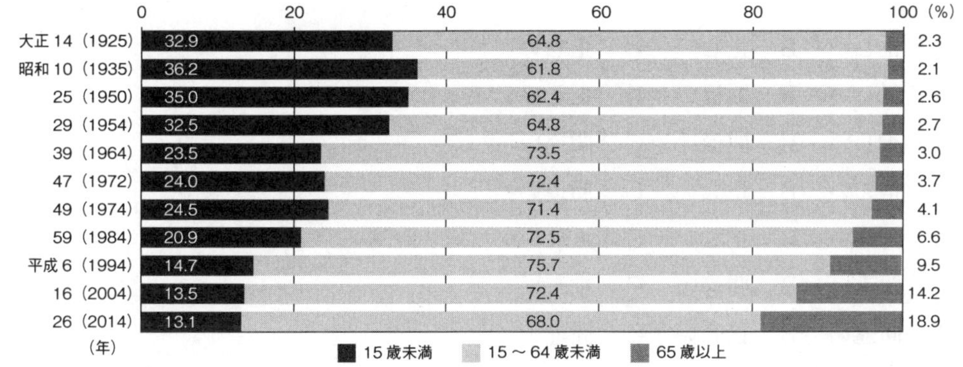

出典：『川崎市統計書』

【資料７】川崎区の昼間人口と夜間人口

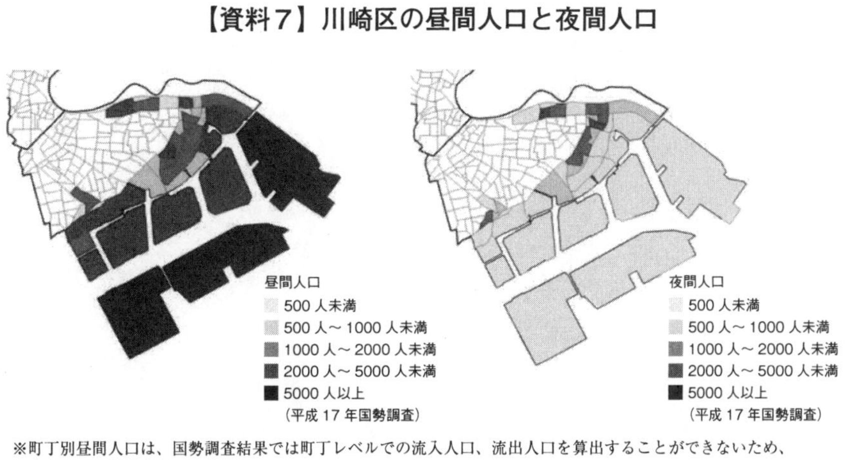

※町丁別昼間人口は、国勢調査結果では町丁レベルでの流入人口、流出人口を算出することができないため、
次式により推計をしています。
町丁別昼間人口＝昼間就業者＋昼間通学者＋従業も通学もしていない者

出典：川崎市『平成17年 国勢調査』

設問：次のA～Cは【資料5】・【資料6】・【資料7】の説明文として正しいか、間違っているか。正誤の組み合わせとして適切なものを、次のア～クの中から一つ選び、記号で答えなさい。

A　川崎市の世帯数・総人口は一貫して増加傾向《けいこう》にあり、男性と女性の総人口を比べた時、昭和９年以降は常に男性の方が上回っている。また、世帯数の増加は2000年代に入っても続き、川崎市の人口は、今後も増えることが予想される。

B　年齢３区分別人口構成比は、65歳以上の比率が年々増加傾向にある。また、15歳～64歳未満の比率は昭和39年から一貫して減少傾向になっており、少子高齢化の傾向が強まっていることが読み取れる。

C　川崎区の臨海部は昼間人口が多く、夜間人口が500人未満の地域が多く、居住者が少ないことがわかる。

ア　A　正しい　B　正しい　C　正しい
イ　A　正しい　B　間違い　C　正しい
ウ　A　正しい　B　間違い　C　間違い
エ　A　正しい　B　正しい　C　間違い
オ　A　間違い　B　正しい　C　正しい
カ　A　間違い　B　間違い　C　正しい
キ　A　間違い　B　正しい　C　間違い
ク　A　間違い　B　間違い　C　間違い

問7．次の資料について、あとの問いに答えなさい。

川崎を流れる多摩川は「あばれ多摩川」と言われるほど、昔から氾濫《はんらん》を繰り返してきました。そのときに運ばれたたい積物が川崎の平野をつくりました。

【資料8】川崎の治水地形分類図

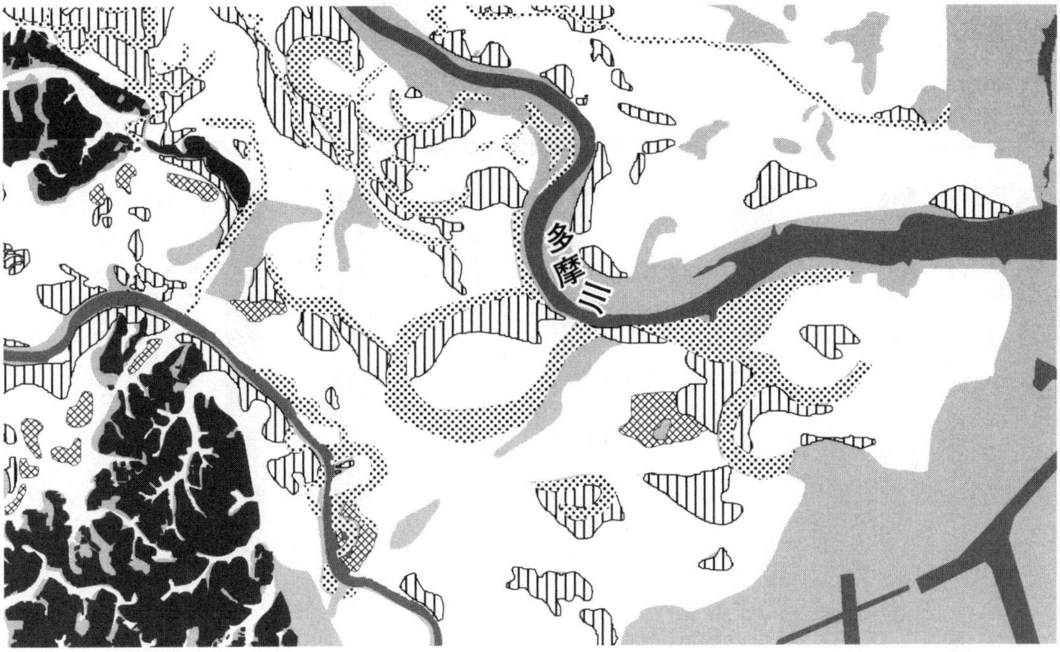

出典：国土地理院『治水地形分類図』より一部改変

【凡《はん》例の説明】

地形の名前	土砂の特徴	地形の説明	記号
山地・丘陵《きゅうりょう》・台地	火山灰と分解された植物などがまざり黒い土になっている。	小山の続く地形のこと。平野が隆起《りゅうき》または海水面の低下によってできた大地。畑などに利用されることが多い。	
自然堤防《しぜんていぼう》	小石と砂がまざっている。	洪水《こうずい》時などで河川の流れに沿って、砂や小石がたい積してできた大地。平地よりも高い位置にある。集落・畑・道路に利用されることが多い。	
後背湿地《こうはいしっち》	泥《どろ》でできており、ねばりけがある。	中央がくぼんだ皿状をしており、中央部は自然堤防よりも低い位置にある。水田に利用されることが多い。	
氾濫平野	川の周辺をのぞいて、泥でできている。三角州では表面に小石がたい積する。	河川のたい積作用によりつくられた、広く開けた平らな土地。水田に利用されることが多い。	

(1) 長時間の雨などで河川が氾濫したときに、もっとも浸水被害《しんすいひがい》が長期化すると考えられるのは、【凡例の説明】にあるどの地形と考えられますか。【凡例の説明】中の「水はけの良さ」や、「地形がつくられている高さ」などを参考にしながら答えなさい。

（2）カワラノギクは、多摩川の中流上部の丸石がごろごろしている所（れき河原《がわら》）に生息する植物です。土砂がたまった所では、他の雑草や樹木との競争にまけて、生息できません。数年に一度から年に数回、たい積した土が洗い流されるくらいの増水がおきる少し草の生えるような環境が好ましいと言われています。このカワラノギクは、現在、数を減らし、環境省が発行するレッドデータブックに絶滅《ぜつめつ》の危険性が高い生物として記録されています。カワラノギクの数が減ったのはなぜか。【資料９】と【資料10】を見てその理由を答えなさい。

【資料９】川に生える植物と川の深さの変化

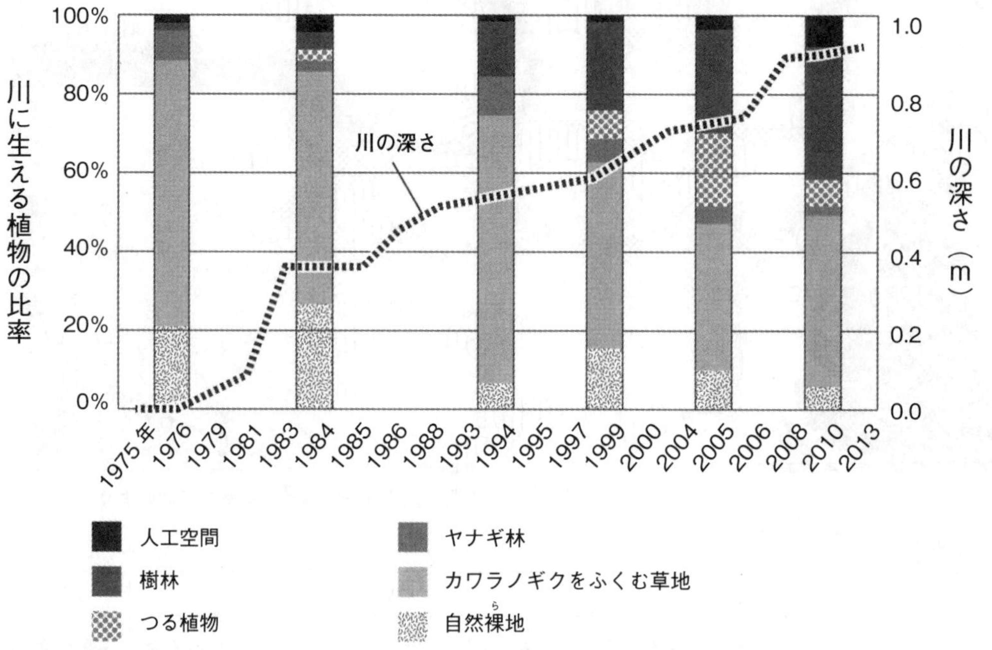

出典：関東地方整備局 京浜河川事務所「多摩川上流部における治水と環境が調和した 総合的な河道管理」を改変して使用

【資料10】護岸工事による川の通り道の固定化とれき河原の消失および樹林化のモデル図

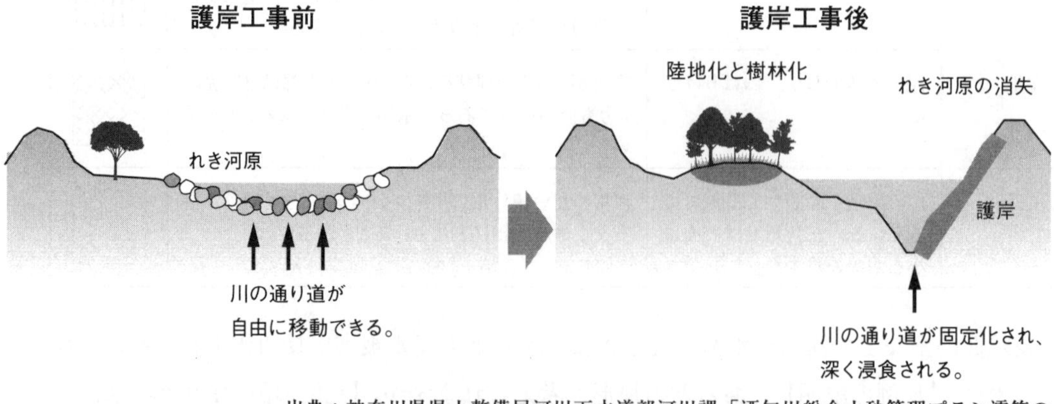

出典：神奈川県県土整備局河川下水道部河川課「酒匂川総合土砂管理プラン澪筋の固定化と高水敷の樹林化（モデル図）」を改変して使用

問８．次の文章は川崎出身の作家、佐藤惣之助《さとうそうのすけ》の随筆《ずいひつ》である。よく読んで、あとの各問いに答えなさい。(作問の都合上、一部漢字などの表記を変えています)

荒磯《あらいそ》の春というものは、地上がまだ荒涼《こうりょう》としている冬の内に、もうそろそろやって来ているのである。海草の芽は冬のうちに生える。そしていよいよ陸上の春が来て、人間が春の磯《いそ》遊びにゆく頃《ころ》には海草もかなりのびて、新芽を喰《く》いに来た魚族は更《さら》に深みへ移り、温い潮につれていろいろに移動する。

その結果、この頃での①磯釣《いそづり》は冬のうちにはじまる。12月から翌年の２月へかけて、伊豆方面のブリ、ブダイ、イズスミ、クシロなぞの竿釣《さおづり》が行われ、初夏にはクロダイ、夏にはメイジダイ、ヒラマサ、秋も同様なものが、三間《けん》から四、五間の長竿《ながざお》で釣れるのであるから、近代の釣人《つりびと》がその強引にあこがれて、遠く出釣《でづり》するのも無理はない。船でサヨリの掛《かけ》釣《づり》とか、その他の魚の曳釣《ひきづり》も行われるが、磯の興味は荒《あら》い岩礁《がんしょう》や巌《いわお》の上から、竿を満月にしぼって釣るところにある。

従って荒磯を攻《せ》めるには、冬でも夏でもその附近《ふきん》の漁村へ１、２日は滞在《たいざい》し、くわしくは漁夫に案内させるのがよいが、船釣ばかりしている漁夫は、また案外に磯の海溝《かいこう》や岩礁の潮流や、魚の付きぐあいを知らぬもので、これは（　Ａ　）潜水《せんすい》に経験のある者とか、その附近の素人《しろうと》の釣人に尋《たず》ねる方が②くわしくわかる。

荒い岩礁と怒濤《どとう》が白馬のように狂《くる》っている磯へゆくと、あまりにも人間の存在は弱く小さい。（　Ａ　）魚の方があの怒濤に堪《た》えて生きているだけあって、人間よりも強く賢《かしこ》いようにさえ思える。友人と二人で行っても、七、八間隔《へだ》ったら浪《なみ》の響《ひび》きで言葉がわからないことがある。まして岩礁はよくすべったり、釘《くぎ》の山のような所があったり、峨々《がが》たるところ、坦々《たんたん》たるところ、すべったり、曲ったり、とがったり、（Ｂ）変（Ｃ）化に岩が配置されているから、どこから行って、どこを通るという見当さえつかない所もある。浅い所は白泡《しろあわ》が立っている、深い所は深藍《ふかあい》に渦巻《うずま》いている。適当な巌が出ていると思うと、なかなか道がない、背後の絶壁《ぜっぺき》を岩登りの勢いで降りたり登ったり、また干潮を見計って、少し沖《おき》の岩へわたったり、とにかく岩登り、岩歩きが上手でないと危険である。陸釣で海にさらわれるのは、多く③荒磯の釣にゆくからである。

しかし精神を落着けて、つまり浪のリズムに乗り、海と身も心もぴたりと一致《いっち》さして、潮のとびちる巌上に立ち、一竿を揮《ふる》って釣れるようになったら、その豪快《ごうかい》な感覚というものは無類である。水平線と、浪と雲、岩とそして自分と魚だけで、竿を振《ふ》り、餌《えさ》を流し、獲物《えもの》を狙《ねら》う。眼《め》も頭もすべて海と一致しているのである。岩をとび歩いても、海草や貝類を見ても、もう決して陸上の人間のような感じは持たない。海は生きている、海草も貝も生きている。まして釣はなおさらのこと、その神秘な自然の深みへ没入《ぼつにゅう》して、初めて溌剌《はつらつ》たる魚を引掛け得るのだ。そして強引に争い、水面をぬいて獲物とするまでには、時に魚の鰭《ひれ》で手に血を流し、転んだり、ひざまずいたり、思わぬ怪我《けが》をしても、潮で洗えばすぐなおるような野蛮さにある。

長竿を揮って、怒濤の巌上に立つ気持というものは恐《おそ》らく太古の感情そのままである。もう自分の背後にある④陸の生活のことなぞは考えない、又考えたらそんな冒険的《ぼうけんてき》な行為《こうい》が恐ろしくなるが、ただこの健康、この荒ぶる感情、その行動というものが、えもいわれず一種の壮快《そうかい》さをもたらすのだ。たった一人で半日も釣っていると、浪《なみ》の音と風で耳が遠くなる、よく岩礁の蔭《かげ》で幻聴《げんちょう》を感じ、何かささやくような、訴《うった》えるような、ふしぎな海の笛をきく、そして燦爛《さんらん》と輝く荒磯の魚を足に踏《ふ》まえ、太陽を額《ひたい》にして、ひとり食事なぞをしていると、もう私達は未開人と一歩の差である。そして陸への郷愁《きょうしゅう》といったものに憑《つ》かれ、さびしい漁村や、遠くの空が、妙《みょう》にかなしくなつかしくさえ思われてくる。

(佐藤惣之助　『日本の名随筆4　釣』より)

(1) 本文中の(Ａ)に共通して入る語として最も適切なものを次のア～エから一つ選び、記号で答えなさい。

ア　むしろ　　イ　やがて　　ウ　かなり　　エ　おそらく

(2) (Ｂ)変(Ｃ)化に入る漢数字を次のア～オからそれぞれ選び、記号で答えなさい。

ア　一　　イ　十　　ウ　百　　エ　千　　オ　万

(3) 下線部①「磯釣は冬のうちにはじまる」とありますが、なぜ磯釣が冬のうちにはじまるのですか。次の文の(　　　)に入る語を本文中から15字以内でぬき出して答えなさい。

魚の食べる(　　　　　　　　　　)から。

(4) 下線部②「くわしくわかる」とありますが、何についてわかるのですか。本文中から20字以内でぬき出し、はじめの４文字を答えなさい。

(5) 下線部③「荒磯」とありますが、一言でいうとどのような場所だと作者はとらえていますか。次の文の(　　　)に入ることばをそれぞれ考えて答えなさい。

(　　　　)と(　　　　)の境界線

(6) 下線部④「陸の生活」とありますが、その生活にあてはまらない要素を次のア～オから２つ選び、記号で答えなさい。

ア　平和的　　イ　競争的　　ウ　安定性　　エ　文明化　　オ　生命力

問９．次の文章は「川崎市都市憲章（条例）原案」によるものです。（１）～（３）に入る語を後からそれぞれ選び、漢字に直して答えなさい。

（未来の理想像）第14条　わたくしたち市民は、次のような「人間都市」川崎の未来の理想像を目標とし、個性ある「市民のふるさと」を創造する。

① すべての市民が、平和のうちに明るく生活できる「平和都市」

② 自由な市民の積極的参加と協力に基《もと》づく、活気あふれる「（ １ ）都市」

③ 人間性豊かで、互《たが》いに自由と人格を尊重しあい、気楽な市民生活のできる「庶民《しょみん》都市」

④ 市民が生活水準の向上と地域社会の発展をめざし、いきいきとして働くことのできる「（ ２ ）都市」

⑤ 豊かな自然の恵《めぐ》みを享受《きょうじゅ》し、安全で快適な生活の営める「環境都市」

⑥ すべての市民の安定した生活と心身の健全を、暖かい連帯で築きあげる「（ ３ ）都市」

⑦ 歴史的な伝統と近代的な文化の調和した、個性とうるおいのある「文化都市」

⑧ すべての都市機能の調和と均衡《きんこう》のとれた、世界に窓をひらく「総合都市」

出典：『川崎市都市憲章（条例）原案』

[　ふくし・こくさい・きんろう・じち　]

2021年度

鶴見大学附属中学校 ▶解　答

※　編集上の都合により，適性検査試験の解説は省略させていただきました。

適性検査　＜適性検査試験＞（45分）＜満点：100点＞

解　答

問1　**あ**　c　**い**　e　**う**　a　**問2**　（例）　農業・工業・災害防止・上下水道など，用途に応じて各地域に適切な量の水を提供するため。　**問3**　ウ　**問4**　(1)　608000トン　(2)　260000トン　(3)　6500000トン　(4)　1000000トン　**問5**　**A**　エ，カ　**B**　ア，ウ　**C**　イ，オ　**問6**　イ　**問7**　(1)　後背湿地　(2)　（例）　護岸工事によって川が深くなって増水しなくなり，れき河原に土砂がたまって，れき河原が樹林化したため。　**問8**　(1)　ア　(2)　**B**　エ　**C**　オ　(3)　海草の芽は冬のうちに生える　(4)　磯の海溝　(5)　海(と)陸　(6)　イ，オ　**問9**　**1**　自治　**2**　勤労　**3**　福祉

2020年度　鶴見大学附属中学校

〔電　話〕　(045)581－６３２５
〔所在地〕　〒230－0063　神奈川県横浜市鶴見区鶴見２－２－１
〔交　通〕　JR京浜東北線 ―「鶴見駅」より徒歩15分

【算　数】〈難関進学クラス１次試験〉（45分）〈満点：100点〉

1　次の $\square$ の中にあてはまる数を入れなさい。

(1)　$63 - 45 + 18 + 36 + 55 - 54 + 44 + 81 = \square$

(2)　$(8.3 - 4.6 + 2.4) \times (5.7 + 2.1 - 3.8) - 6.4 = \square$

(3)　$0.5 \times \square \div 0.1 + 1.7 \times 1\frac{1}{9} = \frac{32}{9}$

(4)　$\square \times \left\{5.75 - \left(3\frac{1}{4} - 2\right) \times 2\right\} = 52$

(5)　$(52.8 - 6.1 \times \square) \div 0.8 = 5$

2 次の［　　　］の中にあてはまる数を入れなさい。

(1) 0から7までの8個の数字を使って2けたの数をつくると，全部で［　　　］個つくれます。ただし，同じ数字を2回使ってもよいことにします。

(2) 正［　　　］角形の1つの内角の大きさは162度です。

(3) 下の図のように底面の半径が3cm，母線の長さが9cmの円すいを横にして，点Oを中心にすべらないように回転させると［　　　］回転でもとの位置にもどります。

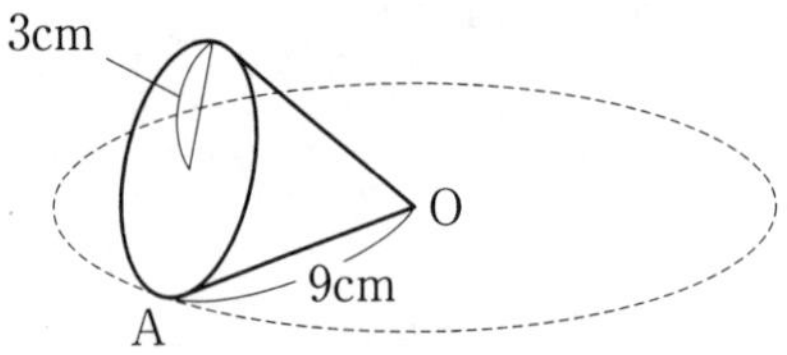

(4) 大，小2種類の品物があります。大きい品物2個の値段と小さい品物3個の値段は同じで，大きい品物4個と小さい品物5個の値段の合計は3300円です。
大きい品物1個の値段は［　　　］円です。

(5) 下の図の色のついた5つの角度の和は［　　　］度です。

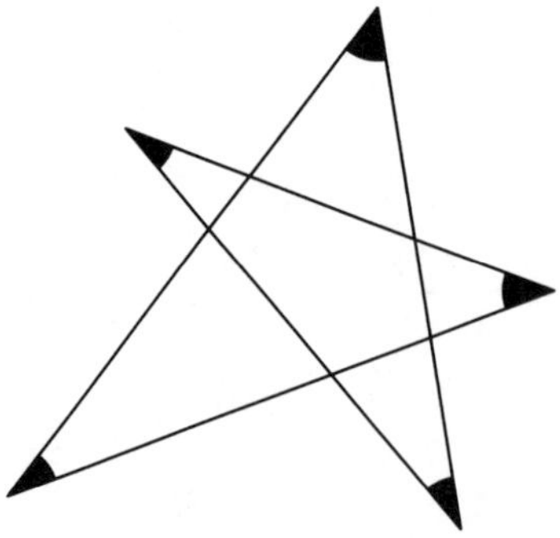

(6)　100 から 999 までの整数のうち，7 で割り切れる整数は [　　　] 個です。

(7)　下の図のように，大きい立方体の上に小さい立方体をのせたところ，表面積が 310cm² になりました。大きい立方体だけの表面積が 294cm² であるとき，小さい立方体の体積は [　　　] cm³ です。

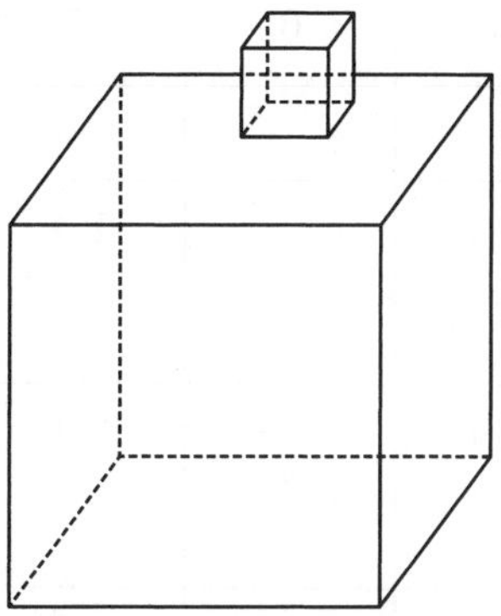

(8)　20 時 20 分の 2020 秒後は

午後 [　　　] 時 [　　　] 分 [　　　] 秒です。

(9)　下の図で，大きい円の半径は 10cm，小さい円の半径はすべて 5cm です。

色のついた部分の面積は [　　　] cm² です。

ただし，円周率は 3.14 とします。

3 下のようなカレンダーがあります。このカレンダーから図のように日付を十字型に選び，５か所に色をぬりました。次の問いに答えなさい。

日	月	火	水	木	金	土
						1
2	3	4	5	6	7	8
9	10	11	12	13	14	15
16	17	18	19	20	21	22
23	24	25	26	27	28	29

(1)　このカレンダーで，色をぬっていない日の数の合計はいくつですか。

(2)　十字型に色をぬる日付を変えたところ，選んだ５つの日の数の合計が65になりました。このとき，十字型の中央の数字はいくつですか。

4 下の図は，直角三角形 ABE を，面積が等しい 5 つの三角形に分けた図です。
次の問いに答えなさい。

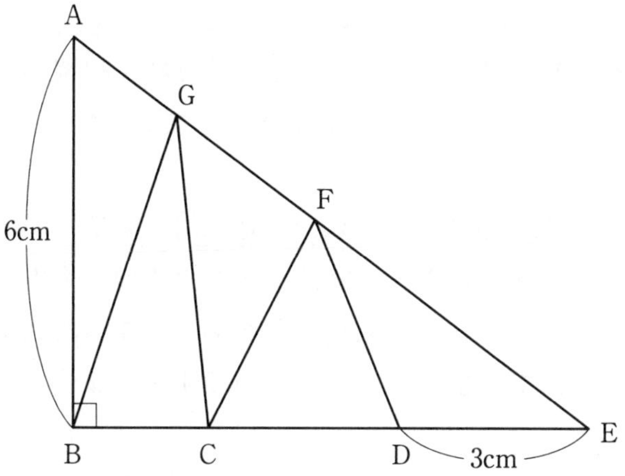

(1)　三角形 ABE の面積は何 cm^2 ですか。

(2)　AG：GF：FE を，もっとも簡単な整数の比で表しなさい。

5 つるみさんは，ある規則にしたがって分数をならべて書きました。その規則がわかるように区切りの線（$\boxed{1}$，$\boxed{2}$，$\boxed{3}$，$\boxed{4}$）も入れました。次の問いに答えなさい。

$$\frac{1}{1}\ \underset{\boxed{1}}{\Big|}\ \frac{1}{2}\quad\frac{2}{2}\ \underset{\boxed{2}}{\Big|}\ \frac{1}{3}\quad\frac{2}{3}\quad\frac{3}{3}\ \underset{\boxed{3}}{\Big|}\ \frac{1}{4}\quad\frac{2}{4}\quad\frac{3}{4}\quad\frac{4}{4}\ \underset{\boxed{4}}{\Big|}\ \frac{1}{5}\quad\cdots$$

(1)　この規則にしたがってならべていくと，48 番目の分数はいくつですか。

(2)　区切りの線も規則にしたがって入れていくとき，$\boxed{14}$ と $\boxed{15}$ の線の間にある分数をすべて加えると，いくつですか。

【社　会】〈難関進学クラス１次試験〉（理科と合わせて45分）〈満点：50点〉

1　鶴見くんは夏休みに九州旅行に行くため，生麦さんと様々な情報を集めています。次の会話文を読んで，以下の問いに答えなさい。

鶴見くん：夏休みに九州旅行に行くことになりました。僕は特に福岡《ふくおか》県が楽しみです。本場の博多《はかた》ラーメンを食べてみたいと思っています。

生麦さん：福岡県はかつて四大工業地帯と呼ばれた①北九州工業地帯があった場所ですよね。第二次世界大戦ごろまでは，日本全体の工業生産額の約10％をしめていたというデータを見たことがあります。現在では，生産額がかなり落ちこんでしまっているみたいですが，なぜだか知っていますか。

鶴見くん：いくつか理由がありますが，そのうちのひとつは（　　　　X　　　　）ことです。その後，九州では半導体産業が盛んになり，「シリコンアイランド」と呼ばれるようになりました。

生麦さん：そうだったのですか。現在，生産額第一位の工業地帯と比べると大きな差をつけられてしまっていますね。たしか九州地方の気候は温暖であるという特徴《とくちょう》がありました。温暖であるということも人々の生活に影響《えいきょう》を及ぼしているのでしょうか。

鶴見くん：はい。温暖であることは人々に大きな影響を及ぼしています。代表的なものは農業です。例えば，宮崎《みやざき》平野では②暖かい気候を利用して，成長・収穫《しゅうかく》・出荷を普通《ふつう》より早くする栽培《さいばい》方法が定着しています。

生麦さん：鶴見くんの説明はとてもわかりやすいですね。私は九州というと③火山が多いというイメージがあります。火山があることによって，噴火《ふんか》などの悪い点もありますが，良い点もたくさんあります。大分県を中心に④地熱発電を利用している地区が多くみられる点も，火山の恩恵《おんけい》ですよね。

鶴見くん：火山の恩恵といったら，なんといっても温泉ですよね。早く九州に行って温泉に入りたいです。

生麦さん：私も温泉は大好きです。九州旅行に行く前に，九州のどこがおすすめの場所か様々な人にインタビューしてみませんか。私たちが知らないおすすめの場所を教えてもらいましょう。

鶴見くん：いいですね。早速始めましょう。

（１）下線部①に関して，下のグラフは日本の主な工業地帯・工業地域の出荷額の比率を示したものです。A・B・Cに入る工業地帯の名称《めいしょう》の組み合わせとして正しいものを，次の**ア〜カ**から一つ選び，記号で答えなさい。

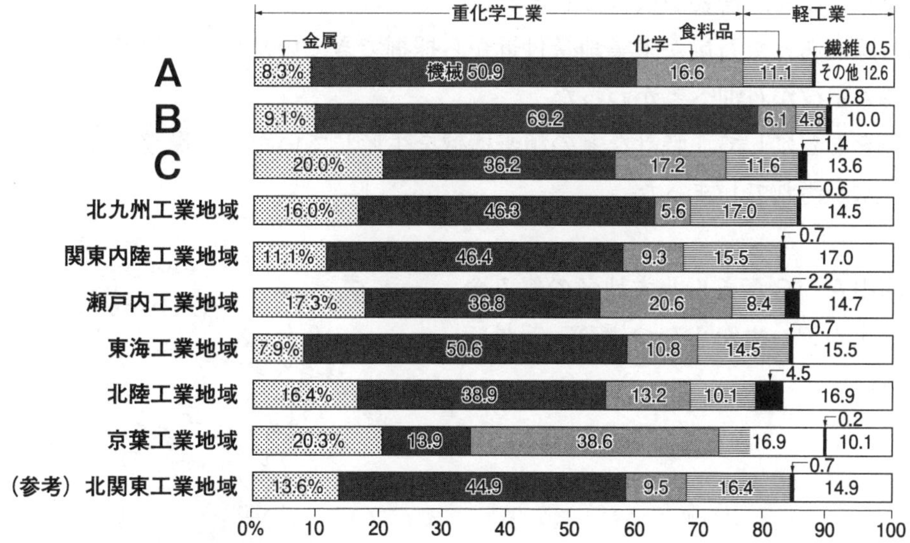

（『日本国勢図会 2019/20 年版』より作成）

ア　A：京浜工業地帯　B：中京工業地帯　C：阪神工業地帯
イ　A：京浜工業地帯　B：阪神工業地帯　C：中京工業地帯
ウ　A：阪神工業地帯　B：京浜工業地帯　C：中京工業地帯
エ　A：阪神工業地帯　B：中京工業地帯　C：京浜工業地帯
オ　A：中京工業地帯　B：阪神工業地帯　C：京浜工業地帯
カ　A：中京工業地帯　B：京浜工業地帯　C：阪神工業地帯

(2) 鶴見くんは会話文中の（　X　）で，生麦さんの疑問に対して返答をしています。（　X　）に当てはまる会話文として正しいものを，次の**ア～オ**から一つ選び，記号で答えなさい。

ア　以前，この地区では養蚕が盛んだったこともあり，繊維《せんい》工業が活発だったんだけど，現在はほとんど養蚕をする人がいなくなってしまった

イ　周辺にコンビナートがつくられたことにより，工業の中心地が沿岸部に移動した

ウ　造船などの重工業を中心に発展していたが，他の地区で航空機を生産するようになり，需要《じゅよう》が減ってしまった

エ　動力源であった石炭が工業地帯付近から採掘《さいくつ》できていたが，1960年代に燃料の主役が石油へとかわった

オ　水源をもとにして，時計などの精密機械を生産していたが，環境汚染《かんきょうおせん》により水が汚れてしまった

(3) 右の地図中**A～C**があらわす地名の組み合わせを，次の**ア～カ**から一つ選び，記号で答えなさい。

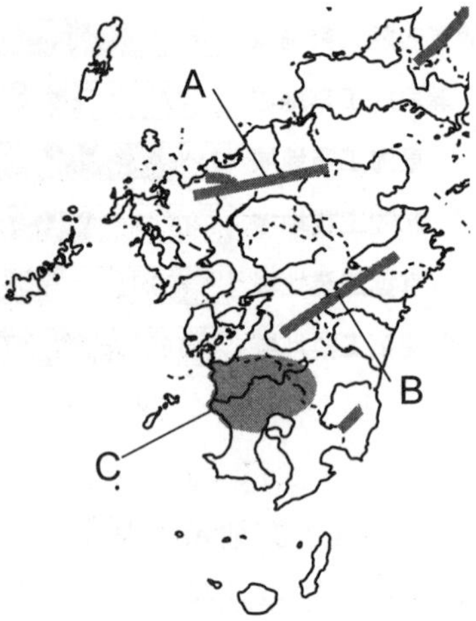

ア　A：九州山地　B：雲仙岳《うんぜんだけ》　C：カルスト台地

イ　A：九州山地　B：筑紫《つくし》山地　C：シラス台地

ウ　A：雲仙岳　B：九州山地　C：カルスト台地

エ　A：雲仙岳　B：筑紫山地　C：カルスト台地

オ　A：筑紫山地　B：雲仙岳　C：シラス台地

カ　A：筑紫山地　B：九州山地　C：シラス台地

(4) 下線部②に関して，この栽培方法の名称《めいしょう》を答えなさい。

(5) 下の地図と表は都道府県別食料自給率を示したものです。これらの地図と表から読み取ることができるものを，次の**ア〜オ**から一つ選び，記号で答えなさい。

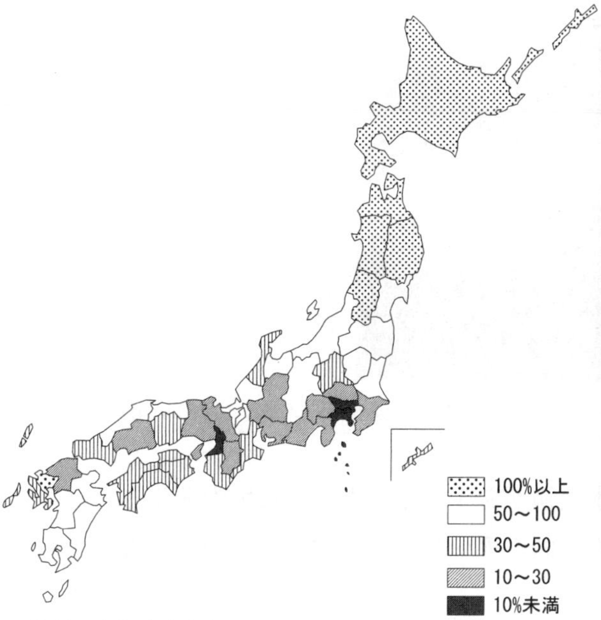

資料：農林水産省調べ
注：全国の食料自給率は2008年度の数値

（単位：%）

都道府県	人口割合	食料自給率	都道府県	人口割合	食料自給率
全国	100.0	41	三重	1.5	42
北海道	4.4	198	滋賀	1.1	50
青森	1.1	119	京都	2.1	13
岩手	1.1	104	大阪	6.9	2
宮城	1.8	80	兵庫	4.4	16
秋田	0.9	177	奈良	1.1	15
山形	0.9	133	和歌山	0.8	30
福島	1.6	85	鳥取	0.5	57
茨城	2.3	70	島根	0.6	64
栃木	1.6	74	岡山	1.5	37
群馬	1.6	32	広島	2.2	23
埼玉	5.5	11	山口	1.2	33
千葉	4.8	29	徳島	0.6	45
東京	10.0	1	香川	0.8	36
神奈川	6.9	3	愛媛	1.1	39
新潟	1.9	99	高知	0.6	48
富山	0.9	73	福岡	4.0	22
石川	0.9	48	佐賀	0.7	102
福井	0.6	64	長崎	1.1	45
山梨	0.7	20	熊本	1.4	61
長野	1.7	53	大分	0.9	51
岐阜	1.6	25	宮崎	0.9	56
静岡	3.0	18	鹿児島	1.4	84
愛知	5.8	13	沖縄	1.1	33

（農林水産省HPより作成）

ア　九州は全体的に食料自給率が高く，全ての県で100%以上となっている。

イ　東京・神奈川・大阪は，食料自給率は低く10%未満となっている。

ウ　北海道や東北地方は都道府県面積が大きいが人口が少ないため，食料自給率は10%未満と低い。

エ　中部地方において，長野県が唯一100%以上の食料自給率となっており周辺の県よりも高い値となっている。

オ　四国４県の食料自給率は80%以上となっており，全体的に自給率が高い。

(6) 下線部③に関して，九州ではこれまで火山が噴火《ふんか》することがたびたびありました。この火山活動によって，下の写真のように，火山の中にある、円形またはそれに近い、広くて大きな窪地《くぼち》ができてしまうことがあります。このような地形の名称を答えなさい。

(熊本県観光連盟ホームページより引用)

(7) 九州では四大公害病のひとつである水俣《みなまた》病が発生しました。水俣病が発生した県の位置として正しいものを，下の地図中**ア～カ**から一つ選び，記号で答えなさい。

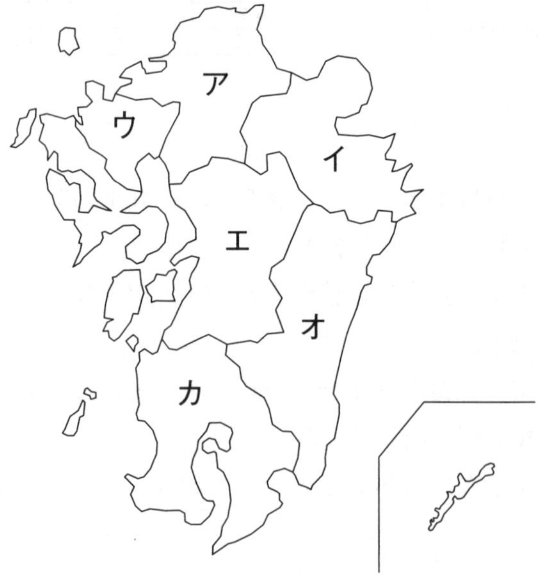

(8) 会話文中にあるように，鶴見くんと生麦さんは，九州旅行に向けて情報を整理するため，九州出身の人たちにおすすめの場所をインタビューし，その内容をカードにまとめました。九州の情報が書かれているカードはどれでしょうか。次の**ア～カ**から一つ選び，記号で答えなさい。

ア

この地域は日本で稲作がとても盛んな地域だよ。特に「コシヒカリ」と呼ばれるブランド米が有名だよ。佐渡島には金山《きんざん》があって，ここもおすすめの場所だな。

イ

この地域の近くには暖流と寒流がぶつかる潮目があり，たくさんの魚介類を味わうことができるよ。リアス海岸を利用して養殖もおこなわれているよ。

ウ

僕は，熊野古道《くまのこどう》がおすすめだな。この場所を通って様々な神社を訪れることが江戸時代に大人気だったんだ。この付近は雨が多いこともあり，林業が盛んで，尾鷲《おわせ》ひのきが特に有名だよ。

エ

僕は日本最後の清流と呼ばれている四万十川《しまんとがわ》をぜひ見てほしいな。本流には大規模なダムが建設されておらず，美しく澄み切った水が有名だよ。この川が流れている県出身の坂本龍《さかもとりょう》馬《ま》は誰もが知る偉人《いじん》だよね。

オ

私のおすすめは五島列島だよ。自然が多くて素晴らしい場所だよ。また，かつて多くの潜伏《せんぷく》キリシタンがいたことから，各地に教会が点在しているんだ。この島がある県は，日本一島が多い県として知られているね。

カ

私は鯖江《さばえ》市がおすすめだな。メガネフレームを作る地場産業で有名だよ。冬に農業があまりできないことから，その時期にできる軽工業としてこの産業が発展していったそうだよ。

(9) 下線部④に関して，下の表①は世界の発電電力量・表②は太陽光発電および風力発電設備容量を示したものです。これらの表から読み取ることができることとして正しいものを次の**ア～オ**から一つ選び，記号で答えなさい。

表①　世界の発電電力量（単位　億kWh）

	2000	2016	水力(%)	火力(%)	原子力(%)	新エネルギー(%)
中国………………	13557	62179	19.2	72.4	3.4	5.0
アメリカ合衆国…	40527	43220	6.8	66.8	19.4	7.0
インド……………	5697	14776	9.3	84.1	2.6	4.0
ロシア……………	8778	10910	17.1	64.8	18.0	0.1
日本………………	10915	9979	8.5	87.9	1.7	1.9
カナダ……………	6057	6674	58.0	21.7	15.2	5.1
ドイツ……………	5765	6491	4.0	64.6	13.0	18.3
ブラジル…………	3489	5789	65.8	25.6	2.7	5.9
韓国………………	2901	5626	1.2	68.5	28.8	1.5
フランス…………	5400	5562	11.7	10.3	72.5	5.5
世界計×………	**155225**	**250816**	16.6	67.3	10.4	5.6

IEA "World Energy Statistics"（2018年版）による。日本は表10-2により作成。×その他とも。

表②　太陽光発電および風力発電設備容量（単位　千kW）

太陽光（2017年）	年間導入量	累計《るいけい》[1]	風力（2018年）	年間導入量	累計[1]
中国………………	53068	131140	中国………………	23000	211392
アメリカ合衆国…	10682	51638	アメリカ合衆国…	7588	96665
日本………………	7459	49500	ドイツ……………	3371	59560
ドイツ……………	1776	42492	インド……………	2191	35129
イタリア…………	400	19682	イギリス…………	1901	20964
インド …………[2]	9100	18300	(参考)日本………	262	3661
世界計×………	**98947**	**403294**	世界計×………	51316	591549

太陽光はIEA PVPS "Trends 2018 in Photovoltaic Applications", 風力はGWEC（世界風力会議）"Global Wind Report 2018" による。原資料掲載国のみ。一部の国が推定値。風力には洋上風力を含む。1）各年末現在。2）IEA PVPS"2018 Snapshot of Global Photovoltaic Markets" による数値。×その他とも。

（『日本国勢図会 2019/20年版』より作成）

ア　世界の発電電力量は2000年の時点ではアメリカ合衆国がトップであったが，2016年には中国がトップになっており，その発電方法は火力発電に依存《いぞん》している。

イ　水力発電の割合がもっとも高いのはカナダであり，新エネルギーを使用している割合は5.1％となっている。

ウ　太陽光発電の年間導入量は中国が最も多いが，累計をみると日本の数値が最も高くなっている。

エ　インドは風力発電の年間導入量がアジアで最も高く，発電電力量についても風力に依存している。

オ　フランスでは新エネルギー発電に力を入れており，その代わりに原子力発電や火力発電の割合がかなり低くなっている。

2　**2019（平成31）年４月９日，日本銀行券の改刷《かいさつ》および500円貨の改鋳《かいちゅう》を行い，日本銀行券は2024（令和6）年度上期，500円貨は2021（令和3）年度上期をめどに新しいデザインで発行されることが公表されました。貨幣《かへい》に関する先生と生徒の会話を読んで，以下の問いに答えなさい。**

生徒：現在使われている１万円券の表には①福沢諭吉《ふくざわゆきち》が描《えが》かれていますが，新しい１万円券の表には誰《だれ》が描かれるのでしょう。

先生：渋沢栄一《しぶさわえいいち》ですね。明治時代，日本の経済発展に力をつくした人物です。日本銀行券は表には人物が描かれますが，裏にも図柄《ずがら》があります。新しい千円券の裏には②「富嶽三十六景《ふがくさんじゅうろっけい》」のうちの一枚が描かれるそうですよ。

生徒：貨幣について改めて考えてみると，紙や金属でつくられたものが食べ物や洋服と交換できるって，なんだか不思議です。日本の貨幣はどのように発展していったのでしょうか。

先生：７世紀から８世紀の日本は，天皇中心の国を目指し，③中国の進んだ政治や文化を取り入れようとしました。そのなかで中国の貨幣をモデルとし，日本でも貨幣がつくられたとされています。奈良県の飛鳥池遺跡《あすかいけいせき》からは，日本最古の貨幣とされる富本銭《ふほんせん》が多数出土しています。また，708年には④都造営費用の支払い手段としても用いられた和同開珎《わどうかいちん》が発行されました。

生徒：そんなに古い時代から貨幣は存在していたのですね。その後の貨幣は，現代のように貨幣発行の中心となる機関が存在し，常にその機関から発行されていたのでしょうか。

先生：いいえ。昔は現代のように，発行された貨幣が全ての地域で使えるわけではありませんでした。また，貨幣のもととなる金属の生産が足りなくなると，質の悪い貨幣が発行されることがありました。そうした貨幣は人々から信用されず，米や絹・布（麻布）が貨幣の代わりに用いられたときもありました。

生徒：現代のように日本全国で使えるような，統一された貨幣はなかなか流通しなかったのですね。

先生：そうです。12世紀半ば，⑤平氏がすすめていた中国との貿易により，中国の貨幣が大量に日本に流入したこともありました。中国の貨幣の大量流入は⑥室町時代にもみられました。流入というのは，中国でつくられた貨幣を日本が輸入していたということです。また，民間の人々が中国の貨幣をまねしてつくっていたこともあったのですよ。

生徒：中国で発行された貨幣が日本で使われていたことや，民間の人々によってつくられた貨幣が流通していたことには驚きました。

先生：貨幣が交換の道具として機能するには，信用が必要です。自分が受け取ったあと必ず他の人も同じ価値で受け取ってくれるという信用がないと流通しません。人々の信頼があり，強力で安定した政治権力のもとで，貨幣の流通は実現するのです。江戸時代，⑦第３代将軍のもとでつくられた寛永通《かんえいつう》宝《ほう》は，全国に流通するようになりました。

（1） 下線部①の人物が活躍《かつやく》した時代のできごとに当てはまるものを，次の**ア～オ**から一つ選び，記号で答えなさい。

ア ヨーロッパの天文学や測量術を学んだ伊能忠敬《いのうただたか》が，全国の海岸線を測量し，日本地図の作成に力をつくした。

イ 東郷平八郎《とうごうへいはちろう》率いる日本海軍が日本海海戦でロシアの艦隊《かんたい》に勝利し，その後アメリカの仲介《ちゅうかい》により日本とロシアの間で講話会議が開かれた。

ウ 連合国軍最高司令官総司令部（ＧＨＱ）の指令に従い，改革が行われ，その一環として教科書の軍国主義的な記述が墨《すみ》で黒くぬられた。

エ イエズス会の宣教師フランシスコ＝ザビエルが来日し，鹿児島や山口，京都などを訪れ，キリスト教の布教につとめた。

オ 新橋・横浜間など，主要な港と大都市とを結ぶ鉄道が開通し，鉄道は「陸蒸気《おかじょうき》」と呼ばれ，人々を驚かせた。

（2） 下線部②が代表する文化に関する**ａ・ｂ**の文の正誤の組み合わせとして正しいものを，次の**ア～エ**から一つ選び，記号で答えなさい。

ａ 上半身を大きく描く大首絵《おおくびえ》の手法を用いて，東洲斎写楽《とうしゅうさいしゃらく》などが役者絵を描いた。

ｂ 雪舟《せっしゅう》が，墨だけを使って絵を描く水墨画で日本の風景を描いた。

ア **ａ**：正 **ｂ**：正　　**イ** **ａ**：正 **ｂ**：誤
ウ **ａ**：誤 **ｂ**：正　　**エ** **ａ**：誤 **ｂ**：誤

（3） 下線部③に関して，当時の中国は唐という王朝が支配していました。唐の都を次の**ア～オ**から一つ選び，記号で答えなさい。

ア 洛陽《らくよう》　**イ** 大都《だいと》　**ウ** 南京《なんきん》　**エ** 長安《ちょうあん》　**オ** 開封《かいほう》

（4） 下線部④の都の名称を**漢字三字**で答えなさい。

(5) 下線部⑤の一族に関して，以下の問いに答えなさい。

(a) 武士として初めて太政大臣《だいじょうだいじん》になった平清盛《たいらのきよもり》の政治はどのようなものでしたか。次の**ア〜オ**から一つ選び，記号で答えなさい。

ア 仏教の力にたよって，伝染病や災害などからの不安から国家を守ろうと考え，国ごとに国分寺と国分尼寺《にじ》を，都には東大寺を建てた。

イ 中国を征服しようと二度にわたり朝鮮に大軍を送ったが，失敗した。

ウ 自分の娘を天皇のきさきにし，朝廷の政治の実権をにぎった。

エ 御家人《ごけにん》の領地を守り，手がらをたてた者には新しい領地を与えた。

オ 商人たちが自由に営業できるように，交通のさまたげになっていた各地の関所をなくした。

(b) 平氏が一族の繁栄《はんえい》を願って作った経典が納められ，一族で厚く敬《うやま》った神社がある都道府県を，下の地図中の**ア〜オ**から一つ選び，記号で答えなさい。

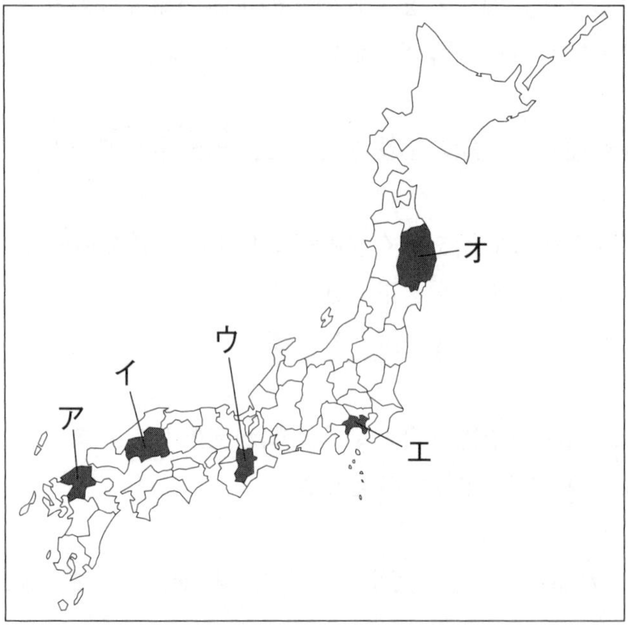

(6) 下線部⑥に関して，室町時代には，将軍のあとつぎ争いなどをきっかけに大名どうしで争った応仁《おうにん》の乱が起こりました。応仁の乱が起こった時期を年表中の**ア～オ**から一つ選び，記号で答えなさい。

年	できごと
	ア
1333年	足利尊氏《あしかがたかうじ》らが鎌倉幕府をほろぼす
	イ
1378年	足利義満《あしかがよしみつ》が京都の室町に幕府を移す
	ウ
1404年	勘合貿易《かんごうぼうえき》（日明《にちみん》貿易）が始まる
	エ
1489年	足利義政《あしかがよしまさ》によって銀閣が建立《こんりゅう》される
	オ

(7) 下線部⑦に関して，次の【史料】を読んで，問いに答えなさい。

【史料】

> 一，大名は，領国と江戸に交代で住むこと。毎年四月中に参勤すること。
> そのときの従者の人数が最近とても多いが，これは領地の無駄《むだ》な出費となり，民衆の負担になる。今後は身分にふさわしいように行列の人数を減らさなければならない。

（『御触書寛保集成《おふれがきかんぽうしゅうせい》』より一部改訂，口語訳）

（問い）この史料に示されている，大名に対するきまりを定めた法の名を**漢字五字**で答えなさい。

3 **次の大阪《おおさか》に転校した鶴見くんからクラスメイトにあてた手紙を読んで，以下の問いに答えなさい。**

みなさん，お元気ですか。ぼくが大阪に引っ越《こ》してからほぼ一年がたちました。

2019 年の大阪はいろいろな出来事がありました。４月の①統一地方選挙では，大阪市長と大阪府知事が任期の途《と》中《ちゅう》で辞職し，市長は知事に，知事は市長に立候補しました。「大阪都構想」について民意を問うためにおこなったそうです。二人ともこの選挙で当選したので，今後，大阪都構想の実現に向けて動き出すのかもしれません。②地方自治は生活に密着しているので，これから色々と話し合いをしてほしいと思います。

６月には世界各国の首脳が集まって話し合いをおこなう③G 20 が開催《かいさい》されました。世界経済が最も大きな議題だそうですが，④地球温暖化や⑤海洋プラスチックなどの環境《かんきょう》問題，⑥高齢化《こうれいか》などの人口問題なども話し合われたそうです。テロ対策のために，交通が大規模に規制されたので，ぼくたちの学校は３日間休校になりました。

７月には，百舌鳥《もず》・古市古墳群《ふるいちこふんぐん》が⑦世界文化遺産に登録されることが，アゼルバイジャンの首都バクーで開かれた国際会議で決定しました。近畿《きんき》地方の府県で世界文化遺産がなかったのは大阪府だけだったので，決まった時にはお祭り騒《さわ》ぎでした。ぼくも学校の遠足で百舌鳥・古市古墳群の中で最大の大仙《だいせん》古墳を見に行きましたが，とても大きかったです。

大阪では 2025 年に万国博覧会が開催されることが決定しており，今後も盛り上がっていくのではないかと期待しています。ですが，その前に今年は東京オリンピックがありますね。関東地方の盛り上がりもすごいのではないでしょうか。オリンピックの後に開催される障がい者のスポーツ大会の観戦チケットをお父さんが手に入れているので，その時期に家族でそちらに行こうと思っています。中学生になったみんなとまた会えるのを楽しみにしています。

（１）下線部①に関して，選挙は国民が政治に参加する権利の一つです。国民が政治に参加する権利について説明した文として**誤っているもの**を，次の**ア～オ**から一つ選び，記号で答えなさい。

ア　国民は国会議員・地方議会議員・都道府県知事・市町村長を選出する選挙で投票する権利を持つ。

イ　国民は都道府県知事や市町村長をやめさせるよう直接請求《せいきゅう》する権利を持つ。

ウ　国民は法律の改正を直接請求する権利を持つ。

エ　国民は最高裁判所裁判官がその職に適しているかの国民審査《しんさ》を行う権利を持つ。

オ　国民は国会が発議した憲法改正について，最終判断する国民投票の権利を持つ。

（２）下線部②に関して，以下の問いに答えなさい。

（ａ）地方自治体の仕事として**当てはまらないもの**を，次の**ア～オ**から一つ選び，記号で答えなさい。

ア　郵便物を扱《あつか》う仕事　　**イ**　上下水道やごみ処理の仕事

ウ　警察や消防の仕事　　**エ**　子育てを支援する仕事

オ　学校設備を整備する仕事

（ｂ）地方自治を担《にな》う地方議会では，法律の範囲内で地方自治体独自のきまりを制定できます。このきまりは何ですか。**漢字二字**で答えなさい。

(3) 下線部③に関して，G20に参加していた次の地図中**A～E**の国について説明した文として**誤っているものを**，次の**ア～オ**から一つ選び，記号で答えなさい。

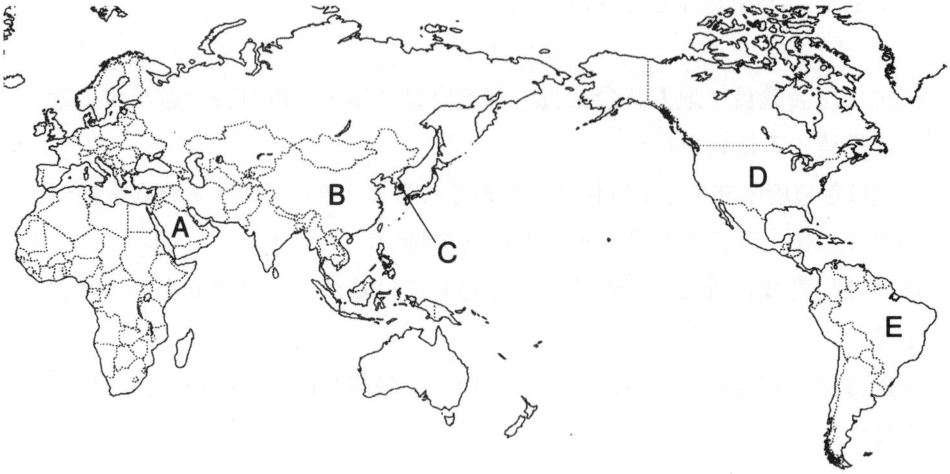

ア　Aの国は日本の最大の石油輸入相手国である。

イ　Bの国には経済特区を中心に日本の企業が数多く進出している。

ウ　Cの国と日本は1956年に国交を結び，日本の国際連合加盟が承認された。

エ　Dの国の軍隊は日本に基地を置いており，特に沖縄県での割合が高い。

オ　Eの国には日本から多くの人々が移住し，現在，その子孫の日系人が多くいる。

(4) 下線部④に関して，地球温暖化について説明した文として**誤っているものを**，次の**ア～オ**から一つ選び，記号で答えなさい。

ア　自動車や火力発電所などが排出《はいしゅつ》する大量の二酸化炭素が大きな原因となっている。

イ　豪雨《ごうう》や干ばつなどの被害《ひがい》が各地で起きている。

ウ　氷河や南極大陸の氷などがとけて海面が上昇《じょうしょう》し，水没《すいぼつ》の危機にある国が出ている。

エ　地震発生時，地面が液体状になり，建物が沈んだり傾《かたむ》いたりする。

オ　温室効果ガスの削減《さくげん》にむけて，太陽光発電や地熱発電などの再生エネルギーの開発が進んでいる。

(5) 下線部⑤に関して，次の文の空欄《くうらん》（　　　　）に当てはまる語句を**カタカナ**で答えなさい。

> 海洋プラスチックとは，海に流出したプラスチックごみのことで，近年，海の生態系に大きな影《えい》響《きょう》を与《あた》えています。日本では資源を再利用するために，プラスチック製品には右の図のような（　　　　）マークをつけることが義務づけられていますが，近年，根本的な解決のために，「減プラスチック社会」が叫ばれています。

(6) 下線部⑥に関して，高齢者を含めて，社会的弱者も安心して生活することができるように，日本国憲法では次のような条文が定められています。この条文で定められている権利を基本的人権の社会権の中でも特に何といいますか。**漢字三字**で答えなさい。

> 第25条　第1項
> すべて国民は，健康で文化的な最低限度の生活を営む権利を有する。

(7) 下線部⑦に関して，世界文化遺産の登録についての業務を行っている国際連合の機関の名称を，次の**ア～オ**から一つ選び，記号で答えなさい。

ア　ODA　　**イ**　UNESCO　　**ウ**　NGO　　**エ**　UNICEF　　**オ**　JICA

【理　科】〈難関進学クラス１次試験〉（社会と合わせて45分）〈満点：50点〉

1

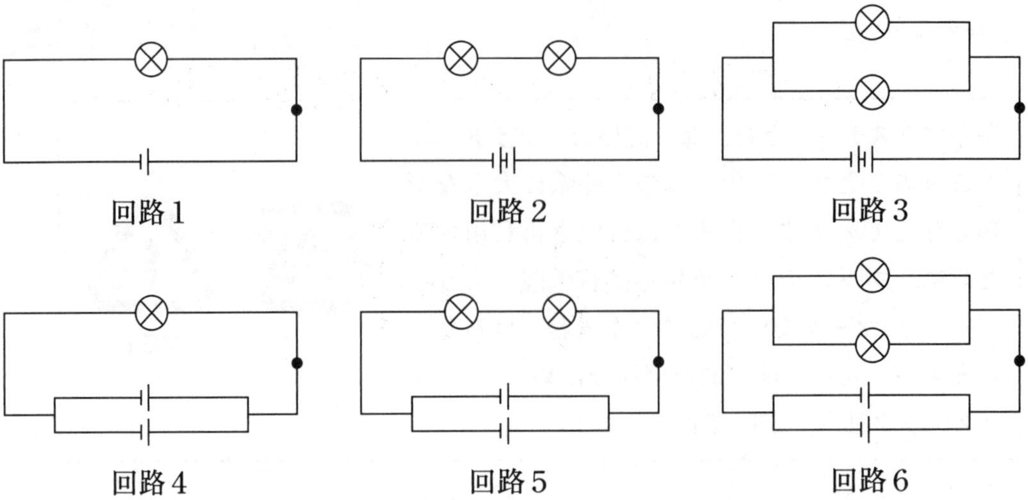

豆電球とかん電池を使った回路１～回路６を作りました。以下の各問いに答えなさい。ただし，使っている豆電球の性能はすべて同じであり，使っているかん電池の性能もすべて同じです。

(1)　回路１について，電流計と電圧計の使い方として正しい文を１つ選び，ア～エで答えなさい。

ア．電流計は豆電球と直列につなぎ，電圧計も豆電球と直列につなぐ。
イ．電流計は豆電球と並列につなぎ，電圧計は豆電球と直列につなぐ。
ウ．電流計は豆電球と並列につなぎ，電圧計も豆電球と並列につなぐ。
エ．電流計は豆電球と直列につなぎ，電圧計は豆電球と並列につなぐ。

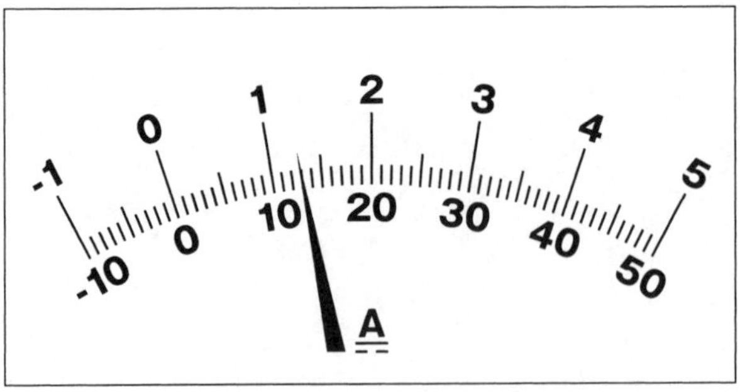

(2)　回路１の・の位置で電流をはかったところ上の図のようになりました。この時の電流は何mAですか。ただし、－たんしは500mAにつないだものです。

(3)　回路１～回路３の中で豆電球の明るさを，明るい順に等号・不等号を使って例のように書きなさい。

例）　回路X　＞　回路Y　＞　回路Z

(4)　回路４～回路６の中で豆電球の明るさを，明るい順に等号・不等号を使って例のように書きなさい。

例）　回路X　＞　回路Y　＞　回路Z

(5)　回路１全体を流れる電流を計測した結果は200mAでした。回路３の•の位置を流れる電流は何mAですか。

(6)　回路１～回路６の中で•を流れる電流が最も少ないのはどの回路ですか。答えが２つ以上あるときはすべて書きなさい。

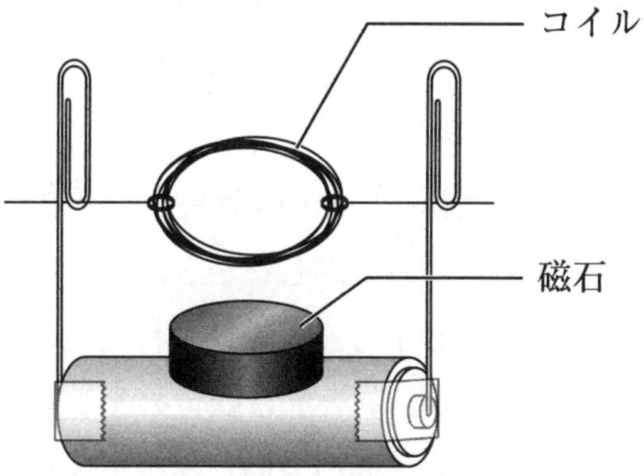

図　クリップモーターの完成図

(7)　図のようなクリップモーターを作りました。材料はかん電池１つ，磁石１つ，ゼムクリップ２つ，エナメル線を必要な分だけ用意しました。次の説明文で**まちがっているものを１つ選び**，ア～オで答えなさい。

ア．エナメル線の巻き数は，10回巻きよりも５回巻きのコイルのほうがコイルの回転が速くなる。

イ．強力な磁石を使うほどコイルの回転が速くなる。

ウ．コイルと磁石は距離《きょり》が近いほど回転が速くなるので，ゼムクリップの高さはコイルが磁石にふれない程度に近づけた高さにするほど速く回転する。

エ．電池の残り分が少なくなるとコイルの回転がおそくなる。

オ．コイルの両端から出たエナメル線のエナメル部分をすべて紙ヤスリでけずると，きれいに回転しなくなる。

2　気体にはそれぞれ性質があるので，気体の性質の違いを調べると，その気体が何かわかります。ちっ素・酸素・二酸化炭素・アンモニア・塩化水素のうち，１種類の気体が入っている５つの試験管Ａ～Ｅがあります。この試験管に入っている気体を調べるために，実験①～③をしました。以下の各問いに答えなさい。

＜実験＞

①　各試験管の中の気体のにおいを確認したところ，ＡとＣからはにおいがしたが，ＢとＤとＥからはにおいがしなかった。

②　各試験管に緑色のＢＴＢ液を少量入れたところ，試験管Ａでは青色，ＣとＤでは黄色に変色したが，ＢとＥは緑色のまま変わらなかった。

③　試験管Ｂと試験管Ｅに火のついた線香《せんこう》を入れると，試験管Ｂでは線香の火がはげしく燃えたが，Ｅは線香の火がすぐに消えた。

(1)　実験②の結果から，試験管Ａに入っている気体には，どのような性質があると思いますか。正しいものを１つ選び，ア～オで答えなさい。

ア．においがある。　　　　　　　イ．燃えやすい気体である。

ウ．水にとけると酸性を示す。　　エ．水にとけると中性を示す。

オ．水にとけるとアルカリ性を示す。

(2)　試験管A～Eに入っている気体として，正しいものを１つ選び，ア～カで答えなさい。

記号＼試験管	A	B	C	D	E
ア	アンモニア	酸素	塩化水素	二酸化炭素	ちっ素
イ	塩化水素	酸素	アンモニア	二酸化炭素	ちっ素
ウ	アンモニア	ちっ素	塩化水素	酸素	二酸化炭素
エ	塩化水素	ちっ素	アンモニア	酸素	二酸化炭素
オ	アンモニア	酸素	塩化水素	ちっ素	二酸化炭素
カ	塩化水素	酸素	アンモニア	ちっ素	二酸化炭素

(3)　別の試験管Fに水素を入れ，実験①～③を行った場合，どのような実験結果になりますか。実験①～③についてそれぞれ解答用紙の空らんをうめなさい。

(4)　次の①～⑥の文は，ちっ素・酸素・二酸化炭素・アンモニア・塩化水素・水素のうちどれか１つの気体について説明をしたものです。次のページの表から正しい組み合わせを１つ選び，ア～カで答えなさい。

①　水に非常にとけやすく，この気体の水よう液を塩酸という。

②　空気中にふくまれているこの気体が雨水にとけるため，雨水は弱い酸性になる。

③　ヒトのはく息に最も多くふくまれている気体。

④　ロケットなどの燃料に使われる気体。

⑤　空気より軽く，水に非常によくとける気体。

⑥　空気はこの気体と，もう１つの気体の２種類で大部分をしめている。

記号＼文	①	②	③	④	⑤	⑥
ア	水素	二酸化炭素	酸素	アンモニア	塩化水素	ちっ素
イ	塩化水素	酸素	二酸化炭素	アンモニア	水素	ちっ素
ウ	塩化水素	二酸化炭素	酸素	水素	アンモニア	ちっ素
エ	塩化水素	酸素	二酸化炭素	水素	アンモニア	ちっ素
オ	塩化水素	二酸化炭素	ちっ素	水素	アンモニア	酸素
カ	塩化水素	二酸化炭素	ちっ素	酸素	アンモニア	水素

3 ある時期にアサガオの種をまいて育てました。以下の各問いに答えなさい。

(1) 関東の平野部でアサガオの種をまく時期として最も良いのはどの時期ですか。正しいものを１つ選び，ア～エで答えなさい。

ア．３～４月　　イ．５～６月　　ウ．７～８月　　エ．９～10月

(2) 下に５つの植物の芽生えの図があります。アサガオの芽生えはどれですか。正しいものを１つ選び，ア～オで答えなさい。

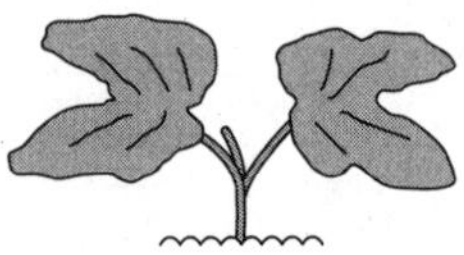

ア

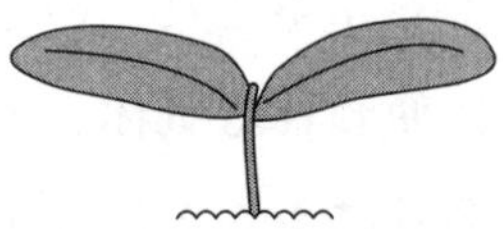

イ

ウ

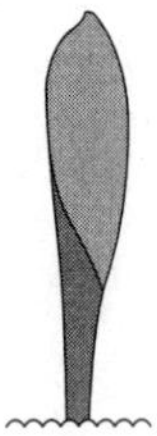

エ

オ

(3)　アサガオを育てるとき，種はどのような場所にまくのが良いでしょうか。日当たりと地面の様子について説明しなさい。

(4)　アサガオと同じ花のつくりをしている植物の組み合わせはどれですか。正しいものを１つ選び，ア～オで答えなさい。

ア．タンポポとアブラナ　　　イ．ドクダミとツツジ
ウ．ツツジとタンポポ　　　　エ．ドクダミとインゲンマメ
オ．インゲンマメとアブラナ

(5)　アサガオの果実を1000個調べました。アサガオの果実１つの中にある種の数で，一番多い数はどれですか。正しいものを１つ選び，ア～オで答えなさい。

ア．１つ　　イ．２つ　　ウ．４つ　　エ．６つ　　オ．８つ

(6)　アサガオの開花には日の長さが関係していることが知られています。下の表は日の当たる時間と開花の時間をあらわしています。表中の○は開花した時刻です。①，②と③～⑤では開花する条件がちがいます。それぞれどのような条件で開花するか，例文を参考に書きなさい。

例文）日が出てから２時間後に花がさく。

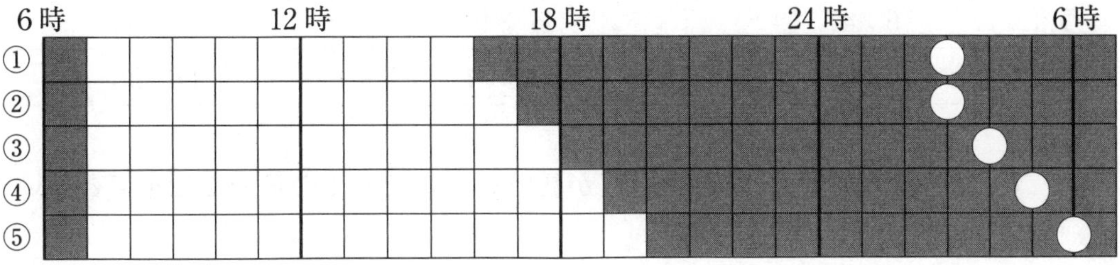

□ 明るい時間　　■ 暗い時間

4 太陽の一日の動きについて，以下の各問いに答えなさい。

(1) 太陽がちょうど真南にくることを何といいますか。漢字２字で答えなさい。

(2) 表は，ある日の沖縄《おきなわ》の那覇《なは》（北緯《い》 26°，東経 127°）の日の出と日の入り，太陽がちょうど真南にきたときの各時刻をしめしています。日の出から日の入りまでを「昼」としたとき，「夜」の長さは何時間何分ですか。

日の出	太陽がちょうど真南にきたとき	日の入り
6：09	12：30	18：52

(3) (2) と同じ日の別の地点，横浜（北緯 35°，東経 139°）での，太陽がちょうど真南にきたときの時刻を答えなさい。

次の表は，ある年の**あ**～**え**の日の横浜《よこはま》での日の出・日の入り・太陽がちょうど真南にきたときの各時刻をまとめたものです。

	日の出	太陽がちょうど真南にきたとき	日の入り
あ	5：45	11：49	17：53
い	4：27	11：43	19：00
う	6：47	11：40	16：33
え	5：29	11：34	17：38

(4) **い** は一年で一番，「昼」の時間が長い日でした。この日のことを何といいますか。

(5) **う**は一年で一番，「昼」の時間が短い日です。日本では昔から**う**の日に行う習慣があります。適当なものを２つ選び，ア～カで答えなさい。

ア．冷たいそうめんを食べる。
イ．かぼちゃを食べる。
ウ．なすときゅうりで馬や牛のかざりをつくる。
エ．ゆずの入ったお風呂《ふろ》に入る。
オ．年賀状を送り合って，新年のあいさつや最近の様子を伝え合う。
カ．こどもの成長をいのり，こどもの日によろいやかぶとをかざる。

(6) **え**の日の場合，那覇では日の出から日の入りまでの時間はどうなりますか。正しいものを１つ選び，ア～ウで答えなさい。

ア．横浜との差は30分以内である。
イ．横浜よりも30分以上長くなる。
ウ．那覇の**え**の日を今年と去年で比べた場合，日の出から日の入りまでの時間には30分以上のちがいがある。

家庭における米、パン、めん類の購入量の推移

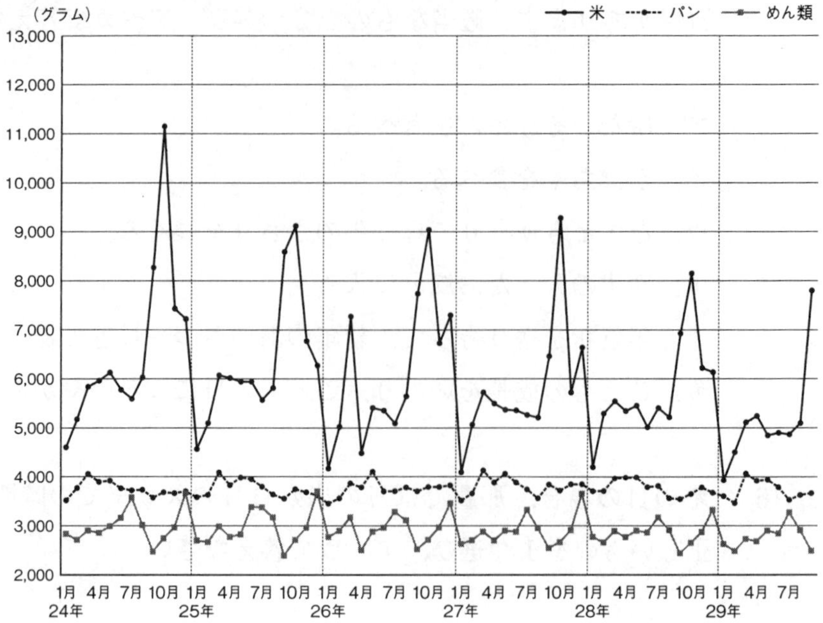

(2017総務省「家計調査」より)

Ａ　パンもめん類もその原材料はほぼコムギであり、この文章にあるような時代よりも現代の日本人の食卓は多様化が進行していて、コムギもなくてはならない存在となっていますね。また、米に比べると購入時期も変動が大きくありません。

Ｂ　はい、確かに多様化が進んでいると思いますが、現代においても私たちの食卓での主食はやはりお米です。そしてその購入《こうにゅう》時期が10月あたりに最も高くなっているのは、新米が出回る時期だからだと考えられます。

Ｃ　私自身も多様化している日本人の一人だと思いました。実はめん類が大好きなんです。パスタやラーメン、うどんといっためん類は、現代の多くの日本人に愛されているので、その購入量はどの時期であっても安定しています。

Ｄ　いっぽう、米の購入量はだんだんと減少していますね。でも、パンやめん類が減少しているとはいえません。つまり、一般的《いっぱんてき》に指摘《してき》される日本人の米離《ばな》れという現象が確実に進行しているということがわかります。

問八　――線部５「縦方向に発達を遂げてきた」とありますが、どういうことですか。本文中のことばを使って、三十字から四十字で答えなさい。

問三　――線部１「牧歌的な風景の美しさ」とありますが、そのような風景が生まれた理由として最も適切なものを次から一つ選び、記号で答えなさい。

ア　広々とした土地を持っている家が多いので、家と家との距離が離れていたため。
イ　土地がやせているために、ムギや牧草を広い農地で育てる必要があったため。
ウ　ヨーロッパでは広大な土地を使って農業をおこなう伝統があったため。
エ　もともとの広い牧草地をムギが多く取れるように改良してきたため。

問四　――線部２「田んぼで展開される稲作は、世界がうらやむような農業だった」とありますが、その理由として最も適切なものを次から一つ選び、記号で答えなさい。

ア　地域によっては年に二回に収穫する二毛作も可能であるから。
イ　畑での栽培よりも労力が低い上に生産性がずば抜けて高いから。
ウ　播いた種の量に対する収穫量が他の穀物と比較にならないほど多いから。
エ　生産力は時代や地域によって異なるが、年々収穫量が増える傾向にあるから。

問五　[　３　]に入ることばとして、最も適切なものを次から一つ選び、記号で答えなさい。

ア　あまり気象に影響を受けない品種の改良がおこなわれていた
イ　周辺地域で収穫されたものが、こぞって江戸に集められた
ウ　都市部への労働人口の流入現象が当時から起こっていた
エ　狭い農地でも、十分な食糧を得ることができた

問六　――線部４「集約的な農業を発展させてきた」とありますが、その理由を筆者はどのように分析《ぶんせき》していますか。本文中より「～から。」につながるよう、十五字以内でぬき出しなさい。

問七　本文を読んだ後、次のグラフを見て「現代の日本人の食卓《しょくたく》を考える」というグループ学習をしました。そのときの意見として適切でないものを次から一つ選び、記号で答えなさい。

狭い土地では、どんなに頑張っても収量は増えることなく、それよりも少しでも土地を広げる方が良いし、やせた土地であれば、そこにウシを放して、一頭でも多く飼う方が良い。そのため、ヨーロッパでは伝統的に土地を広げ大規模にする努力がなされ、面積を広げた代わりに一つ一つの農地には手をかけない粗放的《そほうてき》な農業が伝統的に発達した。

一方、日本では土地の潜在的《せんざいてき》な生産性が高い。

手をかければかけるほど、収量は増える。同じ田んぼを工夫すれば、イネとムギの両方を作ることさえ可能だし、畑でも手をかければ、さまざまな野菜や作物を栽培することができる。

そのため日本では、Bやみくもに面積を広げるのではなく、限られた面積の中で、いかに手をかけて、収量を増やすかに努力が払《はら》われてきた。ていねいに手をかけていれば、限られた労力では、農地の面積を増やすことに限界がある。こうして、日本では伝統的に4小規模で集約的な農業を発展させてきたのである。

欧米の農業は広く広くと横方向に発達をするのに対して、日本の農業は深く深くと5縦方向に発達を遂《と》げてきた。ちなみに日本人は欧米人に比べて内向的と言われるが、もしかすると限られた農地の中で内向きに展開する農業が関係しているのかも知れない。

(稲垣栄洋『イネという不思議な植物』より)

問一　～～線部A「単純」の対義語を漢字二字で書きなさい。

問二　～～線部B「やみくも」のここでの意味として最も適切なものを次から一つ選び、記号で答えなさい。

ア　だしぬけで行動が急なこと
イ　ぼんやりしていてつかみ所がないこと
ウ　意欲があって積極的なこと
エ　見通しもなく考えが浅はかなこと

化学肥料が発達した現在で比較《ひかく》しても、コムギは播いた種子の二〇倍前後の収量であるのに対して、イネは一一〇〜一四〇倍もの収量がある。イネは生産力がずば抜《ぬ》けて高いのである。

イネとムギ類とは栽培されている環境《かんきょう》や土地も異なるし、栽培技術も異なるから、単純[A]な比較はできないが、イネが多くの食糧を生み出してきたことは間違いがない。

実際に、現在でも、世界の人口密度が高い地域は、稲作《いなさく》地帯と一致《いっち》する。イネを作ることは多くの人口を養うことを可能にするのである。

[2]田んぼで展開される稲作は、世界がうらやむような農業だったのである。

一八世紀、江戸時代中期の江戸の町の人口はすでに一〇〇万人を超えていた。これは当時、世界一の人口の大都市であったとされている。大都市であるロンドンやパリが四〇万都市だったから、江戸の方がずっと人口が多かったのである。

世界一の人口と簡単に言うが、たくさんの人が集まるのには、色々な条件が要《い》る。

人は誰《だれ》しも腹が減る。日々、一〇〇万人の人々の腹を満たしていかなければならないのである。これは、日本の食糧生産の豊かさによって可能になったのである。

日本は広大なヨーロッパ大陸に比べると、平野が少なく国土が狭《せま》い。しかし、一六世紀、戦国時代の日本では、同じ島国の英国と比べて、すでに六倍もの人口を擁《よう》していたとされている。さらに江戸時代の日本には、すでに二〇〇〇万〜三〇〇〇万人の人口がいた。これは、日本では［　3　］からに他ならない。

日本の過密な人口は、「田んぼ」というシステムと、「イネ」という作物によって支えられてきたのである。

教科書では、日本の農業は、欧米《おうべい》に比べて農家一軒《けん》あたりの経営面積が小さいと習う。

確かに、現代では、規模を拡大した農業経営が求められている。しかし、日本の農家の経営面積が小さいという理由には、もともと農業の質が違うという面もある。

前述のようにヨーロッパの農地はもともと生産性が低い。そのため、収量を上げようとすれば、農地の面積を広げるしかない。

四　**次の文章を読んで、後の問いに答えなさい。**

ヨーロッパを旅すると、車窓に広がる[1]牧歌的な風景の美しさにはため息が出る。

そんな風景に見慣れてから、日本に帰国すると、本当にガッカリさせられる。飛行機から見える風景も、とにかく日本はごちゃごちゃしていて猥雑《わいざつ》なのだ。

しかし……と私は思う。

これこそが、日本の田んぼのすごさを物語っているように思えるのである。

ヨーロッパの農村風景を見ると、広々とした畑が広がり、その遠くに家々が見える。

しかし、この風景の成立した背景を考えてみると、昔は、この小さな村の人たちが食べていくために、これだけ広大な農地が必要だったということでもある。

一方、日本では田畑の面積が小さく、そこら中に農村集落がある。つまり、少ない農地でたくさんの人たちが食べていくための食糧《しょくりょう》を得ることが可能であったということに他ならない。

ヨーロッパは土地がやせていて、土地の生産力が小さい。

しかも、ヨーロッパの中でもムギを作ることができたのは恵《めぐ》まれた土地である。

やせた土地では、ムギを作ることはできなかった。そのため、牧草を育てて、家畜《かちく》を育てたのである。

さらには、土地の生産力の違《ちが》いに加えて、ムギとイネという植物の違いもある。イネはムギに比べて、収穫量《しゅうかくりょう》の多い作物なのである。

また、収量の多いイネは生産効率も良かった。

ヨーロッパでは主にコムギやオオムギなどのムギ類が栽培《さいばい》されるが、一五世紀のヨーロッパでは、播《ま》いた種子の量に対して三～五倍程度の収量しか得ることができなかった。一方、日本ではイネが栽培されるが、同じ一五世紀の室町《むろまち》時代の日本では、イネは播いた種子の量に対して二〇～三〇倍もの収量が得られたのである。

している。

問五　━━線部３「この調子ならいける、とぼくは確信した」とありますが、ぼくがそう思った理由として最も適切なものを次から一つ選び、記号で答えなさい。

ア　戸倉くんが舌打ちして文句をぶつけるぐらいに相手がいらだっていることがわかったから。
イ　去年の優勝の目安となる札の数までは、残りの半分を取ればいいというところまできたから。
ウ　二人もそれぞれの役割を果たしており、ぼくも遠慮せずに札を取れるようになってきたから。
エ　村上さんがある程度札を暗記しているものの、あとの二人がたいしたことはないとわかったから。

問六　━━線部４「足立くんのそんな真剣な表情を、ぼくはこれまで見たことがなかった」とありますが、このことをきっかけとして、ぼくはどのようなことに気づきましたか。本文中から一文でぬき出し、最初の五字を書きなさい。

問七　━━線部５「ふたりにきつく抱きしめられて、声を出すことも身動きを取ることもできないまま、ぼくは涙があふれそうになるのを感じていた」とありますが、この時のぼくの気持ちとして最も適切なものを次から一つ選び、記号で答えなさい。

ア　困難を乗《の》り越《こ》えていくうちに三人の団結がより強まり、支え合い、助け合いながら、優勝にたどり着いたということをかみしめて感動している。
イ　二戦目で手を痛めるというアクシデントに見舞《みま》われても、二人の冷静な対応のおかげで、ぎりぎりで競《せ》り勝てたことと思い、感謝で胸を熱くしている。
ウ　飯島さんとの約束を守れたこともうれしいが、陽気でお調子者の足立くんが最後の大一番で協力してくれ、これまでの努力が報われたと、感動している。
エ　二人がぼくを信頼《しんらい》して、きびしい特訓にも弱音をはかずについてきてくれたことが、飯島さんから頼《たの》まれた優勝という結果に結びついたのだと感謝している。

問八　══線部「照れくさそうに言った」とありますが、どのようなことに飯島さんは「照れている」のですか。その理由を本文中のことばを使って、二十五字から三十五字で説明しなさい。

問一 〰〰線部Ａ「難」の漢字の部首を、例にならって書きなさい。

（例） 暗 → 日

問二 ［Ｂ］に入ることばとして最も適切なものを次から一つ選び、記号で答えなさい。

ア 投げて　イ かけて　ウ ひろって　エ なめて

問三 ——線部１「ぼくらの戦略」とありますが、どういう戦略ですか。最も適切なものを次から一つ選び、記号で答えなさい。

ア 足立くんと飯島さんにはおたがいの暗記不足を助け合いながらできるだけ札を取ってもらい、それ以外の札をぼくが奪えるだけ奪うという戦略。

イ 全部の札を暗記しているぼくが中心となってとなって取れるだけ取り、他の二人にもある程度覚えてもらってぼくを助けるという戦略。

ウ ぼくが主力となって頑張るが、他の二人が自陣の三分の二の札を責任を持って確保することで、ぼくの負担を軽くするという戦略。

エ 全員で三分の一ずつを分担して責任を持って暗記し、その札を各自の目の前に置くことで確実に枚数をかせぐという戦略。

問四 ——線部２「ワンテンポだけ遅れて、ぼくも笑顔で拳を掲げた」とありますが、この時の様子の説明として最も適切なものを次から一つ選び、記号で答えなさい。

ア 勝つための特訓をここまで十分に重ねてきたので、優勝という言葉が当たり前すぎてすばやく返事ができないでいる。

イ 気安く優勝宣言されてしまうことがぼくにとってはプレッシャーになりかねないので、心の中ではめいわくに感じている。

ウ ぼくはそれほど自信がないのに、優勝という言葉にためらうことなく応じてしまう飯島さんのことが少しいやになっている。

エ おどけた足立くんのかけ声にすぐに反応できる飯島さんのようにはいかないまでも、なるべく調子を合わせようとこっちに残ってる札はもう全部おぼえてるから、こっち側はあたしにまかせて」

「清野清野、こっちの札の最初のほう教えてくれ」

反対側で足立くんの声がした。ぼくは彼の前の敵陣にある札を順番に指差しながら伝えた。

「あけぬれば、もろともに、おおえやま、かくとだに」

「わかった」

足立くんは短くこたえて、じっと札を見つめた。4足立くんのそんな真剣《しんけん》な表情を、ぼくはこれまで見たことがなかった。

ふたりが敵陣の札までカバーしてくれるのなら、ぼくは正面の札だけに集中できる。それなら左手でもなんとかいけるかもしれない。そうだ、ぼくはいま、ひとりで戦っているわけじゃない。

胸の中に喜びがわきあがってくるのを感じながら、ぼくは次の札が読まれるのを待った。

「あけぬれ……」

「もらったぁ――――ッ！」

足立くんの手が、豪快《ごうかい》に札を弾《はじ》き飛《と》ばした。

ぼくらのチームの獲得枚数は、合計で百四十八枚になった。

去年の優勝枚数は超《こ》えることができたけど、それはあくまで目安にすぎないから、飯島さんも足立くんも不安なのか、結果発表を待つあいだは、ふたりとも言葉少なだった。ぼくも保健室で手当てをしてもらった突き指の痛みも忘れるくらいに緊張していた。

体育館のステージに立った校長先生が、優勝チームを発表した。

「一年優勝、百四十八枚、足立・飯島・清野チーム」

その瞬間、飯島さんと足立くんが歓声《かんせい》をあげて、両側からぼくに抱《だ》きついてきた。5ふたりにきつく抱きしめられて、声を出すことも身動きを取ることもできないまま、ぼくは涙《なみだ》があふれそうになるのを感じていた。

（如月かずさ『給食アンサンブル』より）

やまのおくにも。また戸倉くんのすぐ前。ぼくは飛びこむように手を伸《の》ばした。
札は無事に取ることができたけど、いきおいがつきすぎて、ぼくの手は戸倉くんのひざにぶつかってしまった。戸倉くんが「いってえな！」と怒鳴《どな》り、ぼくは「ごめん」と縮こまる。だけど、痛いのはぼくもいっしょだった。まっすぐ伸ばした状態で、指の先からぶつかったせいか、突《つ》き指《ゆび》でもしてしまったのかもしれない。
痛めた手で次の札も取ろうとすると、床《ゆか》を叩《たた》いた瞬間《しゅんかん》に激痛が走った。思わず悲鳴をあげてしまうと、飯島さんと足立くんが、心配そうにぼくの顔をのぞきこんできた。
「もしかして、さっきので突き指しちゃった？」
「いや、下手すると骨折かもしれねえぞ。骨って結構簡単に折れるから。清野、保健室に行っといたほうがいいんじゃねえか？」
「だ、だいじょうぶ、左手で取るから」
保健室なんて行っていたら、そのあいだに試合が終わってしまう。徐々《じょじょ》に強くなる右手の指の痛みをこらえ、ぼくは左手で構えてみた。だけど、そっちの手で札を取ったことはこれまでない。札の位置はすべて把握《はあく》しているのに、右手ほど素早《すばや》く反応することができなくて、ぼくは二連続で相手に札を奪われてしまった。
せっかくここまで順調だったのに、このままでは優勝を逃《のが》してしまう。どうしよう、慣れない左手より、激痛のする右手のほうがまだ取りやすいだろうか。
あせっているうちに次の札が読まれて、そのせいで反応が遅れた。札の位置は敵陣の飯島さん側。もう間にあわない、と思っていたら、敵よりもわずかに速く、飯島さんの手が正解の札に叩《たた》きつけられた。はいっ、という頼《たの》もしい声といっしょに。
飯島さんが取った札は、彼女《かのじょ》に暗記してもらっていた札ではなかった。ぼくが驚《おどろ》いていると、飯島さんがこちらを向いて照れくさそうに言った。
「自主的に暗記してた札だったんだよ。あたしの担当の札以外も、頑張《がんば》ってできるだけおぼえなきゃ、って思ってたからさ。

えた札を彼《かれ》らの前に配置することにしたのだ。

　ふたりには自分の前の札を確実に取ることに専念してもらい、そのあいだにぼくが敵陣《てきじん》の札を奪《うば》えるだけ奪う。自陣《じじん》の札の三分の二をふたりにまかせられる分、狙《ねら》うべき札が減って、ぼくもずっと札が取りやすくなる。1それがぼくらの戦略だった。始業前や休み時間に練習を重ねて、できるかぎりの準備はしたつもりだ。

「それじゃまあ、さくっと優勝もらいにいきますか！」

　足立くんのおどけた宣言に、飯島さんが「おうっ！」と腕《うで》を振《ふ》りあげる。2ワンテンポだけ遅《おく》れて、ぼくも笑顔《えがお》で拳《こぶし》を掲《かか》げた。

　百人一首大会は体育館で行われる。外は雪が降りそうな天気で、体育館には暖房《だんぼう》もないけど、緊張《きんちょう》と興奮で体が熱くなっているせいか、寒さはあまり感じなかった。

　初戦の結果は上々で、ぼくらは八十枚もの札を獲得《かくとく》することができた。足立くんと飯島さんが、自分の担当範囲《はんい》の札を完《かん》璧《ぺき》に取ってくれたおかげ。そして対戦相手が途中《とちゅう》で勝負を［B］くれたおかげだ。

　足立くんが先輩《せんぱい》から聞いた情報によれば、去年の優勝チームの獲得枚数は百四十五枚だったらしい。その枚数を目安にするなら、二戦目の目標枚数は六十五枚。相手の強さ次第《しだい》だけど、決して無理な数じゃない。

　その二戦目の相手は、初戦よりもだいぶ手強《てごわ》かった。二組の村上さんと戸倉くん、的場くんのチーム。村上さんはある程度札を暗記しているようだったし、戸倉くんはこっちをにらんだり凄《すご》んだりしてきておっかなかった。

だけどぼくは怖《こわ》いのをこらえて、懸命《けんめい》に敵陣の札を奪い続けた。足立くんと飯島さんも、これまでのところ自分の守るべき札をほとんど敵に与《あた》えてはいない。

「こころにも……」

　はい、とぼくは戸倉くんの前にあった札を取った。すると戸倉くんが舌打ちをして、「取りすぎだろ」と文句を言ってくる。いらだった声にびくっとしてしまったけど、いまは遠慮《えんりょ》なんてしていられない。残りの札は二十枚で、ここまでの獲得枚数は五十五枚。3この調子ならいける、とぼくは確信した。

「よのなかよ……」

二〇二〇年度 鶴見大学附属中学校

【国語】〈難関進学クラス一次試験〉（四五分）〈満点：一〇〇点〉

《注意》（字数制限のある問題は、句読点・記号も一字に数えます。）

一 次の――線部の漢字の読み方を書きなさい。

1 横浜に転居する。
2 損得を考えない行動。
3 人の気配がする。
4 勝つための作戦を練る。
5 用水を新田に導く。

二 次の――線部のカタカナを漢字で書きなさい。

1 新しいボールをサッソク使う。
2 友人の意見にサンセイする。
3 映画をヒヒョウする。
4 いつものミナれた風景。
5 人生の土台をキズく。

三 次の文章を読んで、後の問いに答えなさい。

暗記が得意なぼく（清野《きよの》）は、冬休み中に百人一首を覚えてくるという宿題を難なくこなし、三学期からはじまった校内百人一首大会の練習で、クラスの人気者の足立くんや飯島さんと同じチームを組むことになった。あるとき、飯島さんから三学期末で引《ひ》っ越《こ》すことを打ち明けられ、思い出に百人一首大会で優勝したいので特訓をしてほしいと依頼《いらい》された。人付き合いが苦手なために断ったが、飯島さんの熱意に負けて三人で練習を重ねてきた。

大会までにすべての札を暗記するのはA難しい。だから足立くんと飯島さんには、最低限の枚数をおぼえてもらって、おぼ

2020年度
鶴見大学附属中学校 ▶解説と解答

算　数　＜難関進学クラス１次試験＞（45分）＜満点：100点＞

解　答

1 (1) 198　(2) 18　(3) $\frac{1}{3}$　(4) 16　(5) 8　2 (1) 56個　(2) 正20角形　(3) ３回転　(4) 450円　(5) 180度　(6) 128個　(7) 8 cm^3　(8) ８時53分40秒　(9) 57cm^2　3 (1) 350　(2) 13　4 (1) 24cm^2　(2) ３：４：８　5 (1) $\frac{3}{10}$　(2) 8

解　説

1 計算のくふう，四則計算，逆算

(1) 63－45＋18＋36＋55－54＋44＋81＝(63＋36)＋(18＋81)＋(55＋44)－(45＋54)＝99＋99＋99－99＝99×２＝198

(2) (8.3－4.6＋2.4)×(5.7＋2.1－3.8)－6.4＝(3.7＋2.4)×(7.8－3.8)－6.4＝6.1×４－6.4＝24.4－6.4＝18

(3) $0.5\times\square\div0.1+1.7\times1\frac{1}{9}=\frac{32}{9}$より，$\frac{1}{2}\times\square\div\frac{1}{10}+\frac{17}{10}\times\frac{10}{9}=\frac{32}{9}$，$\frac{1}{2}\times\square\times\frac{10}{1}+\frac{17}{9}=\frac{32}{9}$，$5\times\square=\frac{32}{9}-\frac{17}{9}=\frac{15}{9}=\frac{5}{3}$　よって，$\square=\frac{5}{3}\div5=\frac{5}{3}\times\frac{1}{5}=\frac{1}{3}$

(4) $\square\times\left\{5.75-\left(3\frac{1}{4}-2\right)\times2\right\}=52$より，$\square\times\left(5.75-1\frac{1}{4}\times2\right)=52$，□×(5.75－1.25×２)＝52，□×(5.75－2.5)＝52，□×3.25＝52　よって，□＝52÷3.25＝16

(5) (52.8－6.1×□)÷0.8＝５より，52.8－6.1×□＝５×0.8＝４，6.1×□＝52.8－４＝48.8　よって，□＝48.8÷6.1＝８

2 場合の数，角度，図形の移動，消去算，整数の性質，体積，単位の計算，面積

(1) 十の位の数字は１から７の７通り，一の位の数字は０から７の８通りある。よって，２けたの数は全部で，７×８＝56(個)つくれる。

(2) この正多角形の１つの外角の大きさは，180－162＝18(度)である。よって，多角形の外角の和は360度なので，360÷18＝20より，この正多角形は正20角形となる。

(3) 問題文中の図で，点Ｏを中心とする半径９cmの円の円周は，９×２×3.14＝18×3.14(cm)である。また，図の円すいの底面の円周の長さは，３×２×3.14＝６×3.14(cm)になる。よって，この円すいがもとの位置にもどるのは，(18×3.14)÷(６×3.14)＝３(回転)したときとわかる。

(4) 大きい品物２個の値段と小さい品物３個の値段が同じだから，大きい品物４個と小さい品物５個の値段の合計は，小さい品物，$3\times\frac{4}{2}+5=11$(個)の値段と等しいといえる。よって，小さい品物１個の値段は，3300÷11＝300(円)だから，大きい品物１個の値段は，300×３÷２＝450(円)である。

〔ほかの解き方〕　大きい品物２個の値段と小さい品物３個の値段は同じだから，大きい品物１個

と小さい品物１個の値段の比は，$\frac{1}{2}:\frac{1}{3}=3:2$になる。この比を用いると，大きい品物４個と小さい品物５個の値段の合計は，３×４＋２×５＝22となり，これが3300円にあたるので，比の１にあたる金額は，3300÷22＝150(円)と求められる。よって，大きい品物１個の値段は，150×３＝450(円)と求めることもできる。

図１

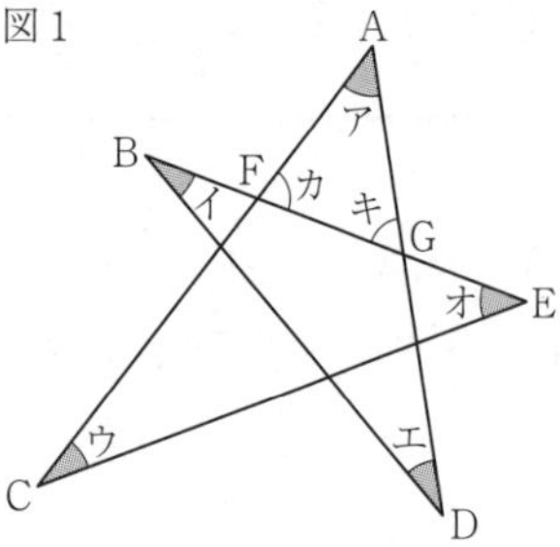

(5)　左の図１で，三角形の１つの外角はとなり合わない２つの内角の和に等しいから，三角形FCEについて，角カの角度は角ウと角オの角度の和と等しく，三角形GBDについて，角キの角度は角イと角エの角度の和と等しい。よって，図１の色のついた５つの角度(角ア～オ)の和は，三角形AFGの内角(角ア，カ，キ)の和と等しいので，180度とわかる。

(6)　999÷７＝142余り５より，１から999までの整数のうち，７で割り切れる整数は142個ある。また，99÷７＝14余り１より，１から99までの整数のうち，７で割り切れる整数は14個ある。よって，100から999までの整数のうち，７で割り切れる整数は，142－14＝128(個)と求められる。

(7)　小さい立方体の側面の４つの正方形の面積の和は，表面積の差より，310－294＝16(cm^2)となるので，１つの正方形の面積は，16÷４＝４(cm^2)である。また，２×２＝４より，小さい立方体の一辺の長さは２cmとわかる。よって，小さい立方体の体積は，２×２×２＝８(cm^3)である。

(8)　2020÷60＝33余り40より，2020秒は33分40秒になる。また，20－12＝８より，20時は午後８時となる。よって，20時20分の2020秒後は，午後８時20分＋33分40秒＝午後８時53分40秒になる。

図２

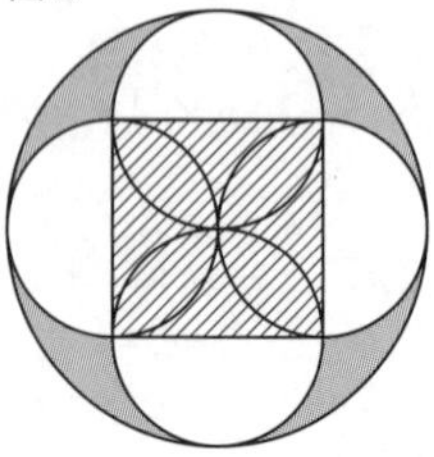

(9)　左の図２で，大きい円の面積は，10×10×3.14＝314(cm^2)である。また，小さい円の半円４つ分の面積の和は，$5\times5\times3.14\times\frac{1}{2}\times4=157$(cm^2)で，図２の斜線《しゃせん》部分の正方形の面積は，一辺の長さが，５×２＝10(cm)だから，10×10＝100(cm^2)となる。よって，色のついた部分の面積は，314－157－100＝57(cm^2)と求められる。

3　整数の性質

(1)　１日から29日までの数の合計は，１＋２＋３＋…＋29＝(１＋29)×29÷２＝435である。また，色をぬってある日の数の合計は，10＋16＋17＋18＋24＝(17－７)＋(17－１)＋17＋(17＋１)＋(17＋７)＝17×５＝85になる。よって，色をぬっていない日の数の合計は，435－85＝350と求められる。

(2)　十字型の中央の数字を□とすると，選んだ５つの日の数の合計は，(□－７)＋(□－１)＋□＋(□＋１)＋(□＋７)＝□×５と表すことができる。よって，この合計が65になるので，□＝65÷５＝13より，十字型の中央の数字は13である。

4　平面図形―面積，辺の比と面積の比

(1)　三角形FCDと三角形FDEの面積の比は１：１だから，辺CDと辺DEの長さの比も１：１となり，辺CDの長さは辺DEの長さと同じ３cmなので，辺CEの長さは，３×２＝６(cm)になる。また，三角形GBCと三角形GCEの面積の比は１：３だから，辺BCと辺CEの長さの比も１：３となり，辺

BCの長さは，$6\times\frac{1}{3}=2$(cm)なので，辺BEの長さは，$2+6=8$(cm)になる。よって，三角形ABEの面積は，$8\times6\div2=24$(cm^2)と求められる。

(2) 三角形BAGと三角形BGEの面積の比は１：４だから，辺AGと辺GEの長さの比も１：４である。また，三角形CGFと三角形CFEの面積の比は１：２なので，辺GFと辺FEの長さの比も１：２である。よって，AG：GF：FE＝$1:\left(4\times\frac{1}{1+2}\right):\left(4\times\frac{2}{1+2}\right)=1:\frac{4}{3}:\frac{8}{3}=3:4:8$とわかる。

[5] 数列

(1) 分数は[1]の線までに１個，[1]と[2]の線の間に２個，[2]と[3]の線の間に３個，…ある。また，$1+2+3+\cdots+9=45$，$48-45=3$より，48番目の分数は，[9]と[10]の線の間の左から３番目とわかる。よって，48番目の分数は$\frac{3}{10}$である。

(2) [14]と[15]の線の間にある分数は$\frac{1}{15}$，$\frac{2}{15}$，$\frac{3}{15}$，…，$\frac{15}{15}$なので，これらの分数の和は，$\frac{1}{15}+\frac{2}{15}+\frac{3}{15}+\cdots+\frac{15}{15}=\left(\frac{1}{15}+\frac{15}{15}\right)\times15\div2=8$と求められる。

社 会 ＜難関進学クラス１次試験＞（理科と合わせて45分）＜満点：50点＞

解 答

[1] (1) ア (2) エ (3) カ (4) 促成栽培 (5) イ (6) カルデラ (7) エ (8) オ (9) ア [2] (1) オ (2) イ (3) エ (4) 平城京 (5) (a) ウ (b) イ (6) エ (7) 武家諸法度 [3] (1) ウ (2) (a) ア (b) 条例 (3) ウ (4) エ (5) リサイクル (6) 生存権 (7) イ

解 説

[1] 九州地方の地形や気候，産業を中心とした問題

(1) 三大工業地帯の中で，出荷額の比率に占《し》める機械工業の割合が約３分の２と高いＢは，中京工業地帯である。また，金属工業の占める割合が20%と比較《ひかく》的高いＣに阪神工業地帯があてはまり，残ったＡが京浜工業地帯となる。よって，アが正しい。

(2) 福岡県北部の臨海部に広がる北九州工業地帯（地域）は，1901年，現在の福岡県北九州市で八幡製鉄所が操業を開始したことをきっかけに発達した。戦後は貿易相手の中心が太平洋沿岸諸国に移ったことや，1960年代に起こったエネルギー革命によって動力源が石炭から石油へと移行されたことなどを理由として，全国の工業出荷額に占める割合が低下した。よって，エが正しい。

(3) Ａの筑紫《つくし》山地は，九州北部に連なる比較的低い山地である。Ｂの九州山地は，九州の中央部に連なる高くけわしい山地である。Ｃのシラス台地は，九州南部に広がる火山灰土の台地で，水持ちが悪いため稲作には適さず，畑作や畜産を中心に農業が行われている。よって，カがあてはまる。なお，雲仙《うんぜん》岳は長崎県南東部の島原半島にある。カルスト台地は石灰岩がとけてできる特殊《とくしゅ》な地形で，九州では北九州市の平尾台のものが知られる。

(4) 温暖な気候を生かし，ビニルハウスや温室でピーマンやなす，きゅうりといった夏野菜を冬～春に育て，通常より早い時期に収穫《しゅうかく》して出荷する栽培方法を促成《そくせい》栽培という。宮崎平野は，沖合を暖流の日本海流（黒潮）が流れることから冬でも比較的暖かく，促成栽培がさかんに行われている。

⑸　ア　九州地方で食料自給率が100％以上となっているのは，佐賀県のみである。　　イ　大都市のある都道府県の食料自給率は低く，東京都は１％，神奈川県は３％，大阪府は２％と，いずれも10％未満となっている。よって，正しい。　　ウ　北海道や東北地方の食料自給率は，いずれも80％以上と高い。　　エ　長野県の食料自給率は53％である。　　オ　四国４県(徳島・香川・愛媛・高知)の食料自給率はいずれも50％未満で，高いとはいえない。

⑹　火山の噴火後に火口付近が落ちこんでできた窪《くぼ》地のことをカルデラという。阿蘇《あそ》山は熊本県北東部に位置する活火山で，東西約18km，南北約24kmにおよぶ世界最大級のカルデラを形成している。

⑺　エの熊本県の水俣《みなまた》湾沿岸では，化学工場の排水にふくまれていた有機水銀が原因で，これに汚染された魚介《ぎょかい》類を食べた住民たちに手足のしびれや目・耳の障害などの症状《しょうじょう》があらわれた。この公害病は水俣病と名づけられ，新潟県の阿賀野《あがの》川流域で発生した新潟水俣病，富山県の神通《じんずう》川流域で発生したイタイイタイ病，三重県の四日市市で発生した四日市ぜんそくとともに，四大公害病に数えられる。なお，アは福岡県，イは大分県，ウは佐賀県，オは宮崎県，カは鹿児島県。

⑻　五島列島は，長崎県の西に位置する大小152の島々からなる列島で，野崎島の集落跡・頭ヶ島《かしらがじま》の集落・久賀《ひさか》島の集落・奈留《なる》島の江上《えがみ》集落という４つが「長崎県と天草地方の潜伏《せんぷく》キリシタン関連遺産」の構成資産として，2018年に世界文化遺産に登録されている。また，長崎県は五島列島をはじめ，玄界灘《なだ》に浮かぶ壱岐《いき》や対馬《つしま》など多くの島が属する，日本一島が多い県として知られている。なお，アは新潟県，イは岩手県や宮城県，ウは三重県，エは高知県，カは福井県についての情報。

⑼　ア　世界の発電電力量は，2000年にはアメリカ合衆国が40527(億kWh)で世界一であったが，2016年には中国が62179(億kWh)で世界一となっており，そのうち72.4％を火力発電でまかなっている。よって，正しい。　　イ　水力発電の割合が最も高いのはブラジルである。　　ウ　太陽光発電は，年間導入量・累計《るいけい》ともに中国が最も多い。　　エ　風力発電の年間導入量がアジアで最も多いのは中国で，インドは火力発電の割合が高い。　　オ　フランスは原子力発電の割合が72.5％と世界で最も高い。

2　各時代の歴史的なことがらについての問題

⑴　福沢諭吉は豊前《ぶぜん》中津藩(大分県)出身の思想家・教育者で，明治時代初めの1872～76年に『学問のすすめ』を著した。人間の自由平等や学問の重要性などを説いたこの本は当時のベストセラーとなり，人々に大きな影響を与えた。新橋・横浜間に鉄道が開通したのは1872年のことなので，オがあてはまる。なお，アは江戸時代，イは明治時代後半，ウは昭和時代，エは室町時代のできごと。

⑵　2024年発行予定の新しい千円札の裏側に描《えが》かれるのは，富士山を題材とする46枚からなる連作「富嶽《ふがく》三十六景」のうちの「神奈川沖浪裏《なみうら》」で，化政文化のころに活躍《かつやく》した風景画の浮世絵師・葛《かつ》飾北斎《しかほくさい》の作品である。このころ，東洲斎写楽《とうしゅうさいしゃらく》は役者絵，喜多川歌麿《きたがわうたまろ》は美人画，歌川(安藤)広重は風景画を描いた。よって，ａは正しい。雪舟は京都相国《しょうこく》寺の画僧で，明(中国)にわたって絵の技術をみがいた。帰国後は山口などで活動し，墨《すみ》の濃淡《のうたん》を利用して自然の情景を描く日本風の水墨画《すいぼくが》を大成した。これは室町時代の文化を代表するものなので，ｂは誤り。

⑶　唐(中国)の都はエの長安(現在の西安)で，人口100万人を超《こ》え，周辺各国から使節や留学生，商人などが集まる国際的な大都市であった。

⑷　710年，元明天皇は藤原京から，唐の都長安を手本としてつくられた平城京に都を移した。708

年に発行された和同開珎《かいちん》は，平城京造営のための費用としても用いられた。

(5) (a) 平清盛は，1167年に武士として初めて太政《だいじょう》大臣の位につくと，娘の徳子を高倉天皇のきさきに，その間に生まれた子を天皇（安徳天皇）にし，外祖父として権力を強めた。また，平氏一族を朝廷の高位・高官につかせ，多くの土地や荘園を支配した。　(b) 平清盛が一族の繁栄《はんえい》を願い，航海の守り神として厚く信仰《しんこう》し，『平家納経』を奉納するなどした神社は，イの広島県の宮島にある厳島《いつくしま》神社である。この神社は，海上に建てられた朱《しゅ》色の社殿や鳥居が美しいことでも知られる。なお，アは福岡県，ウは奈良県，エは神奈川県，オは岩手県。

(6) 応仁の乱は，室町幕府の第８代将軍足利義政のあとつぎ争いに，有力守護大名の細川氏と山名氏の対立などがからんで1467年に起こった。1477年まで11年続いた戦乱で主戦場となった京都の大半は焼け野原となり，幕府の権力がおとろえて戦国時代に入るきっかけとなった。よって，年表中のエにあてはまる。

(7) 武家諸法度《しょはっと》は，江戸幕府が大名を統制するために制定した法令で，第２代将軍徳川秀忠によって1615年に初めて出され，以後，将軍の代がかわるごとに多少の改定が加えられた。【史料】に見られる参勤交代の制度は，第３代将軍徳川家光のときに盛りこまれたもので，これにより大名は１年おきに江戸と領地に住むことを義務づけられ，大名の妻子は人質として江戸に置くことを命じられた。

3 政治や国際社会についての問題

(1) 日本国憲法第41条では，国会を「国権の最高機関であって，国の唯一《ゆいいつ》の立法機関」と規定し，国民によって選ばれた国会議員だけが法律の制定・改定を議決できる（議会制民主主義）。国民が法律の改正を直接請求することはできないので，ウが誤っている。

(2) (a) 地方自治体の仕事には，道路・上下水道の整備や管理，ごみの収集や処理，小中学校・図書館の運営，子育て支援，戸籍の登録・管理，警察や消防などがある。しかし，2007年に郵政民営化が実施され，郵便に関することは民間の仕事となっている。　(b) 憲法と法律の範囲《はんい》内で地方議会が制定し，その地方自治体の中で適用されるきまりを条例といい，その地域の状況に合わせて独自の内容を盛りこむことができる。

(3) 日本は1956年に日ソ共同宣言に調印し，ソ連（現在のロシア）との国交を回復した。これを受け，それまで国際連合の安全保障理事会で日本の加盟に反対していたソ連が賛成にまわったため，国際連合に加盟することができた。Ｃの大韓民国（韓国）とは1965年に日韓基本条約を結び，国交を回復した。したがって，ウが誤っている。なお，Ａはサウジアラビア，Ｂは中国，Ｄはアメリカ合衆国，Ｅはブラジル。

(4) 地震発生時に，地震の振動《しんどう》で地盤《じばん》が水の中に砂をまぜたようになって流動し，水や砂が地表に噴き出すことによって，建物が沈《しず》んだり傾《かたむ》いたりする現象を，液状化現象という。これは，海岸部の埋《う》め立て地や内陸部の湖などを埋め立てたところで，大きな地震が起きたさいに起こりやすく，地球温暖化とは関係がない。よって，エが誤っている。

(5) リサイクルマークは，ごみを分別回収しやすくし，資源を再利用するため，素材を見分ける目印として商品につけられているもので，左のマークはペットボトル以外のプラスチック製容器包装に，右のマークはペットボトルにつけられている。

(6) 日本国憲法第25条には生存権が定められており，１項で「すべて国民は，健康で文化的な最低限度の生活を営む権利を有する」と規定され，この権利を保障するため，２項で国に社会保障の向上や増進を義務づけている。

⑺　UNESCO（ユネスコ）は，国連（国際連合）教育科学文化機関の略称で，教育・科学・文化の面での国際交流を通じて世界の平和と安全に貢献《こうけん》することを目的とした，国連の専門機関である。世界遺産は，1972年にユネスコ総会で採択《さいたく》された世界遺産条約にもとづいてユネスコの世界遺産委員会が審議・登録するもので，世界的に貴重な文化財や自然を人類共通の遺産として保護することを目的にしている。なお，アのODAは政府開発援助，ウのNGOは非政府組織，エのUNICEFは国連児童基金，オのJICAは国際協力機構の略称。

理　科　＜難関進学クラス１次試験＞（社会と合わせて45分）＜満点：50点＞

解　答

1　⑴　エ　⑵　130mA　⑶　回路３＞回路１＝回路２　⑷　回路４＝回路６＞回路５　⑸　800mA　⑹　回路５　⑺　ア　2　⑴　オ　⑵　ア　⑶　①　（例）（試験管Fの気体のにおいは，）しなかった。　②　（例）（緑色のBTB液を入れると，）緑色のまま変わらなかった。　③　（例）（火のついた線香を入れると，）音をたてて燃えた。　⑷　オ　3　⑴　イ　⑵　ア　⑶　（例）　日当たりのよい土の地面。　⑷　ウ　⑸　エ　⑹　①，②　（例）　日の出から20時間後に花がさく。　③～⑤　（例）　日の入りから10時間後に花がさく。　4　⑴　南中　⑵　11時間17分　⑶　11：42　⑷　夏至（の日）　⑸　イ，エ　⑹　ア

解　説

1　電流回路についての問題

⑴　電流計は豆電球など測りたい部分に対して直列につなぎ，電圧計は豆電球など測りたい部分に対して並列《へいれつ》につなぐ。

⑵　−《マイナス》たんしは500mAにつないでいるので，針《はり》が最大にふれたときを500mAと読む。したがって，「１」または「10」の数字は100mAと読みかえるので，電流計の読みは130mAである。

⑶　回路１は，かん電池１個分の電流が流れ，回路２も，２個のかん電池の直列つなぎに２個の豆電球の直列つなぎなので，かん電池１個分の電流が流れる。回路３は，２個のかん電池の直列つなぎに２個の豆電球の並列つなぎなので，それぞれの豆電球にかん電池２個分の電流が流れる。よって，回路３＞回路１＝回路２となる。

⑷　回路４は，２個のかん電池の並列つなぎに１個の豆電球がつながれているので，それぞれのかん電池からはかん電池$\frac{1}{2}$個分の電流が流れ，豆電球にはかん電池１個分の電流が流れる。回路５は，２個のかん電池の並列つなぎに２個の豆電球の直列つなぎなので，それぞれのかん電池からはかん電池$\frac{1}{4}$個分の電流が流れ，豆電球にはかん電池$\frac{1}{2}$個分の電流が流れる。回路６は，２個のかん電池の並列つなぎに２個の豆電球の並列つなぎなので，それぞれのかん電池からはかん電池１個分の電流が流れ，豆電球にはかん電池１個分の電流が流れる。よって，回路４＝回路６＞回路５となる。

⑸　回路１に流れる電流が200mAのとき，回路３のそれぞれの豆電球に流れる電流は，200×２＝

400(mA)となるので，●には，それぞれの豆電球に流れる電流の和の，400＋400＝800(mA)の電流が流れる。

⑹　豆電球は電流を流しにくくするもので，豆電球を直列につなぐと電流は流れにくくなる。回路５では２個の豆電球が直列につながれていて，●にはかん電池$\frac{1}{2}$個分の電流しか流れないので，６つの回路の中で流れる電流が最も少ない。

⑺　クリップモーターを速く回転させるには，コイルの巻き数を多くする，強力な磁石を使う，磁石とコイルの距離《きょり》を近づける，かん電池を直列につないで電流を大きくするなどの方法があり，アはまちがいで，イ，ウ，エは正しい。また，コイルを回すためには，コイルが半回転するごとにエナメル線のエナメルをけずったところと，けずっていないところがクリップにふれる必要があり，コイルの両端《はし》から出たエナメル線のエナメルの部分をすべて紙やすりでけずると，回転しなくなる。よって，オも正しい。

2　気体の性質についての問題

⑴　実験②で，BTB液を入れたとき，試験管Ａでは青色になったので，試験管Ａに入っている気体は水にとけるとアルカリ性を示すことがわかる。

⑵　試験管Ａの気体は，水にとけるとアルカリ性を示し，においがあることから，アンモニアである。試験管Ｂの気体は，においがなく，火のついた線香《せんこう》を入れると線香の火がはげしく燃えたことから，酸素である。試験管Ｃの気体は，においがあり，水にとけると酸性を示すので，塩化水素である。試験管Ｄの気体は，においがなく，水にとけると酸性を示すので，二酸化炭素である。試験管Ｅの気体は，においがなく，水にとけても中性で，火のついた線香を入れると線香の火がすぐに消えることから，ちっ素である。

⑶　水素はにおいがなく，水にとけても中性なので，BTB液を入れても緑色のまま変わらない。また，ものを燃やす性質はないが，水素自身は燃えるので，火のついた線香を近づけると，水素と空気中の酸素が反応して，音をたてて燃える。

⑷　①　塩化水素は水に非常にとけやすく，塩化水素の水よう液を塩酸という。　②　二酸化炭素は空気中に約0.04％ふくまれており，二酸化炭素が雨水にとけると弱い酸性を示す。また，太陽の光は素通りさせるが，地面から宇宙へ放出される熱は吸収してたくわえるという性質(温室効果)が強いため，地球温暖化の原因といわれている。　③　空気の成分の約78％はちっ素，約21％が酸素であるが，ヒトが呼吸によりはき出す息の約78％はちっ素，約16％が酸素で，二酸化炭素は約５％である。したがって，ヒトのはく息に最も多くふくまれている気体はちっ素である。　④　液体水素はロケットの燃料に使われており，ロケットの別のタンクに入れられた液体酸素とともに混合されて燃料室へ送られ，燃焼して推進《すいしん》力を得ている。　⑤　空気より軽い気体には水素やアンモニアがあるが，水に非常によくとける気体はアンモニアである。　⑥　空気は③のちっ素と酸素で大部分をしめている。

3　アサガオの種まきと開花についての問題

⑴　関東地方の平野部でアサガオの種をまく時期は，地面がある程度あたたまった５～６月が適している。

⑵　アサガオの芽生えのようすはアである。アサガオは発芽のときに２枚の子葉を出す双《そう》子葉類で，種子の子葉に発芽のための養分をたくわえている無はい乳種子である。なお，イはヘチマなど，ウ

はインゲンマメ，エはトウモロコシ，オはイネの芽生えのようす。

(3)　アサガオの種は，日当たりのよい耕した土の地面(花だん)や，土を入れた直径20cm以上の植木ばちにまくのがよい。

(4)　アサガオの花は，５枚の花びらがくっついた合弁花で，ツツジやタンポポも合弁花である。

(5)　アサガオの果実は部屋が３つに分かれており，それぞれの部屋に種が２つずつ入っているものが多いので，合計，２×３＝６(つ)の種が入っている。

(6)　３時に開花した①，②に共通する条件は日の出の時刻で，花がさく条件は日の出から20時間後であると考えられる。また，③，④，⑤に共通する条件は日の入りからの時間で，花がさくのは日の入りから10時間後であると考えることができる。

4　太陽の一日の動きについての問題

(1)　太陽や星などが真南にくることを南中といい，太陽が真南にくることを太陽の南中という。

(2)　日の出から日の入りまでの昼の長さが，18時52分－６時９分＝12時間43分なので，夜の長さは，24時間－12時間43分＝11時間17分である。

(3)　太陽は１時間に15度ずつ西に動くので，太陽の南中時刻は，経度が東に15度ずれると１時間早くなる。東経127度で太陽が南中するのが12時30分なので，東経139度で南中する時刻は，139－127＝12(度)より，$60\times\frac{12}{15}$＝48(分)早い，12時30分－48分＝11時42分である。

(4)　昼の時間が一年で一番長いのは夏至《げし》(の日)で，６月21日ごろである。

(5)　昼の時間が一年で一番短いのは冬至《とうじ》(の日)で，12月22日ごろである。かぼちゃは夏にとれるが，栄養価が高く保存がきくので，食料が少なくなる冬至に食べるという習慣ができた。また，かぼちゃはかぜを予防するという意味からも冬至に食べる習慣ができたとされる。また，冬至にはゆずの入ったお風呂《ふろ》に入るという習慣もある。邪気《じゃき》をはらうとされ，血行促進《そくしん》や冷え性の改善の効果があるので，寒い冬を乗り越《こ》えるという意味がこめられている。

(6)　「え」の日は，昼の長さが，17時38分－５時29分＝12時間９分で，ほぼ昼と夜の長さが同じになるので，春分・秋分の日の前後である。春分・秋分の日は地球上のどの地点でも昼と夜の長さが同じになるので，那覇《なは》と横浜を比べた場合も，日の出から日の入りまでの時間(昼の時間)の差はほとんどないと考えられる。

国　語　＜難関進学クラス１次試験＞（45分）＜満点：100点＞

解　答

一　**1**　てんきょ　**2**　そんとく　**3**　けはい　**4**　ね(る)　**5**　みちび(く)

二　下記を参照のこと。　三　**問1**　佳　**問2**　ア　**問3**　ウ　**問4**　エ　**問5**　イ　**問6**　そうだ，ぼ　**問7**　ア　**問8**　（例）　自主的に暗記をしていたということが，ぼくたちにわかってしまったから。　四　**問1**　複雑　**問2**　エ　**問3**　イ　**問4**　ウ　**問5**　エ　**問6**　土地の潜在的な生産性が高い(から。)　**問7**　C　**問8**　（例）　限られた面積の中で，いかに手をかけて，収量を増やすかということに努力を払うこと。

●漢字の書き取り

二 1 早速　2 賛成　3 批評　4 見慣(れた)　5 築(く)

解説

一 漢字の読み

1　引っこし。住まいを変えること。　2　損することと利益を得ること。　3　それとなく感じられるようす。　4　音読みは「レン」で，「練習」などの熟語がある。　5　音読みは「ドウ」で，「導入」などの熟語がある。

二 漢字の書き取り

1　すぐに。　2　人の意見をよいと認め，同意すること。　3　物事の良し悪《あ》しなどを論じること。　4　「見慣れる」は，いつも見ていて慣れていること。　5　音読みは「チク」で，「築城」などの熟語がある。

三 出典は如月《きさらぎ》かずさの『給食アンサンブル』による。校内百人一首大会で，チーム主力の「ぼく」は試合中に突《つ》き指をしてしまうが，ほかの二人が「ぼく」の分まで頑張《がんば》り，見事優勝を果たす。

問１　「難」の部首は「ふるとり」で，同じ部首を持つ漢字には「集」「雑」などがある。

問２　「ぼく」たちのチームが圧勝した理由の一つなので，対戦相手が途中《とちゅう》で勝負をあきらめたからだと考えられる。よって，“負けを認めて勝負をあきらめる”という意味の「勝負を投げる」を使うとよい。

問３　「それが」とあるので，前の部分に注目する。すべての札を暗記しているのは「ぼく」だけなので，ほかの二人には覚えている札を確実に取ってもらい，ぼくが敵陣《てきじん》の札をなるべく奪《うば》う。それは自陣の札の三分の二にあたるので，「ぼく」の負担は軽くなり，残りの札に専念できると書かれている。よって，ウがあてはまる。

問４　「ぼく」は「人付き合いが苦手」だが，飯島さんの熱意に負けて頑張ってきたのだから，エがよい。なお，優勝チーム発表の前に「ぼく」も緊張《きんちょう》しているので，優勝が当たり前とあるアは合わない。できるかぎりの準備はしたと前にあるので，プレッシャーになるというイ，自信がないとあるウも誤り。

問５　空らんＢをふくむ段落の次の段落に注目する。去年の優勝チームの獲得《かくとく》枚数から割り出した，二戦目の目標枚数は六十五枚だったが，「ぼく」たちはすでに五十五枚を取っていた。残り二十枚の札のうち，半分の十枚を取れば目標に到達《とうたつ》するので，ぼう線部３のように思ったと考えられる。

問６　チームの主力の「ぼく」は試合中に右手の指を痛め，思うように札が取れなくなってあせっていたが，「ぼく」が担当するはずの敵陣の札まで飯島さんや足立くんが真剣《しんけん》に取ろうとしていることがわかった。続く部分に注目すると，ふたりが頑張ってくれれば自分は左手でもなんとかいけると思い，「そうだ，ぼくはいま，ひとりで戦っているわけじゃない」とあらためて感じている。

問７　問６でみたように，二戦目で「ぼく」は突き指をするというアクシデントに見舞《みま》われたが，飯島さんと足立くんが手負いの「ぼく」をカバーして札を取ってくれたので，「ぼく」はひとりで戦っているのではないと心強く感じた。その結果，優勝にたどり着いて胸が熱くなったのだから，アがあてはまる。

問８　飯島さんが取った札は，彼女《かのじょ》に暗記してもらっていた札ではなかったので「ぼく」が驚《おどろ》いていると，飯島さんは自主的に暗記していたのだと照れくさそうに明かしたとある。これをもとに，「自主的に暗記をしていたことが『ぼく』たちにわかってしまったため」のようにまとめる。

四 **出典は稲垣栄洋《いながきひでひろ》の『イネという不思議な植物』による。**生産力が高いイネのおかげで日本は多くの人口を支えることができ，小規模で集約的な農業を発展させてきたと述べられている。

問１　こみいっていないことをいう「単純」の対義語は，こみいっていることをいう「複雑」。

問２　「やみくも」は，深い考えもなく行動するようすをいうので，エが合う。

問３　ヨーロッパの「牧歌的な風景」とは広々とした畑が広がっているようすをいうが，そうなったのは，ヨーロッパの土地がやせていて土地の生産力が小さいうえ，主に栽培《さいばい》されるムギ類はイネに比べて収穫《しゅうかく》量が少なく，広い土地が必要だったからだと後にある。よって，イが選べる。

問４　直前の部分に，ムギ類に比べてイネは，播《ま》いた種子の量に対しての収量がはるかに多いことが述べられている。よって，ウがあてはまる。

問５　空らん３をふくむ文の最初の「これ」は，前で述べられている，日本は平野が少なく国土が狭《せま》いが，戦国時代や江戸時代にすでにかなりの人口がいたことを指す。一八世紀の江戸は世界一の人口をほこったが，日々それだけの人間の腹を満たすほどに食糧生産が豊かだったのだから，エがよい。

問６　ヨーロッパの農地は生産性が低いので，収量を上げるには農地の面積を広げるしかないと四つ前の段落にある。一方，日本の農家は経営面積が小さいが「土地の潜在《せんざい》的な生産性が高い」ため，限られた面積の中で手をかけ，収量を増やすことに努力が払《はら》われてきたとすぐ前に述べられている。

問７　米に比べると購入《こうにゅう》時期による変動は小さいが，新米が出回り，米の購入量が増える10月ころに毎年めん類の購入は減っているので，「購入量はどの時期であっても安定して」いるというＣが適切でない。

問８　農地の面積を広げようとする欧米《おうべい》の農業について「横方向に発達をする」と表現するのに対し，小規模で集約的な農業をしてきた日本の農業をぼう線部５のように表現している。よって，前の段落で述べられているように，限られた面積の中で，いかに手をかけて，収量を増やすかに努力を払うことをいっている。

2025年度用
中学スーパー過去問

■編集人 声の教育社・編集部
■発行所 株式会社 声の教育社

〒162-0814 東京都新宿区新小川町8-15
☎03-5261-5061(代) FAX03-5261-5062
https://www.koenokyoikusha.co.jp

※本書の内容についての一切の責任は当社にあります。内容・解説・解答・その他は当社ホームページよりお問い合わせ下さい。

ストリーミング配信による入試問題の解説動画

2025年度用web過去問 ラインナップ

■ **男子・女子・共学（全動画） 見放題**
36,080円（税込）

■ **男子・共学 見放題**
29,480円（税込）

■ **女子・共学 見放題**
28,490円（税込）

● 中学受験「声教web過去問（過去問プラス・過去問ライブ）」（算数・社会・理科・国語）

3〜5年間 **24校**

過去問プラス

麻布中学校	桜蔭中学校	開成中学校	慶應義塾中等部	渋谷教育学園渋谷中学校
女子学院中学校	筑波大学附属駒場中学校	豊島岡女子学園中学校	広尾学園中学校	三田国際学園中学校
早稲田中学校	浅野中学校	慶應義塾普通部	聖光学院中学校	市川中学校
渋谷教育学園幕張中学校	栄東中学校			

過去問ライブ

栄光学園中学校	サレジオ学院中学校	中央大学附属横浜中学校	桐蔭学園中等教育学校	東京都市大学付属中学校
フェリス女学院中学校	法政大学第二中学校			

● 中学受験「オンライン過去問塾」（算数・社会・理科）

3〜5年間 **50校以上**

東京	青山学院中等部	東京	国学院大学久我山中学校	東京	明治大学付属明治中学校	千葉	芝浦工業大学柏中学校	埼玉	栄東中学校
	麻布中学校		渋谷教育学園渋谷中学校		早稲田中学校		渋谷教育学園幕張中学校		淑徳与野中学校
	跡見学園中学校		城北中学校		都立中高一貫校 共同作成問題		昭和学院秀英中学校		西武学園文理中学校
	江戸川女子中学校		女子学院中学校		都立大泉高校附属中学校		専修大学松戸中学校		獨協埼玉中学校
	桜蔭中学校		巣鴨中学校		都立白鷗高校附属中学校		東邦大学付属東邦中学校		立教新座中学校
	鷗友学園女子中学校		桐朋中学校		都立両国高校附属中学校		千葉日本大学第一中学校	茨城	江戸川学園取手中学校
	大妻中学校		豊島岡女子学園中学校	神奈川	神奈川大学附属中学校		東海大学付属浦安中等部		土浦日本大学中等教育学校
	海城中学校		日本大学第三中学校		桐光学園中学校		麗澤中学校		茗溪学園中学校
	開成中学校		雙葉中学校		県立相模原・平塚中等教育学校		県立千葉・東葛飾中学校		
	開智日本橋中学校		本郷中学校		市立南高校附属中学校		市立稲毛国際中等教育学校		
	吉祥女子中学校		三輪田学園中学校	千葉	市川中学校	埼玉	浦和明の星女子中学校		
	共立女子中学校		武蔵中学校		国府台女子学院中学部		開智中学校		

web過去問 Q&A

過去問が動画化！
声の教育社の編集者や中高受験のプロ講師など、
過去問を知りつくしたスタッフが動画で解説します。

Q **どこで購入できますか？**

A 声の教育社のHPでお買い求めいただけます。

Q **受講にあたり、テキストは必要ですか？**

A 基本的には過去問題集がお手元にあることを前提としたコンテンツとなっております。

Q **全問解説ですか？**

A 「オンライン過去問塾」シリーズは基本的に全問解説ですが、国語の解説はございません。「声教web過去問」シリーズは合格のカギとなる問題をピックアップして解説するもので、全問解説ではございません。なお、「声教web過去問」と「オンライン過去問塾」のいずれでも取り上げられている学校がありますが、授業は別の講師によるもので、同一のコンテンツではございません。

Q **動画はいつまで視聴できますか？**

A ご購入年度２月末までご視聴いただけます。
複数年視聴するためには年度が変わるたびに購入が必要となります。

よくある解答用紙のご質問

01

実物のサイズにできない

拡大率にしたがってコピーすると，「解答欄」が実物大になります。配点などを含むため，用紙は実物よりも大きくなることがあります。

02

A3用紙に収まらない

拡大率164％以上の解答用紙は実物のサイズ（「出題傾向＆対策」をご覧ください）が大きいために，Ａ３に収まらない場合があります。

03

拡大率が書かれていない

複数ページにわたる解答用紙は，いずれかのページに拡大率を記載しています。どこにも表記がない場合は，正確な拡大率が不明です。

04

１ページに２つある

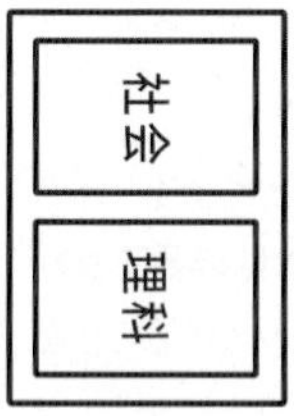

１ページに２つ解答用紙が掲載されている場合は，正確な拡大率が不明です。ほかの試験回の同じ教科をご参考になさってください。

鶴見大学附属中学校

つかいやすい書きこみ式

入試問題解答用紙編

最近5年間収録

＊解答用紙は本体と一緒にとじてありますから、ていねいに抜きとってご使用ください。

■注意

●一部の科目の解答用紙は小社で作成しましたので、無断で転載することを禁じます。

●収録のつごうにより、一部縮小したものもあります。

●設問ごとの配点については、採点しやすいように小社が推定して作成したものもあります。

※ 実際の解答欄の大きさで練習するには、指定の倍率で拡大コピーしてください。なお、ページの上下に小社作成の見出しや配点を記載しているため、コピー後の用紙サイズが実物の解答用紙と異なる場合があります。

声の教育社

２０２４年度　　鶴見大学附属中学校　難関進学クラス１次

算数解答用紙

番号		氏名		評点	／100

1

(1)		(2)		(3)	
(4)		(5)			

2

(1)		(2)		(3)	人
(4)	枚	(5)		(6)	%
(7)	度	(8)	cm	(9)	cm^3

3

(1)	cm	(2)	cm

4

(1)	ア　　　　　，イ	(2)	秒

5

(1)		(2)	

（注）この解答用紙は実物を縮小してあります。Ｂ５→Ｂ４（141%）に拡大コピーすると、ほぼ実物大の解答欄になります。

〔算　数〕100点(推定配点)

1～5　各５点×20＜4の(1)は完答＞

2024年度　鶴見大学附属中学校　難関進学クラス1次

社会解答用紙

番号		氏名		評点	／50

1

(1)	(2)	(3)	(4)	(5)
市				

(6) (a)	(6) (b)	(7)

2

(1)	(2)	(3)	(4)	(5)	(6)

(7)	(8)	(9)

3

(1)	(2)

(3)	(4)	(5) (a)	(5) (b)

(6)	(7)

（注）この解答用紙は実物を縮小してあります。Ｂ５→Ｂ４（141%）に拡大コピーすると、ほぼ実物大の解答欄になります。

〔社　会〕50点（推定配点）

1～3　各２点×25

２０２４年度　　鶴見大学附属中学校　難関進学クラス１次

理科解答用紙

番号		氏名		評点	／50

1

(1)			(2)	
(3)	①	角 a 　 角 b		角 e 　 角 f
	②	角 　 ＝角	③	
	④			

2

(1)	①		②		③	
	④		⑤		⑥	
(2)	記号		色の変化	色		
(3)						
(4)						

3

(1)	①		②	
	③			
(2)				
(3)			(4)	

4

(1)	月　　日　　時	(2)	
(3)			
(4)	Y	Z	
(5)			

（注）この解答用紙は実物を縮小してあります。Ｂ５→Ｂ４(141%)に拡大コピーすると、ほぼ実物大の解答欄になります。

〔理　科〕50点(推定配点)

1　各２点×6＜(1)，(3)の①は完答＞　2　(1)　各１点×6　(2)～(4)　各２点×4＜(2)の記号は完答＞　3，4　各２点×12＜3の(4)，4の(2)は完答＞

２０２４年度　鶴見大学附属中学校　難関進学クラス一次

国語解答用紙

番号		氏名		評点	／100

一

1		2		3	える
4		5	る		

二

1		2		3	
4		5	す		

三

問一		問二		問三		問四		問五		問六		問七	

問八

四

問一		問二		問三		問四		問五		→		→		→	
問六		問七													

問八　キリンの母乳は、……ということ。

（注）この解答用紙は実物を縮小してあります。Ｂ５→Ａ３（163％）に拡大コピーすると、ほぼ実物大の解答欄になります。

〔国　語〕100点(推定配点)

一, 二　各２点×10　三, 四　各５点×16<四の問５は完答>

2024年度　鶴見大学附属中学校　適性検査

解答用紙

番号		氏名		評点	/100

1
問1　(1)　(2)　(3)
問2
問3
問4　(1) 選んだ施設：　説明：
(2)　万m²

2
問1　記号　高度(°)
問2
問3　(1)　(2)

3
問1　(1)(A)　(C)　(D)
(2)　(3)　化
問2
問3
問4
問5

(注) この解答用紙は実物を縮小してあります。175%拡大コピーをすると、ほぼ実物大の解答欄になります。

〔適性検査〕100点(推定配点)

1 問1　各4点×4　問2，問3　各6点×2　問4　(1)　8点　(2)　4点　2　各4点×5　3　問1，問2　各4点×6　問3　8点　問4，問5　各4点×2

２０２３年度　鶴見大学附属中学校　難関進学クラス１次

算数解答用紙

番号		氏名		評点	／100

1

(1)		(2)		(3)	
(4)		(5)			

2

(1)	あげパン　　　個，チョコパン　　　個				
(2)	本	(3)	秒	(4)	個
(5)	cm^2	(6)	g	(7)	日
(8)	時速　　　km	(9)	cm^3		

3

(1)	度	(2)	度

4

(1)	m	(2)	m

5

(1)		(2)	

（注）この解答用紙は実物を縮小してあります。Ｂ５→Ｂ４（141％）に拡大コピーすると、ほぼ実物大の解答欄になります。

〔算　数〕100点（推定配点）

1～5　各５点×20

２０２３年度　　鶴見大学附属中学校　難関進学クラス１次

社会解答用紙

番号		氏名		評点	／50

1

(1)	(2)			(3)
	(a)	(b)	(c)	

(4)						
(a)	(b)					

(5)	(6)

2

(1)	(2)					(3)
	(a)	(b)				

(4)		(5)	(6)
(a)	(b)		

3

(1)	(2)	(3)						

(4)	(5)						

(6)	(7)	(8)

（注）この解答用紙は実物を縮小してあります。Ｂ５→Ｂ４（141％）に拡大コピーすると、ほぼ実物大の解答欄になります。

〔社　会〕50点(推定配点)

1～3　各２点×25

２０２３年度　鶴見大学附属中学校　難関進学クラス１次

理科解答用紙

番号		氏名		評点	／50

1

(1)				
(2)	A		B	
	C			
(3)				
(4)	①	g	②	cm

2

(1)			
(2)	g	(3)	銅：酸素 ＝　　：
(4)	マグネシウム：酸素 ＝　　：	(5)	g
(6)			

3

(1)	モンシロチョウ	たまご	よう虫	アブラゼミ	たまご	よう虫
(2)						
(3)	モンシロチョウ		アブラゼミ			
(4)	たまご：よう虫：成虫 ＝　　：　　：１					

4

(1)	g	(2)	g
(3)	%	(4)	g
(5)	%		

（注）この解答用紙は実物を縮小してあります。Ｂ５→Ｂ４（141%）に拡大コピーすると、ほぼ実物大の解答欄になります。

〔理　科〕50点（推定配点）

1　各２点×7＜(3)は完答＞　2　(1)～(4)　各２点×4　(5)，(6)　各３点×2　3，4　各２点×11＜3の(1)は各々完答＞

二〇二三年度　鶴見大学附属中学校　難関進学クラス一次

国語解答用紙

番号　　氏名　　評点　／100

一

1　2　3

4　って　5　いる

二

1　2　3　する

4　り　5　ぶ

三

問一　問二　問三　問四　問五

問六　問七

問八

四

問一　問二　問三　問四

問五　問六　問七

問八

（注）この解答用紙は実物を縮小してあります。Ｂ５→Ａ３（163%）に拡大コピーすると、ほぼ実物大の解答欄になります。

〔国　語〕100点（推定配点）

一，二　各２点×10　三，四　各５点×16

２０２３年度　鶴見大学附属中学校　適性検査

解答用紙

番号		氏名		評点	/100

1
問1　→　→　→
問2
問3
問4　(1)　(2)
問5
問6

2
問1　(1)　(2)
問2
問3
問4

問5
タイトル：
具体的な内容：

3
問1　(A)　(B)　(C)　(D)
問2
問3
問4
問5
問6
問7
問8

（注）この解答用紙は実物を縮小してあります。172%拡大コピーをすると、ほぼ実物大の解答欄になります。

〔適性検査〕100点(推定配点)

1　問1，問2　各4点×2<問1は完答>　問3　6点　問4〜問6　各4点×4　2　問1，問2　各4点×3<問1の(1)は完答>　問3　各3点×2　問4　4点<完答>　問5　6点　3　問1　各3点×4　問2〜問7　各4点×6　問8　6点

２０２２年度　鶴見大学附属中学校　難関進学クラス１次

算数解答用紙

番号		氏名		評点	／100

1

(1)		(2)		(3)	
(4)		(5)			

2

(1)		(2)	分	(3)	%
(4)	時速　km	(5)	kg	(6)	個
(7)	度	(8)	cm	(9)	番目

3

(1)		(2)	番目

4

(1)	秒後から　秒後まで	(2)	秒後と　秒後

5

(1)	cm	(2)	cm^2

（注）この解答用紙は実物を縮小してあります。Ｂ５→Ｂ４(141%)に拡大コピーすると、ほぼ実物大の解答欄になります。

〔算　数〕100点(推定配点)

1～5　各５点×20＜4は各々完答＞

２０２２年度　　鶴見大学附属中学校　難関進学クラス１次

社会解答用紙

番号		氏名		評点	／50

1

(1) (a)	(1) (b)		(2)	(3)	(4)

(5)	(6)	(7)

2

(1)	(2)	(3)	(4)	(5)

(6) (a)	(6) (b)	(7) (a)	(7) (b)

3

(1)	(2)

(3) (a)	(3) (b)				

(4)	(5)	(6)	(7)

（注）この解答用紙は実物を縮小してあります。Ｂ５→Ｂ４（141%）に拡大コピーすると、ほぼ実物大の解答欄になります。

〔社　会〕50点（推定配点）

1～3　各２点×25

2022年度　鶴見大学附属中学校　難関進学クラス１次

理科解答用紙

番号		氏名		評点	／50

1

(1)	①	A	②	A	③	
(2)	①	A	②			
	③					

2

(1)		(2)	
(3)			
(4)		(5)	g

3

(1)		(2)				
(3)	ハ虫類		両生類			
(4)	ア		イ		ウ	

4

(1)	①		②		③	
(2)		(3)	川底		川の流れ	
(4)	湖の名前		地点		(5)	

（注）この解答用紙は実物を縮小してあります。Ｂ５→Ｂ４(141%)に拡大コピーすると、ほぼ実物大の解答欄になります。

〔理　科〕50点(推定配点)

1，2　各２点×11＜2の(2)，(4)は完答＞　3　(1)　１点　(2)～(4)　各２点×６　4　(1)　各１点×３　(2)～(5)　各２点×６＜(4)の地点は完答＞

二〇二三年度　鶴見大学附属中学校　難関進学クラス一次

国語解答用紙

番号　　氏名　　評点　/100

一

1　2　3

4　える　5

二

1　2　3

4　け　5　しい

三

問一　問二　問三　問四

問五　問六　問七

問八

四

問一　問二　問三　問四　問五

問六　問七

問八

(注)　この解答用紙は実物を縮小してあります。B5→A3(163%)に拡大コピーすると、ほぼ実物大の解答欄になります。

〔国　語〕100点(推定配点)

一, 二　各2点×10　三, 四　各5点×16

２０２２年度　鶴見大学附属中学校　適性検査

解答用紙

番号		氏名		評点	/100

1

問1

問2

問3 (40)

問4 (1) あ　い　(2)　(3)

問5

2

問1

問2 (50)

問3 (1)　(2)

問4 (1)　%　(2)　%　(3)　%
(4) ①
②

3

問1 (A)　(B)
(C)　る　(D)

問2　問3

問4　問5

問6　問7

問8 (40)

（注）この解答用紙は実物を縮小してあります。182％拡大コピーをすると、ほぼ実物大の解答欄になります。

〔適性検査〕100点(推定配点)

1　問1，問2　各4点×2　問3　6点　問4，問5　各4点×5　2　問1　4点＜完答＞　問2　6点　問3　各2点×2　問4　(1)～(3)　各2点×3　(4)　各4点×2　3　問1　各2点×4　問2～問7　各4点×6　問8　6点

２０２１年度　鶴見大学附属中学校　難関進学クラス１次

算数解答用紙

番号		氏名		評点	／100

1

(1)		(2)		(3)	
(4)		(5)			

2

(1)	通り	(2)	g	(3)	人
(4)	点	(5)		(6)	時速　km
(7)	g	(8)			

3

(1)		(2)	番目

4

(1)	cm^2	(2)	度	(3)	度

5

(1)	cm^3	(2)	cm

（注）この解答用紙は実物を縮小してあります。Ｂ５→Ｂ４（141％）に拡大コピーすると、ほぼ実物大の解答欄になります。

〔算　数〕100点(推定配点)

1～5　各５点×20

2021年度　鶴見大学附属中学校　難関進学クラス1次

社会解答用紙

番号		氏名		評点	／50

	(1)	(2)	(3)	(4)	(5)
1					盆地
	(6)	(7)	(8)		
			山脈		

	(1)	(2)	(3)	(4)	(5)	(6)
2						
	(7)				(8)	(9)

	(1)	(2)		(3)	(4)	(5)
3						
	(6)		(7)	(8)		
				ガス		

（注）この解答用紙は実物を縮小してあります。B5→B4（141%）に拡大コピーすると、ほぼ実物大の解答欄になります。

〔社　会〕50点(推定配点)

1～3　各2点×25

２０２１年度　鶴見大学附属中学校　難関進学クラス１次

理科解答用紙

番号		氏名		評点	／50

1

(1)	秒	(2)	
(3)			
(4)			
(5)			
(6)			

2

(1)		(2)		(3)	
(4)	cm^3	(5)		(6)	

3

(1)	①		②	
(1)	③		(2)	
(3)	1つめ		2つめ	
(4)	1つめ		2つめ	

4

(1)		(2)		(3)	
(4)		(5)		(6)	

（注）この解答用紙は実物を縮小してあります。Ｂ５→Ｂ４（141%）に拡大コピーすると、ほぼ実物大の解答欄になります。

〔理　科〕50点（推定配点）

1，2　各２点×12　3　(1)，(2)　各２点×４　(3)，(4)　各３点×２＜各々完答＞　4　各２点×６＜(3)は完答＞

二〇二二年度　鶴見大学附属中学校　難関進学クラス一次

国語解答用紙

番号　　氏名　　評点　／100

一

1　2　3
4　びる　5　ける

二

1　2　3
4　5　ける

三

問一　問二　問三　問四　問五　問六　問七

問八

四

問一　問二　問三　問四　問五

問六　問七

問八

（注）この解答用紙は実物を縮小してあります。Ｂ５→Ａ３（163%）に拡大コピーすると、ほぼ実物大の解答欄になります。

〔国　語〕100点(推定配点)

一，二　各２点×10　三，四　各５点×16

2021年度　鶴見大学附属中学校　適性検査

解答用紙

番号		氏名		評点	/100

問1　あ　い　う

問2

問3

問4　(1)　トン　(2)　トン　(3)　トン　(4)　トン

問5　A　B　C

問6

問7　(1)　(2)

問8　(1)　(2) B　C

(3)

(4)

(5)　と

(6)

問9　1　2　3

（注）この解答用紙は実物を縮小してあります。172%拡大コピーをすると、ほぼ実物大の解答欄になります。

〔適性検査〕100点(推定配点)

問1　各4点×3　問2　6点　問3～問6　各4点×9<問5は各々完答>　問7　(1)　4点　(2)　6点

問8，問9　各4点×9<問8の(2)，(5)，(6)は完答>

２０２０年度　　鶴見大学附属中学校　難関進学クラス１次

算数解答用紙

番号		氏名		評点	／100

1

(1)		(2)		(3)	
(4)		(5)			

2

(1)	個	(2)	正　　　角形	(3)	回転
(4)	円	(5)	度	(6)	個
(7)	cm^3	(8)	時　　分　　秒	(9)	cm^2

3

(1)		(2)	

4

(1)	cm^2	(2)	：　　：

5

(1)		(2)	

(注) この解答用紙は実物を縮小してあります。Ｂ４用紙に123%拡大コピーすると、ほぼ実物大で使用できます。(タイトルと配点表は含みません)

〔算　数〕100点(推定配点)

1～5　各５点×20

２０２０年度　鶴見大学附属中学校　難関進学クラス１次

社会解答用紙

番号		氏名		評点	／50

1

(1)	(2)	(3)	(4)	(5)

(6)	(7)	(8)	(9)

2

(1)	(2)	(3)	(4)	(5)(a)	(5)(b)

(6)	(7)

3

(1)	(2)(a)	(2)(b)	(3)	(4)	(5)

(6)	(7)

〔社　会〕50点(推定配点)

1～3　各２点×25

２０２０年度　鶴見大学附属中学校　難関進学クラス１次

理科解答用紙

番号		氏名		評点	／50

1

(1)		(2)	mA
(3)			
(4)		(5)	mA
(6)		(7)	

2

(1)		(2)	
(3)	①	試験管Ｆの気体のにおいは，	
(3)	②	緑色のBTB液を入れると，	
(3)	③	火のついた線香を入れると，	
(4)			

3

(1)		(2)	
(3)			
(4)		(5)	
(6)	①，②		
	③～⑤		

4

(1)		(2)	時間　分	(3)	：
(4)		(5)		(6)	

〔理　科〕50点(推定配点)

1，2　各２点×13＜1の(3)，(4)，(6)は完答＞　3　(1)～(5)　各２点×5　(6)　各１点×2　4　各２点×6＜(5)は完答＞

二〇二〇年度　鶴見大学附属中学校　難関進学クラス一次

国語解答用紙

番号　　氏名　　評点　/100

(注) この解答用紙は実物を縮小してあります。A3用紙に156%拡大コピーすると、ほぼ実物大で使用できます。(タイトルと配点表は含みません)

一

1　2　3

4　る　5　く

二

1　2　3

4　れた　5　く

三

問一　問二　問三　問四　問五

問六　問七

問八

四

問一　問二　問三　問四　問五

問六　から。

問七

問八

〔国　語〕100点(推定配点)

一, 二　各2点×10　三, 四　各5点×16